조선왕조
야사록

조선왕조 야사록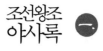

초판 1쇄 펴낸 날 | 2015년 02월 06일

지은이 | 최범서
펴낸이 | 홍정우
펴낸곳 | 도서출판 가람기획

책임편집 | 신미순
디자인 | 윤수경, 김준민
마케팅 | 한대혁, 정다운

주소 | (121-894) 서울시 마포구 양화로 7안길 31(서교동, 1층)
전화 | (02)3275-2915~7
팩스 | (02)3275-2918
이메일 | garam815@chol.com

등록 | 2007년 3월 17일(제17-241호)

이 도서의 국립중앙도서관 출판시도서목록(CIP)은 서지정보유통지원시스템 홈페이지(http://seoji.
nl.go.kr)와 국가자료공동목록시스템(http://www.nl.go.kr/kolisnet)에서 이용하실 수 있습니다. (CIP제
어번호: CIP2015001261)

조선왕조 야사록

**실록이 전하지 못하는
놓쳤던 조선사**

● 최범서 지음 ●

가람
기획

들어가는 글

野 史

야사란 무엇인가?

우리는 두 가지의 기록을 통해서 역사를 알 수 있다. 정사正史와 야사野史가
바로 그것이다. 그것들로 인하여 우리는 오랜 역사를 통한 우리 민족의 삶을
볼 수 있다.

야사는 정사와 대립되는 의미로 쓰인, 즉 사찬私撰의 역사를 말한다. 정사는
관官에서 편찬한 역사이다. 야사를 야승野乘·패사稗史·외사外史·사사私史라고
도 하는데, 이들의 명칭 속에 그 내용의 의미가 담겨 있다고 하겠다.

야사를 주로 풍속이나 전설로 알고, 도청도설塗聽塗說, 즉 유언비어쯤으로 아
는 경향이 있는데, 실상은 전혀 그렇지 않다. 정사의 결함을 보완해주기도 하
고, 오류를 시정해주기도 하며, 때로는 정사보다 당대의 시대상을 더 잘 반영
하고 있다. 그리하여 사료의 가치가 정사보다 더 돋보일 때가 있는 것이다.

지금도 개인 문집이나 외사가 발견되어, 정사의 기록에 의심이 가는 많은
부분들을 명료하게 밝혀주는 사례가 비일비재하다. 문제는 정사나 야사의 기

록이 당대의 기록을 진실에 가깝게 기술해놓았느냐의 여부에 따라 당대의 정사와 야사에 신뢰감이 주어진다는 것이다.

흔히들 역사의 진실성에 대해 운운하는데, 그것은 역사의 기록이 강자의 편에서만 쓰이고 남아 있기 때문이다. 당대의 강자가 역사의 승리자로 남아 있지만, 야사에 의해 그 기록이 허구임이 드러나는 예가 허다하다. 어떤 의미에서 역사의 기록은 그 중요성에 따라 야사에 의존해야 할 역사의 순간들이 많다는 데 야사의 가치가 있다고 봐야 할 것이다.

우리가 살고 있는 현대 역시 아마 삶의 기록이 과장되거나 허위로 기록되는 예가 허다할 것이다. 후대에 당대의 잘못된 기록이 묻혀버릴 수도 있지만, 강자의 입장에서 보고 기록한 사실들이 남게 마련이어서, 역사를 바로 읽기란 쉽지 않은 일이다. 그러나 우리는 후대에 당대의 기록은 그 진실을 드러내고야 만다는 진리를 야사에서 배우게 된다.

우리나라에서는 『삼국사기』, 『고려사』, 『조선왕조실록』 등의 역사서를 정사라고 한다. 넓은 의미에서 관에서 편찬한 『고려사절요』, 『동국통감』 등도 정사의 범위에 속한다.

조선총독부에서 편찬한 『조선도서해제』에서는, 사부史部를 정사류正史類 · 편년류編年類 · 기사류記事類 · 별사류別史類 · 야승류野乘類 · 정법류正法類 · 기록류記錄類 · 지리류 · 금석류 · 전기류傳記類로 세분해놓았다. 이 분류에 따르면, 기전체紀傳體의 역사가 아니면 아무리 관에서 편찬했다 하더라도 정사에 해당되지 않는다.

기전체란 역사의 기술 형식으로, 본기本紀 · 지志 · 열전列傳으로 분류한다. 본기에는 임금이 보위에 앉아 있을 때의 여러 가지 사실을 연대순으로 적으며, 지에는 관작 · 재정 · 지리 등에 관한 내용과 변천 과정을 적고, 여러 신하들의 전기를 수록한다. 열전은 개개인의 기록이다. 중국의 『사기』에서 유래되었으며, 우리의 『삼국사기』 등이 이에 속한다.

또한 일기 등 기록이나 편년체(연대순 기술)·별사체(특별히 따로 기술)로 엮은 역사는 아무리 민간 개인이 편찬했다 하더라도 야승(야사)에 속하지 않는 것이다. 이러한 분류법은 야사가 도청도설이 아닌 이상 합리적인 분류라 할 수 있으나, 야사라는 일반적 통념에 비추어 모순과 괴리감이 없지 않다.

우리의 정사와 야사 구분은『삼국사기』와『삼국유사』로 확연히 구분된다.『삼국사기』는 강자 신라의 편에 서서 기술된 것이고,『삼국유사』는 민간 설화까지 담은 폭넓은 기록이다. 우리가『삼국사기』만을 삼국시대의 최고 역사서로 알고『삼국유사』의 가치를 야사라고 인정하지 않았다면, 역사 기록은 보잘 것 없었을 것이다.『삼국사기』에 없는 기록들, 예컨대 단군에 관한『삼국유사』의 기록은 민족의 자존심을 일깨워준 값진 기록이다. 이런 의미에서 야사적 가치는『삼국유사』한 가지만으로도 충분히 인정될 것이다.

우리나라에서 야사 저술은 삼국시대 때부터 있어왔다. 김대문의『계림잡전』,『화랑세기』, 최치원의『신라수이전』등이 있다. 고려시대에는 박인량의『고금록』, 이제현의『역옹패설』, 일연의『삼국유사』등이 있다. 이 밖에도 김관의의『편년통록』, 정가신의『천추금경록』, 민지의『세대편년절요』등이 있었다고 하나, 자세한 내용은 전해지지 않는다. 이 밖에도 문집류의 야사가 많이 저술되었을 것으로 추측된다.

조선시대에 들어와 초기에는 야사의 저술이 거의 없었다. 연산군 원년 검토관 이관이 경연석상에서 한 말로 미루어 짐작할 수 있다.

"고려에는 야사가 있었는데 아조에 와서 폐지되었나이다."

조선 초기에 야사의 기록이 통제되고 금지된 것은 아마 역성혁명易姓革命으로 나라를 세운 이씨 조선의 정당성 문제에서 그 원인을 찾아야 할 것 같다. 야사야말로 찬반이 엇갈리는 역성혁명에 대해 보다 많은 기록을 남길 수 있었다. 당시의 집권자로서는 매우 두려운 일이 아닐 수 없었다. 그리하여 야사 저술을 금했거나, 저술되었던 것도 법이 엄해 없어져버렸을 것이다.

실제로 태종의 스승으로 알려진 운곡耘谷 원천석元天錫은 야사를 지어 상자에 넣고 자물쇠를 굳게 채워두었다가 죽을 때 유언을 남겼다.

"내 기록을 감추어두고 조심조심 지켜라!"

그리고 야사를 기록해 보관한 상자에 이런 글을 써놓았다.

'내 자손이 만일 나와 같지 않으면 열어보지 말라.'

원천석의 야사는 증손자 대에 그의 제사를 지낼 때 친척이 모여 의논 끝에 그것이 담겨 있던 상자가 열렸다.

"선조께서 비록 유언을 남기셨으나, 세월이 오래 되었으니 혐의될 바 없을 것이오. 열어봐도 괜찮을 것이오."

상자를 열어보니 고려 말의 일을 기록한 것인데, 사실대로 직필하여 하나도 감춘 것이 없었으므로, 내용이 대부분 국사와 같지 않았다.

친척들이 놀라 쉬쉬했다.

"이것은 우리 가문을 멸망시키는 기록이오. 이 기록을 본 이상 소문나지 않을 수 없소."

의논 끝에 그 값진 야사 기록을 모두 불태워버렸다.

이것을 보더라도 당시 원천석의 거짓 없는 기록이 조정에 얼마나 큰 두려움이 되고, 원천석의 가족에게는 또 얼마나 큰 공포의 대상이 되었는지 알 수 있다. 만약 그렇게라도 없애지 않았다면 조정에서의 조치가 없었을 리 만무하다.

조선의 야사는 16세기에 들어오면서 이른바 사림파 계열의 선비들에 의해 활발해졌다. 그런데 이보다 앞서 15세기경에 저술된 서거정의 『필원잡기』와 성현의 『용재총화』가 있다.

『필원잡기』는 역사에 누락된 사실과 조야의 한담을 소재로 서술한 일종의 수필집이다. 초간본은 저자 서거정의 요청을 받아 유호인이 의성군수로 재임할 때, 관찰사 이세좌의 지원을 얻어 1487년에 간행되었다. 서거정의 조카 팽소, 문인 표연말 · 이세좌, 문하생 조위의 발문이 책 앞뒤에 붙어 있다.

'우리 동국의 일들을 널리 모아 조종祖宗의 업적에서부터 여항閭巷의 풍속에 이르기까지 사관들이 기록하지 않은 것을 빠짐없이 갖추어 적었다.'

이세좌의 발문 일부이다.

『용재총화』는 『대동야승』에 채록되어 널리 알려졌다. 그럼 『대동야승』은 어떤 책인가. 일화 · 소화笑話 · 만록漫錄 · 수필 등을 묶은 것으로, 조선 초부터 인조 때까지의 작품이 수록되어 있다. 이 책은 개인이 아니라 여러 저자들의 손으로 편술된 것이 특징이다. 편찬자나 편찬년대는 알려지지 않았고, 다만 편목 중 『기축록속己丑錄續』은 황혁의 『기축록』을 추가 보충한 것으로서, 그 내용은 효종과 숙종 때의 일을 다루고 있다. 이 책은 숙종 말에서 영조 초 사이에 편찬되었을 것으로 추측된다.

책의 체재는 조선 초엽 성종 때의 학자 · 문신인 성현의 『용재총화』로 시작하여 인조 때의 공신 김시양의 『배계기문』으로 끝맺었다. 대략 250년간에 걸쳐 배출된 유가儒家의 작품을 선별하여 저술, 시대순으로 배열한 야사이다.

『용재총화』의 내용은 고려로부터 조선 성종에 이르기까지 형성 · 변화된 민간 풍속이나 문물제도 · 문화 · 역사 · 지리 · 학문 · 종교 · 문학 · 서화 등 문화 전반에 걸쳐 다루고 있다. 당시의 문화 전반을 이해하는 데 큰 도움을 준다.

이 책은 다양성을 그 특징으로 가지고 있다. 제일 먼저 우리나라의 유학을 논하고, 정몽주 · 권근 · 윤상 등 경학經學의 대가들과, 최치원 · 정지상 등 신라 · 고려의 명현, 서거정 · 성임 등 조선 초기의 문인들의 학문적 특성과 문장가로서의 성격을 풀이하고 있다.

서화에 대해서도 언급하여, 김생 · 이암 · 이용 · 강희안 등의 특징을, 고려의 공민왕부터 조선의 안견의 산수화에 이르기까지, 또 최경의 인물화에 대해서도 언급하고 있다.

음악은 신라의 현금玄琴, 금관국의 가야금 및 송태평·도선길 같은 악공에 대하여, 그밖에 기생 상림춘上林春의 기교에 관해서도 서술하고 있다.

지리 면에는 각 도읍의 행세와 백운동·청학동 등 한양 명승지를 언급하고, 그밖에 성 밖의 명승지도 다루고 있다.

풍속은 잔치음식의 가짓수와 맛의 특징을, 그밖에 혼례 풍습·나례(儺禮, 잡귀를 쫓는 의식)·처용무·관화觀火 등의 절차를 설명하고 있다. 귀중한 민속 자료가 아닐 수 없다. 또 중국 사신의 접대의식 절차, 사신들의 인물평, 과거제도, 성균관 제도, 제사풍습, 불교와 승려 이야기 등을 다루고 있다.

이야기 대상으로는 상하 귀천을 가리지 않았으니, 왕족·양반·관료·유학자·서화가·음악가·문인·과부·스님·점쟁이·기생·창녀 등까지 포함되었다. 또한 유명인사들의 일화·해학, 일반 대중·천인들의 소화笑話에 이르기까지 다양한 설화를 담고 있어, 민속학·구비문학 연구의 소중한 자료가 되고 있다.

황필은 『용재총화』의 발문에서 이렇게 말했다.

"국사에서 갖추지 못한 것을 이 책에 실었다."

『필원잡기』와 『용재총화』는 조선의 야사 발달에 큰 영향과 자극을 주었다. 그러나 조선 야사에서 크게 주목되는 것은 허봉許篈이 『해동야언海東野言』과 『해동야언별집』을 편찬한 일이다. 『해동야언』은 태조부터 명종까지 175년간의 수록류礎錄類를 토대로 하여 하나의 편년사의 형식으로 엮은 야사이다. 『해동야언별집』은 선조 즉위 이후 허봉 자신이 직접 견문한 사실을 역시 수록류로 엮은 것이다.

허봉은 『홍길동전』을 지은 허균의 친형이다. 자는 미숙美叔, 호는 하곡荷谷으로, 벼슬은 창원부사를 지냈다. 그는 동인 집안으로, 서인이 떠받드는 이이를 탄핵하여 갑산으로 귀양갔다가 2년 후에 풀려나, 백운산·인천·춘천 등지로 방랑하다가 금강산으로 들어갔다.

이 기간 동안 허봉은 야사에 길이 남은 『해동야언』을 편찬했다. 권1에 태조 · 태종 · 세종기가, 권2에 세종 · 문종 · 노산군 · 세조 · 예종 · 성종기 및 무오당적 · 무오사화사적 · 유자광전이, 권3에 연산군 · 중종 · 인종 · 명종기 등이 수록되어 있다.

인용된 책은 서거정의 『필원잡기』, 성현의 『용재총화』 등 수십 종이다. 특히 이염의 『유편서정록類編西征錄』을 통하여 세종조에 최윤덕 · 김종서 등이 서부지역을 개척하는 과정을 자세히 보여주고 있다.

연대순에 따라 많은 인물들을 인용 · 정리하여 후세 사람들이 많이 참고 삼았다. 이 책은 정도응의 『소대수언昭代粹言』과 『대동야승』에 수록되어 있다.

『해동야언』은 다만 일사유문逸事遺聞만을 집성한 것이 아니라, 태조 이래 선조까지 약 200년 역사의 흐름을 하나로 묶어 정리했다는 데 큰 의의가 있다.

야사에서 또 하나 크게 주목되는 책이 정도응의 『소대수언昭代粹言』이다. 이 책은 여러 사람의 저작을 모아 편집한 야사집이다. 모두 13편으로 이루어져 있으며 허봉의 『해동야언』, 『해동야언별집』, 이이의 『석담유사石潭遺事』, 우성전의 『계미기사癸未記事』, 김시양의 『자해필담紫海筆談』, 이정형의 『동각잡기東閣雜記』, 남급이 지은 『병자록』, 『강도록江都錄』 등이 그 내용으로 수록되어 있다.

정도응鄭道應은 효종 때의 학자로서, 조선 중 · 후기의 동인 · 남인 계열 인물들의 저서를 모아 책 제목을 붙인 것을 보면 편자 자신도 이 계열임을 알 수 있다.

『해동야언』에 수록된 책 중에 알려진 것이 『석담유사』와 『동각잡기』이다. 『석담유사』는 『율곡전서』가 간행되어 자주 대할 수 있다.

『동각잡기』는 고려 말 이성계가 조선을 건국한 배경으로부터 선조 때까지의 정치와 명신들의 행적을 기록하고 있다. 상하 두 권인데, 상권은 조선의 건국 배경으로부터 중종 연간의 기묘사화까지, 하권은 중종 말년의 정치적 사건으로부터 선조 때의 임진왜란까지를 다루었다.

『대동야승』에 상하 두 권이 모두 수록되어 전하고 있다.『대동야승』중에서도 야사로서 가장 가치 있는 부분이 바로『동각잡기』라고 평가받고 있다.

찬술가 이정형李廷馨은 선조 때 대사헌을 지낸 명신으로서, 당리당략에 치우치지 않고 중립적인 입장에서 중요한 사건들을 모두 사실 그대로 명확하게 서술하려고 노력했고, 명신들의 언행도 공정하게 기록하고 있다.

야사의 총서 편찬은『소대수언』이후에 더욱 성행하여 홍중인의『아주잡록鵝洲雜錄』과 이의철의『대동패림大東稗林』등이 태어났다.『아주잡록』을『경신일록庚申日錄』이라고도 한다. 내용은 선조 이후의 당쟁에 대한 사실, 비평 등을 각종 문집과 야사에서 초록한 것이다. 일반 시문집, 임진왜란 관계 기록, 기타 전기 등 다양한 문헌들을 인용하여 많이 수록했다. 특히 남인이 가장 많이 희생된 1680년(숙종 6)의 경신대출척에 대한 기술이 상세하여,『경신일록』이라고도 한다.『동고집東皐集』,『남명집南冥集』,『일월록日月錄』등 인용한 책이 100여 권이나 된다.

편찬자 홍중인洪重寅은 영조 때의 문신으로 벼슬이 한산군수에 이르렀다.

그러나 야사의 총서로서 대성한 것으로는『대동야승』과『광사廣史』를 들 수 있다.『광사』는 김여金鑪가 편찬한 것으로 모두 143종이나 수록되어 있어, 야사의 총서 가운데 가장 방대하다. 김여는 정조 때 편찬한『창가루외사倉可樓外史』를 만년에 교정·필사하여『광사』라 개제했다. 총 10집으로 나누고, 각 1집을 20책으로 엮었다.

제1집은『야사지류野史之流』6권을 비롯하여 43권을, 제2집은『조야기문朝野記聞』34권을 비롯하여 47권을, 제3집은『야사초본野史抄本』19권을 비롯하여 53권을, 제4집은『어우야담於于野談』12권을 비롯하여 51권을, 제5집은『응천일록凝川日錄』26권을 비롯하여 54권을, 제6집은『패관잡기稗官雜記』6권을 비롯하여 40권을, 제7집은『재조번방지再造藩邦志』12권을 비롯하여 47권을, 제8집은『송문기술宋門記述』4권을 비롯하여 40권을, 제9집은『공사견문公私見聞』4권을 비롯하여 46권을, 제10집은 『명륜록明倫錄』 3권을 비롯하여 47권을 수록하고 있다. 한마디로 가장 방대한 야사 총서이다.

한편, 『해동야언』과 같이 편년사, 즉 통사의 형식으로 집대성된 것으로는 안정복의 『열조통기列朝通記』와 이긍익의 『연려실기술』을 들 수 있다.

『열조통기』는 조선 왕조의 역사를 각 왕별로 편찬한 책이다. 안정복安鼎福은 단군조선으로부터 고려 말까지의 역사인 『동사강목東史綱目』을 편찬한 뒤, 그 후의 역사를 체계화하려는 목적에서 『열조통기』를 편찬한 것이다. 조선시대의 편년체 사서인 각 왕의 실록은 개인이 열람할 수 없었으므로 실록의 내용 중 정치적 교훈이 될 만한 내용을 뽑아 편찬한 『국조보감』을 기본 자료로 이용했다. 이 밖에 개인의 문집, 『동문선東文選』, 『동국여지승람』, 『명사明史』, 『촬요撮要』 등이 인용되었다.

안정복은 과거에 응할 생각을 버리고, 성호 이익에게 수학하여 읽지 않은 책이 없을 정도였고, 특히 주자의 『대전어류大全語類』에 밝아, 남을 가르칠 때나 정치를 할 때 주자학을 토대로 했다. 그의 자는 백순百順이고, 호는 순암順菴이다.

『연려실기술燃藜室記述』은 『대동야승』 및 『소대수언』 등의 단점인 산만한 서술, 소홀한 자료수집, 균형 잃은 서술과 동서 분당 이후 왜곡된 역사 서술 등을 극복하고, 조직적인 체계, 편리한 열람, 정확하고 풍부한 사실의 수록, 불편부당한 서술을 추구한 것이 특징이다.

내용은 조선 태조로부터 현종까지 각 왕대의 사건을 고사말본故事末本의 형식으로 엮은 원집과, 그가 생존했던 시기인 숙종 당대의 사실을 고사말본으로 엮은 속집, 그리고 역대의 관직을 위시하여 각종 전례 · 문예 · 천문 · 지리 · 대외관계 및 역대 고전 등 여러 편목으로 나누어 그 연혁을 기재하고 출처를 밝힌 별집으로 구성되어 있다. 원집과 속집을 정치편이라 한다면, 별집은 문화편이라 할 수 있다. 이 책은 기사본말체紀事本末體로 된 야사이다.

필자가 엮은 이『조선왕조야사록』은 사건과 인물 본위로『연려실기술』을 토대로 각종 야사를 참고하여 재구성했다. 사건과 인물 위주로 엮은 것은 정사에 기록된 사건과 인물이 야사에서는 어떻게 기록되어 있는지 비교해보는 것도 큰 의의와 흥미가 있을 것으로 보았기 때문이다.

　야사에 속하지만, 야담류의 항담巷談과 도청도설류의 기록은 피했다. 재미는 있을지 모르나 야사도 엄연한 역사의 기록이거늘, 야담과 실화식의 이야기들은 야사를 모아 엮는 의미를 훼손할 것 같아서이다. 그런 흥미 위주의 가벼운 야사 모음집은 예전에 전집으로 모아진 적이 있다.

　야사에 기록된 역사적 사건과 인물만을 모아 선별하여 재구성한다는 것은 야사이기에 가능한 일만은 아니다. 다만 정사의 기록과 어떻게 다른지 보여주어야겠다는 의욕 하나로 엮었다. 이 책이 역사 인식의 저변 확대에 조금이라도 도움이 되었으면 하는 바람이다.

최범서

차례

제1대

태조 시대

1392~1398

태
조
시
대

1392~1398

포용할 줄 아는 통 큰 리더 이성계

조선 태조 이성계李成桂의 처음 자는 중결仲潔, 등극 후에는 군진君晋으로 고쳤다. 호는 송헌松軒이며, 이름을 단旦으로도 불렀다.

아버지는 자춘子春으로 고려 공민왕을 섬겨 벼슬을 얻었다. 어머니는 최씨로, 한기漢奇의 딸이다.

이성계는 높은 코에 용의 얼굴을 가졌으나, 천성은 어질고 남에게 덕을 베풀 줄 알았다. 활을 잘 쏘고 힘이 장사였다. 함흥에 살던 젊은 시절, 황소 두 마리가 뿔을 걸고 힘겨루기를 했다. 소싸움이 벌어진 것이다. 소들의 성난 기세에 눌려 아무도 소싸움을 말리지 못했다. 이성계가 팔을 걷어붙이고 나서서 황소의 뿔을 하나씩 잡고 용을 썼다. 소들은 제풀에 지쳐 서로 떨어져 싸울 뜻을 잃고 피했다.

그는 일찍이 시를 지어 큰 포부를 나타냈다.

칡넝쿨을 휘어잡고 푸른 봉우리에 오르니
암자 하나가 흰 구름 위에 높이 누워 있네
눈에 들어오는 것을 죄다 우리 땅으로 한다면
초나라 · 월나라 · 강남인들 어찌 용납하지 않으리

그의 넓은 마음과 큰 도량을 엿볼 수 있는 충혼이 깃든 시였다.

어느 날 고려의 열사·장군 들이 술자리에서 연시聯詩를 지었다. 한 사람이 첫 구를 지으면 다른 사람이 받아 다음 구를 짓는 풍류였다. 이성계가 첫 구를 읊었다.

식자 칼 머리에 사직을 편안히 하리

그러나 다른 문사들이 얼른 대구를 짓지 못해 쩔쩔맸다. 그도 그럴 것이, 문사들은 대부분 음풍농월에는 능했으나, 깊은 뜻이 담긴 시에는 약했던 것이다. 이 광경을 지켜보던 최영崔瑩이 빙그레 미소 짓고 대구를 읊었다.

한 가지 채찍 끝에 건곤乾坤을 평정한다

모인 문사들은 두 사람의 나라 사랑과 웅지에 탄복을 금치 못했다. 두 사람은 숙명적인 맞수였다.

이성계가 잠저(潛邸, 아직 보위에 오르기 전에 살던 집)에 있을 때 여러 가지 정황이 꿈에 나타났다. 어느 날은 비몽사몽 졸고 있는데, 방문 밖에서 누가 이상한 글을 던지고 달아났다. 이성계가 글을 보고 괴이쩍게 여겼다.

'목자(木子, 李)가 돼지를 타고 내려와(이성계는 을해생으로 돼지띠였다) 삼한三韓의 지경을 바로잡는다.'

이성계가 하인을 시켜 글을 던지고 간 사람을 찾았으나 끝내 찾지 못했다. 그 사람은 위의 글을 지리산 바위굴에서 얻었다는 것이다. 이성계는 이 글을 감춰버렸다.

그가 고려 최고 벼슬인 문하시중에 오르기 전이었다. 꿈에 신인神人이 하늘에서 내려와 금척金尺을 주며 말했다.

"경시중(慶侍中, 경복흥을 말함)은 청렴하지만 이미 늙었고, 최도통(최영을 말함)은 성격이 곧고 정직하지만 약간 어리석으니, 이것을 가지고 나라를 바로잡을 사람은 공뿐이다."

그 후 이성계는 문하시중에 올랐다.

또 그가 조선을 세우기 1년 전의 일이다. 덕원부에 큰 나무가 썩어 이파리
를 피우지 못한 지 여러 해째였다. 그런데 그 나무가 이파리를 피우고 무성해
지기 시작했다. 당시 사람들은 나라가 새로이 세워질 징조라며 예사로 보지
않았다.

이성계에 대해 이야기할 때 그가 명궁明弓이었던 사실을 빼놓을 수 없다.

어느 날 임강현 화장산에서 사냥할 때였다. 이성계는 사슴 한 마리를 보고
말을 달렸다. 활에 화살이 매겨져 있었다. 사슴이 절벽에 이르러 미끄럼을 타
듯 아래로 달아났다. 수십 자 높이의 절벽이어서 사람과 말은 내려가기 힘들
었다. 이성계는 사슴을 쫓아 말에 박차를 가했다. 말과 이성계가 절벽 밑으로
굴렀다. 그런 상황에서도 활을 쏘아 사슴을 맞혔다.

이성계는 산에서 기어가는 꿩을 만나면 놀라게 하여 반드시 공중에 날게
하고, 활을 쏘아 맞히는 백발백중의 솜씨를 보였다. 그는 나무 공을 배(梨)만
하게 만들어 5, 60보 밖에서 던지게 하고, 쇠촉을 박은 화살로 꿰뚫는 놀라운
솜씨를 보이기도 했다.

그러나 이성계는 활 솜씨를 뽐내지 않았다. 어쩌다가 사석에 나가 활을 쏠
때는 상대의 명중률을 보아 비슷하게 명중시키는 겸손을 보였다.

고려조 말에 여러 장수들은 군사를 군적에 올리지 않고 사병처럼 삼았다.
이를 패기牌記라고 이름했다. 최영 · 변안렬 · 우인렬 같은 장수들은 위엄을 세
우려고 막료나 사졸들을 마구 욕하고 매질까지 했다. 그러나 이성계는 부하
들을 예의로 대접하고 덕을 베풀어 따르는 장수들이 많았다. 그러한 이성계
는 전쟁터를 누비고 다녔다. 북쪽 오랑캐, 남쪽 왜구와 수없이 싸워 한 번도
패한 적이 없었다.

공민왕 18년, 이성계를 보내어 동녕부를 쳐서 북원北元과 국교를 끊었다. 동
녕부의 이우루테물(李兀魯帖木兒)이 항복했다. 그 추장 고안위가 밤을 틈타 도망

쳤다.

이성계는 원나라 추밀부사 아이주(拜住) 등 300여 호를 데리고 개선했다. 그때 이성계는 기병 5천과 보병 1만 명의 대병을 거느리고, 동북면에서 황초령을 넘어 600리를 더 가서 설한령에 이르렀다. 여기에서 다시 700리를 더 가서 압록강을 건넜다.

이때 이우루테물은 우라于羅산싱으로 옮겼다. 이성계는 애둔촌에 이르렀다. 이우루테물이 싸움을 걸다가 곧 갑옷을 버리고 이성계에게 달려와 절하며 말했다.

"장군! 우리 선대는 원래 고려 사람입니다. 나는 고려의 신하 되기를 원하나이다."

이성계는 그를 쾌히 받아들였다.

우라산성을 칠 때 무너진 담장 안에서 곡성이 들렸다. 부하를 시켜 곡절을 알아봤다. 알몸으로 우는 사람은 바로 바이주였다.

"나는 원나라의 바이주요. 귀국의 이인복(학자로, 벼슬이 검교시중에 이름)은 나의 과거시험 합격 동기요."

이성계는 이 말을 듣고 자기의 옷을 벗어 입히고 개선했다. 공민왕은 바이주에게 벼슬을 내리고 한복韓復이라는 이름을 하사했다. 그리고 이우루테물에게는 이원경李原景이라는 이름을 하사했다.

이성계와 왜구의 싸움은 남원 운봉 인월역 전투가 유명하다. 이때 왜구의 배 500척이 침범하여 인월역에 진을 쳤다. 온 나라가 소란스러웠다.

우왕 5년 이성계는 양광·전라·경상 3도 도순찰사가 되어 왜적을 쳤다. 이 싸움에서 왜적의 장수 아기발도를 죽여 온 나라에 이름을 떨쳤다. 그의 개선을 문신들이 개선시로 답할 정도로 이성계의 인기가 하늘로 치솟았다.

이성계가 싸움터를 누비며 부린 말은 모두 여덟 마리였다. 이 말들은 하나같이 준마였다.

횡운골橫雲鶻은 여진산이다. 이성계가 납씨納氏를 패주시키고 홍건적을 평정할 때 탔다. 이 준마는 싸움터에서 화살 두 개를 맞았다. 유린청遊麟青은 함흥산이다. 이성계가 우라산성을 치고 해주에서 왜적을 물리치고 운봉에서 승리할 때 탔는데, 전쟁터를 누비며 화살 세 개를 맞았다. 31년을 살았는데, 죽은 후 석조石槽에 넣어 땅에 묻었다. 이성계가 아끼던 애마였다. 추풍오追風烏는 여진산이며, 전쟁터에서 화살 한 개를 맞았다. 발전자發電赭는 안변산이다. 용등자龍騰紫는 단천산으로 해주에서 왜구를 평정할 때 탔으며, 화살 한 개를 맞았다. 응상백凝霜白은 제주산으로, 위화도 회군 때 탔다. 사자황獅子黃은 강화도 매도산으로, 지리산에서 왜구를 물리칠 때 탔다. 현표玄豹는 함흥산으로, 토아동에서 왜구를 물리칠 때 탔다.

훗날 세종은 화가 안견安堅에게 명하여 위의 여덟 마리 준마의 형상을 그리게 하고, 성삼문 등 집현전 학사에게 그 찬讚을 짓게 했다.

무학대사, 미래의 왕을 만나다

이성계가 고려조에서 동북면 병마사로 재직하며 안변에 있을 때였다. 어느 날 그는 꿈을 꿨다. 여러 집의 닭이 한꺼번에 울었다. 그는 무너진 집에 들어가서 서까래 세 개를 짊어졌다. 또 꽃이 떨어지고 거울이 깨졌다.

이성계가 놀라 잠에서 깨어났다. 그런데 옆에 노파가 앉아 있었다. 이성계는 꿈이 기이하여 노파에게 해몽을 부탁했다. 그러자 노파가 이성계의 입을 손바닥으로 틀어막았다.

"내게 꿈을 말하지 마오. 장부의 일을 어찌 하잘것없는 여자가 알겠소? 여기서 서쪽으로 가면 설봉산雪峰山이 있소. 그 산에 토굴이 있는데, 스님이 수도하고 있소이다. 그 중에게 해몽을 부탁해보시오."

이성계가 설봉산 토굴을 찾아갔다. 스님이 면벽을 하고 앉아 삼매경에 빠져 있었다. 인기척을 내어도 얼어붙은 듯 꼼짝하지 않았다. 이성계는 스님이 돌아앉아 자기를 알아볼 때까지 기다릴 수밖에 없었다.

해가 설핏 꼬리를 감추려 하는 시각, 그 중이 꿈에서 깨어난 듯 돌아앉아

지는 해를 바라보았다. 그러고는 혼잣말처럼 웅얼댔다.

"어느 짐승이 왔나?"

"스님, 이제야 제 기척을 알아채셨구려."

"그대는 동북면 병마사가 아니오?"

"저를 아시나이까?"

"고려에서 어찌 명궁 송헌(이성계의 호)을 모르리오."

"스님, 꿈이 너무도 기이하여 해몽을 듣고자 왔나이다."

"쉬잇! 비좁지만 토굴 안으로 들어오시오."

이성계는 허리를 굽히고 토굴 안으로 들어가 겨우 엉덩이를 붙였다.

"작은 목소리로 말해보오."

"왜 그러십니까?"

"꿈이 천기를 누설할 것 같으면 큰일 아니겠소? 낮말은 새가 듣고 밤말은 쥐가 듣는 법이오."

"알겠소이다. 스님, 실은 어젯밤 동네 닭이 한꺼번에 우는 꿈을 꾸었소이다."

이성계가 귀엣말로 말했다. 스님이 속삭이듯 해몽을 말했다.

"닭울음이 어떻게 나지요?"

"꼬끼요, 하고 울더이다."

"꼬끼요를 한자로 쓰면 고귀위高貴位요, 즉 고귀한 사람이 나타난다는 뜻이오. 더구나 온 동네 닭이 한꺼번에 울었으니 온 나라에 귀한 인물이 등장한다는 예고요."

"또 이런 꿈도 꾸었소이다."

"말해보구려."

"무너진 집에 들어가 서까래 셋을 등에 지고 나왔소이다."

스님이 깜짝 놀라 눈을 질끈 감았다. 그러고는 머리를 숙였다.

"축하하오. 하오나 이것이야말로 천기이니 함부로 할 말이 못되오."

"무슨 말씀이오?"

"등에 서까래 셋을 진 것은 임금 왕王 자 형상입니다. 아시겠소?"

"설마 내가……."

"쉬잇! 천기이니 입에 자물통을 잠그시오."

"이런 꿈도 꾸었소이다."

"또 무엇이오?"

"꽃이 떨어지고 거울이 깨졌소이다."

"허허, 점입가경이군."

"무슨 말이오?"

"꽃이 떨어지면 마침내 열매가 생기고, 거울이 떨어져 깨지면 와장창 소리가 나지를 않겠소? 임금 왕 자를 뒷받침하는 꿈이오. 열매가 생긴다는 것은 결실을 뜻하고, 그러려면 나라에 와장창 소리가 나지 않겠소? 천기이니 혼자만 알고, 천운에 따를 준비를 하시구려."

"고맙소이다. 스님의 함자를 알고 싶소이다."

"연경(북경)에서 돌아온 지 얼마 아니 되는 무학無學이라 하오."

무학의 속성은 박朴이요, 이름은 자초自超, 호가 무학이었다. 경상도 삼기현(지금의 합천군 대병면 일대) 출신으로, 18세에 출가하여 소지선사에게 머리를 깎이고 중이 되었다. 용문산 혜명국사에게 불법을 배운 후, 묘향산 금강굴 등을 찾아 수도했다.

고려 공민왕 초에 연경에 가서 지공대사에게 배우고, 이듬해 법천사의 나옹을 찾았다. 중국 오대산 등지를 순례한 후, 서산 영암사에서 나옹을 만나 수년간 머물다가, 1356년(공민왕 5)에 귀국, 수도에 정진했다.

이때 설봉산 토굴에서 이성계를 만나 해몽을 해주고, 이 일이 인연이 되어 뒷날 이성계가 조선을 세우자 무학은 왕사로 활약했다.

이성계는 나라를 세운 후 설봉산 토굴터에 절을 짓고 석왕사釋王寺라 이름했다. 왕 자를 풀이했다는 뜻으로, 임금 될 꿈이라고 풀이한 것으로 해석된다.

야사에 등장하는 이성계의 잠저 시절은 꿈과 웅지를 품은 시와 명궁으로 대변된다.

고려 말의 쌍두마차, 최영과 이성계

최영과 이성계는 무관으로서 고려 말의 쌍두마차였다. 최영이 선배였는데, 이성계를 무척이나 아끼고 존경했다. 이들이 갈라서게 된 것은 조정이 친원파와 친명파의 신구 세력으로 색깔을 달리한 때부터이다. 최영은 친원파의 서두요, 이성계는 새로 일어난 명나라를 따르는 친명파의 거두였다.

두 명장은 위화도 회군 이후 서로 돌아오지 못할 다리를 건너버렸다.

고려는 원종 때부터 원나라를 섬겼다. 충렬왕은 원나라의 공주와 결혼하여, 원나라 황제와 장인과 사위로 우호관계를 맺었다. 그 후 충선왕을 비롯하여 원나라의 외손이 대대로 왕위에 올랐다.

명나라가 일어났다. 공민왕은 명나라를 섬기기로 했다. 당시 고려 조정은 북원과 인연을 끊어야 한다는 여론이 비등했다. 그리하여 공민왕은 이성계에게 북원의 동녕부를 치도록 영을 내렸던 것이다. 이성계 · 박상충 · 정도전 등 신진세력은 명나라를 섬길 것을 주장하고, 이인임 · 지윤 · 최영 등은 원나라를 섬기자고 주장했다.

최영이 문하시중이 되어 나랏일을 맡았다. 이때 명나라에서 철령위를 두자 조정 여론이 원나라를 섬기자는 쪽으로 돌았다. 그리고 최영은 요동을 칠 계획을 세웠다. 최영이 우왕에게 요동을 칠 것을 강력히 권했다. 이때 공산부원군 이자송이 최영의 집에 가서 계획이 옳지 못하다고 역설했다.

이자송은 청렴한 관료로 백성들의 신망이 두터웠다. 백성들은 그가 언제인가는 재상이 될 것이라는 기대를 걸고 있었다.

최영은 요동 정벌에 반대하는 세력들을 단호히 제거하고 계획을 단행해야만 했다. 그는 이자송을 임견미 · 염흥방 등의 도당으로 몰아붙여, 곤장을 쳐서 전라도 지방으로 귀양 보냈다. 백성들은 최영의 어처구니없는 처사에 슬퍼하고 분노했다. 더구나 이자송이 귀양지에서 피살당하자 인심이 최영을 떠나고 있었다.

우왕과 최영은 요동정벌 계획을 무리하게 밀고나갔다. 우왕은 봉주로 옮겨 최영과 이성계를 불렀다.

"경들은 들으시오. 과인이 요동을 칠 것이니 경들은 마땅히 힘을 다하라!"

"어명을 받들어 진충보국하겠나이다."

최영은 머리를 조아렸으나 이성계는 요동정벌이 불가하다고 네 가지 이유를 들었다. 우왕은 최영의 사위이기도 했다. 영비가 최영의 딸이었다.

이성계는 네 가지 이유를 설명했다.

"첫째, 작은 나라로서 큰 나라를 치는 것이 불가함입니다."

"명나라가 철령위를 설치하여 고려를 압박해오고 있소. 대국이 하는 일이라고 보고만 있으란 말인가!"

우왕이 화를 냈다.

이 철령위 설치 문제는 1387년 1월, 명나라에 사신으로 갔던 설장수에게 황제가 "철령 이북은 본래 원나라에 속해 있던 땅이니, 이 땅을 모두 요동에 귀속시킨다"는 말을 전하면서 불거졌다.

고려 조정에서는 이 문제로 5도에 영을 내려 성을 수축케 하고, 장군들을 북방의 변경에 보내어 대비케 했다. 그리고 박의중을 명나라에 보내어 철령 이북의 문천 · 고원 · 영흥 · 정평 · 함흥 등과 공험진까지 고려의 영토임을 밝히고 철령위 설치를 중지해달라고 교섭했다.

최영은 중신 회의를 열어 요동정벌의 뜻을 밝혔으나 모두 화의를 원해, 우왕과 극비리에 정벌계획을 수립하고, 친명파의 거두 이성계를 봉주로 불러들인 것이다.

"둘째, 여름 농사철에 군사를 출동시키는 것이 불가합니다."

"나라가 위급 존망에 처해 있는데 농사가 대수란 말이오?"

이번에는 최영이 언짢아했다.

"시중 대감, 그러니 전쟁을 피하고 화의 쪽으로 나가자고 중신 회의에서 결의하지 않았나이까?"

"화의하면 철령위 설치 문제가 무마될 것 같으오?"

"교섭을 해봐야지요."

"소용없는 일이오. 대국의 하는 짓이 늘 그랬소. 달면 삼키고 쓰면 버리는 것. 우리도 이 기회에 명나라를 혼내주고 우리의 옛 고구려 영토를 찾아보자는 것이오. 지금 명나라 조정은 군사력을 북원 정벌에 집중했소. 고려로서는 절호의 기회요."

"셋째, 온 나라가 요동정벌에 나가면 그 틈을 왜구가 노릴 것이니 불가합니다."

"왜구야, 언제 큰 군사를 일으켰소? 왜구의 출몰은 그리 염려할 것이 못 되오."

"넷째, 때는 바야흐로 더위와 비가 심한 계절이어서, 활의 아교가 풀어지고, 군사들이 전염병에 걸릴 염려가 있을 것이니 불가합니다."

"그 점은 우리만 불리한 것이 아니오. 적군도 똑같은 조건이오. 불가의 이유가 되지 못하오."

최영이 화를 냈다.

"시중 대감, 대감께서도 잘 아시다시피 군사는 아군이 유리할 때 움직여도 그 승패를 알 수 없거늘, 불리한 조건하에 움직인다면 승패는 자명한 것이나이다. 다음으로 미루소서."

"이미 전국에 동원령을 내렸소. 중지할 수 없소."

"전하, 영을 거두어주소서. 신이 생각건대 이번 출병은 무모하나이다."

"그대는 이자송이 되겠다는 말인가!"

"이자송이 비록 목숨을 잃었사오나, 아름다운 이름은 후세에 전할 것이나이다."

"듣기 싫소. 그대는 어명을 거역하겠다는 것인가!"

최영이 나무랐다.

이성계는 어전을 물러나와 통곡했다.

"백성들의 화가 시작되는구나."

우왕은 평양에 이르러 최영을 팔도도통사로 삼고 조민수를 좌군도통사로 삼아 신덕부 등에게 그의 지휘를 받게 하고, 이성계를 우군도통사로 삼아 이지란 등에게 그의 지휘를 받게 하였다. 좌우군이 모두 3만 8천6백 명인데, 10만 군사라 호칭했다.

그러나 요동정벌 계획은 이성계와 조민수의 위화도 회군으로 무산되고, 우왕과 최영은 고려 조정에서 사라져 목숨을 잃었다. 이 사건은 고려 사직이 저무는 결정적인 계기가 되었다.

최영은 죽는 순간에도 떳떳하고 기개를 보였다. 이성계는 정치적 야심으로 어쩔 수 없이 그를 죽이면서도 떳떳하지 못했다.

"이것은 제 본심이 아니니 이해하소서."

이성계의 사과였다.

최영은 죽는 순간에도 고려에 대한 충정을 보였다.

"나에게 조금이라도 사심이 있었다면 나의 무덤에 풀이 날 것이다. 그렇지 않다면 풀이 나지 않을 것이다."

그의 말대로 그의 무덤에는 풀이 나지 않아, 붉은 무덤처럼 보였다고 한다.

이성계와 퉁두란은 어떻게 의형제가 되었나

영웅은 서로를 알아본다는 말은 이성계와 퉁두란의 경우를 봐도 알 수 있다. 두 사람이 어떤 경로를 통해 알게 되었는지는 알 수 없으나, 야사에는 서로 명궁으로 알려진 두 사람이 서로 활 솜씨를 겨루어 친해졌다고 한다.

퉁두란은 원래 중국 송나라의 명장 악비岳飛의 자손으로 알려져 있다. 그의 조상은 역적 진회에게 몰려 고구려의 흑룡강 기슭으로 피난해왔다. 퉁두란은 자신의 성을 버리고 외가의 성을 취해 퉁씨가 되었다. 그리고 몽골의 이름은 쿠룬투란티무르(古論豆蘭帖木兒)였는데, 두란으로 불렀다.

퉁두란이 이성계의 명궁 솜씨를 듣고 함흥으로 찾아왔다. 아직 고려 조정에 출사하기 전이었다. 이성계는 퉁두란의 훤칠한 키와 활달한 성격에 호감이 갔다.

"나는 퉁두란이라 하오. 흑룡강 기슭에 살고 있소이다. 듣자 하니 이공의 활 솜씨가 뛰어나다 하여 내 눈으로 직접 보고자 무례를 무릅쓰고 찾아왔소."

이성계가 퉁두란을 찬찬히 뜯어보았다. 알 수 없는 적개심 같은 것이 숨어 있었다. 그러나 이성계는 웃음으로 응수했다.

"무엇을 보고자 하오?"

"니도 활 다루는 솜씨는 둘째 가라면 서운한 사람이외다. 이공과 한번 겨루고 싶소이다."

"좋소! 방법을 말하시오."

"내가 백 보 밖에서 이공에게 활을 쏘겠소. 막아보시겠소?"

이성계는 속으로 뜨끔했다. 활 솜씨를 구실삼아 죽이겠다는 심보가 아닌가. 이성계는 퉁두란의 속셈을 알고도 쾌히 승낙했다.

"어디 한번 솜씨를 보여주구려."

이성계는 정확히 백 보를 걸어가 퉁두란을 향해 정면으로 앉았다.

"이공, 목숨을 내놓겠다는 게요?"

"어디 나를 명중시킬 수 있나 두고 봅시다."

퉁두란이 이성계의 얼굴을 겨누고 시위를 당겼다. 퉁두란은 자기보다 활 솜씨가 뛰어난 이성계가 동북지방에 살고 있다는 데 평소에 불만이 많았다. 그리하여 이런 일을 벌여 이성계를 제거하려고 한 것이다.

"쉬잇!"

천하의 명궁도 당하지 못할 빠르고 강한 화살이었다. 이성계의 얼굴이 피투성이가 되어 쓰러지는 것은 보나마나였다. 그런데 어찌된 일인가? 이성계가 화살을 손에 쥐고 웃고 있었다.

퉁두란은 약이 올랐다. 예고 없이 두 번째 화살을 쏘았다. 속으로 '네놈이 아무리 날쌘 여우라 해도 이건 피하지 못할 거다' 하고 쾌재를 부르려 했다. 그런데 이성계가 어느새 땅바닥에 납작 엎드려 퉁두란을 쏘아보고 있지 않는가. 퉁은 가슴이 철렁 내려앉았다.

퉁은 그냥 물러날 수 없었다. 재빨리 세 번째 화살을 날렸다. 그러자 이성계가 땅 위에서 날아올라 두 다리를 쩍 벌리고 있었다. 화살은 두 다리 사이로 빠져나갔다.

퉁은 당황하여 활을 던지고 이성계에게 달려왔다.

"이공, 내가 졌소. 나를 마음대로 하시구려."

이성계는 퉁두란의 정직하고 활달한 성격이 마음에 들었다.

"일어나시오. 이기고 진 사람은 없소. 오늘은 내가 운이 좋았을 뿐이오."

이성계가 퉁의 손을 잡고 일으켰다. 퉁은 이성계의 너그러운 마음에 감복했다. 그러나 언제든 기회를 보아 호적수를 없애야 한다는 강박관념에 시달렸다.

어느 날 밤이었다. 이성계가 측간(화장실)에서 일을 보고 있었다. 퉁은 기회를 노리던 터여서 망설이지 않고 활을 쏘았다. 이성계가 날아오는 화살을 잡았다. 퉁은 틀림없이 명중되었으리라고 믿고 있었으나, 확인 사살을 하듯 활을 한 번 더 쏘았다. 그리고 잠시 담벼락 옆에 숨어 동정을 살폈다.

이성계가 측간에서 나오며 큰기침을 했다.

"크흠, 화살 주인 어디 갔나?"

퉁이 담벼락에서 뛰어나오며 땅바닥에 엎드려 용서를 빌었다.

"이공, 내가 질투에 눈이 멀어 죽을죄를 졌소이다. 죽여주시오."

"죽을죄는 무슨… 오늘도 내가 운이 좋았소이다."

"다시는 이공을 괴롭히지 않겠소. 나를 거두어주시겠소?"

"거두다니, 당치 않소. 나는 오늘부터 그대를 아우처럼 여길 것이오."

"형님, 한평생 형님을 곁에서 모시겠나이다."

"고맙구면."

두 사람의 인연은 이렇게 시작되었다. 이성계가 고려 조정에 출사한 이후 조선을 세울 때까지 퉁두란은 한시도 이성계 곁을 떠나지 않았다.

한번은 이런 일도 있었다. 두 사람이 의형제를 맺은 지 얼마 후였다. 두 사람이 마을길에서 놀고 있었다. 그때 마을 아낙이 물동이를 이고 지나갔다. 이성계가 개구쟁이처럼 철환을 던져 물동이에 구멍을 냈다. 그것을 지켜보던 통두란이 날쌔게 진흙을 뭉쳐 물동이에서 물이 새어나오기 전에 구멍을 막았다. 지켜보던 동네 사람들이 그 광경에 혀를 내둘렀다.

이성계는 조선을 세운 후 통두란에게 이李씨 성과 지란芝蘭이라는 이름을 하사했다. 이때부터 통두란은 이지란이 되었다. 개국 좌명공신으로 청해군靑海君에 봉해지고 벼슬이 찬성사에 이르렀으며, 죽은 후에는 시호를 양렬공襄烈公으로 받았다.

이지란은 말년까지 이성계를 모셨다. 이성계가 왕자의 난 이후 영흥으로 내려갈 때 배행하여 풍양에 은퇴했다. 이때 이지란은 사퇴의 뜻을 밝히고 중이 될 것을 아뢰었다.

"신이 성군을 만나 장수가 되어 남북으로 전쟁터를 누빌 때 많은 목숨을 빼앗았사옵나이다. 공신이 되고 형님 전하의 총애가 아무리 극진하오나, 지옥의 화가 두렵사옵니다. 머리를 깎고 중이 되어, 죽은 뒤에 보복을 면하기만 엎드려 바라옵나이다."

이지란은 절에 들어가 가사를 입고, 집과 세상사의 인연을 끊어버렸다.

그 후 이지란은 72세에 세상을 떠났다. 그의 시체는 화장이 되었고, 사리가 나왔다. 그의 자손들은 그의 의관을 장사지냈다. 그의 무덤 앞을 지나는 행인들은 감히 소나 말을 타고 지나가지 못했다. 충효와 예절을 중히 여기고, 생활은 검소하고 담백한 일생이었다.

이색의 시

이색李穡은 포은 정몽주, 야은 길재와 더불어 여말 3은三隱 중의 하나다. 이성계와는 친숙한 사이였다. 어려서부터 총기가 뛰어났고, 14세에 성균관 시험에 합격한 준재였다. 그는 이성계가 나라를 세운 후 여러 차례 출사를 종용받았으나, 끝내 응하지 않았다. 망국에 대한 시와 이성계가 나라를 세우기 전 전공을 찬양한 시가 여러 편 남아 있다.

이성계가 운봉 싸움에서 왜구의 적장 아기발도阿其拔都를 죽이고 개선했을 때, 권근·김구영·이색 등 당대의 문관들이 시를 지어 하례했다.

이색의 시는 찬사의 극치였다.

> 적을 소탕하기는 썩은 나무 꺾기 같았네
> 삼한의 기쁜 기색, 여러분에게 달렸소
> 백일 같은 그 충성, 하늘에 안개 걷히고
> 청구에 떨치는 위엄, 바다가 잔잔하오
> 빛난 자리에 무공을 칭송하는 노래요
> 능연각 높은 집에 영웅의 화상 그리니
> 병든 이내 몸, 교외까지 나가 맞지 못하고
> 앉아서 새 시를 읊어 높은 공 송축하오

훗날 이성계와 이색은 뜻을 달리하여 갈라서게 되었으나, 이성계는 이색을 훌륭한 학자로 존경했다.

나라가 기울자 야은 길재가 이색에게 거취 문제를 상의해왔다. 길재는 이색의 제자였다.

"스승님, 이 조정에 더 머물러 계셔야 하오리까?"

이색은 잠시 눈을 지그시 감고 있다가 말문을 열었다.

"마땅히 각자가 뜻을 행할 것이야. 나 같은 무리는 대신이기 때문에 나라와 더불어 기쁜 일 슬픈 일을 함께해야 하니 물러갈 수 없다. 허나 그대는 물러갈 만하다."

"알겠나이다."

길재는 그 길로 벼슬을 버리고 금오산으로 숨어버렸다. 그때 이색은 길재에게 이런 시 한 구절을 주었다.

> 나는 기러기 한 마리 하늘 높이 떠 있다(飛鴻一箇在冥冥)

이색의 기개와 심정이 그대로 드러난 촌철살인의 명구였다.

이색이 '이초彝初의 변'에 연루되어 곤욕을 치렀다. 이초의 변이란 윤이와 이초란 자가 명나라에 가서 황제에게 무고한 사건이었다.

"폐하, 고려의 이시중(이성계)이 요(공양왕)를 세워 임금을 삼았사오나, 요는 왕실의 종친이 아니옵고 인척이옵나이다. 요가 이성계와 더불어 군사를 일으켜 장차 명나라를 침범하려 하자, 재상 이색 등이 옳지 않다고 하였사옵나이다. 이에 이성계는 이색·조민수·이숭인·권근 등 10인을 살해하고, 우현보·정지·김종연 등 9인을 귀양 보냈나이다. 귀양살이 하는 재상들이 몰래 저희들을 황실에 보내어 이렇게 아뢰는 바이옵나이다. 명나라 군사를 보내시어 속히 토벌하기를 바라나이다."

때마침 왕방과 조반이 명나라에 사신으로 가 있었다. 명나라 예부에서 왕과 조를 불러 이 사실을 알리고, 귀국하는 즉시 철저히 조사하여 보고하라고 일렀다.

조반이 명나라에서 윤이와 대질했다.

"우리나라가 정성으로 사대事大하고 있는데, 어찌하여 이러한 무고를 하였는가?"

"대감은 명나라에 들어온 지 오래되어 일을 모르오. 어찌 무고라 하오?"

"네 이놈! 네 지위가 파평군에 이르렀거늘 정녕 나를 몰라 외면하는 게냐!"

윤이는 얼굴을 숙이고 어찌할 바를 몰랐다. 명나라 예부에서 보고 윤이의 거짓임을 알아차렸다.

"바른 대로 말하라!"

윤이는 대답이 없었다. 예부의 관리가 말했다.

"황제 폐하께오서 밝으시어 이들이 무고임을 알고 계시오."

"무슨 연유로 무고했느냐?"

"무고가 아니오. 곧 보고가 올 것이오."

"듣기 싫다!"

윤이와 이초는 무고가 밝혀져 멀리 표수현으로 귀양 보내졌다. 그러나 고려 조정은 벌컥 뒤집혔다. 이색 등 무고 관련자들이 체포되어 청주옥에 갇혔다. 국문이 혹독하여 사건이 어디로 흘러갈지 아무도 예측할 수 없었다. 이성계로서는 좋은 기회였다. 이참에 반대파들을 모조리 소탕하고 싶었다.

30여 명이 청주옥에 갇혀 있었다. 죄를 만들려면 얼마든지 만들 수 있었다. 이색의 운명도 예측할 수가 없었다.

그런데 어찌된 일인가. 새벽부터 비가 억수로 쏟아졌다. 한낮이 되자 산이 무너지고 물이 넘쳐, 성문이 무너지고 성 안이 물바다로 변했다. 가옥이 물에 잠겨 물 속에 박힌 바위처럼 보였다. 죄를 심문하는 문사관이 물에 떠내려가다가 수백 년 묵은 은행나무를 붙잡고 겨우 목숨을 구했다.

청주의 홍수 사태는 즉시 조정에 보고되었다. 공양왕과 이성계는 하늘이 두려워 죄를 만들지 않기로 했다.

청주의 선비들은 이색이 죄를 면한 것을 보고, 고려에 대한 충성심에 하늘이 감동한 것이라고 고마워했다.

청주옥에서 풀려난 이색이 이성계를 찾아갔다. 이성계는 그를 반겨 윗자리에 앉힌 다음, 술을 주며 이색에게 서서 마시라고 간곡히 청했다. 이색은 사양하지 않고 그대로 했다. 두 사람 사이에는 끈끈한 정이 있었다. 그러나 가는 길이 서로 달랐다.

이성계가 조선을 개국한 후 이색은 여주의 자기 집에 머물렀다. 그의 두 아들 종학과 종덕이 소위 역성혁명군에게 매 맞아 죽은 후였다. 두 아들을 죽이는 데 공을 세운 정총과 정도전은 다름 아닌 이색의 제자였다.

하루는 제자가 찾아왔다. 이색은 그를 데리고 깊은 산골짜기로 데리고 들어갔다. 제자는 영문을 모른 채 따라갔다. 인적 없는 깊은 산골짜기로 들어간 이색이 제자 앞에서 목을 놓아 통곡했다. 제자는 스승의 참담한 심정을 알고 종일 따라 울었다.

해거름 무렵, 이색이 제자에게 속마음을 털어놓았다.

"오늘에야 내 가슴이 시원하구나."

"선생님, 미처 마음을 헤아리지 못했나이다."

"내 마음을 헤아린들 어쩌겠느냐. 망국의 신하요, 자식을 잃은 애비이거늘…."

이색은 이성계가 나라를 세우자 이런 시를 읊어 앞날을 내다보았다. 자식의 죽음을 알아차렸던 것이다.

> 송헌(이성계의 호)은 나라를 세우고 나는 유리되니
> 꿈속엔들 어찌 이럴 줄 알았으랴
> 이정(정총과 정도전)이 국가 대사에 참여했다 하니
> 우리 가족은 어느 때 다시 모일꼬

이성계가 왕위에 오른 뒤 이색을 불렀다. 이색은 이성계를 만나자 읍만 하고 절을 하지 않았다. 그래도 이성계는 용상에서 내려와 이색을 반갑게 맞았다.

잠시 후 시강관侍講官이 차례로 줄을 서서 들어왔다. 이성계는 재빨리 용상에 다시 올랐다.

이색이 벌떡 일어나며 말했다.

"나는 앉을 자리가 없으니 이만 가겠소."

이성계가 만류했다.

"원컨대 가르침을 받들겠소. 덕이 없고 우매하다고 나를 버리지 마오."

"망국의 대부는 보존하기를 도모하지 않으오. 다만 나의 다 죽게 된 해골을 가져다가 고산故山에 묻을 뿐이오."

이색은 주저 없이 나가버렸다.

그날 밤, 이색은 한 수의 시로 시름을 달래었다.

> 연복사演福寺의 종소리는 아직 울리지 않네
> 이불을 안고 꿇어앉아 이 추운 밤을 지내네
> 일신은 쇠해 병들었고 건곤乾坤이 늙었네
> 삼라만상이 일월에 밝았도다

저구杵臼가 조씨趙氏 후사를 보전할 뜻을 어찌 옮기랴

화봉인華封人이 요임금을 축하하고 속절없이 정을 품고 있더라

유유한 고금의 무궁한 일이

수장愁腸을 일받아 부평 짓게 하누나

여기에서 '저구'는 중국 춘추 때 진晉나라의 귀족인 조씨가 반대당에게 몰려 멸망을 당할 무렵, 조씨의 부하인 공손 저구가 조씨의 유복자를 몰래 길러서 조씨의 후사를 이었다는 고사에서 인용한 글이다.

또 화봉인의 화는 지명으로, 화에 봉해진 사람을 말하는데, 요임금 때 화봉인이 요에게 수壽 · 부富 · 다남多男을 축원했다는 고사이다.

이 시로써 이색의 솔직한 심정을 알 수 있다. 이색은 우왕이 폐위되어 강화에 있을 때, 몰래 찾아가 문안을 드릴 만큼 고려조의 충신이었다.

그는 큰 학자였으나, 인물은 보잘것없었다. 그가 명나라 사신으로 갔을 때 명 태조가 불러 접견했다. 이색이 어찌나 못생겼든지 명 태조가 희롱했다.

"이 노인의 얼굴을 그림으로 그릴 만하겠구나."

그래도 이색은 자세를 흐트러뜨리지 않았다.

말년에 그는 이성계의 특별한 호의로 한산 · 여주 · 오대산을 자주 찾았다. 그러나 그의 죽음은 석연치 않았다.

음력 5월에 여주강에서 뱃놀이를 하다가 물에 빠져 죽었다. 이성계가 보고를 받고, 당시의 관찰사에게 책임을 물어 죽여버렸다. 죽을 무렵 이색의 심정은 이러했다.

인정이 어찌 물物의 무정함과 같으랴

근래에는 닥치는 일마다 점점 불평이네

우연히 동쪽 울타리를 향함에 부끄러움이 얼굴에 가득 차니

몸은 진국화요 사람은 거짓 도연명일세

서애 유성룡이 목은의 인물평을 했다.

"포은은 원찬裒粲과 같고, 목은은 양표楊彪와 같다. 고려 말의 인물 가운데 다른 이는 논할 것이 없다."

원찬은 중국 남북조시대에 죽음으로써 송나라에 절의를 지킨 충신이다. 양표는 중국 한말漢末의 대신으로, 나라를 위해 비록 죽지는 못했으나 조조에게 끝내 굽히지 않았다. 그의 아들 양수가 조조에게 죽임을 당한 고사에, 목은의 아들이 이성계의 오른팔인 정도전에게 죽임을 당해 이에 비유한 것이다.

정도전은 왜 이성계를 선택했는가

조선 역사를 통틀어 정도전鄭道傳만큼 공이 많고도 불행한 인물은 드물다. 개국공신으로 이성계의 오른팔이 되어 나라의 기초를 다지는 데 혁혁한 공을 세운 그였다.

조선 초기 국책의 대부분이 그의 머리에서 나왔다. 그는 한양 천도 당시 궁궐과 종묘의 위치 및 도성의 기지를 정하고, 각 궁궐 및 궁문의 칭호, 도성의 8대문과 48방坊의 이름을 지었다. 또한 『조선경국전』, 『경제문감』, 『경제문감별집』 등을 지어, 치국의 대요와 관제 등 모든 제도와 문물을 제정했다.

그가 지은 『몽금척』, 『수보록』, 『문덕곡』 등 수많은 악장樂章은 태조의 공덕을 찬양한 것으로, 조선 500년간 궁중에서 연주되었다. 이외에도 그의 공적은 헤아릴 수 없이 많다.

그러나 그러한 그도 정권욕에 휘말려 이방석을 옹위하려다가 태종 이방원의 철퇴 아래 쓰러지고 말았다. 이후 그는 조선 500년 동안 역적으로 몰려 신원伸寃하지 못한 불행한 원귀가 되고 말았다. 정도전만큼 치열한 삶을 살다 간 성리학자도 드물다. 그는 문장에 뛰어난 문필가이기도 했다.

정도전은 고려 우왕 1년에 친원파였던 이인임·경복흥의 노염을 사서 귀양을 떠났다가 2년 만에 석방되었으나, 그 후에도 5년간을 조정에 나오지 못하고 학자들과 학문을 토론했다.

이성계가 동북면 병마사를 지내던 시절, 정도전은 고달픈 몸을 이끌고 안변으로 이성계를 찾아갔다.

"삼봉(三峰, 정도전의 호)이 어인 일로 이 먼 곳까지 오셨소?"

"세상을 떠돌며 많은 인물들을 접해보았으나 찾을 곳은 이곳뿐이었소."

정도전의 의미심장한 말에 이성계는 경계를 늦추지 않았다.

"그래, 앞으로 어찌하실 참이오?"

"그저 막막할 뿐 앞이 보이지 않소이다."

"우선 이곳에 머물며 조정에 들어갈 궁리를 하십시다."

"거두어주시니 은혜 백골난망이오이다."

아직은 친명파들이 힘을 쓸 수가 없을 때였다. 조정에는 이인임·경복흥·최영 등의 친원파들이 포진하고 있어, 그들에게 쫓겨난 정도전은 발붙일 곳이 없었다. 그 당시 이성계는 신진세력으로서 전쟁터를 누비는 장수에 불과했다. 정도전은 이성계의 막하에 들어가 겨우 기지개를 켜기 시작했다.

그 후 정도전은 이성계를 도와 개국에 온 힘을 기울였다. 한때는 정몽주의 탄핵을 받아 위기에 몰리기도 했다. 그의 정당문학 시절 고려 조정의 분위기는 이성계의 친명파 쪽으로 기울었다. 이성계의 주변에는 정도전을 비롯하여 조준·남은·윤소종 등 쟁쟁한 신진들이 때를 기다리며 웅크리고 있었다.

공양왕의 세자 석이 명나라에 사신으로 갔다가 돌아오는 길이었다. 이성계는 황주에 나아가 세자를 맞으려고 조정을 떠났다. 사냥을 무척 좋아했던 이성계는 황주로 가던 길에 해주에서 사냥을 하다가 말에서 떨어져 진창에 거꾸로 처박혔고, 심한 상처를 입어 민가에 누워 있게 되었다.

정몽주 등은 이 소식을 듣고 이성계를 제거할 절호의 기회라 여겼다. 그는 일단 대간들을 부추겨, 이성계의 우익인 조준·정도전·남은·윤소종·남재·조박을 먼저 귀양 보내버렸다. 그런 후 김귀련·이번 등을 조준 등이 귀양을 간 현지에 파견하여 국문한 후 죽이려고 했다. 그러나 이 계획은 태종이방원이 발 빠르게 조치를 취하여, 이성계가 가마를 타고 개성으로 돌아옴으로써 무산되고 말았다. 그 후 이성계 추대론은 급물살을 탔다.

이성계가 등극한 후 정도전은 동북면 선무사로 군·현의 경계를 정하고 편의대로 일하라는 영을 받았다. 이지란·이원경이 정도전의 부사가 되었다.

태조는 중추부사 신득공을 동북면 도선위사로 명하고 정도전에게 보내는 편지를 써주었다. 편지에는 태조가 정도전을 아끼는 마음이 잘 드러나 있다.

'작별한 지가 오래되어 생각이 몹시 깊소이다. 신 중추를 보내어 행역에서의 수고를 위로하려고 하는데, 최긍이 와서 잘 지낸다고 하니 조금은 위안이 되오. 솜옷도 한 벌 보내니 받아주기 바라오. 이 참찬(이지란)과 이 절제(이원경)에게도 솜옷 한 벌씩을 보내니, 나의 생각이 간절함을 전해주오. 조정 얘기는 신 중추에게 들으시오. 봄 추위에 때에 따라 몸을 잘 보호하여 변방의 공적을 완성해주오.'

정도전은 편지와 솜옷을 받고 태조에 대한 충성심을 거듭 마음에 새겼다.

태조가 한양으로 도읍을 옮기고 새 궁전 양청凉廳에서 여러 신하와 어울려 술을 마셨다. 이 주연에 정도전도 참석하여 시 한 수를 지어 올렸다.

> 궁중 동산에 봄이 깊어 꽃이 번성했는데
>
> 늙은이를 불러 금준(금으로 만든 술통)을 벌이었네
>
> 하늘에서 홀연히 때를 알아 비를 내려보내니
>
> 다시 온몸에 우로雨露의 은혜가 스미는 것을 깨닫겠네

정도전의 충성이 이러했다.

어느 날 밤, 태조는 개국공신들과 술에 취하여 정도전에게 고마운 마음을 나타냈다.

"이보게 삼봉, 내가 이 자리에 있게 된 것은 그대의 힘일세."

이 말에 정도전은 초심을 잃지 말자는 말로 받았다.

"전하, 바라옵건대 전하께오서는 해주 사냥터에서 낙마한 일을 잊지 마시

옵소서. 신은 역모로 몰려 귀양지에서 죽을 날만 기다리던 때를 잊지 않겠나이다. 전하와 신이 이 일을 잊지 아니 하오면 자손만대를 이을 것이옵니다."

정도전은 격식에 크게 얽매이지 않는 인물이었다. 겸손하고 소박한 면이 엿보이는 일화가 야사에 전한다.

어느 날 정도전이 등청하여 자리에 앉았다. 아랫사람이 보니 정도전이 신은 신이 하나는 희고 하나는 검었다.

"대감, 신발이 짝짝이옵니다."

정도전이 자기 신을 내려다보고 빙긋 웃었다. 그는 태연한 모습으로 일과를 마쳤다.

집으로 돌아오는 길이었다. 말고삐를 잡은 하인에게 그가 말했다.

"내 신이 짝짝이라 우스우냐?"

"아니올시다, 대감마님."

하인이 웃음을 참으며 대답했다.

"내 신의 검고 흰 것을 괴이하게 보지 마라. 왼쪽에서는 흰 것만 보일 것이고 검은 것은 보지 못할 것이며, 오른쪽에서는 검은 것만 볼 것이고 흰 것은 보지 못할 것이니 걱정할 것 없느니라."

"그러하옵니다, 대감마님."

그가 겉치레에 신경 쓰지 않고 소탈했음을 말해주는 일화다.

끝까지 고려의 신하로 남은 '상남자' 정몽주

고려 말 3은三隱의 한 사람으로 일컬어지는 정몽주鄭夢周는 자는 달가達可요, 호는 포은圃隱이다. 어머니 이씨가 임신했을 때 난초 꽃화분을 안다가 놀라 떨어뜨리는 꿈을 꾸었다. 포은이 태어난 후 이름을 몽란夢蘭으로 지었다. 포은의 어깨에는 북두칠성 모양의 점 일곱 개가 있었다.

그가 아홉 살이 되었을 때였다. 어머니가 낮잠을 자다가 용이 동산의 배나무 위로 올라가는 꿈을 꾸었다. 깜짝 놀라 깨어난 어머니가 동산의 배나무를 보았다. 포은이 거기에 앉아 있었다. 그래서 이름을 몽룡夢龍으로 고쳤다. 이후 관례(冠禮, 성인식)를 치르면서 이름을 몽주로 고쳤다. 포은은 과거시험에 연달아 3장三場에 장원으로 급제하고 벼슬이 시중에 이르렀다.

포은은 이성계와 절친한 사이였다. 두 사람은 조정의 신진세력으로 친명파의 핵심이었다. 이성계가 병마사로서 그의 외종사촌 삼선三善·삼개三介 형제를 격퇴할 때 포은은 종사관으로 활약했다. 그 후 이성계가 운봉에서 왜적 아기발도를 칠 때에도 포은이 참전하여 함께 공을 세웠다. 뿐만 아니라, 이성계가 여진을 칠 때에 포은은 동북면 조전원수助戰元帥로서 이성계를 도왔다. 두 사람은 싸움터를 누빈 전우이기도 했다.

이성계는 위화도 회군 후에 포은과 함께 승진하여 수시중이 되었다. 이때부터 두 사람은 서로 갈 길이 달라졌다. 포은은 김진양 등과 함께 딴마음을 품은 이성계 일파를 견제하여 고려 사직을 지키려고 했기 때문이다.

이미 고려 조정의 대세는 기울어 중신들이 이성계에게 줄을 섰다. 포은은 대세에 굴하지 않고 고려 사직에 매달렸다. 포은은 이성계 일파를 제거하려고 은밀히 계획을 세웠다. 그 낌새를 알아챈 방원이 아버지에게 포은 제거를 건의했다.

"포은이 아무래도 수상쩍습니다."

"무슨 말이더냐?"

"아무래도 음모를 꾸미고 있는 것 같사옵니다."

"무슨 근거로 그런 말을 하느냐?"

"하오면 우리 집안을 배반하지 않는다는 말씀이옵니까?"

이성계는 묵묵히 방원의 얼굴을 쳐다보았다. 포은의 심중을 헤아리고 있었다.

"우리가 혹 부당한 모함을 당한다면 포은은 반드시 죽음으로써 우리를 변명해줄 것이야. 허나 국가에 관계된 일이라면 알 수 없을 게야."

"아버님, 어찌할까요?"

"어찌하다니?"

"어차피 갈라서야 할 길이라면 우리가 당하기 전에…."

"딴마음 두지 말라!"

이성계는 방원의 뜻을 알고 단호히 잘랐다.

포은은 이성계 일파의 제거를 구체화시켰다. 때마침 세자가 명나라에 사신으로 갔다가 돌아온다는 소식을 듣고 이성계가 마중을 나갔다가, 해주 사냥터에서 사냥을 하던 중 낙마한 사건이 일어났다.

포은은 이성계가 개성을 비운 사이에 조준·정도전 등을 역모로 몰아 귀양 보내고, 심문관을 귀양지에 파견한 후 즉결 처분을 하려고 일을 서둘렀다. 이성계의 우익들을 제거하려는 계획이었다. 이 낌새를 눈치 챈 방원이 이성계가 누워 있는 곳으로 달려가, 가마로 이성계를 개성으로 모셔왔다.

포은은 당황했다. 즉시 병문안을 구실삼아 이성계를 방문했다. 방원이 병문안을 다녀가는 포은을 초청하여 주안상을 차려놓고 마음을 떠보았다. 방원은 포은에게 술을 권하고 시조 한 수를 읊었다.

> 이런들 어떠하며 저런들 어떠하리
> 만수산 드렁칡이 얽혀진들 어떠하리
> 우리도 이같이 얽혀져 백년까지 누리리라

포은은 방원이 자기의 마음을 떠보는 것임을 알고 눈을 지그시 감고 대구를 읊조렸다.

> 이 몸이 죽고 죽어 일백 번 고쳐 죽어
> 백골이 진토되어 넋이라도 있고 없고
> 임 향한 일편단심이야 가실 줄이 있으랴

세상 사람들은 이방원의 시조를 「하여가」라 하고, 정몽주의 것을 「단심가」라 불렀다.

포은의 마음을 읽은 방원은 포은을 제거할 결심을 굳혔다. 포은은 자기의 운명을 알고 있었다. 돌아가는 길에 전에 자주 가던 술친구의 집을 들렀다. 친구는 집에 없었다. 포은은 한잔 술을 청하여 뜰에 활짝 핀 꽃을 벗 삼아 들이켰다. 그리고 덩실덩실 춤을 추었다.

"허허, 오늘 풍색風色이 매우 사납도다."

포은은 큰 사발로 몇 잔을 연거푸 마시고 그 집을 나왔다. 그때 활을 메고 포은 앞을 지나치는 무사들이 있었다. 그들은 선죽교 쪽으로 달려갔다.

포은이 뒤따라오는 녹사에게 말했다.

"너는 뒤에 멀리 떨어져 오너라."

녹사는 포은의 마음을 헤아리고 있었다.

"소인, 대감을 따르겠나이다. 어찌하여 물리치시나이까?"

"나를 따르면 안 되느니라."

"제 갈 길을 가게 해주소서."

녹사가 기어이 따라왔다.

포은은 선죽교에서 방원의 하수인들에게 철퇴를 맞고 쓰러졌다. 녹사도 그들의 칼에 목숨을 잃었다. 죽음으로 포은은 영원한 충신의 대명사가 된 것이다.

포은에 대한 일화는 후세에도 숱하다.

성종 때의 일이다. 포은의 사당이 경상도 영천에 있었다. 경상도 안찰사 송순효가 순시하러 군 경계를 지나던 중, 술에 취하여 말 위에서 졸다가 정신없이 포은촌을 지나게 되었다. 그런데 비몽사몽 간에 머리털과 수염이 희고 의관이 점잖은 노인이 나타나 간곡히 부탁했다.

"나는 포은이로다. 내가 거처하고 있는 곳이 피폐하여 비바람을 막을 수 없도다."

순효가 깜짝 놀라 눈을 떴다. 그 길로 마을 노인을 찾아가 포은의 옛 사당을 물었다. 그리고 군민들을 동원하여 피폐해진 사당을 말끔히 단장했다.

순효는 사당을 새로 단장하고 제사를 지냈다. 이날도 술이 취해 사당의 벽에 글을 썼다.

'자기의 한 몸을 잊고 인간 기강을 확립했으니, 천만세에 크게 우러러 마지 않으리로다. 오직 이익만을 좇아 고금의 사람들이 분주한데, 오로지 공만은 청상淸霜 백설白雪에 송백松柏이 창창하듯 하였도다. 이제 한 칸의 집을 지어드리오니, 이로써 바람을 막을 수 있을 것이외다. 공의 영혼이 편안해야 나의 마음도 편하옵나이다.'

송순효는 성종 때의 재상으로, 청렴하기로 이름난 성리학자였다. 성종이 죽자 총애를 받던 그는 달포나 먹지 않고 주야로 통곡한 충신이었다. 포은의 영혼이 그 앞에 나타났으니, 역시 충신이 충신을 알아봤던 것이다.

송도에 포은의 옛 집터가 있었다. 선조 때에 그곳에 서원을 세우고 숭양松陽이라는 사액을 내렸다. 숭양서원에는 화담 서경덕을 함께 모셨다. 서원이 완성되자, 해당 기관이 포은의 신주神主를 어떻게 쓸 것인지 선조에게 물었다.

"포은은 고려 사람인데 어찌 우리 조정의 관작을 받으리오. 비록 우리 조정에서 영의정을 추증했으나, 그냥 '포은 선생'으로 쓰는 것이 좋겠노라."

선조 또한 포은의 충절을 훼손하고 싶지 않았던 것이다.

포은의 충절을 의심하는 학자가 있었다. 정구鄭逑가 그랬다. 정구는 퇴계와 남명에게 배우고, 평생 과거를 보지 않은 학자였다. 임진왜란 때에는 의병을 일으켜 싸우기도 한, 인의仁義를 실천한 학자였다.

정구가 스승 퇴계에게 물었다.

"남명께서 일찍이 포은의 진퇴에 관해 의심했나이다. 제 미련한 생각으로도 포은의 죽음은 가소롭습니다. 포은은 공민왕조에 대신 노릇을 13년이나하였으니, '불가하면 벼슬을 그만둔다'는 옛 성현의 의리에 부끄러운 일이며, 또 신돈의 아들이라는 우왕을 섬겼으니, 생각건대 포은이 우왕을 왕씨의 소생으로 알았더라면 다른 날 우왕을 추방하는 데(위화도 회군 후) 참여한 것은 어찌 설명해야 하나이까? 우왕을 10년 동안 섬기다가 하루아침에 추방하고 죽이는 데 가담했나이다. 차마 할 수 있는 일이오이까? 만약 우왕이 왕씨 소생이 아니라면 포은이 어찌 녹을 먹었나이까? 우왕이 추방되고 살해될 때에 포은은 공신까지 되었사온데, 뒷날 공양왕을 위해 죽었으니, 미련한 저로서는 깊이 알지 못하겠나이다."

제자의 날카로운 질문에 퇴계는 빙그레 웃고 나서 달래듯이 말했다.

"네 말에도 일리는 있다. 허나 정자程子의 말씀을 새겨야 하느니라. '사람은 마땅히 허물이 있는 가운데서 허물 없기를 구해야 하고, 허물이 없는 가운데서 허물 있기를 구하는 것은 부당하다.' 포은의 대절大節은 가히 천지에 경위經緯가 되고 우주에 동량棟樑이 되느니라. 헌데 세상에서 말하기 좋아하고 남을 공박하기 좋아하는 자들은 남의 미덕을 이루어주는 것을 즐겨하지 않아서 이러니저러니 하기를 마다하지 않으며, 미덕의 말은 귀를 가리고 듣지 않으려 하느니라. 너는 어떻느냐?"

정구는 고개를 떨어뜨렸다. 퇴계의 포은 평가는 포은을 만고의 충신으로 만드는 데 큰 비중을 차지했다.

이후 중종 때에 포은의 문묘종사(공자묘에 배향하는 것)가 허락되었다. 한 대신이 불가하다고 주장했다. 정구와 같은 생각을 가진 대신이었다.

조광조가 그 대신을 반박했다.

"우왕이 왕씨냐 아니냐의 여부를 당시의 사람들도 분명히 알지 못했나이다. 포은은 본시 우왕에게 공명과 부귀를 구한 분이 아니나이다. 또한 공양왕을 세우고 뒤에 곧 죽음으로써 충절을 다했으니, 그 어짊을 미루어 짐작할 수 있나이다. 옛날 적인걸狄仁傑이 무후武后를 섬기다가 마침내 당唐나라 황실을 회복했나이다. 포은이 적인걸의 마음을 자기의 마음으로 삼았는지 어찌 알 수 있겠나이까? 고려 500년의 종사가 한 사람의 몸에 달렸거늘, 그 한 사람이 죽자 곧 종사가 망해버렸나이다. 어찌 감히 포은을 경솔하게 말할 수 있다는 말씀이오이까!"

그 누구도 이에 토를 달지 않았다. 비로소 포은은 성현의 반열에 오르게 되었다.

포은을 장사지낸 추령秋嶺에 얽힌 충신 김자수金自粹의 일화도 감동을 준다.

김자수는 본관이 경주로 자는 순중純仲이고, 호는 상촌桑村이다. 벼슬은 도관찰사에 이르렀다. 경북 안동에 그가 살던 옛 집터가 있고, 그의 효자비가 있다. 이성계는 개국한 후 그와 친한 김자수를 사헌부 대사헌에 임명하기 위해 불렀다. 그러나 김자수는 병을 평계 삼아 자리에 누워 있었다.

그 후 태종이 형조판서를 제수하여 등청을 명했다. 김자수는 더는 버티기 힘들어 자리에서 일어났다. 그리고 사당에 들어 조상께 이별을 고했다.

"이 한 몸, 이 세상에서는 편히 쉴 곳이 없나이다. 불초 이 몸도 조상님들의 뒤를 따르겠사오니 용서하여주소서."

김자수는 아들에게 장사지낼 때 쓰는 흉구(凶具, 초상 때 쓰는 기구)를 들려 뒤따라오라고 명했다. 부자는 길을 떠나 며칠 후 광주 추령에 이르렀다.

"얘야, 여기가 내가 죽을 땅이다. 비록 여자일지라도 두 지아비를 섬기지 아니하거늘, 하물며 신하가 되어 두 성姓의 임금을 섬길 수 있겠느냐? 내 뜻은 이미 결정되었느니라. 너는 내 시신을 거두어 추령 근방에 매장하다오. 그리고 절대로 비를 세우지 말고 초목과 함께 시신이 썩게 해다오."

"아버님, 고정하소서. 숨어서라도 목숨을 보전하소서."

"아니다. 망국의 신하가 가야 할 길은 구차한 삶이 아니다."

김자수는 절명사絶命詞 두 구절을 지었다.

내 평생토록 충성하고 효도하는 뜻을
오늘에 와서 그 누가 알 이 있으리오

김자수는 약을 마시고 아들의 품에 쓰러졌다. 그 후 광주 추령은 충신의 영마루가 되었다.

조준, 조견 형제의 다른 길

고려가 조선으로 바뀐 후 사건도 많고 일화도 많지만, 조씨趙氏 형제의 이야기는 남다르고 특이하다. 조준趙浚과 조견趙狷은 친형제였다. 준이 형이요, 견이 동생이다. 준은 이성계를 도와 개국공신으로 영화를 누렸다. 정종 초부터는 8년간이나 영상직에 있었다.

준이 어렸을 때였다. 하루는 과거에 급제한 사람이 벽제辟除 소리를 지르며 준의 집 앞을 지나쳤다. 어머니 오씨가 그 모습을 보고 탄식을 했다.

"나는 자식이 아무리 많아도 과거한 자가 없으니 무엇에 쓸 것인가!"

이 말을 듣고 준이 꿇어앉아 울면서 맹세했다.

"어머님, 소자가 과거에 급제하지 못하면 하늘이 내려다보실 것입니다."

그 후로 준은 공부에 정진해 공민왕 23년에 급제했다.

준이 벼슬길에 나아가 강원감사로 부임하던 도중, 정선에 이르러 큰 포부를 한 수의 시로 나타냈다.

> 동해를 씻어놓을 날이 있으리니
> 백성은 눈을 씻고 맑아지기를 기다리라

고려 말의 혼탁한 조정을 쇄신하려는 의지가 엿보이는 시였다. 이때부터 그를 아는 사람들은 그가 큰 뜻을 품고 있음을 감지했다.

이성계가 준의 소식을 듣고 청했다. 준은 특히 토지개혁에 남다른 의지를 보였다. 이성계는 준이 마음에 들어 사유토지를 개혁하는 데 힘을 보태었다. 이 토지개혁은 친원파가 시들고 친명파, 즉 신진세력이 득세하는 계기가 되었다.

이성계와 준의 인연은 이때부터 의기투합되었다. 이성계가 즉위하던 날 밤, 준을 은밀히 침실로 불러들였다.

"그대는 한漢나라 문제가 대왕代王으로서 황제가 되어 황궁으로 들어오자,

송창宋昌을 위장군衛將軍으로 삼아 남·북군을 진무한 뜻을 아는가?"

이성계가 물었다.

"알고 있나이다, 전하."

송창은 한나라 문제가 대왕으로 있을 때 가까웠던 사람으로, 한나라 대신들이 여呂씨의 난을 평정한 뒤 문제를 추대했을 때, 문제는 그날 밤 안으로 즉시 송창을 위장군을 삼아 대신의 병권을 거두었다.

이성계는 역성혁명으로 나라를 바꾸었으므로 한나라 경우를 상기시켰던 것이다. 그리고 조준을 송창에 비유하여 고사를 들먹였다.

"그대에게 5도의 병마를 맡겨 총찰케 하노라!"

이성계는 조준에게 도총사의 인印과 화각畵角 및 동궁(彤弓, 붉은 활)을 주었다. 조준에 대한 신임이 이 정도였다.

조준의 성품은 원만하고 부드러웠다. 한번은 음식이 청결하지 못하다 하여 예빈시(禮賓寺, 나라에서 손님을 대접하는 일을 맡은 관청) 판사인 공부를 매질하려고 했다.

공부가 조준에게 가볍게 항의했다.

"저희 죄 죽어 마땅하오나, 어찌 재상으로서 음식 때문에 한낱 벼슬아치를 매질하려 하시나이까?"

"품격이 떨어진다 그 말이더냐?"

"그러하오이다."

"허허, 네 말이 맞도다."

조준은 매질하라는 명령을 거두었다.

조준은 새 나라에서 승승장구하고 있었다.

준의 동생 견은 처음 이름이 윤胤이었다. 나라가 바뀌자 견으로 바꿨는데, 『논어』의 '견자유소불위狷者有所不爲'에서 따온 글자다. 즉, '하지 아니하는 것이 있다'의 뜻이다.

형 준이 역성혁명에 가담한 것을 눈치 챈 견이 극구 만류했다.

"형님, 우리 집은 대대로 고려에서 벼슬한 집안입니다. 마땅히 나라와 더불어 운명을 같이해야 합니다."

"고려는 재기할 수 없다. 새 주인을 모시고 백성을 밝은 세상으로 인도해야 하느니라."

"명분이 없습니다. 고려를 무너뜨려야 할 명분이 무엇이오이까?"

"이미 신우 때부터 왕씨는 무너졌다. 정통성을 잃은 고려이니라."

"그것은 이성계 일파가 꾸며낸 말이 아닙니까?"

"그렇지 않다. 우왕은 신돈의 아들이니라."

"증명해보소서."

준은 할 말을 잃었다. 동생의 뜻을 꺾을 수 없음을 안 준은 견을 조정에 두지 않고 영남안찰사로 내려보냈다. 동생은 거추장스러운 존재였다.

견은 영남루에 올라 망국의 한을 시로써 달래었다.

> 3년 동안 두 번 영남루를 지나니
>
> 은은한 매화 향기는 나를 머물라 권하는구나
>
> 술을 들어 근심 씻고 노년을 보낼 만하니
>
> 평생에 이밖에 또 무엇을 구하리

견이 임기가 차서 돌아오기 전에 나라가 바뀌었다. 견은 통곡하고 지리산으로 들어가버렸다. 이성계는 그의 재주를 아껴 호조전서에 임명하고 등청하라는 글을 보냈다. 견은 답을 썼다.

'송산松山의 고사리 캐기를 원할 뿐이요, 성인의 백성이 되기를 원치 않습니다.'

이성계를 비꼰 답이었다. 이때부터 이름을 바꾸었는데, 견자를 논어에서 따왔으나, 자를 종견從犬으로 지었다.

'나라가 망했는데 죽지 않음은 개와 같고, 개는 그 주인을 따른다(從犬).'

견은 지리산에서 청계산으로 옮겼다. 그리고 날마다 높은 봉우리에 올라가 송도를 바라보며 통곡했다. 사람들이 이 봉우리를 가리켜 망경봉望京峰이라 칭했다.

이성계가 그 절개를 높이 사서 손님과 주인의 입장에서 만나기를 청하자, 견이 허락했다. 이성계가 청계산 아래까지 말을 달려왔다. 견은 이성계를 맞아 읍만 하고 끝내 절을 하지 않았다. 신하 되기를 거부한 것이다.

견은 할 말을 기탄없이 해버렸다. 역성혁명을 일으킨 명분이 없다는 것이었다. 이성계는 불경스러운 말을 듣고도 오히려 청계의 한 지역을 봉封하여 주고 견이 마음 편히 살도록 조처해주었다. 또한 돌집을 지어주었는데, 견은 죄다 거절하고 양주 송산으로 옮겨 살며 호를 송산松山이라 했다.

그가 죽음에 임박하여 자식에게 유언을 남겼다.

"내 묘표墓標에는 반드시 고려조의 벼슬을 쓰고, 자손들은 새 조정에 벼슬하지 말라."

견이 죽은 후에 새 조정에서 추증한 벼슬을 비석에 새겨 세웠다. 그러나 벼락이 떨어져 그 비석을 깨뜨려버렸다. 그의 고손자 때에 와서야 과거에 급제했다.

견은 개국공신에 오르기도 했다. 형 준이 동생을 살리려고 취한 조치였으나, 견은 형에게 화가 미칠까 봐 개국공신이 된 것을 탓하지 않았다.

이성계가 여러 차례 부르고 찾아가서 면박을 당하고도 무사한 것은 형 준의 그늘이 컸기 때문이다. 각자 다른 길을 가면서도 형제가 무사히 살아남을 수 있었던 것은 남달리 우애가 돈독했기 때문이다. 형이 있었기에 아우의 절개가 빛나고, 아우가 있었기에 형의 변심이 추하지 않았다.

피비린내 나는 왕씨 사냥이 시작되다

위화도 회군 이후 최영은 몰락했고, 이에 고려 조정은 이성계의 수중으로 들어갔다. 회군의 주역이었던 이성계와 조민수는 각각 우시중과 좌시중이 되어 고려조의 황혼을 연출해가고 있었다. 원나라를 섬기던 구세력이 물러난 조정의 외교정책 전환은 자연스럽게 이루어졌다. 명나라를 섬겨 연호 홍무를 사용하고, 원나라 의복 대신 명나라 의복을 입도록 했다.

우왕이 강화도로 유배되자, 그 후사 문제가 조정에 닥친 가장 큰 일이었다. 이성계 일파는 기왕에 우왕을 신돈의 아들이라 하여 그 정통성을 부정한 터였다. 그리하여 이성계는 이참에 왕씨 종실 가운데 어수룩한 인물을 추대하려고 했다. 그러나 조민수의 생각은 달랐다. 조민수는 왕위를 우왕의 아들이 승계하는 것이 옳다고 주장하며 이성계 일파와 맞섰다. 여기에는 이성계를 견제하려는 속셈도 숨어 있었다.

이성계는 조정 신하들의 인심을 얻기 위해 이 일에 대해서 조민수에게 양보했다. 기실 우왕의 세자 추대를 목은 이색이 동조하여 이성계는 슬그머니 물러선 것이었다. 당시 조정에서는 이색의 영향력이 컸기 때문이다.

우여곡절 끝에 우왕의 아들 창왕이 보위에 올랐다. 창왕은 우왕과 이인임의 외종 이림의 딸 근비의 소생이었다. 일설에는 조민수가 자기를 조정에 천거한 이인임에게 보은하기 위해 창왕을 천거했다는 소문이 나기도 했다.

강화도에서 여흥으로 옮겨진 우왕은 절치부심, 환궁할 꿈을 버리지 못했다. 재위 시절 예의판서를 지낸 곽충보에게 은밀히 연통을 넣어 이성계 제거를 간곡히 부탁했다.

"그대는 나의 충신이었다. 이성계는 만고의 역적이다. 역적을 제거하여 나라를 바로 세워야 할 의무가 그대에게 있으니, 내가 환궁할 수 있도록 수단과 방법을 가리지 말라. 그대를 다시 만나는 날 그대는 고려 조정의 중추가 되리라."

곽충보에게 우왕의 뜻을 전한 인물은 최영의 생질 김저였다. 김저는 칼 한 자루를 내밀며 거듭 말했다.

"이 칼은 왕이 하사한 것이오. 이 칼로 이성계를 제거하라는 분부이셨소."

"알겠소이다. 기회를 보아 거사하리다."

곽충보는 거짓으로 동조했다. 그는 이미 이성계 일파가 되어 있었다. 위화도 회군 때 화원에서 최영을 찾아내 이성계에게 인계하여 공을 세우기도 했다.

곽충보는 칼을 증거물로 삼아 이 사실을 이성계에게 고했다. 이성계 일파는 흥분하여 우왕을 여흥에서 강릉으로 옮겨 가두고, 창왕을 폐하여 서인으로 삼아 강화도로 쫓아버렸다. 그리고 제20대 임금 신종의 7세손인 정창군 요瑤를 세워 고려 마지막 임금으로 추대했다. 그가 바로 공양왕이다.

공양왕은 즉위 후 우왕과 창왕이 신돈의 씨라며 모두 처단했다. 이로써 이성계 일파는 한결같이 주장해오던 신우와 창을 제거하고 명분을 세운 것이다. 세상에 전하기를 왕씨의 혈통은 왼쪽 겨드랑 밑에 금비늘 세 조각이 있다고 했다. 우왕이 강릉에서 망나니들에게 목이 베어질 때였다. 우왕이 모인 군중을 향해 외쳤다.

"우리 왕씨는 본래 용龍의 후손이니라. 왼쪽 겨드랑이 밑에 반드시 세 개의 비늘이 있는데, 그것으로 표적을 삼느니라. 자, 내 왼쪽 겨드랑이 밑을 봐라!"

우왕이 왼쪽 팔을 번쩍 들어 겨드랑이를 보여주었다. 과연 세 조각의 금비늘이 보였다. 크기가 돈짝만 했다.

"이래도 내가 신돈의 아들이란 말이냐! 성계 일파의 모함이 가소롭구나."

우왕은 망나니의 칼에 맞아 죽었다.

강화에서 목이 달아난 창왕의 왼쪽 겨드랑이 밑에도 금빛 나는 세 조각의 비늘이 붙어 있었다. 이 사실을 안 백성들이 슬퍼하며 이성계를 원망했다.

나라가 바뀌면 전조의 풋내기들은 수난을 당하게 마련이었다. 여기저기에서 왕씨들의 수난과 살벌한 죽음이 이어졌다.

왕씨들은 개성에서 추방당해 서인이 되어 섬으로 쫓겨나게 되었다. 죽이지 않은 것만으로도 감지덕지였다. 그러나 여기에는 무서운 음모가 숨어 있었다. 이성계 일파는 후환이 두려워 이들을 제거하려고 했다. 이제 새 나라의 임금이 된 이성계가 그들의 계획을 묵인해준 상태였다.

배 두 척이 강화로 가려고 해안을 떠났다. 그러나 배 밑창에는 큰 구멍이 뚫려 있었다. 잠수부를 시켜 구멍을 냈던 것이다. 배가 해안에서 멀어질수록 배는 물 속으로 서서히 잠겨들었다. 한순간 배가 기우뚱 크게 요동쳤다. 왕씨들은 서로 붙잡고 아우성쳤다. 배는 이미 바다 한가운데로 나와 있었다. 배가 서서히 물에 잠겨들었다. 한 스님이 이 광경을 지켜보다가 왕씨 가운데 아는 얼굴이 있어 손을 흔들었다. 왕씨가 스님을 알아보고 큰 소리로 시를 읊어주었다.

> 노 젓는 한 소리 바다 밖에
> 비록 중이 있은들 어이하랴

이 시를 듣고 스님은 그 자리에 주저앉아 통곡을 터뜨렸다. 배는 돛대만 조금 보일 뿐 왕씨들의 모습은 가라앉아 보이지 않았다. 벌겋게 물든 황혼이 핏빛처럼 바다에 번졌다. 중의 통곡만이 간간이 이어질 뿐이었다.

왕씨를 바닷속에 빠뜨려 죽인 후 이성계의 꿈에 칠장지복(七章之服, 국왕이 입는 예복으로 천자는 구장지복, 제후는 칠장지복임)을 입은 고려 태조가 나타나 화를 내며 소리쳤다.

"내가 삼한을 통합하여 이 백성들에게 공이 있거늘, 네가 내 자손을 멸하였으니 곧 오래 가지 않아 보복이 있을 것이니라. 너는 알아두어라!"

이성계가 식은땀을 흘리며 놀라 깨었다. 곧바로 입직 승지를 불렀다.

"내가 고려 태조에게 큰 꾸지람을 들었다. 어찌하면 좋은가?"

"아무래도 은전을 베풀어야 할 것 같나이다."

"방법을 말하라!"

"신의 생각으로는 고려 왕실의 선원(璿源, 왕실의 세계世系)의 장부에 적혀 있는 한 부분을 사면하시면 어떠할는지요?"

"그 부분의 왕씨들을 살려둔다, 그 말이더냐?"

"그러하오이다."

"좋은 생각이다. 시행하도록 하라!"

이 뒤부터 왕씨 사냥의 고삐가 늦추어졌다.

한편, 산속이나 외딴 섬에 숨어든 왕씨들은 신분을 숨기고 성姓을 바꾸었다. 대개 전全씨, 옥玉씨, 전田씨, 용龍씨 등이 왕씨로 알려져 있다.

이성계가 만든 충신 두문동 72현

충절을 상징하는 두문동杜門洞은 경기도 개풍군 광덕면 광덕산光德山 서쪽 기슭에 있던 옛 지명이다. 고려가 망하자 조선을 반대했던 고려 유신 신규·신혼·신우·신순·조의생·임선미·이경·맹호성·고천상·서중보·성사재 등 72현이 두문동에 들어가, 끝까지 고려에 충성을 다하고 지조를 지키며 살았다.

새 왕조에 있어서는 두문동이 눈엣가시였다. 아무리 회유책을 쓰고 높은 관직을 준다 해도 반응이 전혀 없었다. 이성계는 생각다 못해 그들에게 문호를 개방하기 위해 과거시험을 치르도록 했다. 새로운 인재를 발굴하려는 뜻도 있었으나, 고려의 충절 높은 유신들을 끌어안기 위한 궁여지책이었다.

과거를 치르는 날 이성계는 초조한 마음으로 두문동의 인재들이 나타나기를 손꼽아 기다렸다. 그러나 이성계의 짝사랑일 뿐이었다. 두문동의 선비는 커녕 전국의 뜻 있는 선비들은 과거를 무시해버렸다. 기껏 입신양명에 눈이 어두운 조무래기 선비들이 모여 재주를 뽐냈다.

그런데 더 참담한 것은 국학에 머물러 있던 태학생들이 보따리를 싸 짊어지고 국학을 떠나는 것이었다. 과거를 보지 않고 먼저 두문동으로 들어간 선비들을 따라 길을 떠나는 것이었다. 두문동으로 들어간 선비들이 태학생을 비롯하여 72명이나 되었다.

문과시험을 맥없이 치르고 무과시험을 치렀다. 결과는 문과와 다를 바 없었다. 이름난 무관들은 무과시험을 무시하고 보따리를 짊어지고 두문동으로 들어갔다. 이들은 48명이었다. 문인들은 서두문동에 모여 살고, 무인들은 동두문동에 모여 살았다. 이들은 산을 개간하여 씨를 뿌리고 가꾸어 자급자족했다.

조정에서는 이성계의 특사로 여러 사람이 두문동을 다녀왔다. 대답은 한결같았다.

"우리들을 이대로 놓아두시오. 소리 내지 않고 살겠소."

"새로운 나라의 새 조정에 나와 백성과 나라를 위해 일해주시오. 전하께오서 그대들의 출사를 손꼽아 기다리고 계시오."

"누구의 전하가 우릴 기다린단 말이오?"

"불경스럽소. 말씀 삼가시오!"

"불경이라니, 우리의 전하는 이 세상에 없소이다."

이성계는 특사의 보고를 받고 마지막 경고를 전했다.

"만약 나오지 않으면 산에 불을 지르겠다."

"맘대로 하시오. 불을 지르든 산을 무너뜨리든 알 바 아니오."

두문동 사람들은 결사적이었다.

조정에서 긴급회의가 열렸다. 이성계를 비롯하여 정도전 · 이방원 · 남은 · 조준 등 측근들이 머리를 맞대었다.

"저들이 이 조정을 우습게 알고 있으니 어찌하면 좋겠소?"

이성계가 물었다.

"전하, 새 조정으로서는 그들에게 할 만큼 했소이다. 더는 두고 볼 수 없사오니 특단의 조치를 취해야 하나이다."

남은이 말했다.

"특단의 조치라면?"

"그들을 없애야 나라가 조용해지나이다."

"그들을 죽이라는 말이오?"

"그러하옵니다."

"전하, 예로부터 충의지사는 함부로 다루지 아니했나이다. 죽여서는 아니되옵니다."

조준이 반대의견을 내놓았다.

"언제까지 그들을 봐준다는 말이오? 그들이 있는 한 나라에 온갖 유언비어가 퍼져 백성들을 회유하는 데 짐이 될 뿐이오. 이번에 그들을 이 세상에서 없애버려야 하오."

이방원이 성을 발끈 냈다.

"옳은 말이오. 화근의 뿌리는 일찌감치 캐버리는 것이 상책이오. 전하의 뜻을 받아들이지 않는 자들은 신민 되기를 거부하는 자들이니, 역적이나 다를 바 없소. 역적을 그냥 두는 나라법도 있소이까?"

정도전이 거들었다.

"하지만 신중해야 하오. 그들을 죽였다가 아직 추스르지 못한 민심을 크게 잃으면 국가적으로 큰 손실이오."

조준의 신중론에 이방원은 다시 화를 냈다.

"두문동 그자들에게 매달려 언제까지 전전긍긍하겠다는 게요!"

"그들은 이미 죽은 목숨이나 매한가지요. 그대로 살도록 내버려두는 것도 괜찮지 않겠소?"

"그리는 못하오. 그들이 고려의 상징이 되어서는 아니 되오."

이성계는 이들의 다른 의견을 듣고 있다가 정도전에게 물었다.

"삼봉(정도전의 호), 그들을 죽여야 할 까닭을 말해보오."

"전하, 그들은 전하에게 반기를 든 역도들이옵니다. 역도들을 살려둔 예가 한 번도 없나이다. 그러하옵고 그들을 중심으로 고려 복원 운동이 일어나 백성들이 동요하는 날에는 호미로 막을 일을 가래로 막아야 할 사태에 직면하게 되옵니다. 화근의 뿌리를 캐어버리시옵소서."

"송당(松堂, 조준의 호), 양해하시오. 중론에 따라야겠소."

"전하, 그들에게 마지막 기회를 주소서."

"마지막 기회라면?"

"두문동에 불을 지르겠다고 미리 통보하소서. 그리하여 불길을 피해 살아 나오는 자들을 끌어안으소서."

"좋은 생각이오. 그리하십시다."

두문동에 불을 놓겠다는 통보가 전해졌다. 아무런 반응이 없었다.

드디어 병사들이 두문동에 나타났다.

"너희들의 우거를 불사르겠다. 죽기 싫거든 나오너라!"

서두문동과 동두문동에 병사들이 횃불을 들고 들이닥쳤다. 움막에서는 아무런 기척이 없었다. 병사들이 들고 온 기름을 움막에 끼얹었다. 이제 횃불을 붙이면 두문동의 움막들은 순식간에 불길에 휩싸여버릴 것이었다.

"살고 싶거든 나오너라!"

아무 반응이 없었다.

병사들이 들이닥치기 전 서두문동에서는 충신들이 머리를 맞대었다. 그 속에 훗날 명재상으로 이름을 남긴 황희가 끼어 있었다. 충신들은 황희의 그릇을 알고 있었다. 성균관 학관學館으로 있다가 나라가 바뀐 것이다.

"황 학관, 그대는 이곳을 떠나 앞날을 기약하시오."

조의생이 권했다.

"당치 않은 말씀이오. 여러분과 생사를 같이할 따름이오."

"충절은 우리만으로 충분하오. 황 학관은 세상에 나가 백성들의 이웃이 되시오. 망국의 백성들이 의지할 사람이 절실한 때요. 황 학관이 그런 역할을 해주시오."

성사제가 거들었다. 그러자 여기저기에서 황희더러 망국민의 이웃이 되어 그들의 쓰라린 가슴을 달래주는 사람이 되라고 아우성이었다.

"날더러 변절하란 말이오?"

"변절이 아니라 백성들의 이웃이 되어 희로애락을 함께하라는 말이오."

"그리는 못 하오."

"황 학관, 누군가 살아남아 우리의 충절을 세상에 알려야 할 게 아니오? 세상으로 나가 우리의 뜻을 밝히시오."

황희의 기세가 그제야 누그러졌다. 이들의 죽음을 헛되이 흘려서는 안 된다는 생각이 들었다. 황희는 이들의 뜻을 세상에 전하겠다는 각오로 두문동을 빠져나와 멀리 전라도 장수로 몸을 숨겼다.

병사들이 횃불을 움집에 붙였다. 기름 먹은 움집은 성난 듯 불꽃을 튀겼다. 움집에서 기어나오는 사람은 한 사람도 없었다. 모조리 타 죽고 말았다. 시체 타는 냄새가 백 리 안에 퍼졌다. 노린내가 진동하여 인근 관가와 백성들이 코싸개를 하고 다녔다.

한 사람도 나오지 않고 고스란히 타 죽었다는 보고를 받고 이성계는 탄식을 터뜨렸다.

"그들은 영원히 사는 삶의 길로 행하고, 나는 현실에서 발버둥치는 승냥이가 되었구나."

두문동 72현과 48현은 이성계가 만들어놓은 충신이었다. 그리고 두문동은 충절의 땅이 되어 역사 속에서 빛을 내고 있는 것이다. 사람이 죽어야 할 때 죽는 것, 그 길은 참다운 삶의 길이 아니든가.

고려 충신 권근이 조선의 신하가 된 까닭은?

권근權近의 자는 가원可遠이요, 호는 양촌陽村이다. 공민왕 때 나이 18세로 병과로 급제하자 왕이 성을 냈다.

"아니, 저렇듯 나이 어린 자가 과거에 올랐던 말이오?"

그때 공거(貢擧, 과거시험)를 맡은 사람은 이색이었다.

"전하, 이 사람은 그 그릇이 커 장차 크게 쓰일 인물이오니, 나이 적은 것을 탓하지 마시옵소서."

"그래도 그렇지, 너무 어리지 않소?"

"아니옵니다. 이 사람은 나이와 상관없나이다."

그제야 공민왕의 노여움이 풀렸다.

권근의 얼굴빛이 어찌나 새까만지 사람들은 그를 까마귀라고 놀려댔다. 그래서 권근은 스스로를 소오자小烏子라고 칭했다. 그 당시 권근은 문장으로서 이름을 날렸다.

국가의 예문禮文과 명나라와의 외교문서는 모두 그가 작성했다. 경서에 밝아 유학에 미친 공로가 컸다. 늘 제자들을 훈도하는 일을 즐겼고, 친절하게 가르쳐주느라 침식을 거르기 일쑤였다.

권근이 이성계와 깊은 연을 맺은 것은 창왕 원년이었다. 그해 여름 권근이 국서를 가지고 명나라에 갔다가, 가을이 되어 명나라 예부의 자문(咨文, 중국과 왕복하던 글)을 가지고 돌아왔다.

그 무렵, 좌상은 창왕의 장인 이림이었고, 우상은 이성계였다. 권근은 자문을 이림에게 주었다. 명나라의 자문에는 왕씨가 아닌 다른 성(신돈의 손)으로 임금을 삼았다고 문책하는 것이었다.

이성계가 자문이 궁금하여 권근을 자기 집으로 불렀다.

"원로에 고생이 많으셨소."

"마땅히 할 일을 했을 뿐이오."

"이번에 가져온 자문의 내용이 무엇이오?"

"우상 대감, 그 자문을 좌상께 드렸으니 곧 알려질 것이오. 나는 모르오."

이성계는 권근을 믿음직하게 여겼다. 이성계는 이미 명나라 예부에서 보낸 자문의 내용을 짐작하고 있었다. 명나라에 창왕이 왕씨의 혈통이 아니라며, 그것에 대한 예부의 의견을 물었던 것이다.

명나라의 자문은 공론화되어 조정의 비판 대상이 되었다. 이성계 일파가 걸고넘어진 것이다. 이림 일파의 저항도 거세었다. 결국 창왕을 폐하고 공양왕을 세웠다. 이성계 일파는 권근이 명나라 자문을 사사로이 열어보고 먼저 창왕의 장인에게 보였다는 이유로 그를 탄핵하여 죽음으로 몰아갔다. 그러자 이성계가 그의 일파들에게 단호히 말했다.

"양촌은 이림과 관계가 없는 인물이다. 나는 양촌의 인물됨을 안다. 다시는 그의 이름을 거론하지 말라!"

이성계로 하여 권근은 목숨을 건졌다.

나라가 바뀌었다. 권근은 새 나라를 외면했다. 이성계가 여러 차례 사람을 보내어 회유했으나 듣지 않았다.

권근에게 아직 장가들지 않은 아들 규珪가 있었다. 규는 할아버지 희僖가 길렀다. 이성계는 권근을 끌어들이기 위해 정략결혼을 서둘렀다. 마침 이방원의 셋째 딸 경안공주의 혼기가 꽉 차 있었다. 이성계의 손녀였다.

권근은 아들의 혼사마저 거절할 수 없었다. 그리하여 경안공주를 며느리로 맞아 이성계와 사돈이 되었다. 그러나 권근의 마음에는 변함이 없었다. 자청하여 출사할 만도 한데 오불관언이었다.

기다리다 못해 이성계가 나섰다. 권근의 아버지 권희를 불렀다. 권희는 고려조에서 정승까지 지낸 원로대신이었다.

"이보시오, 사돈. 양촌이 어찌 이리 무심하단 말이오? 고려를 위해 수절하는 것이 아름답기는 하지만, 사돈을 위해서도 출사해야 하지 않겠소이까? 어찌하여 늙은 아버지의 봉양 생각은 하지 않고 혼자서 절개만을 지키려 하는지 알 수 없소이다."

희는 어찌할 바를 모르고 이성계의 눈치를 살피다가 아들을 변명했다.

"근이 어찌 늙은 애비를 모르쇠 하겠나이까? 병이 나서 일어날 수가 없어 출사가 늦어지는 것이옵니다. 근자에 보낸 서찰을 보니, 오래지 않아 신을 보러 온다 하였나이다."

"오오 그래요? 양촌이 언제 길을 떠나 언제 한양에 들어온다고 하였소?"

"예에, 한 달 안에 한양에 온다는 소식이었나이다."

"기쁜 소식이구려. 과인은 양촌을 맞을 준비를 해야겠구려."

희는 이성계에게 꾸며대고 궁궐을 나와 곧 충주에 머물고 있는 아들 근에게 사람을 보냈다. 권근은 아버지가 보낸 사람에게 자초지종을 듣고 나서 깊은 한숨을 내쉬었다.

"내게 짐 지워진 운명이거늘 피할 수 없구나. 출사한다고 하여 고려를 어찌 잊을 것인가. 몸은 조선 왕조에 있되 마음은 고려 왕조에 두면 되겠지."

변명처럼 말하고 한양으로 떠났다.

권근이 길을 떠난 줄도 모르고 희가 사람을 보내어 재촉했다. 그러나 충주에서 권근이 길을 떠나자 충청감사가 이성계에게 직접 장계(임금에게 직접 고하는 글)를 올려 이 사실을 알렸다.

이성계는 장호원에 장막을 치고 음식을 차려놓고 권근을 기다리도록 지방 장관에게 영을 내렸다. 이 사실을 알고 권근은 장호원을 피하여 다른 곳으로 길을 돌아 수원으로 들어갔다. 아버지가 아들이 수원에 와 있다는 소식을 듣고 동작나루에서 기다렸다.

부자가 동작나루에서 만나 종일 사람을 물리고 둘이서 출사 여부를 놓고 의견을 나누었다.

"사람은 시대를 따라 살아가게 마련이다. 기왕에 새 왕조와 사돈을 맺은 이상 네가 출사를 하든 안 하든 너는 새 왕조 사람이 된 것이니라. 망설일 것 없느니라."

"소자 그리 알고 충주를 떠났사오나, 막상 한강을 건너려 하니 망국의 영령들이 떠도는 것 같아 심기가 편치 않사옵니다."

"네 마음 이 애비가 모르고 너를 불렀겠느냐? 태조의 뜻이 너에게 있으니 어찌하랴. 피할 수 없는 운명이니라."

권근은 선죽교에서 처참히 살해된 포은 정몽주의 얼굴이 떠올라 몸서리를 쳤다. 목은 이색, 야은 길재, 운곡 원천석 등의 얼굴이 떠오르기도 했다. 이들은 이성계의 끈질긴 회유에도 몸을 숨기고 끝내 고려조의 신하임을 포기하지 않았다. 권근은 자신의 처지가 비참하고 던적스러워 늙은 아버지가 원망스럽기까지 했다. 아버지만 없었더라도 고려의 신하로 남을 수 있었다.

"그만 강을 건너자!"

"그리하겠나이다, 아버님."

권근은 충과 효 가운데 효를 택하기로 마음먹었다. 늙은 아버지를 모르쇠할 수는 없었다. 아버지를 버리고 은거한들 마음 편할 리 없었다.

부자는 동작나루를 건너 성 안으로 들어갔다. 대궐에 이르자 이성계는 손님을 맞는 예를 갖추어 편전에서 기다렸다.

"오오 양촌, 이제 왔구려. 어이하여 이다지도 과인의 애를 태웠단 말이오. 과인을 도와주시오."

"성은이 망극하여이다."

"양촌이 내 곁에 있으니 천하에 부러울 것이 없소."

"황공하여이다."

이성계는 팔도의 경치를 그린 병풍을 보여주며 말했다.

"과인이 이 그림을 얻어 양촌을 기다렸소. 양촌께서 이 그림에 찬을 지어 나라의 명승지를 자랑토록 하시오."

"전하, 신이 재주가 없사오나 열과 성을 다하겠나이다."

"고맙소, 양촌."

이성계는 권근에게 지제교知製教 벼슬을 내렸다. 지제교는 임금에게 교서 등을 초안하여 바치는 일을 맡아보는 관청의 으뜸이었다. 이성계는 그만큼 권근의 학문과 문장을 높이 샀던 것이다.

권근은 벼슬길에 오르자 이성계에게 상소를 올려, 충신 정몽주를 표창하고 증직贈職을 내리어 절의를 숭상하라고 청했다. 이 상소가 말썽을 일으켜 권근은 곤욕을 치렀다. 개국공신들이 벌떼처럼 일어나 "난신亂臣이 어찌 충신이 될 수 있는가" 하며 거세게 항의했고, 권근을 벌주라고 아우성이었다.

이성계는 드센 개국공신들의 공론을 잠재우고 권근을 보호해주었다. 그러나 권근은 선비들에게 따돌림을 당했다. 권근의 절개를 믿고 따르던 선배들은 권근이 새 조정에 출사하자 침을 뱉고 비판했다.

"옛 사람이 말하기를 군자가 몸을 세우는 데 한번 패하면 만사가 글러진다고 했다. 어찌 삼가지 않고 권근이 함부로 몸을 굴렸단 말이냐!"

권근은 이성계를 따른 후 매사에 열성을 보였다. 기왕에 새 왕조를 돕기로 마음먹었으니, 열성을 보여 나라의 기틀을 튼튼히 다지려는 남다른 각오였을 것이다.

태조 5년, 표문表文 사건이 일어났다. 표문이란 국서를 말한다. 조선에서 보낸 표문에 명나라를 업신여기고 희롱하는 문구가 들어 있다고 하여, 황제가 표문을 지은 정도전을 호출했다. 개국 이후 큰 사건이었다. 명나라와 사이가 나빠지면 갓 태어난 조선으로서는 득 될 것이 하나도 없었다. 어떻게든 빠른 시일 내에 황제의 노여움을 풀고 관계를 정상으로 돌려놓아야 했다.

호출당한 정도전은 병을 핑계 대고 명나라에 가려 하지 않았다.

이에 권근이 나섰다.

"전하, 표문을 짓는 데 신과 복재(정총의 호)가 참여하여 수정했나이다. 지금 복재께서 남경(명나라 서울)에 가 있사온데, 신도 가서 황제에게 경위를 말하고 변명을 하겠나이다. 윤허하소서."

권근이 사지로 가겠다고 자청하고 나섰다. 명나라 황제가 무슨 벌을 내릴지 아무도 예측할 수 없는 상황이었다.

"황제가 부른 사람은 삼봉(정도전의 호)이오. 경은 부르지 않았으니 갈 것 없소."

"황제께오서 부르지 아니 하였는데 자진해서 가면 혹여 죄를 용서받을 수도 있사옵고, 병으로 가지 못하는 삼봉의 죄도 면할 수 있을 것이옵니다."

이성계는 권근의 충성에 가슴이 뭉클했다. 그러나 권근의 부모를 생각하면 사지로 보낼 수 없었다.

"경의 마음은 고마우나 경의 부모의 연치가 80이라 과인이 차마 보낼 수 없소. 남경에 가 있는 동안 부모님에게 무슨 일이 생기면 그 불효를 어찌 감당하리오."

"전하, 신은 전하께오서 불쌍하게 여기시어 출사하게 되었나이다. 전하의 은혜가 하늘 같사오나 털끝만큼도 보답하지 못했나이다. 더욱이 이번 표문 사건은 신도 참여하였사오니, 신이 떳떳이 명나라에 가서 변명하겠나이다. 윤허하여 주시옵소서."

"오오, 갸륵하도다. 경의 결심이 정히 그러하다면 과인도 어찌지 못하겠노라. 멀고 험한 길 부디 몸조심하구려."

이성계는 권근의 아우 권우를 불러 황금 열 냥을 주면서 말했다.

"과인의 황제에 대한 성의와 그대의 형에게 향한 정성은 하늘이 내려다볼 것이야. 이번 일은 반드시 잘 풀릴 것이야. 이 황금을 형에게 갖다주게나. 요긴하게 쓰이길 바란다고 전하라!"

권우는 임금이 하사한 황금 열 냥을 형에게 전하며 임금의 뜻을 전했다. 권근은 복받치는 감격을 가까스로 다스리고 하사품을 받았다.

권근은 죽을 각오로 명나라에 들어가 황제 앞에 엎드렸다.

"너는 누구냐?"

"신은 조선의 지제교 권근이라 하옵니다."

"정도전은 어찌하고 네가 왔느냐?"

"황제 폐하께오서 부른 자는 병이 위중하여 문 밖으로 한 발짝도 나올 수 없사와 신이 대신 왔나이다."

"부르지도 않았는데 제 발로 오다니, 너의 용기가 가상하구나. 허면 너의 잘못을 알고 왔더냐?"

"폐하, 작은 나라에서 큰 나라를 섬기는 데 표문이 아니면 정리를 말할 수 없나이다. 신들은 변방에서 태어나 자랐으므로 배운 것이 부족하고, 우리 임금의 정성을 폐하 앞에 다 밝힐 재주가 없사와 큰 실수를 저질렀사오나, 이는 무지의 소치이니, 너그러이 헤아리시고 신들에게 죄를 물어주소서."

"너의 임금을 모시는 충성이 갸륵하구나. 그래, 무지의 소치라… 그 말에 일리가 있구나. 네가 시詩를 아느냐?"

"폐하, 눈동냥 귀동냥은 했사옵나이다."

"짐은 네 재주가 궁금하구나. 시 열여덟 편을 지어 올리거라."

"분부 거행하겠나이다."

황제는 권근이 마음에 들어 접반사를 딸려 특별한 예로 대접하도록 영을 내렸다. 권근은 특사 대접을 받으며 시 짓기에 몰두했다. 우선 율시律詩 세 편을 지어 황제에게 올렸다.

"아름답도다. 뛰어난 재주를 타고났도다. 문연각文淵閣의 출입을 허락하노라!"

황제는 잔치를 베풀어주고 기악妓樂을 주어 연 사흘을 놀도록 했다. 권근은 황홀했다. 권근에게 더없는 영광이었던 것은 명나라의 내로라하는 학자, 문인 들이 모인 문연각 출입이 허락되었다는 것이었다. 이곳에서 한림학사 유삼오·허관·경청·장신·대덕이 등과 사귀며, 이들에게 조선 태조의 대국에 대한 정성을 강조했다. 이들에게 태조의 대국에 대한 정성을 듣고 황제는 매우 기특하게 여겼다. 명나라 한림원에서 권근의 인기는 대단했다. 그의 학문과 시가 중외에 크게 떨친 것이다.

때마침 태조 6년 봄 왕비 강씨가 세상을 떠나, 명나라 황제는 권근에게 위문하는 국서를 들려 귀국시켰다. 황제는 권근이 명나라에 머문 동안의 행장을 지어, 명나라와 조선의 사대부가에 보내도록 조처했다. 황제가 권근을 친애하는 마음이 도에 지나칠 정도였다.

권근은 태조가 하사한 금 열 냥으로 명나라에서 필요한 물건을 사가지고 귀국했다. 이것이 말썽이 되어 감사기관인 사헌부에서 걸고넘어졌다.

"정총 등은 명나라에 붙잡혀 있는데, 권근만이 황제에게 칭찬을 받고, 게다가 귀국길에 금을 주고 물건을 사가지고 온 것을 보면, 필시 국가의 기밀을 알려주고 얻은 대가일 것이다. 아니라면 금 열 냥을 어디에서 얻어 물건을 샀단 말인가!"

사헌부에서는 태조가 권근의 동생을 은밀히 불러 권근에게 전하라고 금 열 냥을 하사한 일을 까맣게 모르고 있었다. 게다가 표문에 참여한 정총은 명나라에서 풀어주지 않아 귀국하지 못한 상태여서 권근이 오해를 받을 만했다. 황제는 권근을 진실한 수재(秀才, 선비의 뜻)라 하여 돌려보내고, 정총을 붙잡아두었던 것이다.

사헌부에서 들고일어나자 불을 끄려고 태조가 나섰다.

"권 지제고는 왕비의 죽음을 위문하는 황제의 칙서를 가지고 온 사신이니라. 사신을 죄 주라니, 가당찮은 일이다. 다시는 거론하지 말라!"

그러나 사헌부 대간들도 만만찮았다. 권근의 죄를 소상히 밝혀야 한다고 아우성이었다.

"권근의 공이 있다고는 하나 명나라에서의 행실이 석연치 않사옵니다. 국청을 열어 근의 죄를 하문하소서."

"권 지제고는 황제가 부르지도 않았는데 자청하여 명나라에 들어가 황제의 노여움을 풀어주고 왔다. 그리하여 과인이 상을 주려 하는데 죄를 물으라니, 나라를 위해 사지에 다녀온 신하를 이리 대접해도 된단 말인가!"

"출처를 알 수 없는 금은 꼭 밝혀야 하나이다."

"권 지제고가 아무리 가난하다고는 하나, 대대로 내려오는 명문가이거늘,

그만한 금이 없었겠는가!"

태조의 권근 신임이 워낙 확고하여 사헌부에서는 슬그머니 물러나고 말았다. 그 뒤 명나라 문사로서 조선에 사신으로 오는 사람들은 국경에 당도하면 먼저 권근의 안부를 물었다. 그리고 권근을 만날 기회가 오면 반드시 그의 시문을 얻어서 돌아갔다. 명나라에서의 권근의 명성을 알 만한 일이었다.

권근은 태종 9년까지 살았다. 명나라에서 영락 황제가 보위에 오른 후에 이 사실을 알리려고 사신 유사길과 온불화 등이 조선에 왔다. 태종이 명나라 사신들에게 주연을 베풀어주었다. 이 자리에 원로대신 권근도 참석해 있었다. 권근이 술잔을 들었다. 그런데 이변이 일어났다. 명나라 사신들이 일제히 자리에서 일어나는 게 아닌가. 태종이 깜짝 놀라 물었다.

"왜들 일어나는 게요. 주안상에 벌레라도 끼어든 게요?"

유사길이 대답했다.

"아니올시다. 권 대감께서는 노성한 군자이십니다. 어찌 감히 군자를 업신여겨 앉아서 대작을 하겠습니까?"

이어 온불화가 말을 받았다.

"권 대감께오서는 우리 고황제高皇帝께오서 공경하던 분이옵니다. 어찌 감히 앉아서 술을 마시겠습니까?"

"허어, 이런 낭패가 있나? 늙은이가 못 올 데를 왔나보오. 이러지들 마오. 나도 일어서겠소."

권근이 태종 앞에서 민망하여 일어서려 했다. 태종이 분위기를 눙쳤다.

"사신 여러분이 우리 권 대신을 공경하는 마음은 알겠소. 허나 권 대신께서 민망해하니 앉아서 잔을 드십시다."

그제야 명나라 사신들이 자리에 앉았다.

이처럼 권근은 당대에 학문과 문장, 행실에 있어 모두에게 귀감이 되는 인물이었다.

정도전, 한양을 설계하다

이성계가 조선을 세웠으나, 명나라는 트집을 잡고 조선을 인정하려고 들지 않았다. 새 조정에서는 중원에서 자란 조반趙胖을 개국을 알리는 주문사로 보냈다. 조반은 어떻게 하면 명나라 황제를 설득시킬 수 있을지 고민이었다. 그는 황제가 틀림없이 고려 왕조를 무너뜨리고 명분 없이 나라를 세운 것을 따져 물을 것 같았다. 그리하여 조반은 비상수단을 쓰기로 하고, 당당하게 명나라 황제를 뵈었다.

조반의 예상은 빗나가지 않았다.

"어찌하여 이씨가 나라를 빼앗았단 말이더냐! 새 왕조를 인정할 수 없다!"

황제의 질책이 준엄했다. 조반이 목청을 가다듬었다. 통역도 없이 중국말로 차분히 말했다.

"폐하, 역대로 창업하신 군주들은 거의 모두 하늘에 순응하여 혁명을 이루었나이다. 어찌 홀로 우리나라만의 일이라 하시옵니까."

황제는 조반의 유창한 중국말 솜씨에 괴이쩍게 여겼다.

"네가 어떻게 중국말을 아느냐?"

"신은 중국에서 생장하였사오며, 일찍이 폐하를 원나라 탈탈脫脫의 장막에서 뵌 적이 있나이다."

조반은 황제 너도 역성혁명을 일으켜 원나라를 무너뜨리지 않았느냐고 은근히 꼬집었다.

황제는 저으기 놀라 조반에게 탈탈의 장막에서 있었던 일을 물었다. 조반은 막힘없이 대답했다. 탈탈의 장막에 있어본 적이 없는 조반이었으나, 미리 공부를 해두었던 것이다. 막힘없이 대답하는 조반의 말을 듣고 황제는 용상에서 내려와 엎드려 있는 조반을 일으켜 세웠다.

"만약 탈이 있었더라면 짐이 여기에 이르지 못했을 것이야. 그대는 진실로 짐의 친구로다."

황제는 조반을 귀빈으로 대하고 '朝鮮'이란 두 글자를 친필로 써주었다.

명나라의 인정을 받은 새 나라는 '새 술은 새 부대'에 담아야 한다며 도읍을 옮기기로 했다. 그 전부터 개성의 지기地氣가 다해 더 이상 융성할 수 없다는 설이 나돌았다. 개경은 산곡山谷에 둘러싸여 포장한 형세이기 때문에 여러 대에 걸쳐 권신들이 발호했던 일이 많다. 한양은 서북쪽이 높고 동남쪽이 낮기 때문에 장자長子보다 지자支子가 성하게 된다는 설도 있었다.

그리하여 처음에 태조는 도읍지의 터를 계룡산 아래(지금의 신도안)에 잡고 공사를 시작, 주춧돌까지 놓았다.

그런데 하루는 태조의 꿈에 도사가 나타나 말했다.

"이곳은 바로 전읍(奠邑, 정씨의 파자)의 의거할 땅이며, 그대의 터가 아니니 머무르지 말고 빨리 떠나거라."

태조는 꿈이 하도 신기하여 깊이 생각했다. 때마침 이조판서 유관이 정도론定都論을 올렸다.

'예로부터 지금에 이르기까지 중국의 도읍지가 관중 · 낙양을 넘지 않았사옵니다. 우리나라는 땅이 좁아 도읍을 정할 만한 곳이 그리 많지를 않사옵니다. 오로지 개경과 한양만이 가장 좋은 곳이나이다. 계룡산 밑에 도읍을 정하였을 때 백성들이 모두 걱정한 것은, 형세가 아주 좁고 땅이 낮으며, 사방의 도로가 고르지 못하고 또 물길이 먼 까닭이옵나이다. 한양의 형세 · 토지 · 도로 · 수로 등은 개경과 견줄 만하나이다. 한양으로 도읍을 정하시면 백성들도 기뻐할 것이나이다.'

태조는 계룡산을 포기하고 한양에 도읍을 정하기로 마음먹었다. 그런데 한양 도읍에 말이 많았다. 경기 좌우도 관찰사 하륜이 말했다.

"전하, 도선비기에 '한수漢水가 명당에 든다'는 말이 있나이다. 궁궐을 무악(지금의 연희궁)의 남쪽에 세우는 것이 마땅할 것이옵나이다."

이에 일관日官 이양달이 반대 의견을 냈다.

"전하, 도선비기에 '서쪽에 공암孔岩이 있고 또 단서丹書한 석벽이 있다' 했사옵니다. 공암은 모악과 화악 두 지역의 서쪽에 있사오니, 반드시 단서를 찾아내야만 결정지을 수 있다고 보여지나이다. 신의 생각으로는 화악 남쪽이 길지이며, 또한 도선의 말처럼 '한수가 명당에 든다'는 설에도 어긋나지 않사옵니다."

모악이냐, 화악이냐를 놓고 여러 설이 분분했다. 태조는 무학대사를 찾아오라고 각 도에 영을 내렸다. 자신이 임금이 될 것이라는 해몽을 해준 뒤 개국을 했는데도 코빼기도 비치지 않았다.

경기·해서·관서의 세 방백이 함께 무학을 찾아 나섰다. 이들은 곡산谷山의 고달산에서 초막을 발견했다. 그곳에 고승이 머문다는 주민들의 말이었다. 세 방백은 수행원들을 물리고 초막으로 가서, 각자 차고 있던 방백의 인印을 소나무 가지에 걸어놓은 후 짚신으로 갈아신고 초막으로 갔다. 고승이 그들을 만났다.

"어인 연유로 여기에 초막을 짓고 계시나이까?"

경기도 방백이 물었다.

"댁들이 3인봉三印峰인가?"

"예에?"

"저기 세 봉우리 보이지?"

"보입니다."

"저 3인봉을 믿고 이곳에 초막을 지은 게야."

"3인봉이 스님과 연이라도 있단 말씀이십니까?"

"있고말고. 이곳에 초막을 짓고 기다리면 세 방백이 인을 나무에 거는 일이 생기게 되어 있어. 댁들이 아닌가?"

세 사람은 자신도 모르게 합장했다. 해서 방백이 말했다.

"무학대사가 아니오이까?"

"태조께서 찾던가, 무학이를?"

"그러하오이다."

"내가 무학이 맞는데, 태조를 만나봐야 내 뜻대로 궁궐은 서지 않아."

"예에?"

"개국공신 가운데 재주꾼이 너무 많아. 재주가 많으면 참됨이 막히는 게야."

"길을 떠나셔야 하옵니다."

관서 방백이 재촉했다.

"왕명이니 가기는 가야겠지."

무학은 심란한 기색이었다. 그러나 세 방백을 따르지 않을 수 없었다. 이성계와 자신은 전생에 맺은 연이 있어 피하고 싶어도 피할 수 없는 것이었다.

이성계가 무학을 반겼다.

"대사, 어이 그리 무심하더란 말이오. 소식 듣고도 귀를 막았더란 말이오?"

"산중 납자에게 정처가 있겠사옵니까?"

"그래도 그렇지요. 대사를 눈이 빠지게 기다렸다오."

"도읍지는 한양으로 정하셨다구요?"

"그렇소이다."

"잘 하셨나이다. 고려 숙종 때에 최사추·윤관이 한양터를 살펴보고 돌아와 보고하기를, '노원·해촌·소룡산들의 몇 개 지역은 산수가 도읍을 세우기에 적합지 아니하고, 오직 삼각산 지역에 길지가 있다'고 했나이다. 그리하여 삼각산 밑에 작은 궁을 짓고 남경이라 칭하고, 그 주변에 오얏나무를 심어 이씨李氏 성을 가진 사람을 부윤으로 삼았나이다. 그러하옵고, 고려 임금께오서 한 해에 한 차례씩 남경에 행차하여 용봉장龍鳳杖을 땅에 묻어 지기를 눌렀다 하옵니다."

"오, 그렇소? 대사, 한양에 만년대계의 궁궐터를 잡아주시오."

"신이 먼저 한양으로 떠나 산세와 지세를 살펴보겠나이다. 보름 후에 한양 인왕산 위에서 만나뵙기를 바라나이다."

"보름 후에 한양 인왕산으로 가리다."

무학은 이성계와 헤어져 개경을 떠나 광나루를 건너 한양 땅으로 들어와 산세와 지세를 두루 살폈다. 무학이 지금의 왕십리쯤에 닿아 주변을 두루두루 살폈다.

"이랴 끼끽, 이랴, 이랴! 이놈의 소 미련하기가 꼭 무학이 같구나."

무학은 그 소리를 듣고 농부에게로 달려갔다.

"지금 소더러 미련하기가 무학 같다고 했소?"

"내가 그랬나?"

"소에게 왜 그런 말을 했소?

"이놈의 소가 제 갈 길을 가지 못하고 헤매고 있어서 그랬소."

"무학이 갈 길을 못 가고 있소?"

"궁궐터를 잡는다면서 광나루부터 헤매고 있으니 미련한 게지. 궁궐터는 여기에서 십 리를 더 가야 있소."

"예에?"

"이랴! 이랴, 이놈의 소야 제대로 가거라."

농부는 뒤돌아보지 않고 소를 몰아 밭을 갈았다.

무학은 한참을 걷다가 그 농부가 도사라는 것을 깨우치고 뒤돌아가서 만나려 했으나, 농부와 소는 어디로 사라졌는지 보이지 않았다. 무학은 그 농부를 만난 곳에서 십 리를 더 가서 인왕산 쪽에 닿았다. 무학이 예측한 대로 궁궐터가 눈에 보였다.

보름 후 태조가 정도전 등 개국공신들을 거느리고 인왕산 위에 닿았다. 무학은 때를 맞추어 인왕산 정상에서 태조를 만났다.

"대사, 궁궐터를 잡았소이까?"

"예 전하, 소승의 눈에 보이나이다."

"오, 그래요? 어디 말해보오."

"여기 인왕산으로 진산鎭山을 삼고 백악白岳과 목멱(木覓, 南山)을 좌우 용호로 삼으면 썩 좋은 궁궐터이옵니다."

"인왕을 진산으로 삼아 궁궐을 동향으로 잡으라는 말씀이오?"

"그러하옵니다."

"아니 되옵니다, 전하. 예로부터 제왕은 모두 남향 궁궐터에서 통치했나이다. 궁궐이 동향이라는 말은 처음이나이다."

"허면, 삼봉은 진산을 어디로 삼으려 하오?"

"백악을 진산으로 삼고 목멱을 안산으로 삼아, 낙산이 청룡, 인왕이 백호가 되어야 마땅하나이다."

"대사의 생각은 어떻소?"

"무난한 것 같사오나 무난하지 않사옵니다."

"무슨 말이오?"

"낙산에 비해 인왕이 드세나이다. 청룡 맥보다 백호 맥이 강하면 장차 어이 되겠나이까?"

"허면 장손보다 지손이 드세진다는 말이오?"

"그렇사옵나이다. 그뿐만이 아니옵나이다."

"대사께오서는 어전에서 말씀을 삼가시오. 풍수나 도참은 참고 삼아야지 전적으로 믿으면 낭패를 당하는 법이오."

정도전이 무학대사의 말을 가로막았다. 무학은 입을 다물고 생각했다. 신라 의명대사의 말이 떠올랐다.

'한양에 도읍을 정할 때에 정鄭씨 성을 가진 사람이 시비를 건다면 5대를 지나지 못해 왕위를 찬탈하는 화가 일어날 것이며, 200년 만에 온 나라가 분탕질당하고 난리를 당할 것이다.'

무학은 온몸에 소름이 끼쳤다. 의명대사의 말이 현실로 다가오고 있었다. 정도전이 말한 궁궐터가 의명대사가 예언한 쪽으로 가고 있었다. 그러나 무학은 자기의 주장을 펼 수가 없었다. 정도전은 막강한 개국공신이요, 자기는 임금의 자문 역할에 지나지 않았다. 더구나 의명대사의 엄청난 예언을 말할 수 없었다.

그리하여 궁궐터는 정도전의 주장대로 백악을 진산으로 삼아 경복궁이 세워진 것이다. 그러나 의명대사의 예언대로 그 뒤 왕자의 난이 일어나고, 개국 200년 만에 임진왜란이 일어나 온 나라가 초토화되었다. 무학은 화를 피해보려고 인왕을 진산으로 삼은 동향의 궁궐을 권했던 것이었으나, 조선의 운명은 애초에 점지된 것이었을까? 끝내 화를 피하지 못했던 것이다.

배극렴에게 독설을 날린 기생

조선이 새로이 탄생했으나 민심을 얻지는 못했다. 두문동에 문무관 72현과 48현이 산다는 소문이 퍼져, 백성들 사이에는 고려에 대한 향수가 더욱 짙어 갔다. 새로이 나라를 세웠다는 사람들은 구관의 재산을 빼앗아다가 배를 채우기에 바빴다. 백성들을 위해 역성혁명을 일으켰다고는 하나, 백성들을 위하기는커녕 자기들 잇속을 챙기는 것 외엔 관심이 없었다.

더구나 개성 백성들은 새 정부가 수도를 옮기기 위해 한양에 궁궐을 짓고 있던 터여서 삶의 터전마저 잃게 되어 절망하고 있었다. 개성에 남아 있자니 벌이가 막막했고, 조정을 따라 한양으로 가자니 낯선 땅이 두렵기만 했다.

새 조정에 협조했던 고려의 신하들은 자신들이 이제껏 이뤄놓은 개성의 가산을 정리하고 한양으로 옮기는 일이 심란하기만 했다. 이처럼 개국공신 가운데 개성에 기반을 튼튼히 다져놓은 신하들은 천도를 달갑지 않게 여겼다.

민심이 따라주지 않아 새 조정은 천도를 더욱 서둘렀다.

그러던 어느 날 밤, 개국공신들이 청루에서 술자리를 가졌다. 배극렴 · 남은 · 정도전 · 조준 등이 술잔을 주고받았다. 특히 배극렴은 공민왕의 정비에게서 옥새를 빼앗다시피 하여 이성계에게 바쳐 개국 일등공신에 책록된 공신으로서, 직위가 정승이었다.

청루에 배극렴의 눈에 드는 기생이 있었다. 몸매가 곱고 얼굴이 복스러웠다. 악한 구석이라고는 전혀 눈에 띄지 않았다. 배극렴은 그 기생에게 정성을 들였다.

"이름이 뭐더냐?"

"정승께오서 천한 것의 이름은 알아서 무엇하겠나이까?"

말 속에 뼈가 있었으나 배극렴은 기생에게 빠져 그마저 어여쁘게 보았다.

"천한 것이라니 당치 않구나. 너는 지금 개국공신들과 술자리를 함께하고 있느니라."

"그렇다고 천한 것이 개국공신이 되겠나이까?"

"이름을 말해보라."

"설매雪梅이나이다."

"눈 속의 매화라… 좋은 이름이로다."

"이름은 그럴 듯하오나 절개는 대감마님과 별로 다를 바 없나이다."

"무슨 말이더냐?"

"그냥 농으로 한 말이나이다."

"고것 참 맹랑하도다."

배극렴은 설매의 말이 너무도 귀엽게 느껴져 당장이라도 품에 안고 싶을 지경이었다. 점점 더 주흥이 도도해져갔다. 배극렴은 설매의 일거수일투족을 놓치지 않고 지켜보았다. 지나치지도 모자라지도 않는 절제된 행동거지가 배극렴의 마음을 사로잡았다. 그는 술에 취하고 설매에게도 취해갔다.

"설매야, 너 오늘밤 나와 만리장성을 쌓아보지 않으려느냐?"

"무너진 성은 쌓아서 무얼 하오리까?"

설매의 대답이 쌀쌀맞았다.

"내가 맘에 들지 않느냐?"

"천것이 마음에 들고 아니 드는 사내가 어디 있겠나이까?"

"내 너를 호강시켜주겠다."

"으레 듣는 소리오니 못 들은 걸로 하겠나이다."

설매이 요리조리 빠져나갈 궁리를 하고 있었다. 배극렴은 은근히 화가 치밀었다. 하찮은 기생에게 농락당하는 기분이어서 심기가 편치 않았다. 우격다짐을 해서라도 개국공신의 체면을 살리고 싶었다.

"네 요년! 너는 동가식서가숙하는 기생이 아니더냐! 오늘밤 나의 수청을 들라!"

배극렴의 큰 소리에 좌중은 무슨 일인가 하여 조용해졌다.

설매는 입가에 냉소를 띠고 배극렴을 빤히 쳐다보며 대답했다.

"누구의 명이라고 거역하겠나이까? 수청 들라면 들어야지요. 하지만 대감께서도 절개는 이 천한 것과 다를 바 없나이다."

"뭣이야? 네가 감히 나의 지조를 말하다니, 무엄하구나!"

"대감, 어제는 왕씨에게 오늘은 이씨에게 몸을 의탁하는 대감님과 동가식 서가숙하는 이년과 무엇이 다르리오. 잘 어울리는 한 쌍이 아니겠나이까?"

"저 저 저런 요망한 것이 있나!"

배극렴의 말꼬리가 흐려졌다. 다른 개국공신들은 설매의 가시 돋친 말에 핏기를 잃어갔다. 거기 모인 고려 유신들은 괴로워 신음을 토해냈다. 배극렴은 얼굴이 벌겋게 달아올라 깊숙이 고개를 숙여버렸다.

설매는 아무렇지도 않게 술잔에 술을 따랐다. 그러나 공신들은 설매를 외면한 채 침울한 얼굴이 되었다. 일개 기생의 말 한마디가 명분 없이 고려를 무너뜨린 개국공신들에게 비수가 되어 가슴에 꽂혔던 것이다.

제2대

정종 시대

1399~1400

정종
시대

1399~1400

권력의 화신 이방원의 승부수

태조의 슬하에는 아들이 여덟이나 있었다. 전처 한씨와의 사이에 방우 · 방
과 · 방의 · 방간 · 방원 · 방연을, 계비 강씨와의 사이에 방번 · 방석을 두었던
것이다. 전처 한씨는 이성계가 등극하기 전에 세상을 떠나 나중에 추증 왕비
가 되고, 강씨는 개국에 참여하여 왕비가 되었다.

태조는 후계자를 맨 막내 방석으로 정했다. 그러자 개국에 공이 컸던 방원
이 승복하지 않았다. 조정 중신들도 당연히 태조의 뒤를 방원이 이어야 한다
고 생각했다.

첫째 방우는 아버지가 역성혁명을 일으킨 것을 보고 해주에 은거하여 폭음
을 일삼다가 목숨을 잃었다. 이로써 적자 승계의 원칙이 무너지자, 왕자들이
야심을 품고 두 차례나 혈육 간에 피를 뿌리는 난을 일으켰던 것이다.

개국공신 정도전은 왕비 강씨 편에 서서 방석을 후계자로 추대하려고 마음
먹었다. 방원과 정도전 사이에 금이 가기 시작했다.

태조 7년 8월, 이성계가 병들어 자리에 누워 있었다. 이 틈을 노려 방원이
대궐로 쳐들어가 배다른 동생 방번과 방석을 제거해버렸다. 이 과정에서 정
도전도 제거되었다. 방원의 승리였다. 그러나 방원은 자기가 곧바로 용상을
차지하지 않고 형 방과를 용상에 앉혔다. 정종은 동생 방원이 세운 꼭두각시

임금이었다.

그런데 정종 2년(1400), 이제는 이복이 아닌 동복 간에 왕위 쟁탈전이 벌어졌다. 방원의 바로 위 형 방간이 왕위를 욕심내어 난을 일으켰던 것이다. 방원은 심복 이숙번에게 방간이 난을 일으킨 까닭을 물어오도록 했다.

이숙번이 방간을 찾아가 물었다.

"나으리, 어찌하여 평지풍파를 일으킨 것이오? 방원 나으리께오서 까닭을 물으셨소."

방간은 위인이 어리석고 거칠었다. 그는 차례로 치면 자기가 왕위에 오를 순서인데 정종의 뒤를 동생 방원이 가로채려 한다는 말을 듣고 몹시 아니꼬웠다. 그리하여 자기의 처지를 이래李來에게 은근히 말했다.

"이대로 당할 수만은 없다. 내가 나서야겠네. 도와주게나."

이래는 황당했다. 아무리 고모부이기는 하지만 그릇이 아닌데 용상을 넘보는 꼬락서니라니 가소로웠다. 이래는 도와주겠다는 언약을 하고 스승 우현보에게 이 사실을 알렸다.

"방간 왕자가 그믐날 난을 일으키려 합니다. 어찌하면 좋겠나이까?"

우현보는 서둘러 아들 홍부를 불렀다.

"얘야, 피바람이 불고 있구나. 얼른 가서 방원 왕자에게 이 일을 알려라!"

방원은 홍부의 말을 듣고 심복인 하륜·이무 등을 불러 대책을 논의했다.

"아직 뚜렷한 움직임을 보이지 않으니 미리 공격할 것은 없소이다."

하륜이 말했다.

"그렇습니다. 방간 왕자의 동태를 예의 주시하여 때에 따라 대책을 마련하는 것이 좋을 듯합니다."

이무도 하륜의 의견에 동의했다. 방원 역시 형이 군사를 일으키지도 않았는데 선수를 치는 것은 여론에도 좋지 않을 것 같았다.

한편, 방간은 심복 오용권을 시켜 정종에게 방원에 대하여 모함했다.

"방원이 나를 모해하려 하므로 부득이 군사를 일으켜 치겠나이다."

정종은 화가 나서 지신사 이문화를 불러 영을 내렸다.

"방간에게 똑똑히 전하라. 지금 당장 방간이 궐 안으로 들어와야 목숨을 보전할 수 있으니 서둘라 하라!"

이문화가 급히 방간의 집으로 달려갔다. 방간은 오용권을 시켜 정종에게 통고하게 한 후, 민원공 등의 선동을 받아 아들 맹종과 부하 수백 명을 거느리고 이미 병기를 갖추고 있었다.

"나으리, 전하께오서 시각을 다투어 입궐하시라는 분부이옵나이다. 서두르소서. 목숨이 달린 일이옵니다."

"듣기 싫다. 이미 결심이 섰느니라."

이문화의 보고를 받고 정종은 발을 동동 굴렀다. 형제끼리의 골육상잔을 막아보려 했으나, 드센 동생들의 기세를 어찌해볼 수 없었다.

이제 이숙번의 질문을 받은 방간은 스스럼없이 말했다.

"지중추원사 박포가 말했네. 정안군(방원)이 나를 보는 눈이 수상쩍다며 장차 변이 있을 것인즉 선수를 치라고 말일세."

이숙번이 달려와 방원에게 알렸다.

박포는 1차 왕자의 난에 방원을 도운 공이 컸다. 그런데도 논공행상에서 밀리고 말았다. 박포는 그것에 대한 불만을 여러 사람에게 털어놓았다.

"이무가 비록 공이 있다고는 하지만, 여러 사람들의 마음에 들지 않고 또 변덕이 많아 측량하기 어렵다."

이 말은 이무가 1차 왕자의 난 때 처음부터 방원의 편에 서지 않고 끝까지 기회를 보다가 정도전 등의 대세가 기울자 재빨리 방원에게 붙은 것을 빗대어 꼬집은 것이었다. 그런 이무는 일등공신이 되고 박포 자신은 이등공신으로 처졌으니 불만이 있을 법도 했다.

박포는 쌓인 원한으로 방간을 등에 업고 난을 일으키려 했던 것이다. 방원은 이 말을 듣고 정종에게 건의하여 박포를 충주에 귀양 보냈다가 얼마 후 소환했다.

어느 날 박포는 방간의 집에 가서 장기를 두었다. 때마침 우박이 쏟아졌다. 박포가 말했다.

"옛 사람이 이르되, 겨울비가 길을 파손하면 병사가 시가지에서 교전한다고 했나이다. 나으리, 조심하소서."

그 뒤 바로 하늘에 붉은 기운이 나타나자 또 말했다.

"하늘에 요사한 기운이 나타났나이다. 나으리께오서 마땅히 조심하여 처신하셔야 할 것이옵니다."

"어떻게 처신하란 말이오?"

"군사를 맡지 말고, 드나들기를 삼가며, 의관을 정돈하고, 행동을 신중히 하여, 마치 고려조 자손인 여러 왕씨의 예와 같이 하는 것이 상책이나이다."

"그리는 못하겠소. 다음 방책을 말해보오."

"형만 지대에 도망하던 태백과 중옹과 같이 하는 것이 다음 방책입니다."

"그것은 주나라 고사가 아니오?"

"그렇습니다."

주나라 태왕太王이 아들 셋을 두었다.

태왕은 그중 막내아들인 왕계(王季, 문왕의 아버지)에게 왕위를 전할 뜻이 있었으므로, 두 형인 채백과 중옹이 형만으로 피했다. 박포가 이 고사를 인용한 것이다.

"그 다음을 말해보오."

"정안군의 군사는 강하며 주위에 많은 무리가 있습니다. 하오나 나으리의 군사는 약하며 위태함이 마치 이슬과 같나이다. 마땅히 선수를 써서 쳐부숴야 할 것입니다."

간은 바싹 구미가 당겼다.

"나를 도와주시겠소?"

"돕다마다요. 힘껏 도와 나으리를 용상에 앉혀드릴 것입니다."

방간은 천군만마를 얻은 것 같았다.

그는 동생 방원을 불러 해치우려고 했다. 그러나 방원은 이미 홍부를 통해 방간의 음모 사실을 알고 있었으므로 병을 핑계로 가지 않았다. 방간은 이미 엎질러진 물이어서 군사를 일으키지 않을 수 없었다.

방원은 이숙번의 보고를 받고 방간과의 일전을 피할 수 없다고 생각했다. 방간이 군사를 일으켰다는 소문이 순식간에 퍼졌다. 이화와 이천우가 방원의 집으로 달려왔다. 이화는 태조의 배다른 아우요, 이천우는 태조의 형 원계의 아들이었다. 종친이 방원의 편에 선 것이다. 승부는 이미 나 있었다.

두 종친을 보고 방원이 눈물을 흘리며 말했다.

"혈육끼리 이 무슨 꼴입니까?"

"방간의 음험한 마음이 극한에 이르렀네. 어찌 종사의 대계를 돌아보지 않으려는가?"

이화가 말했다.

"내가 무슨 낯으로 밖에 나간단 말씀이오."

이천우가 방원을 끌어당겨 마루로 데리고 나와, 이화와 더불어 갑옷을 입혀 말 위에 앉혔다. 그리고 사절을 정종에게 보냈다.

"전하, 사태가 위급하나이다. 신이 수습하겠사오니 궐문을 굳게 닫고 비상사태에 대비하소서."

드디어 방원이 출전을 명했다. 개국공신 가운데 박포와 장사길만이 방간을 따랐고, 나머지는 죄다 방원의 편이었다. 이숙번이 선봉이 되었다. 개경 시가지에서 형제 사이에 싸움이 벌어졌다. 백성들은 이씨 형제를 맘껏 비웃었다.

"멀쩡한 왕씨를 무너뜨리고 새 나라를 세우더니 꼴 좋다. 저희들끼리 서로 잘났다고 보자기를 찢고 있구나. 인과응보가 아니고 무엇이겠는가?"

"개국 초부터 왕자들의 왕권 다툼이라니, 이성계가 집안 하나 다스리지 못하면서 무슨 놈의 나라를 다스리겠는가?"

개성 백성들은 골육상쟁을 고소한 심정으로 구경했다.

방간의 아들 맹종은 활의 달인이었다. 할아버지 이성계를 닮아 활 솜씨를 당할 자가 없었다. 그러나 이날은 몸이 좋지 않아 활을 쏘는 족족 빗나갔다. 방간의 군사가 무너졌다. 선봉장 이숙번이 강하게 몰아붙였다.

방원은 혼전 속에 형 방간이 살해될까 봐 진중을 돌며 외쳤다. 인심이 사나워 동생이 형을 죽였다는 소문만은 피하고 싶었다.

"내 형을 해치지 말라! 각별히 주의하라!"

방간은 세에 밀려 성균관 뒷마을로 도망쳐 무기를 버리고 숨어버렸다. 방원의 군사가 추격하여 방간을 찾아 붙잡았다.

"나는 박포에게 속았다!"

방간이 외치고 탄식을 뿜었다. 이날 박포는 출전하지도 않았다. 방간이 박포의 꾐에 넘어가 승산 없는 난을 일으켰던 것이다.

이성계는 방간이 난을 일으켰다는 소식을 듣고 장탄식을 뿜었다.

"소같이 우직한 놈이 어찌하여 이 지경이 되었더란 말이냐. 부끄러워 얼굴을 들지 못하겠다. 명문 세가에서 우리 집안을 어찌 보겠느냐! 자식 농사를 그르쳤다."

정종은 아우 방간을 죽이지 않고 토산으로 귀양 보냈다. 박포도 귀양 보냈다가 곧 죽였다.

두 번의 왕자의 난에서 방원의 부인 민씨 부인의 활약이 두드러졌다. 방석의 난 때에 민씨는 방원이 있는 곳으로 가서 일이 잘못되면 화를 함께 당하려고 갑옷을 입고 말을 타고 달려가려고 했다. 방원 휘하 군사들이 말렸으나 막무가내였다.

집을 막 출발하려는데 하인 소근小斤이 달려왔다.

"마님, 난을 평정했나이다. 이것을 보소서."

"그것이 무엇이냐?"

"피살된 정도전의 갓과 칼이옵니다."

"오오, 나으리께서 승리를 했단 말이냐?"

"그렇습니다요. 소인이 전리품을 거두어 한달음에 달려왔습니다요."

그제야 민씨는 안심하고 입었던 갑옷을 벗고 얌전한 아낙으로 돌아갔다.

방간의 난 때였다. 방원의 심복 목인해가 탄 말이 홀로 집으로 돌아왔다. 그 말은 방원의 집에서 기르던 말이었다. 말은 다리에 화살을 맞아 절뚝거렸다. 민씨는 억장이 무너져내렸다.

'싸움에 패했구나. 이 일을 어찌할꼬? 나도 전장에 나가 나으리와 함께 죽

겠다.'

결심을 한 민씨가 갑옷을 챙겨입고 정신없이 달려나갔다. 계집종이 말렸으나 듣지 않았다. 잠시 후 이웃집 노인 정사파란 사람이 방원이 이겼다는 소문을 듣고 달려와 계집종에게 알렸다. 계집종이 정신없이 달려가 민씨에게 이 사실을 알렸다. 그제야 민씨는 집으로 돌아와 갑옷을 벗었다.

정도전은 일찍이 태조에게 사병 혁파와 왕자들의 병권을 파할 것을 권했다. 이때 방원도 자기 소관의 병기를 죄다 불태워버렸다. 그런데 민씨가 몰래 병기를 갖추어 비밀 창고에 보관해놓았다. 방석의 난 때 방원은 말 한 필 병기 하나 없어 몹시 당황했으나, 민씨의 지혜로 말과 병기를 얻어 출전할 수 있었다. 방간의 난 때도 민씨가 갖추어놓은 병기를 써서 싸움에 응할 수 있었다. 그리하여 흔히 민씨를 고려 태조 왕건의 유씨 부인과 비교하기도 한다.

허울뿐인 권자에 앉은 비운의 왕 정종

정종은 성품이 순하고 차분했다. 그러나 무예를 닦아 아버지를 따라 전쟁터에 나가 여러 차례 공을 세우기도 했다.

방석의 난을 평정하고 신하들이 방원을 세자로 삼으려고 동분서주했다. 그러나 방원은 민심이 자기편이 아닌 것을 알고 형 방과(정종)를 세자로 삼으려고 했다. 그래야만 아버지의 노여움이 풀릴 것 같았다. 이성계는 막내아들 방석에게 왕위를 물려주려다가 방원에게 뒤통수를 맞고 넋이 빠져 있었다. 노여움이 머리끝에 머물고 있던 터였다. 저간의 사정을 환히 꿰뚫고 있는 방원이 세자 자리를 덥석 차고앉을 리 없었다.

방원이 형 방과를 찾아갔다.

"형님, 이제 우리 동복 형제가 나라를 끌고가야 합니다. 형님께서 세자가 되소서."

방과는 방원의 마음을 읽고 피식 웃었다. 방원의 술수가 지나치다는 생각이 들었다.

"이 사람 아우, 번거롭게 무얼 그러나. 세자 자리는 자네 것일세. 임자가 따로 있거늘 내가 무얼 하러 앉겠나."

"적자 승계의 원칙을 지켜야 합니다. 방우 형님이 아니 계시니, 당연히 형님께서 대통을 이으셔야 합니다."

"말은 고맙네만, 나는 용상에 뜻이 없네."

"그래도 대세를 거스를 수 없습니다. 세자가 되셔야 하옵니다."

우격다짐으로 나오는 방원에게 방과의 아내 김씨가 한마디 했다.

"서방님, 우리 내외를 명대로 살게 내버려두소서. 나랏님은 아무나 되는 것이 아닙니다. 서방님께서 세자가 되시어 장차 아버님의 대업을 이으소서."

"형수님, 모든 일에는 절차와 순서가 필요합니다. 형님께서 세자가 되셔야 나라가 편안하십니다."

"아버님의 노여움 때문에 그러십니까?"

방원은 대답이 없었다.

방과는 곰곰 생각해보았다. 세자 자리를 끝내 사양하면 나중에 방원이 대권을 잡았을 때 심신이 편치 않을 것 같았다. 지금 방원의 말을 들어주면 말년이 편할 것 같았다.

"이보게 아우, 내가 용상에 앉거든 지체 말고 자네가 이어받게. 그리하겠는가?"

"그러겠습니다."

방과는 울며 겨자 먹기로 세자가 되었다. 조정 중신들이 방원 아닌 방과를 세자로 추대하자 태조도 어쩔 수 없이 허락했다.

이성계는 곧 왕위를 방과에게 물려주고 상왕으로 물러앉았다. 방석을 잃고 왕비 강씨를 잃어 매사에 의욕이 없었다.

방과가 조선 제2대 정종이 되었다. 정종은 방원의 하수인들에게 둘러싸여 휘둘리고 있었다. 용상만을 차고앉아 있을 뿐, 모든 일은 방원과 그 일당들의 독단으로 행해졌다. 어서 용상을 물려주고 편히 살고 싶었다.

정종 즉위 초, 방원의 도당 남재가 대궐 뜰에서 큰 소리로 외쳤다.

"정안군을 세자로 정해야 한다. 이 일은 지체할 수가 없거늘 상감께오서는 어이하여 미루시는가!"

이 말을 듣고 방원이 남재를 불러 꾸짖었다.

"무슨 말을 그리 함부로 하여 전하의 심기를 산란케 하는가! 앞으로 말을 삼가라!"

"정안군 나으리, 전하의 슬하에 아들이 열다섯이나 되오이다. 그들 가운데 야심 있는 자가 있어 용상을 노린다면 일이 복잡하게 꼬일 것입니다. 세자 책봉을 서둘러야 합니다."

"전하의 아들로 대통을 이은들 어찌하리. 서둘지 마시오."

방원은 짐짓 남재의 충성심을 떠보았다. 남재가 펄쩍 뛰었다.

"나으리, 죽을 쑤어 개 좋은 꼴로 만들 작정이오? 그리는 못하오. 하륜 대감과 상의하여 우리끼리 처리할 테니 나으리는 가만히 계십시오."

"서둘지 말래두…."

방원은 말끝을 흐렸다. 형 정종의 아들이 열다섯이나 되니 불안하기도 했다. 남재는 하륜과 상의하여 세자 책봉을 서둘기로 했다. 조정 여론을 방원 편으로 끌어들이기 위해, 개국에 공이 많고 왕자의 난을 무난히 평정한 방원이 세자가 되어야 마땅하다고 바람몰이를 해갔다. 그 후 하륜이 정종을 만났다.

"전하, 개국 전 정몽주의 난에 정안군이 없었더라면 큰일을 이루지 못했을 것이옵나이다. 하옵고 정도전의 난에도 정안군이 없었더라면 어찌 오늘날이 있었겠사옵니까? 또한 방간의 난에도 정안군이 없었더라면 전하의 보위마저 위태로웠을 것이나이다. 이미 하늘의 뜻과 사람의 마음이 정안군에게 기울었나이다. 세자를 삼으시어 하늘과 백성의 뜻에 따르시옵소서."

숫제 협박이었다. 정종이 이미 예상했던 일이었다. 미련 없이 대답했다.

"옳은 말이오. 나의 뜻도 같으오. 곧 정안군을 세자로 삼겠소."

정종은 드센 방원의 심복들이 얄미웠으나, 대세는 이미 방원에게로 기울어 있었다. 임금의 심복은 하나도 없었다. 세상 이치라는 것이 힘있는 쪽으로 인심이 흐르는 법이어서 정종은 서운하지도 않았다.

정종은 상왕을 만나 방원을 세자로 삼을 뜻을 전했다.

"으음… 상감의 아들 가운데 세자로 삼으면 방원이 폐위시킨다고 합디까?"

이성계는 심통을 부렸다. 조정 사정을 누구보다 잘 아는 그였다. 아직 방석을 잃은 슬픔이 가시지 않아 방원을 생각하면 울화부터 치밀었다.

"아니옵니다. 장차 우리 왕조를 위해서도 정안군이 임금이 되어야 하옵니다. 정안군은 야심 많은 군주가 될 것이옵니다."

"듣기 싫소! 상감 마음대로 하시오."

태조는 돌아앉았다.

정종은 세자 책봉을 서둘렀다. 그리하여 방원은 작전대로 용상에 가까이 다가갔다. 민심도 따라주었다. 대세는 점점 더 방원 쪽으로 기울고, 정종은 허수아비가 되어갔다.

'왕따' 임금 정종의 한숨

정종이 왕위를 물려받고 해가 바뀌었다. 정종에게는 용상이 늘 가시방석이었다. 방원을 세자로 책봉하고 나서 용상을 비우라는 압력이 암암리에 심해져만 갔다. 정종은 행여 의심을 받을까 봐 똑똑한 아들들을 절에 보내어 머리를 깎고 중이 되도록 종용했다.

"너희들이 명대로 살려거든 절에 들어가 중이 되는 수밖에 없다. 네 작은애비는 권력의 화신이니라. 권력 앞에서는 형제도 부자도 소용없다. 내 말 명심해라."

"아바마마, 소자들은 추호도 야심이 없나이다. 그냥 개경에서 살도록 해주소서."

"너희들을 절에 보내는 애비의 심정을 헤아려다오. 내 앞에서 너희들이 희생되는 꼴을 보기 싫다."

"꼭 산으로 숨어야 하오리까?"

"사는 길은 그 길뿐이다."

정종의 열다섯 아들 가운데 똑똑한 아들 절반 이상이 절에 들어가 중이 되었다. 그래도 감시의 눈길이 끊이지 않았다.

정종보다 정안왕후 김씨가 더 못견뎌했다. 왕비 자리가 하녀의 방 삿자리만도 못했다. 한시도 마음 편할 날이 없었다.

세자랍시고 문안을 오는 정안군 내외의 눈초리가 곱지 않았다. 싸늘하고 매서웠다.

"마마, 문후 드리옵나이다."

정안군 내외가 큰절을 올리고 눈을 마주치려고 보면 정안왕후는 그들의 눈길을 피해버렸다. 마치 그 자리를 언제까지 당신들이 꿰차고 앉아 있을 셈이야, 하고 비웃는 것 같았다.

정종은 보위에 미련이 없었으나 보위를 물려줄 시기와 절차가 필요했다. 세자도 그걸 원하는 듯하면서도 정종 내외를 대하는 태도가 껄끄러웠다.

정종이 세자를 불러 은밀히 물었다.

"이제 보위에 앉게나. 내가 언제까지 이 노릇을 해야 하는가?"

"형님 전하, 그 무슨 서운한 말씀을 하시옵나이까? 용상의 권위를 세우소서."

"이 사람아, 그만 가져가게."

"기다리소서. 모든 일에는 때가 있나이다."

알 수 없는 일이었다. 보위를 넘겨준다는데도 미루는 세자의 속셈을 알 수 없었다. 신하들은 그들대로 임금을 대하는 태도가 영 서먹서먹했다.

어느 날 밤 정종 내외가 마주 앉아 눈물을 흘렸다.

"절에 들어간 아들들은 어찌 지내는지 궁금하오."

"상감, 보위를 버리소서. 상감께오서는 세자의 눈을 보지 못하셨나이까?"

"세자의 눈이 어쨌다는 게요?"

왕비는 눈물을 머금고 천장으로 시선을 돌렸다. 왕과 왕비로서 자기들처럼 처량한 신세도 드물다는 생각이 들었다. 세자는 왕권에만 욕심이 있을 뿐 사람의 온기가 없어 보였다.

"세자의 눈은 우리 내외더러 알아서 물러나라고 하는 듯싶사옵나이다."

"아니오. 내가 세자의 의중을 떠보았소."

"상감, 버리고 떠나시지요. 상왕으로 앉아 편히 사시옵소서."

"그리도 못 견디겠소?"

"더는 견디기 힘드오이다. 세자빈의 위세도 그냥 지나치기 힘드나이다."

정종은 당직 승지를 불러 선위할 준비를 갖추라고 일렀다. 이 소식이 전해지자 세자가 체면치레로 반대 상소를 올렸다. 조정 중신들은 큰 용단이라며 환영 일색이었다. 정종은 보위를 미련 없이 버리고 상왕궁으로 물러났다. 마음도 몸도 날아갈 것만 같았다.

상왕궁에서의 생활은 달콤하고 아늑했다. 왕비의 얼굴에 웃음꽃이 피고 아들딸들이 마음대로 드나들었다. 태종과의 사이도 정다워졌다. 태종은 정종을 끔찍이 위했다. 자기를 위해 2년간 들러리를 서준 형이 고마웠다.

상왕궁의 내관이 2월 그믐께 우연히 뒷동산에 올라갔다. 두서너 사람이 쌓인 풀더미 옆에서 과일을 주워 먹었다. 내관이 자세히 보니 복숭아였다. 9, 10월의 상도霜桃였다. 내관은 풀더미를 헤치고 복숭아 수백 개를 얻어 상왕에게 올렸다. 상왕은 크게 기뻐하여 곧 사당에 바치고 또 태종에게 보냈다. 태종이 기뻐하며 입었던 옷을 벗어 복숭아를 가지고 온 내관에게 준 다음 곧 상왕궁으로 달려와, 선도를 벌여놓고 함께 먹으며 밤중까지 놀다가 갔다.

두 사람 사이가 이토록 정다웠으나 상왕 부부는 이따금 눈물을 흘렸다. 절에 보낸 아들들이 눈에 밟혀서였다.

태종 시대

1400~1418

태
종
시
대

1400~1418

아들을 향한 이성계의 원한

이방원이 형 정종에게 은근히 압력을 넣어 보위에서 물러나게 하고 드디어 왕위에 올랐다. 조선 제3대 태종이 된 것이다. 이방원은 이성계의 다섯째 아들로 개국에 공이 컸고 야심만만했음에도 불구하고, 두 차례나 왕자의 난을 치르고 이성계의 눈 밖에 나 있어 어렵사리 왕위에 올랐던 것이다.

이성계는 강비를 여의고 사랑하는 막내아들 방석이 방원의 손에 죽자 심기가 편치 않아 상왕으로 물러앉아 있다가, 정종이 방원에게 보위를 물려주어 태상왕이 되었다. 그러나 끝내 쓰린 가슴을 다스리지 못하고 대궐을 떠나, 덕원을 거쳐 함흥으로 들어가 세상과 인연을 끊어버렸다. 함흥은 이성계가 태어난 곳으로 개국 후 본궁本宮으로 불렸다.

태종은 아버지 없는 대궐을 민망스럽게 여겼다. 민심은 부자 사이의 알력을 마땅치 않게 보고 있었다. 조정 여론도 이성계를 대궐로 모셔와야 한다는 쪽으로 흘렀다. 태종은 아버지를 모셔와 응어리진 가슴을 풀어드려야 했다.

그리하여 아버지를 모셔오는 차사差使를 함흥으로 보냈으나, 살아서 돌아오는 차사가 한 사람도 없었다. 이성계가 활을 준비해두었다가 차사가 도착하면 그 자리에서 쏘아 죽여버렸다. 이때부터 한번 가면 깜깜 무소식이란 뜻으로 '함흥차사'란 말이 생겨났다. 방원에 대한 이성계의 원한이 어느 정도인지 짐작할 만했다.

성석린은 이성계와 친구 사이였다. 고려조에서도 함께 벼슬하고 개국을 돕기도 했다. 새 나라에서 영의정까지 지낸 당대의 명필이기도 했다.

성석린이 태종의 딱한 사정을 보다 못해 함흥으로 갈 것을 자청했다. 태종은 조정의 원로대신을 잃을까 봐 선뜻 허락하지 않았다.

"전하, 태상왕과는 창왕을 몰아내고 공양왕을 세운 막역한 사이옵나이다. 하옵고 개국 9공신의 한 사람인 신을 차마 죽이기야 하겠나이까?"

"하기야 아버님께오서 아무리 진노해 계시다 해도 성 대감을 해치기야 하시겠소? 뜻이 정 그러시다면 과인을 도와주시구려."

"전하, 심려 놓으소서."

성석린은 태종과 작별하고 베옷 차림으로 백마를 타고 함흥으로 떠났다. 그는 함흥 본궁 가까이에 여장을 풀고, 불을 피우고 밥을 짓는 시늉을 하고 있었다.

태조가 그 모습을 보고 내관을 시켜 누군지 알아보도록 했다.

"태상왕 마마, 밥을 짓는 과객은 독곡(獨谷, 성석린의 호) 대감이었나이다."

"뭣이야? 독곡이 어이하여 함흥 땅에까지 와서 청승맞게 밥을 짓고 있더란 말이냐?"

"성 대감께오서는 벼슬을 그만두고 팔도를 유람 중이시랍니다."

이성계는 성석린이 태종이 보낸 차사가 아니라고 믿고 곧 불러들였다.

"태상왕 마마, 신 성석린 문안드리옵나이다."

"오오, 독곡, 오랜만이오. 어서 오시오."

"이곳에서 마마를 뵈오니 신의 가슴 찢어지옵나이다."

이성계는 퍼뜩 '이 자도 차사로구나' 하고 얼굴빛이 변했다. 성석린은 모른 체하고 할 말을 다했다.

"마마, 대궐을 버리고 부자지간의 인연을 끊으시고 이곳에 계심은 인륜과 천륜에 어긋나는 일이어서 신의 억장이 무너지옵나이다."

성석린은 꺼이꺼이 울음을 냈다. 이성계의 노여움이 폭발해버렸다.

"독곡은 가면을 벗어라! 그대도 방원을 위해 나를 달래러 온 것이로다! 여봐라 내관, 칼을 가져오라!"

성석린은 모골이 송연해졌다. 이성계의 노여움은 물불을 가리지 않았다. 미처 헤아리지 못한 우둔함이 후회되었다. 성석린은 살 길을 찾았다.

"마마, 신이 만약 차사로 왔다면 신의 자손은 반드시 눈이 멀어 앞을 보지 못할 것이옵나이다."

자손을 팔아 목숨을 구걸했다. 이성계는 성석린을 한참 노려보다가 노여움을 풀었다. 성석린은 가슴을 쓸어내렸다.

"하마터면 옛 친구를 죽일 뻔했소. 독곡, 내가 너무 과민했소. 일어나시오."

성석린이 자리에서 일어나자 이성계가 다가가 덥석 끌어안았다.

두 사람은 며칠 동안 회포를 풀었다. 성석린은 이성계의 마음을 돌리지 못하고 팔도유람을 핑계 대고 함흥 본궁을 떠났다.

태종은 성석린이 살아 돌아온 것을 천행으로 여겼다.

그 후 성석린의 맏아들 지도至道와 지도의 아들 귀수, 귀수의 아들이 모두 태중에서 장님이 되어 태어났다. 석린의 작은아들 발도發道는 후사가 끊겼다. 거짓말 한마디로 큰 낭패를 당한 것이다.

태종은 차사를 멈출 수가 없었다. 그러나 목숨을 잃을 것이 뻔한 차사를 지명할 수도 없었다.

어느 날 태종은 서글픈 목소리로 신하들을 상대로 하소연을 늘어놓았다.

"이젠 차사마저 끊기려나 보오. 목숨은 단 하나인 것을 누가 나서겠는가? 안타까운 이 마음 아바마마는 어이하여 모르신단 말씀인가."

하소연을 듣고 박순朴淳이 나섰다.

"전하, 신이 함흥으로 가겠나이다."

"경이 목숨을 내놓겠다는 말이오?"

"태상왕 마마와 신은 위화도 회군 이후 인연을 맺어온 사이옵나이다. 성 대감께오서도 목숨을 건져오셨는데, 신인들 못할 일이 무엇이겠나이까?"

"성 대감의 말씀을 못 들으셨소? 하마터면 목숨을 잃을 뻔하셨다 들었소."

"신에게 계책이 있사오니 심려치 마시옵소서."

박순이 장담하고 떠났다.

박순은 하인도 데리고 가지 않고 새끼가 딸린 어미 말을 타고 갔다.

함흥 본궁이 빤히 보이는 개울가에 새끼 말을 나무에 매어놓고 어미 말을 타고 개울을 건넜다. 그러자 어미 말이 뒤돌아보며 새끼 말을 보고 울고, 새끼 말은 어미 말을 보고 구슬피 울었다.

박순은 어미 말을 함흥 본궁 앞 나무에 매어놓고 태조를 찾았다.

"마마, 박순이란 자가 지나가는 길에 마마를 뵙고자 하나이다."

"그자도 차사가 아니더냐?"

"아닌 것 같사옵니다. 홀로 어미 말과 새끼 말을 끌고 왔나이다."

"가만 가만, 그럼 저 소리가 박순이 몰고 온 어미와 새끼 말의 울음이란 말이더냐?"

"그렇사옵나이다."

"들여보내라!"

태조는 옛 친구를 맞았다.

"마마, 신 박순 유람하다가 마마를 뵙고자 찾았나이다."

"어서 오시오."

태조는 말 울음이 귀에 거슬리는지 처연한 모습이었다. 이를 눈치 챈 박순이 기회를 놓치지 않았다.

"태상왕 마마, 새끼 말이 목말라 하여 개울가에 매어놓고 어미 말만을 몰고 왔더니 서로 떨어지는 것을 참지 못해 울고 있나이다. 비록 미물이라 하더라도 지친至親의 정은 있는 모양이나이다."

태조는 잠시 비감에 젖었다. 자신이 어미 말 같고 태종이 새끼 말 같았다. 그리하여 박순을 차사가 아닌지 시험하지 않고 옛 친구로 대해주었다. 그날 밤 내내 어미 말과 새끼 말은 개울을 사이에 두고 서로 애타게 찾으며 울었다. 태조는 박순과 더불어 술잔을 기울이는 중에 만감이 교차함을 느꼈다.

이튿날, 마루에서 태조와 박순이 장기를 두었다. 때마침 어미 쥐가 새끼를 안고 지붕에서 마당으로 떨어져 새끼가 죽었는데도 어미 쥐가 놓아주지 않고 슬픈 울음을 냈다. 태조가 그 모습을 보고 측은하게 여겼다.

박순이 기회를 놓치지 않고 장기판을 밀치고 달꽉 엎드렸다.

"태상왕 마마, 전하께오서 애타게 기다리고 계시옵나이다. 마마를 기다리는 전하의 가슴이 시꺼멓게 타고 있을 것이옵나이다. 노여움을 거두시고 환궁하시어 전하를 어루만지시옵소서."

"그대도 차사였더란 말인가?"

"그러하옵나이다."

태조는 깊은 한숨을 내쉬었다. 노여움은 가신 얼굴이었다. 태조는 방으로 들어가버렸다. 박순은 죽을 각오로 기다리고 있었다.

해거름 무렵, 태조가 박순에게 말했다.

"옛 정을 생각하여 목숨을 살려보내니 속히 길을 떠나게!"

파격적인 대우였다. 그동안 차사 중 목숨을 살려보낸 것은 성석린 한 사람뿐이었다.

박순은 서둘러 어미 말과 새끼 말을 몰고 함흥을 떠났다. 그런데 도중에 몸살이 나서 박순은 주막에서 하룻밤 묵었다.

한편, 태조는 박순을 보내놓고 괘씸한 생각이 들었다. 속았다고 느껴지자 노여움이 일었다. 태조의 마음을 읽은 측근들이 충성심을 보였다.

"마마, 예외는 성석린 한 사람만으로 족합니다. 박순을 죽여 마마의 위엄을 보이시옵소서."

"박순은 옛 친구야. 죽일 것까지야 없다."

"마마, 박순이 살아서 돌아가면 아마 차사의 행렬이 서울에서 함흥까지 이어질 것이옵나이다. 위엄을 보이시옵소서."

"위엄을 보이소서!"

태조는 박순이 이미 용흥강龍興江을 건넜을 것으로 알고 측근들에게 영을 내렸다.

"순이 용흥강을 건넜거든 더는 쫓지 말고, 건너지 못했거든 목을 베도록 하라!"

추격병이 득달같이 출병했다.

박순은 주막에서 아침을 먹고 느긋한 마음으로 용흥강 나루로 떠났다. 한나절 내내 말을 달려 용흥강 나루에 닿았다.

그때였다. 여남은 명의 기병이 달려오며 외쳤다.

"박순은 멈추어라! 태상왕 마마의 어명이시다!"

어명이란 말에 박순은 나룻배를 타지 않고 기다렸다. 어미 말과 새끼 말은 나룻배에 실었다.

기병이 달려와 말했다.

"박순은 듣거라! 용흥강을 건너지 못하였거든 목을 치라는 태상왕 마마의 어명이시다! 목을 내어놓아라!"

박순은 말없이 꿇어앉았다. 나룻배에 실린 어미 말과 새끼 말이 주인의 비극을 아는지 때 아닌 울음을 터뜨렸다. 박순의 목이 떨어졌다.

보고를 받은 태조는 자신의 영을 후회하고 있었다.

'박순은 좋은 친구다. 그가 내게 깨우쳐준 일을 실행에 옮겨야겠다.'

태조는 환궁하기로 마음을 돌렸다.

박순이 죽었다는 소식을 듣고 태종은 더는 신하들의 희생을 원치 않았다. 조정 중신들은 마지막 기회를 무학대사에게 걸었다.

"전하, 무학대사라면 능히 태상왕을 모시고 오실 것이옵나이다. 대사를 보내시옵소서."

무학은 양주 회암사에 머물고 있었다. 태종은 회암사로 사자를 보냈다.

"전하께오서 간곡히 청하셨나이다. 대사께오서 함흥에 가시어 태상왕을 모시고 오시어 부자 사이를 맺어주시오."

사자의 말을 듣고 무학은 두 말 없이 바랑을 짊어지고 함흥으로 떠났다. 무학을 본 태조는 노여움부터 앞세웠다.

"대사도 나를 달래러 왔소?"

"허허… 마마께오서 빈도의 마음을 이다지도 모르시나이까? 빈도가 마마를 안 지가 수십 년이오이다. 빈도는 오로지 전하를 위로하러 왔을 뿐이옵나이다."

태조는 노여움을 풀고 무학과 더불어 차를 마시며 얘기를 나누었다.

"상감의 불효가 극에 달했나이다. 마마를 함흥 구석에 두고 모른 체하다니 말이나 되옵니까? 천하의 불효자이옵나이다."

"그놈의 불효를 말해서 무얼 하오. 제 아우를 죽이고 제 형을 밀어내고 용상을 차지한 무지막지한 자요."

"그렇나이다. 마마의 함흥 칩거는 상감을 천하의 불효자로 만드는 데 안성맞춤이나이다."

"내 그놈을 용서할 수가 없소."

무학은 대화를 나눌 때마다 태종을 못된 불효자로 만들어 태조를 위로했다. 태종을 불효자로 만들며 10여 일을 보냈다. 그런 어느 날 밤중이었다. 무학이 은근히 태조에게 말을 건넸다.

"마마, 빈도가 아무리 생각해보아도 불효보다는 사직을 먼저 생각해야 할 것 같사옵나이다."

"그 무슨 말이오?"

"지금 상감 말입니다. 불효자이오나 이씨 조선의 사직을 지키고 나라의 기틀을 다지는 데는 마마의 아들 가운데 누가 있겠사옵나이까? 정종은 상왕으로 물러앉으시고, 셋째 왕자 방의가 있사오나 능력이 없고, 마마의 왕자 가운데 오로지 상감이 있을 따름이나이다. 만약 마마께오서 상감과의 인연마저 끊어버리신다면, 마마께오서 애써 이룬 대업을 누구에게 맡기시겠나이까? 남에게 부탁하는 것보다야 마마의 혈육에게 넘기시는 것이 낫지 않겠나이까? 원컨대 세 번 생각해보시옵소서."

"대사의 말이 백 번 옳소. 나도 환궁하려고 마음을 돌리고 있었소."

"마마, 참으로 힘든 결단이셨나이다. 빈도와 함께 환궁하시지요."

"그러십시다."

태조와 무학이 환궁 길에 올랐다. 그러나 태조는 곧장 서울로 오지 않고 소요산에 이르러 두어 달을 보냈다. 태종은 사절을 보내어 극진히 보살피도록 배려했다.

드디어 태조가 환궁한다는 전갈이 왔다. 태종은 서울 근교에 장막을 치고 환영연을 베풀기로 했다.

하륜이 말했다.

"전하, 태상왕께오서 노여움을 아직 다 풀지 못하시고 전하를 시험해보시려고 할 것이옵나이다."

"그 무슨 말이오?"

"장막의 기둥을 마땅히 열 아름쯤 되는 나무로 받치시옵소서."

"꼭 그래야만 하겠소?"

"신의 말대로 하시옵소서."

교외에 환영연을 베풀 장막을 쳤다. 차일을 받치는 기둥을 열 아름 되는 나무를 썼다.

태조의 행렬이 장막 가까이 다가왔다. 태조는 말에서 내려 성큼 장막 안으로 들어섰다. 옆에는 동궁과 백우전(白羽箭, 화살)을 든 무사가 따랐다. 태조는 동궁에 백우전을 메겨 그대로 화살을 날렸다.

태종이 태조의 반대편 장막 안으로 들어서다가 태조의 손에 쥐어진 활을 보고 잽싸게 장막 기둥 뒤로 몸을 숨겼다. 쉬잇 소리를 내며 백우전이 장막 기둥에 깊이 박혔다. 태종은 등에 땀이 흘렀다.

"핫핫핫! 하늘이 시키는 일을 낸들 어이 하리."

태조가 노여움을 풀고 활짝 웃으며 말했다.

"아바마마, 불효의 죄를 용서하시옵소서."

태종이 태조 앞에 쓰러져 감격의 울음을 터뜨렸다.

"여봐라, 내관. 옥새를 금상에게 주어라."

함흥까지 가지고 갔던 옥새를 그제야 태종에게 넘겨주었다.

환영연이 베풀어졌다. 하륜이 태종에게 다가가 귀엣말로 속삭였다.

"전하, 술잔을 전하께서 직접 올리지 마시옵소서. 잔에 술을 부어 내관을 시켜 태상왕께 올리시옵소서."

"화가 다 풀리셨는데 군이 그럴 것까지야…."

"아니옵나이다. 신의 말대로 하소서."

태종은 하륜의 말에 따랐다. 내관이 잡고 있는 잔에 술을 따라주며 태상왕께 올리도록 했다. 술잔을 받아든 태조는 단숨에 술을 마시고 박장대소를 터뜨렸다.

"우하하하… 이 역시 하늘이 시킨 것이야."

태조는 소매 속에서 쇠방망이를 꺼내어 옆으로 던져버렸다. 주악이 장막 안에 은은히 울려퍼졌다.

원천석의 야사는 왜 불태워졌나

원천석元天錫의 자는 자정子正, 호는 운곡耘谷이다. 본관은 원주이고, 문장이 섬세하고 뛰어났으며, 학문이 해박했다. 고려 말 정치가 어지러워지자 운곡은 치악산 밑에 은거하며 이름을 감추고, 몸소 농사를 지어 어버이를 봉양했다. 그런데 이름이 군적軍籍에 등록된 것을 알고, 부득이 과거시험을 치러 단번에 진사급제를 따냈다. 그러나 벼슬살이를 즐거워하지 않아, 고향에 돌아와 목은 이색 등과 교류하며 시로써 시국을 개탄했다.

이성계가 개국하기 전, 태종 이방원이 치악산 각림사에서 글공부를 했다. 이때 원천석이 방원을 가르쳐 두 사람은 사제의 연을 맺었다. 방원은 스승 원천석을 존경하고 따랐다.

운곡은 일찍이 야사野史를 지어 상자에 넣고 자물쇠를 채워두었다. 그가 죽을 때 유언을 남겼다.

"자물쇠를 채운 상자는 깊숙이 감추고 조심조심 지켜라."

상자에는 다음과 같은 글이 쓰여 있었다.

'내 자손이 만약 나와 같지 않으면 열어보지 말지어다.'

그 상자가 운곡의 증손대에 이르렀다. 운곡의 제사를 지낼 때 후손들이 모여 의논했다.

"증조부께서 비록 유언이 계셨으나 세월이 이미 꽤 흘렀소. 이제는 상자를 열어보아도 괜찮을 것 같소."

"그렇소. 무슨 혐의가 있겠소? 열어보도록 합시다."

자손들의 합의하에 상자를 개봉했다. 상자 안에는 고려 말의 역사를 기록한 것으로 내용이 직필한 것이어서 정사의 기록과 다른 것이었다. 자손들이 놀라 두려움에 떨었다.

"우리 자손들이 화를 입을 내용입니다. 어찌하면 좋소?"

"상자를 개봉한 이상 소문이 나지 않을 수 없소. 태워버립시다."

"옳은 말이오. 소문이 난들 증거가 없으면 그만이오."

자손들은 귀중한 역사의 기록을 불길에 던져버렸다. 생생한 기록이 한 줌 재로 변해버렸다. 그러나 운곡의 유고가 그냥 역사 속으로 사라진 것은 아니다. 그의 직필이 세상에 알려졌다.

이성계 일파가 우왕을 신돈의 아들이라 하여 매도했는데, 운곡은 공민왕의 왕자라고 기록했다. 운곡은 시에 '주상 전하(우왕)가 강화도로 옮겨가고 창왕이 즉위했다는 소식을 듣고 느낌이 있다'는 제목으로 두 수(首)를 남겼다. 그 내용은 이랬다.

> 어진 군신이 서로 만나 교체되니 천운이 순환함을 알겠다
> 초야에 있는 몸이 어찌 우국의 뜻이 없겠는가
> 충성을 다하여 국가의 안위를 염려했다
> 새 임금은 보위에 앉고 옛 임금은 옮겨가서 강화도는 바람 연기뿐일 게다.
> 하늘의 바른 길을 누가 따를쏘냐
> 하늘이 밝고 밝게 거울 되어 앞에 있음을 보아라

이성계 일파의 거짓에 정면으로 맞선 시였다. 운곡은 우왕이 절대로 신돈

의 아들이 아니라는 신념을 노래했던 것이다.

운곡은 또 '도통사 최영이 형을 받다'라는 제목으로 세 수의 시를 지었다.

최영의 부고를 받고 최영을 슬퍼하는 것이 아니라, 나라를 위해 슬퍼한다는 내용이었다.

> 외로운 충성으로 나라를 지탱하지 못함이 한이로다
>
> 홀로 산하를 대하여 이 곡을 노래하니
>
> 흰 구름 흐르는 물이 모두가 한숨이네

운곡의 나라를 위한 충성이 이러했다. 이 밖에도 운곡은 공양왕을 세우고 우왕과 창왕을 신돈의 자손이라고 폐하여 서인庶人으로 만들었다고 그 진상을 밝히는 시 두 수를 남겼고, 우왕과 창왕을 죽이라는 명령이 있었다는 제목으로 시를 남기기도 했다.

운곡은 새 왕조를 인정하지 않았다. 이성계는 나라를 세우고 원천석을 불렀으나 치악산 깊숙이 숨어버렸다. 방원이 임금이 되고 나서 스승을 불렀다. 운곡은 오지 않았다. 그리하여 태종이 동쪽 지방 순방길에 올라 치악산 밑의 스승을 찾았다. 운곡은 태종의 행차를 미리 알고 몸을 피해버렸다.

태종은 운곡이 산으로 올라갔다는 계집종의 말을 듣고 하룻밤을 꼬박 세우며 기다렸다. 그러나 운곡은 끝내 나타나지 않았다. 태종은 스승을 기다렸던 계곡의 바위에서 내려와, 운곡을 모시는 계집종을 불러 운곡에게 주라고 음식을 하사하고 그곳을 떠났다. 그리고 조정으로 돌아와 운곡의 아들 형泂에게 벼슬을 주어 기천(基川, 지금의 경상북도 풍기) 감무監務를 삼았다. 뒷날 태종이 운곡을 기다리며 앉아 있었던 바위를 태종대라 불렀다. 태종대는 치악산 각림사 위쪽에 있다.

태종이 세종에게 왕위를 물려주고 상왕이 되었다. 스승 운곡이 그리웠다. 특명으로 운곡을 불렀다. 운곡이 흰옷을 입고 노구를 이끌고 상왕궁에 나타났다.

태종은 더없이 기뻐했다.

"스승께서 이 못난 제자를 영영 버리지는 않으셨구려."

"허허… 못나도 잘나도 제자와 스승은 하늘이 맺어준 인연이오. 어찌 상왕을 잊겠소."

"옳으신 말씀이오. 스승께서는 보위에서 물러난 나를 자주 찾아주시겠지요?"

"언제 흙으로 돌아갈지 모르는 몸, 약속드리기 지난하외다."

주연을 베풀고, 태종은 왕자들을 불러 운곡에게 인사를 시켰다. 운곡은 왕자들을 자세히 살펴보았다. 태종이 물었다.

"스승께서 보시기에 왕자들이 어떠하온지요?"

그러자 운곡이 뒷날 세조가 된 수양을 가리키며 서슴없이 말했다.

"이 왕자가 조부(이성계)를 빼어닮았나이다. 아아, 모름지기 형제를 사랑할지어다. 형제를…."

"무슨 말씀이온지요?"

태종이 물었다. 운곡은 입을 다물어버렸다.

수양대군(세조)이 왕위를 찬탈하기 위해 골육상쟁을 일으키리라고 미리 예측하고 형제를 사랑하라고 절규했던 것이다. 태종은 수수께끼를 풀지 못하고 세상을 떠났다.

이황·조식·성운 등 3현에게 학문을 닦고 임진왜란 때 의병을 일으킨 정구가 강원도 감사 시절 원천석의 묘에 제사지내고, 그 제문을 이렇게 지었다.

> 산에 고사리가 있으니 가히 굶주림이 없을 것이요, 집에 거문고와 책이 있으니 가히 즐길 수가 있을 것이다. 예물로 은근히 불러도 처사의 별(星)은 안온하였네. 천고에 빈 산중에 한 줄기 맑은 바람이었구나.

원천석은 세상과 등지고 살았어도 후세 사람들의 흠모 속에 영원히 살아있다.

냉철한 이성과 예민한 감성의 소유자 태종

태종의 심복이었던 하륜은 관상·풍수의 대가였다. 일찍이 하륜은 태종의 관상을 보고 그를 섬기기로 결심했다. 태종의 관상이 '영특한 기상이 하늘을 덮을 만'했던 것이다. 하륜은 태종의 기상을 여러 사람들에게 말하고 다녀 태종에게 우익이 모여들도록 했다.

이성계는 유학을 무척 좋아했다. 그는 무관으로서 문관에 대한 열등감이 있었다. 그리하여 태조는 싸움터에 나가 있을 때에도 쉬는 동안에는 이름난 선비들을 청하여 경서와 사기 등을 배우느라고 꼬박 밤을 새우기도 했다.

태조는 가문에 학자가 없었으므로, 일찍부터 다섯째 아들의 재주를 가상히 여겨 글공부를 시켰다. 다섯째 방원은 무예에도 소질이 있었으나 글공부에도 열성을 보였다.

방원이 밤늦도록 글공부하는 모습을 보고 계모 강씨가 부러워했다.

"어찌 내 몸에서 저런 아이가 태어나지 않았을꼬."

방원은 고려 우왕 때 과거에 급제했다. 이성계는 대궐에 나가 우왕에게 엎드려 절하고, 감격에 겨워 눈물을 흘렸다. 문관에 대한 이성계의 열망이 이 정도였다.

방원이 제학이 되어 임명장을 받아왔다. 이성계는 당장 잔치를 벌여 가까운 친구들을 불러들였다. 그러고는 방원에게 친구들 앞에서 임명장을 여러 차례 읽도록 했다.

이성계는 기쁨을 감추지 못하고 이렇게 말했다.

"내가 친구들과 더불어 즐겁게 노는 데는 네 힘이 크도다."

이성계는 방원을 끔찍이 아꼈으면서도, 뒷날 마음이 변해 방석에게 왕위를 물려주려다가 방원에게 뒤통수를 맞았던 것이다. 권력이란 풍차와 같아 바람 부는 방향으로 흐르게 마련이다.

방원이 이색을 따라 명나라 난징(南京)에 사신으로 간 적이 있었다. 개국 전이었다. 방원의 사람 보는 눈이 예리했다. 이때 명나라에서 뒤에 성조가 될 연왕燕王과 대화를 나누었다. 두 사람 다 야심만만한 한창 때였다.

"그대가 이 시중(이성계)의 다섯째 아들이라 했소?"

"그렇나이다."

"고려는 이 시중의 마음먹기에 달렸다고 들었소. 그것이 사실이오?"

"민심이 아버지에게 쏠리고 있는 것으로 아오."

"그대는 장차 무엇을 하겠소?"

"새 나라를 세우는 데 일조를 아끼지 않을 참이오."

"사내라면 뜻이 커야지."

"옳으신 말씀이나이다."

두 사내는 금세 의기투합이 되었다.

명나라에서 돌아오는 길이었다. 발해만에 이르러 폭풍을 만났다. 풍전등화의 운명이었다. 객선 두 척이 눈 깜짝할 새 침몰하고, 이색과 방원이 탄 배만이 겨우 안간힘을 쓰며 버티고 있었다. 배 안의 사람들은 놀라고 두려워서 아우성치며 아비규환의 생지옥을 연출했다.

방원은 자리에서 꼼짝하지 않고 바른 자세로 앉아 있었다. 얼굴에 두려운 기색이라고는 전혀 없었다. 두려움에 위축된 이색에게 방원이 물었다.

"목은 대감, 대감께오서는 명나라 연왕을 어찌 생각하시는지요?"

뚱딴지같은 질문에 이색은 방원이 묻는 진의조차 파악하지 못했다.

"어찌 생각다니?"

"인물됨을 여쭙는 것이오."

"그야 중화 변두리의 번왕藩王이 아닌가?"

"번왕으로 일생을 보낼 인물로 보았나이까?"

"아니라면 황실에 들어온다는 말인가?"

"제가 보기에 연왕은 번왕으로 오래 머물러 있을 인물은 아닐 것 같사옵니다. 장차 명나라 황실이 어떻게 변할지 헤아릴 수가 없나이다."

"이 사람, 큰일 날 소리 하는구먼."

대화를 나누며 두 사람은 죽음의 공포에서 헤어날 수 있었다. 차차 바다가 가라앉고 있었다. 바람이 자고 파고도 낮아졌다.

후에 연왕은 성조(영락제)가 되고 방원은 태종이 되었다. 야심찬 사내끼리는 이심전심으로 통하는 점이 있었을까? 두 사람은 야심을 키워온 만큼의 성취감을 맛보았다.

명나라 태조가 우우ㅕㅕ라는 사람을 조선에 사절로 보냈다. 태조가 종친을 시켜 연회를 베풀어주었다. 우우는 상국 사절의 티를 내며 거만을 떨었다. 연회에 참석한 벼슬아치들은 심기가 편치 않았으나 참을 수밖에 없었다.

"쳇! 상국 사신이라고 보이는 게 없군. 힘없는 나라의 벼슬아치 해먹기도 힘들군."

"누가 아니래. 더러워서 때려치우고 싶네."

조선 사신을 무시하던 우우가 방원이 초청한 연회에 가서는 머리를 조아려 예를 갖추었다. 도무지 알 수 없는 일이었다. 이 일을 두고 방석 일파가 걸고넘어졌다. 왕권을 노리고 방원이 명나라와 내통하고 있다는 것이었다. 그러나 이성계는 방석 쪽에서 보낸 참소를 묵살해버렸다. 명나라에서 방원을 장차 임금이 될 인물로 보고 있었다.

방원이 보위에 오른 뒤였다. 명나라 황제가 태감(중국의 환관) 황엄이라는 사람을 보내어 탐라(제주)에서 동불銅佛을 모셔오라는 영을 내렸다. 동불이 한양 객사에 도착했다. 황엄은 태종이 먼저 불상에 절을 한 후에 계를 행하고자 했다. 이에 태종이 조정 중신들에게 이의를 제기했다.

"그 동불이 중국에서 왔다면 과인이 마땅히 절을 하여 대국에 공경하는 뜻을 극진하게 했을 것이오. 허나 그런 것이 아니거늘 어찌 절을 하겠소?"

그러자 측근 하륜과 조영무가 아니라고 아뢰었다.

"전하, 황제께오서 불도를 높이고 믿으시므로 멀리 동불을 구하셨나이다. 또한 황엄은 흉하고 간악한 인물로 알려져 있나이다. 권도權道를 좇아 그냥 예를 갖추시기 바라나이다."

태종이 탄식을 하고 말했다.

"한심하도다. 과인의 여러 신하 가운데 의를 지키는 사람이 하나도 없더란 말인가! 황엄 따위를 이 같이 두려워하니 임금의 어려움을 그 누가 구원할 수 있더란 말인가. 고려조 충혜왕이 원나라에 잡혀갔을 때 나라 사람들이 구원하려고 하는 자가 없었다. 과인이 아무리 어렵고 위태로움을 당해도 역시 충혜왕 신세를 면하지 못하겠구나."

태종은 과감히 황엄을 불러 말했다.

"과인이 동불에 절하는 것은 예가 아니오. 그리고 화와 복은 천자에게 있고 동불에 있는 것이 아니오. 과인은 동불에 절하지 않겠소."

황엄이 태종의 위엄에 눌려 한참 동안 입을 다물고 있다가 입가에 웃음을 띠었다.

"옳으신 말씀이외다. 따르겠나이다."

대궐 후원에 코끼리를 기르고 있었다. 태종은 덩치 큰 코끼리가 후원에 외롭게 서 있는 것을 보고 애처롭게 여겼다. 내관을 불러 영을 내렸다.

"코끼리를 섬으로 보내 자유롭게 놀도록 놓아주고 싶다. 어디가 좋겠느냐?"

"전하, 남녘 승주에 속한 노루섬이 짐승들의 낙원이라 들었나이다."

"그러한가? 코끼리를 노루섬으로 보내거라."

코끼리는 노루섬으로 귀양 아닌 여행을 떠났다. 그러나 노루섬에 온 이후 코끼리는 먹지도 않고 사람을 만나면 슬프게 눈물을 흘렸다.

전라감사가 이 사실을 장계로 알렸다.

'전하, 한낱 미물인 코끼리가 대궐 후원을 잊지 못해 낯이 익은 궁궐 사람들을 그리워하는 듯하나이다. 통촉해주시옵소서.'

태종은 장계를 받고 코끼리를 가엾게 여겨 도로 후원으로 데려왔다. 코끼리는 제 세상을 만난 듯 긴 코를 휘두르며 기쁨을 나타냈다. 태종은 사리분별이 없는 독재자는 아니었다. 감성이 예민한 풍류가이기도 했다.

어느 날 태종은 손에 쥔 부채를 들고 문득 시상이 떠올라 시를 지었다.

바람 쏘이는 자리에 앉아서는 밝은 달 생각나고

달 밑에 시 읊을 땐 맑은 바람 그립더니

대 깎고 종이 붙여 둥근 부채 만든 뒤엔

밝은 달 맑은 바람이 손 가운데 있노라

무능한 관리를 가차없이 자르는 태종이었다. 냉철한 이성으로 돌아와 있을 때 태종처럼 비정한 인물이 없었다.

사간원에서 임금의 잘못을 간하고 논박하는 일을 맡아보는 종3품 벼슬의 사간司諫 신맹인이 태종이 친히 행하는 제사에서 축문을 들고 읽지 못하고 머뭇거렸다.

"신 사간, 무얼 꾸물대는가?"

"예 전하, 목청을 가다듬고 있는 중이옵나이다."

"청이 곱지 않으면 어떤가? 어서 읽으라."

태종이 재촉해도 신맹인은 한 구절도 읽지 못했다. 태종이 크게 성이 나서 그 자리에서 벼슬을 강등시켰다.

"아니, 문관으로서 축문도 읽지 못한단 말인가! 그대가 어떻게 사간에 올랐는지 의심스럽도다. 당장 물러가라!"

신맹인을 대신하여 다른 문관이 축문을 읽고 제사를 마쳤다.

신맹인은 무관직으로 만호萬戶에 임명되었다.

중국 사신을 맞는 모화관 남쪽에 연못을 팔 때였다. 시일이 꽤 지났는데도 공사가 끝나지 않았다. 그러자 사헌부에서 제조관 박자청을 논박했다. 박자청은 공조판서로서 태종의 신임을 받고 있었다. 태종은 사헌부 관헌들을 괘씸하게 여겼다. 사헌부 지평 최자해를 불러 심하게 꾸짖고, 집에서 근신하라고 영을 내렸다. 그러자 사헌부 집의 권우 등이 시위를 벌였다. 자신들도 최자해의 뜻과 같으니 벌을 내려달라는 것이었다.

좌사간 김상여가 태종을 뵙고 말했다.

"전하, 대신臺臣들은 말하는 것이 책임이나이다. 전하께오서 대신들을 이 같이 억누르고 욕을 보이시니 후세의 모범이 될 리 없나이다."

이에 대사헌 남재가 태종에게 따졌다.

"전하, 대간은 임금의 귀와 눈이므로, 말이 아무리 귀에 거슬려도 죄를 주지 않는 것은 말하는 길을 열어서 보고 듣는 것을 넓혀 만세의 계計를 삼으려 하는 것이옵나이다. 박자청이 탄핵당한 것은 논의할 것이 못되오나, 혹여 간신이 권세를 부려 큰일에 관계되어도 대간이 입을 다물고 말을 하지 않는다면 어찌하겠나이까?"

"과인의 생각이 짧았소. 영을 거두리다."

태종은 자기 잘못을 뉘우칠 줄도 아는 임금이었다. 그리고 왕권을 위해서 외척의 발호를 철저하게 막은 임금이었다.

태종에게는 민무구 등 처남이 4형제였다. 이들은 방간의 난에 공이 많았다. 그들이 태종을 멀리하고 세자 양녕대군을 끼고 돌자, 태종은 그들을 가차없이 없애버렸다. 그뿐만이 아니었다. 상왕으로 물러난 이후에도 세종의 장인마저 역모로 몰아 죽여버렸다. 이 모두 발호하려는 외척의 싹을 잘라버리기 위해 벌인 살해극이었다. 태종은 역시 권력의 화신이었다.

태종과 길재

길재吉再의 자는 재보再父이고 호는 야은冶隱이다. 아버지 원진이 보성대판寶城大判이 되어 외지로 나가게 되자, 길재는 외가에 맡겨졌다. 길재의 나이 여덟 살 때였다. 길재는 어머니를 그리워하며 남계南溪에 놀면서 석별가를 지었다. 어머니는 생활이 어려워 어린 길재를 떼어놓고 남편의 임지인 전라도 보성으로 떠났던 것이다.

자라야 자라야 너 역시 어머니를 잃었느냐

나 역시 어머니를 잃었도다

내가 너를 잡아 삶아먹을 줄 알건만

어머니를 잃은 것이 나와 같아 너를 놓아준다

길재는 잡았던 자라를 물에 던져버리고 어머니가 그리워 울부짖었다. 마을 사람들이 이 소문을 듣고 모두 달려와 어린 길재를 끌어안고 울었다.

그 후 길재는 학문에 전념하여 과거에 급제했다. 창왕 시대에 문하성 주서로 일하다가, 공양왕이 들어서자 벼슬을 버리고 고향 선주(善州, 선산)로 돌아가 어머니를 봉양했다. 효심이 지극하여 고을 사람들의 칭찬이 자자했다.

어느 날 밤 길재는 꿈을 꾸었다. 꿈에 한 스님이 나타나 글을 읊조렸다.

"예와 지금의 동관同官 친구들이 몸이 새로 변하는구나."

길재가 꿈속에서 대답했다.

"천지와 강산이 나의 고인故人이다…."

길재는 꿈에서 깨어났다. 스님과 글을 주고받은 일이 생생했다.

그 뒤 강릉에서 우왕이 죽었다는 소식을 듣고, 근신하며 3년상을 치렀다.

길재는 상산 박분에게 성리학을 배우고, 뒤에 이색·정몽주·권근의 문하에서 학문을 닦았다. 항상 도학을 밝히고 이단을 물리쳤다. 길재의 유학에 심취하여 가사를 벗은 스님들이 수십 명이었다. 그의 동생 구具도 스님이었는데 형에게 자극을 받아 유학의 길로 돌아왔다. 길재의 문하에서 배출된 선비들이 나중에 조선의 사림파를 이루었다.

태종이 잠저 시절 태학에서 글을 읽었다. 이때 길재가 한마을에 살면서 서로 따르고 강론을 벌여 친하게 사귀었다.

태종이 세자 시절, 서연관과 함께 벼슬하지 않은 선비들을 논평하다가 길재를 들먹였다.

"길재는 강직한 사람이오. 나와 함께 태학에서 수학했는데 못 본 지가 오래되었소."

길재와 한 고향인 정자 벼슬의 전가식이 길재가 한 효행을 자세히 아뢰었다.

"동궁 저하, 길재의 효행은 조선의 으뜸이옵나이다. 삼가 아뢰겠나이다."

"말해보라."

길재의 아버지 원진이 송도에서 벼슬을 할 때 노씨에게 장가를 들었다. 길재의 어머니가 남편을 원망했다. 길재가 어머니에게 말했다.

"어머니, 아내가 남편에게, 자식이 부모에게 비록 불의의 일을 저질렀다고 해도, 그르다는 마음을 먹어서는 아니 되옵니다. 인륜의 변고는 성인이 되어도 어쩔 수 없으니, 다만 정당하게 처신할 뿐입니다."

어머니는 길재의 말을 듣고 감동했다.

하루는 길재가 어머니에게 하직 인사를 올렸다.

"어머니, 아버님께 오랫동안 문안을 여쭙지 못했습니다. 도리가 아닙니다. 찾아가 뵙겠습니다."

길재는 스승 박분을 따라 선주에서 송도로 가서 작은어머니 노씨를 만났다. 노씨는 길재를 아무렇게나 대했다. 그래도 그는 공경과 효도를 다 바쳤다. 노씨가 감동하여 길재를 더없이 훌륭한 사람으로 대접했다.

길재는 송도에서 선주로 돌아왔다. 어머니 김씨의 나이가 환갑이 가까워, 아침저녁으로 길재가 이부자리를 보살폈다. 아내가 이를 대신하려고 하면 길재가 말리며 말했다.

"어머니께서 늙으셨으니 뒷날 어머니를 위해 이런 일을 하려 한들 할 수 없지 않겠소? 이 일만은 내게 맡겨주오."

아내 신申씨는 감동을 받아 몰래 자기 옷을 팔아 시어머니를 봉양했다. 그리고 시어머니가 이 일을 알지 못하도록 조심했다.

"저하, 길재 내외의 효행이 이러하나이다."

태종이 전가식의 말을 듣고 매우 기뻐하며, 삼군부三軍府에 명령을 내려 길재를 불러오도록 했다. 그러나 길재는 응하지 않았다. 선주 지방관이 길재를 찾아와 통사정을 늘어놓았다.

"야은께서 동궁 저하의 명을 따르지 않으시면 소관의 목이 달아납니다. 소관을 한 번만 봐주십시오."

딱한 일이었다. 태종을 만나면 따르던 선비들이 지조 없다고 손가락질할 것 같고, 영을 어기자니 선주 고을 지방관의 목이 달아나게 생겼다. 길재는 언제든지 한 번은 맞닥뜨려야 할 태종과의 인연이었다.

길재는 역마를 이용하여 송도로 달려와 태종을 만났다.

"이보시오 야은, 백성들은 고려조에서도 조선조에서도 한 백성이오. 백성들을 위해 출사하여 경륜을 아끼지 마시오."

"저하, 이 몸은 이미 초야에 익숙해 있나이다. 학문에 뜻이 있사오니 너그러이 헤아려주소서."

"아니 되겠소. 내가 상감께 주청하여 공에게 벼슬을 내리도록 조처하겠소."

"부질없는 일이오이다. 시생은 뜻이 초야에 있나이다."

태종은 길재의 의사를 무시하고 정종에게 청하여 길재를 봉상박사로 임명했다. 나라의 제사와 시호를 맡아보는 관청이었다. 길재는 고맙다고 사은하지 않고 태종에게 상소를 올렸다.

'길재가 옛날에 저하와 더불어 태학관에서 함께 『시경』을 읽었사옵니다. 오늘 길재를 부르신 것은 옛 정의를 잊지 않아서일 것이나이다. 하오나 길재가 고려조에 급제하여 벼슬길에 올랐다가, 벼슬에 뜻이 없어 고향에 돌아가 생을 마치려 하나이다. 지금 옛정으로 부르시니 길재는 저하를 뵈옵고자 왔을 뿐 벼슬은 저의 뜻이 아니옵나이다.'

태종이 상소를 보고 탄식하며 글을 내렸다.

'공의 뜻을 빼앗기 어려우나 공을 부른 것은 나요, 공에게 벼슬을 내린 분은 상(정종)이니, 상께 사의를 표하는 것이 옳을 듯하오.'

어떻게든 길재를 붙잡아두려고 꾀를 낸 것이다. 길재는 할 수 없이 정종에게 상소를 올렸다.

'소생은 본래 한미한 사람으로 고려조에 급제하여 문하 주서에 이르렀나이다. 소생이 듣건대 여자는 두 남편이 없고, 신하는 두 임금이 없다고 들었나이다. 소생을 시골에 돌려보내주시어 두 임금을 섬기지 아니하는 뜻을 이루게 하고, 노모를 봉양하며 여생을 마치도록 하여주시옵소서.'

정종은 길재의 절의를 가상히 여겨 우대해주었다. 그리고 길재를 고향으로 돌려보낸 후, 납세와 부역을 면제해주는 은전을 베풀었다.

태종이 세종에게 보위를 넘기고 상왕이 되었을 때였다. 태종이 세종에게 말했다.

"주상, 길재는 보기 드문 의사義士요. 두 임금을 섬기지 않았으니 아니 그렇소. 듣건대 그에게 아들이 있다 하오. 아들을 불러 등용시켜 길재의 충성과 의리를 드러내도록 하시구려."

"그리하겠나이다."

세종은 길재의 아들 사순師舜을 불러 종묘 무승의 벼슬을 주었다. 종묘의 일을 맡아보는 관청이었다. 사순이 세종에게 불려갈 적에 길재가 말했다.

"임금이 신하에게 먼저 예의를 베푸는 것은 하·은·주 3대 이후에 드문 일이니라. 네가 초야에 있는데 임금이 먼저 부르니, 그 은혜가 비할 데 없구나. 네가 마땅히 애비의 고려에 향하는 마음을 본받아 너의 조선 임금을 섬기거라."

참으로 절의에 한계가 분명한 길재였다. 아들은 고려조에 신하가 된 적이 없으니 출사하여 조선 임금을 섬기라는 말, 명분이 뚜렷했다.

길재는 많은 후학들을 기르고 67세로 생을 마감했다. 세종은 쌀과 콩을 부의로 주고, 역군을 보내어 장사를 돕도록 했다. 후에 생육신의 한 사람인 남효온이 경상도 금오산을 지나다가 야은에게 시 한 수를 바쳤다.

신조(辛朝, 신우의 조정) 주서 길 야은은
서리보다 차고 물보다 맑다
명은 기러기 털보다 가볍고 의는 산보다 무거우니
공과 달가(정몽주의 자)가 이 이치를 알리라
달가는 몸소 두 성 임금을 겪었으니
좋은 재목에 한 치가 썩었고 거울 가운데 티가 있다
공의 몸 맡긴 곳은 한 임금뿐이니
진실로 알고 독특히 행함은 비할 이가 없도다

길재가 급제한 것은 우왕 때요, 주서가 된 것은 창왕 때이다. 이해 겨울에 공양왕이 등극하자, 그 이듬해에 어머니가 늙은 것을 핑계 삼아 사직하고 고향으로 돌아갔다.

남효온의 시는 길재가 신돈의 아들과 손자라고 이성계 일파에게 모략받던 우왕과 창왕 시대에 급제하고 벼슬을 받아, 다시 왕씨인 공양왕이 임금이 되자 신우·신창을 섬기다가 공양왕을 섬기는 것을 부끄럽게 여겨 물러갔음을 칭송한 것이다. 그러나 만약 우왕과 창왕이 신돈의 핏줄인 줄 알았더라면 과연 길재가 과거를 보고 벼슬을 했겠는가. 길재는 다만 조선을 따르고 싶지 않았던 것이다. 절의를 따져 포은과 비교하여 시를 지은 것은 모순이 있다고 하겠다.

차라리 성종조의 명신 손순효의 길재를 위한 시가 가슴에 와 닿는다. 손순효가 경상감사 시절 금오산 밑의 길재의 옛 처소에 가서 글을 지어 제사를 지냈다.

> 사당 밑에서 절하고 우러러보니
> 거동과 형상이 보이는 듯하도다
> 금오산과 낙동강수는 어제 같은데
> 선생을 생각하노니 어디에 계신고
> 초황(파초 열매, 즉 바나나)과 여단(향풀)을 올리니
> 바라건대 영령을 돌보소서

이 얼마나 인간적인 헌사인가.

야은의 정신은 대대로 이어져내려와, 그의 손자대에 또 한 번 크게 칭송받았다. 손자 인종이 타던 검정 말이 죽었다. 그는 후원에 장사지내주었다. 사람들이 이를 칭송했다.

"조부 야은의 유풍이 있다."

점필재 김종직이 시로써 말했다.

청백한 것을 진실로 그 자손에게 물려주었구나

김종직은 길재와 같은 고향 출신으로, 길재의 학통을 그대로 이어받아 수백 명의 제자를 길러냈다. 사후 연산군의 무오사화로 부관참시를 당하는 화를 입었다. 김굉필 · 정여창이 그의 직계 제자였다.

자유인 양녕대군의 처세술

우리 역사를 통틀어 양녕대군처럼 그 평가가 엇갈리는 인물도 드물다. 시와 글씨에 뛰어났던 그는 평생 풍류객으로 각지를 떠돌았다. 한 사람의 자유인으로 생을 마감한 양녕의 일생은 한 편의 인간 드라마라는 말로도 부족할 만큼 파란만장하다. 세자로 책봉되었다가 실수가 많아 세종에게 보위를 내주어야 했던 양녕의 말년은 종친의 수장으로 왕권을 위해 한몫을 담당하기도 한다.

야사에 그려진 양녕의 이모저모를 살펴 그의 실체를 알아보는 것은 자못 흥미로운 일이다. 흔히 곽정의 첩 어리於里와의 관계 때문에 난봉꾼으로 그려지는 양녕에 대해, 후세 사람들은 이 일이 결정적인 계기가 되어 세자 자리에서 쫓겨났다는 식으로 그 부분만을 부각시켜 흥미거리로 삼고 있다.

양녕의 이름은 제禔이고, 태종의 맏아들로 태어났다. 젊어서부터 문장을 잘했고, 글씨도 잘 썼다. 남대문으로 알려진 숭례문崇禮門 현판은 양녕의 글씨다. 타고난 성품이 너그럽고 활달하여 한군데 얽매이기를 싫어했다. 그러나 그가 처음부터 주색과 사냥에 빠졌던 것은 아니다.

태종과 원경왕후 민씨는 아들 넷을 두었다. 첫째가 양녕대군 제, 둘째가 효령대군 보補, 셋째가 훗날의 세종대왕 충녕대군으로 이름은 도裪였다. 넷째는 성녕대군 종裡이다. 양녕은 아버지가 충녕에게 큰 기대를 걸고 있음을 일찌감치 눈치 챘다.

양녕이 세자로 있을 때였다. 놀이와 여자에 빠져 학업을 멀리했다. 뜰에 새 덫을 만들어놓고 스승을 대하고 앉아 있으면서도 새덫을 살피는 등, 장난이 심했다. 덫에 새가 걸리면 글공부를 하다가도 뛰쳐나가 잡아왔다.

계성군 이래가 세자의 스승일 때였다. 이래가 동궁 처소에 다가가자 세자가 매를 부르는 소리를 내고 있었다.

이래가 세자에게 다가가 말했다.

"저하, 신이 들으니 저하께오서 매를 부르는 소리를 내더이다. 이는 저하께서 할 일이 아닙니다. 학문에 뜻을 두시고 그런 소리는 내지 마옵소서."

양녕은 짐짓 놀라는 체하며 시치미를 뗐다.

"스승께서 아까 환청을 들으신 것이오. 평생 매를 보지 못했는데, 어찌 매를 부르는 소리를 내겠소?"

"저하께오서 사냥을 즐기시는데 보지 못하실 리가 있사오니까?"

"아니래두 그러십니다. 나는 매를 모르오."

양녕이 퉁명스럽게 쏘아붙였다. 스승이 원수같이 여겨졌다. 이래라 저래라 간섭이 많고 잔소리도 심했다. 어찌 공부만 하고 살 수 있단 말인가. 양녕의 눈에 스승은 도무지 융통성이라곤 찾아볼 수 없는 사람으로 보였다.

어느 날 양녕은 동궁 내관에게 심정을 털어놓았다.

"나는 계성군만 보면 머리가 아프고 마음이 산란하다. 그가 꿈에서 보이면 영락없이 감기가 든다. 이 일을 어찌하면 좋으냐?"

내관은 말문이 막혀버렸다.

태종은 대궐 안에 감나무를 심고 감이 열리면 즐겨 감상했다. 어느 날 까마귀가 날아와 빨갛게 익은 감을 찍어 먹었다.

태종이 측근들에게 물었다.

"누가 탄자彈子를 잘 쏘는고?"

"전하, 어이하여 탄자의 명수를 찾으시나이까?"

"까마귀를 쫓을까 하오."

"탄자라면 세자를 따를 자가 궁 안에는 없나이다."

"세자의 탄자 솜씨가 그리도 출중하오?"

"세자 저하께오서는 문무를 겸하셨나이다."

"세자를 부르라!"

내관이 동궁으로 달려가 세자를 불러왔다.

"전하, 불러 계시옵니까?"

평소에 마뜩치 않게 여기던 태종이었다. 힐끗 쳐다보고 영을 내렸다.

"탄자로 까마귀를 맞혀보라."

세자는 내관이 들고 있는 탄자를 받아 까마귀를 겨냥해 몸통을 맞혔다. 또한 발의 탄자가 날아갔다. 역시 명중이었다. 주위에서 탄성이 터졌다. 태종도 이날만은 세자를 보고 빙그레 웃었다.

양녕은 사람의 신분을 가리지 않고 상대했다. 천민에서 양반에 이르기까지, 세자의 인간관계는 그 폭이 매우 넓었다.

동궁에 천민들이 드나든다는 보고를 받은 태종이 감시자를 붙여놓았다. 양녕과 가깝게 지내던 김호생이라는 붓을 잘 만드는 사람이 있었다. 이 자가 감시자에게 붙잡혀 태종 앞에 불려갔다.

"무얼 하는 놈이냐?"

"소인 붓을 만드는 장인이나이다."

"네가 세자의 붓을 만들어주느냐?"

"그러하옵나이다. 소인이 가진 것이라고는 붓 만드는 재주뿐이옵나이다."

"세자가 붓을 자주 청하더냐?"

"예에, 전하."

태종의 마음이 바뀌었다. 붓을 자주 청한다면 공부를 많이 한다는 증거가 아닌가.

"너는 오늘부터 세자의 붓만을 만들 것이 아니라 과인의 붓도 만들어라!"

"예에?"

김호생은 죽는 줄만 알았다가 뜻밖의 말에 넋이 빠졌다. 태종은 김호생을 공조로 보내어 필장筆匠으로 임명했다.

양녕은 해가 갈수록 무섭게 변해갔다. 미친 체하고 시정 파락호와 어울리는가 하면 기생을 동궁으로 끌어들였다. 양녕이 미친 짓거리를 하자 효령대군이 속으로 기뻐했다. 차례로 보면 양녕 다음은 효령이었다. 세자 자리가 효령에게 넘어올지도 모를 일이었다. 효령은 처소에 틀어박혀 바깥출입을 금하고 글공부에 전념했다. 때를 기다렸던 것이다.

그런 효령을 양녕이 밤에 몰래 찾았다.

"한밤에 저하께서 어인 일이옵니까?"

"네가 글공부를 열심히 한다기에 들여다보러 왔다."

이럴 때는 멀쩡했다. 언행이 바르고 눈빛도 자애로웠다.

"저하, 심심해서 책을 들여다볼 뿐이나이다."

효령이 변명하자 양녕이 빙긋 웃었다.

"둘째야, 너는 아직 눈치를 채지 못했느냐?"

"무얼 말씀이나이까?"

"아버님의 뜻이 누구에게 있다고 보느냐?"

"그야 저하가 아니옵니까?"

"어리석도다. 네가 정녕 충녕이 성덕聖德을 갖추고 있다는 걸 모르더냐?"

효령은 그제야 깨닫고 곧 뒷문으로 빠져나가 가까운 절로 뛰어갔다. 그리고 북 하나를 계속 두드려댔다. 북 가죽이 부풀어 늘어났다. 그 후 북 가죽이 부드럽고 늘어진 것을 보고 '효령대군 북 가죽인가' 하는 속담이 생겨났다.

효령은 독실한 불교 신자였다. 그가 삼각산 진관사津寬寺에 불사佛事를 하고, 세자에서 떨려난 양녕을 청했다. 양녕은 사냥꾼을 거느리고 사냥개를 몰고 가, 진관사 일대에서 짐승을 잡도록 했다.

양녕은 불사에 참여했다. 얼마 후 사냥꾼들이 진관사 위 계곡에서 잡은 짐승으로 요리를 했다. 고기 굽는 냄새가 절간에 진동했다. 그러자 양녕은 슬그머니 빠져나가 사냥꾼들과 어울렸다. 구운 고기를 뜯으며 준비해온 술을 진탕 마셨다.

효령이 이 광경을 보고 말렸다.

"오늘만은 술과 고기를 삼가시지요."

그러자 양녕이 박장대소를 터뜨리고 큰 소리로 말했다.

"나는 한평생 하늘이 후한 복을 주시어 고생을 모른다. 살아서는 임금의 형이요, 죽어서는 부처의 형이 아니냐?"

효령은 아무 말도 하지 못하고 절간으로 돌아가 버렸다.

태종이 세자를 폐하려고 여러 중신들을 불러 의견을 물었다. 이조판서 황희가 반대 의사를 표했다.

"전하, 세자를 경솔히 움직일 일이 아니옵나이다. 나라의 근간이 흔들리는 일이오니, 소홀히 다루어서는 아니 되옵나이다."

태종의 용안이 일그러졌다.

"황 판서의 말씀이 극히 온당하나이다. 맏아들을 폐함은 나라의 앞날에 잘못된 전례를 남기는 일이옵나이다. 함부로 결정할 일이 못되나이다."

판서 이직이 황희를 거들었다.

"전하, 세자의 폐륜이 극에 달했나이다. 나라의 장래를 위해 세자를 폐해야 마땅하옵나이다.

영의정 유정현의 말에 태종의 용안이 밝아졌다.

"누구를 세자로 세웠으면 하오?"

"그 권한은 오로지 상감마마 한 분에게 있사옵나이다. 신들은 따를 따름이옵나이다."

태종은 흡족하게 여기고, 충녕대군을 곧 세자로 책봉하고 양녕을 경기도 광주로 보냈다.

태종이 세종에게 선위하고 상왕으로 물러앉았다.

광주에서 양녕의 자유분방한 삶이 속속 보고되었다. 여러 신하들이 양녕의 죄를 들먹이며 벌을 주라고 아우성이었다.

"전하, 양녕이 동궁에 있을 때 상왕께오서 군사훈련을 하려고 평강에 가실 적에 동궁이 마땅히 예에 따라 절하여 배웅할 것이거늘, 병을 핑계 삼아 몰래 금천(시흥)에 가서 사흘 동안을 사냥하고 돌아왔나이다. 뿐만 아니오라 기생에게 빠져 병을 핑계 대고 상왕께서 베푸신 연회에도 불참했으며, 지방에서 진상한 매를 몰래 빼돌렸나이다. 또 4월 초파일에 궁궐 담을 넘어가 잡인들과 관등을 하고, 궁궐 담을 넘어 돌아와 못된 무리들과 비파를 타면서 흥청거렸나이다."

이 밖에도 이오방·이법화 등을 동궁에 출입시키고 밤새도록 술을 마시며 취해서 노래 부르, 중추부사 곽정의 첩 어리를 빼앗아다가 광주까지 데려가고, 형편없는 파락호 짓을 하니 좌시할 수 없다는 것이었다.

세종은 신하들의 고발을 묵살해버렸다. 형 양녕이 자기에게 보위를 물려주기 위해 부러 미친 체하고 패악을 일삼았다는 것을 세종은 그 누구보다도 잘 알고 있었다. 양녕이 한밤에 효령과 나눈 대화를 보아도, 세종이 성군의 그릇이라고 보고 임금을 포기한 것이 분명했다.

대사헌 원숙 등이 양녕의 죄과를 물고늘어져 여러 날 조정이 시끄러웠다. 심지어 잡아다가 국문을 하라고 세종에게 압력을 넣기도 했다. 그러나 세종은 형을 절대로 벌줄 수 없었다. 형 양녕의 마음을 꿰뚫어보고 있어서였다. 양녕이 귀양이나 다름없는 곳에서 올곧은 선비처럼 보낸다면, 적자를 내세운 양녕대군파가 생겨나 형제 사이에 화를 초래할 것이었다. 이것을 미리 차단하기 위해 양녕은 끝까지 미친 체하고 자유분방하게 살며 말썽을 일으켰던 것이다. 그리하여 양녕대군 주변에는 야심만만한 선비들이 한 사람도 꼬이지 않았다.

태종도 양녕의 마음을 알고 있었다. 광주로 내쫓고 심기가 편치 않았다. 세종은 어버이의 마음을 헤아려, 동교에 나아가 잔치를 베풀고 양녕을 불렀다.

그 자리에 상왕 태종도 참석했다. 태종은 양녕을 안쓰럽게 보았으나, 양녕은 티 없이 맑은 마음으로 잔치에 취해 먹고 마시고 즐겼다. 부자·형제의 상봉이 늘 함께 지내는 것처럼 자연스러웠다.

원래 죄인은 도성 안에 들어올 수 없도록 법으로 정해져 있었으나, 세종은 법을 어기고 밤에 몰래 궁궐로 양녕을 데리고 들어왔다. 궁에서는 늙은 어머니가 기다리고 있었다. 누구보다 양녕을 애지중지 여기던 어머니 민씨였다. 모자 간의 해후를 세종이 주선한 것이다. 이 일이 조정에 알려지자 또 한바탕 소란이 일었다. 사헌부와 사간원 관원들이 합세해, '양녕대군을 차후로 접견하지 말 것이며, 아예 도성 안에 들이지 말라'고 반발했다.

우의정 맹사성과 형조판서 신개는 세종의 마음을 읽고 묵묵히 지켜보고만 있었다. 이 두 사람을 사헌부에서 또 물고늘어졌다. 법을 다스리는 형조판서와 그 관청을 관장하는 우의정이 임금에게 양녕을 부르지 말라는 건의 한마디 없다는 것이었다. 두 사람에게도 벌을 주라고 아우성이었다.

세종은 단호했다. 양사(사헌부·사간원)의 합계 상소를 덮어두고, 맹사성과 신개에게 오히려 임무에 충실하라고 격려했다.

양녕의 아들 개가 장성하여 순평군에 봉해졌다. 양사에서 또다시 들고일어나, 죄인의 아들에게 벼슬을 주는 것은 부당하다고 항의했다. 아버지 양녕을 따라 지방에서 살게 하도록 하라는 상소를 잇달아 올렸다.

세종이 전교를 내려 양사를 달랬다.

'양녕은 종사宗社에 죄를 얻은 까닭에 지방으로 추방했지만, 그 아들이야 무슨 죄가 있겠는가? 아들에게 죄를 묻는 것은 부당하다.'

그래도 상소가 그치지 않았다. 세종은 어쩔 수 없이 승평군을 성 밖에 살도록 하고, 아버지를 보러 가려면 승정원에 고하라는 조치를 취했다. 이 밖에도 세종이 형을 지키는 데에는 많은 장애가 있었다. 그러나 그는 형이 자유분방하게 살 수 있도록 바람막이가 되어주었다.

조카 단종을 죽이고 왕위를 찬탈한 세조가 백부 양녕을 정치적으로 이용했다. 종친부의 수장인 양녕은 왕권의 도약을 위해 수양대군, 즉 세조의 손을 들어주었다. 어린 단종이 신하들에게 휘둘림을 당한다고 느꼈기 때문이다. 그 당시 김종서·황보인 등의 힘이 막강했다.

세조가 어느 날 양녕과 함께 제왕帝王을 논했다.

"백부님, 제가 아무리 잘한다고는 하지만 당나라 태종만은 따를 수 없겠지요?"

"전하, 당치도 않사옵니다. 전하께오서는 당태종을 능가하시나이다."

"백부님, 저를 놀리시는 겁니까?"

"놀리다니요. 당치 않사옵니다. 당태종은 작은 일로 동생을 죽였지만, 전하는 그러지 아니하셨나이다. 더군다나 전하께오서는 가법家法이 바르시옵니다. 당태종의 따를 바가 아니옵나이다."

당태종은 동생 원길元吉을 죽이고, 원길의 처를 데리고 살며 아들을 낳았다. 양녕은 당태종이 동생을 죽인 것은 작은 일이지만, 세조가 단종을 죽인 것은 왕권을 위한 큰일이라고 은근히 치켜세운 것이다.

세조는 만족하여 빙긋 웃고 말했다.

"백부님, 만주강 야인들이 늘 말썽입니다. 그들을 쳐서 국경을 넘나들지 못하게 해야겠습니다. 좋은 계책이 없겠나이까?"

"옛말에 천근의 쇠뇌(틀로 쏘는 센 화살)는 쥐를 쏘려고 틀을 받치지 않는다고 하였사옵나이다. 전하께오서는 신중히 생각하시어 군사를 일으키시옵소서."

세월이 흐른 후에 세조가 양녕을 불러 주안상을 마련해놓고 물었다.

"백부님, 저의 위엄이 한나라 고조(유방)에 비해 어떠하나이까?"

양녕은 술을 한 잔 들이켜고 스스럼없이 말했다.

"전하께오서 아무리 위엄이 대단하시다 해도 한고조처럼 선비의 갓에다가 오줌을 누지 아니하실 것이옵나이다."

"하하하… 백부님은 고사도 많이 알고 계십니다그려. 하오면 제가 부처님을 좋아하는 것이 양나라 무제에 비해 어떠하나이까?"

"전하께오서 아무리 부처를 좋아하셔도 양무제처럼 가루(麵)로 희생을 대용하지는 아니하실 것이옵나이다."

이는 양나라 무제가 불교를 숭상하여, 종묘 제사에 고기를 쓰지 않고 면으로 희생을 대용했다는 고사를 말한 것이다.

"하하하… 백부님의 고사 인용이 훌륭하십니다."

세조는 양녕 백부가 더없이 고맙고 소중했다.

양녕은 늙어서 처세에 능했다. 미친 사람이 어찌 늙어서 맑은 정신으로 처세를 해나갔을까. 양녕은 미친 체했을 뿐, 애초부터 절대로 미친 파락호가 아니었다. 세조와의 대화에서는 자기를 숨기면서 고사를 응용하여 풍자를 즐겼고, 세조도 양녕의 허심탄회함을 좋아했다.

양녕은 능히 때에 따라 자기의 재주를 감추어 드러내지 않고 이럭저럭 지냈으므로 사람들의 환심을 샀다. 세조가 등극하는 과정과 등극 후에 안평대군 등 숱한 왕자와 대신들이 죽어갔다. 그러나 양녕은 지혜로써 스스로를 보전했고 그의 아들도 희생당하지 않았다. 세조는 백부를 종친의 수장으로 대우하며 혈육의 정까지도 나누었으니, 양녕은 미래를 환히 꿰뚫어보고 살아간 도인이 아닌가 싶다. 그가 아차산 암자에서 하룻밤 묵고 아침에 일어나 지었다는 절창이 전한다.

山霞朝作飯	산 안개로 아침밥 하고
蘿月夜爲半燈	칡넝쿨에 비친 달은 밤에 등불 되네
獨宿岩下	외로운 바위 아래 홀로 누워 밤새우니
惟存塔一層	오직 탑 한 층이 있으매라

양녕의 자유분방한 삶 속에 스민 외로운 심정이 엿보이는 시가 아닐 수 없다. 아무리 시를 잘 짓는 시인일지라도 이보다 빼어난 절창은 뽑을 수 없으리라. 양녕은 미친 사람이 아니었다.

교만한 권세가 이숙번의 말년

이숙번李叔蕃은 태종의 일등공신이다. 본관은 안성으로, 두 번의 왕자의 난 때 태종을 도와 성공으로 이끈 주역이었다. 그는 좌명공신으로 안성군에 봉해지고, 벼슬이 우찬성에 이르렀다. 이숙번은 칠원부원군 윤자당尹子當과 어머니는 같고 아버지가 다른 형제다.

윤자당의 어머니 남씨는 젊어서 과부가 되어 경상도 함양에서 살았다. 윤자당이 일곱 살 때 남씨는 아들을 데리고 무당을 찾아가 운수를 물었다. 무당이 말했다.

"부인, 걱정 마시오. 이 아이가 귀하게 될 상이오. 허나 반드시 아우의 힘으로 귀하게 될 것이오."

"무슨 말씀이오? 과부의 자식에게 어찌 아우가 있겠소?"

"곧 아우가 생길 일이 있소."

"내가 재혼이라도 한단 말이오?"

"그렇소."

"아이, 망측해라."

"팔자는 속이지 못하는 법이오. 두고 보시오."

무당의 말대로 남씨는 얼마 후 이씨 집에 재가하여 이숙번을 낳았다. 후에 윤자당은 이숙번의 영향으로 부원군이 되었다. 무당의 예언은 딱 맞아떨어진 것이다.

태종이 왕위에 오르자 이숙번은 자신의 공을 믿고 점점 교만해져갔다. 같은 품계일지라도 상대를 마치 하인 대하듯 하고, 나중에는 태종이 불러도 병을 핑계로 가지 않는 등, 방자하기 이를 데 없었다.

이숙번의 집은 돈의문 안에 있었는데, 그 규모가 궁궐 같았다. 늘 풍악이 그치지 않고, 주지육림의 음식 냄새가 담장을 넘어왔다.

그에게 벼슬을 청하려고 뇌물을 지고 오는 선비들이 문전성시를 이루었다. 이숙번이 조정의 요소요소에 그의 심복을 심어두었기 때문에, 서찰을 써서 보내면 죄다 벼슬아치가 되었다. 그의 권세가 하늘에 나는 새도 떨어뜨릴 만했다.

이숙번은 지나가는 사람들과 말발굽 소리가 듣기 싫다는 이유로 조정에 건의하여 통행 금지권을 받아내고 돈의문 통행을 제한했다. 그의 권세가 어떠했는지 짐작할 수 있는 일화이다. 권력을 이용한 그의 사치와 횡포는 날이 갈수록 심해졌다.

한편, 조정에서는 그를 탄핵하는 목소리가 높아졌다. 뜬구름 같은 권력이란 잘못 휘두르면 패가망신이 따르게 마련이다.

양사 합계로 이숙번 타도의 상소가 빗발쳤다. 그의 비행이 낱낱이 거론되었다. 처음에 태종은 이숙번을 시기하는 무리들의 농간으로 알았다. 내관을 몰래 시켜, 실제로 이숙번이 날마다 주지육림 속에서 풍악을 울리며 지내는지 알아보라고 했다. 그리고 그의 비행을 승지에게 따로 조사하여 보고하도록 일렀다. 그 결과 양사 합계의 상소 내용과 죄다 일치했다.

"전하, 이숙번이 나라에 공이 있다고는 하나 그의 전횡은 필설로 다 말할 수 없는 지경이나이다. 그는 부정부패의 원흉이옵나이다. 본보기로 그를 희생시켜 해이해지려는 관료들의 기강을 바로잡아야 할 것이옵나이다."

"그러하옵나이다. 이숙번의 희생 없이는 벼슬아치들의 기강을 바로잡을 수 없나이다. 통촉하여 주시옵소서."

태종은 공신을 차마 죽일 수는 없었다.

"장 20도를 쳐서 함양 땅으로 귀양 조치하라!"

권력의 종말에는 늘 악운이 함께하게 마련이다. 이숙번은 하루아침에 권세를 잃고 죄인의 몸으로 전락했다. 이숙번은 차차 잊혀져가는 인물이 되었다. 태종의 승하와 더불어 역사 속으로 사라지는 듯싶었다. 그러나 이숙번은 건재했다.

세종 때에 이르러 이숙번은 도승지(비서실장) 김돈에게 순금 띠를 뇌물로 바치고 서울로 돌아갈 수 있도록 힘써달라고 청탁을 넣었다. 조정에 복귀하려는 야심에 차 있었던 것이다.

김돈은 순금 띠를 받기는 했으나 숙번의 청을 들어주기가 어려워, 날마다 입궐할 때 손으로 순금 띠를 쓰다듬었다. 숙번의 청을 들어주기만 하면 휘황 찬란한 순금 띠는 영원히 자기 것이 되는 것이다.

때마침 세종이 「용비어천가」를 지으려고 선대의 일을 잘 아는 신하들을 모으려고 했다.

"경들은 들으라. 선대의 일을 잘 아는 전임 대신들을 추천하여 그 명단을 올리도록 하라."

김돈은 기회를 놓치지 않고 이숙번을 즉시 추천했다. 그러나 세종이 언짢게 여겼다.

"이숙번은 선왕에게 죄지어 유배된 몸이오. 그런 자를 부를 수는 없소."

"전하, 하오나 이숙번만큼 선왕대의 일을 잘 아는 전임 대신이 없나이다. 불러 쓰시옵소서."

"말썽이 없겠는가?"

"「용비어천가」를 짓는 일이온데 감히 그 누가 이의를 달겠나이까?"

우여곡절 끝에 이숙번은 오랜만에 한양으로 돌아왔다. 돈화문 안 집은 이미 나라에서 차압해버렸다. 그러나 이숙번은 옛날 권세가 버릇을 버리지 못했다.

이숙번이 대궐에 들어가 후배 대신들을 만났다. 대신들은 전관의 예우로 그를 맞아 깍듯이 모셨다. 이숙번은 거드름을 피웠다.

"허허, 김 판서구먼. 자네는 소싯적부터 영특하여 내가 일찌감치 동량지재로 봐왔지. 내 눈이 틀리지는 않았구먼. 판서가 되다니, 장하이."

후배 대신들에게 이런 식으로 겸손치 못하게 행동했다.

어느 날 정승 반열의 후배들이 이숙번을 보러 왔다. 이숙번은 남향을 향해 의자 위에 앉고, 정승들은 의자 밑에 앉았다.

"오오라, 그대들은 내 문하가 아닌가?"

정승들은 속으로 불쾌했으나 참고 견뎠다. 이숙번의 사위가 그 모습을 보고 놀라서 장인에게 말했다.

"장인어른, 이러실 수는 없습니다. 정승은 상감께서도 예로 대하는 터이온데, 감히 어쩌자고 이러십니까?"

그제야 이숙번은 의자에서 내려와 정승들과 마주 앉았다. 그는 귀양살이를 겪고 나서도 오만과 아집을 전혀 버리지 못했던 것이다.

「용비어천가」 작업이 끝났다. 세종이 도승지 김돈에게 명했다.

"이숙번을 유배지로 되돌리시오."

"전하, 이숙번은 전임 대신으로 오랫동안 유배지에서 죄를 뉘우쳤나이다. 이미 불러올렸사오니 그대로 두는 것이 마땅할 것이옵나이다."

"무슨 말이오? 이숙번은 선왕에게 죄를 얻은 사람이오. 과인의 마음대로 쓸 수가 없소. 속히 원래대로 복귀시키시오."

김돈이 이숙번을 찾아갔다.

"대감, 전하의 뜻이 완강하십니다. 함양으로 내려가라는 영이시오."

"전임 대신에게 이럴 수가 있단 말인가? 필요하면 부르고 일이 끝나면 퇴출당하는 것이 전임 대신의 신세란 말인가!"

이숙번은 울분을 터뜨렸다. 그러나 이미 세종의 눈 밖에 나서 구제받을 길이 없었다.

"여기 순금 띠를 가지고 왔소. 도로 가져가소서."

"당연히 돌려받아야지. 나는 뇌물을 받고 성사시키지 못한 일이 한 번도 없소."

이숙번은 주었던 순금 띠를 다시 챙겼다.

그는 귀양지 함양으로 내려갔다. 그는 귀양지에서도 먹고 쓰는 것이 흥청망청 사치스러웠다. 시중을 들러 따라간 첩이 강짜를 부렸다.

"대감, 이대로 재물을 쓰다가는 대감 생전에 쪽박 차게 생겼수."

"뭐야? 어디다 대고 함부로 주둥아릴 놀리는 게냐!"

"앞날이 걱정이 되어 그러우."

"여봐라, 막쇠야! 저년을 살구나무 밑으로 데려가 목을 베어라!"

이숙번이 화가 나서 첩의 목을 베어버렸다. 광포하기가 맹수 같았다. 그는 끝내 한양으로 돌아오지 못하고, 함양에서 말년을 쓸쓸히 보내다가 세상을 떴다. 권세가의 외로운 죽음이었다.

안하무인의 표본 대제학 변계량

변계량卞季良의 자는 거경巨卿, 호는 춘정春亭이다. 목은 이색의 제자로, 14세에 진사, 15세에 생원, 17세에 문과에 급제한 수재였다. 고려조에서 진덕박사 등을 지냈고, 조선조에 들어와 주로 태종 때에 활약했다. 벼슬이 대제학을 거쳐 우군도총제부사에 이르렀다. 시문에 뛰어나 문명이 높았고, 시조 작품을 남기기도 했다.

그런데 그의 성품이 인색하기로 조정의 비판이 자심했다. 변계량은 하찮은 물건일지라도 남에게 절대로 빌려주지 않았다.

그는 동과冬瓜를 즐겨 먹었다. 동과는 동아라고도 하는데, 한방에서 그 씨를 약재로도 썼다. 오줌을 잘 나오게 하며, 부증ㆍ소갈증 등에 쓰였다. 변계량은 소갈증이 있었던 모양이었다. 그는 동과를 잘라먹은 뒤 자른 자리에 꼭 표를 해두었다. 다른 사람이 먹지 못하게 하기 위해서였다. 그뿐만이 아니었다. 손님을 맞아 술을 마실 때는 잔 수를 계산하고 술병을 단단히 봉해두었다. 손님들은 그의 인색함에 놀라 고개를 저었다.

세종 때에 흥덕사에서 『국조보감』을 편찬했다. 변계량은 문장이 뛰어나 편찬에 발탁되었다.

세종은 그의 노고를 치하하고 이따금 음식을 하사했다. 재상들도 앞다투어 술과 음식을 보냈다. 그의 방은 술과 음식으로 넘쳐났다. 그래도 그는 나누어 먹을 줄을 몰랐다. 외출을 할 때면 손을 탈까 봐 밖에서 자물쇠를 걸어잠갔다. 그를 돕는 하인들이 군침을 삼켰으나 그는 아는 체하는 법이 없었다. 날짜가 오래된 음식이 썩어 구더기가 생기고 냄새가 진동했다.

"대감마님, 방 안에서 음식 썩은 냄새가 바깥으로 새어나옵니다요."

"그러느냐? 가져다 수챗구멍에 버려라!"

하인이 들어와 썩은 음식을 가려내며 한마디 했다.

"대감마님, 이 절편은 오늘 잡수시지 않으면 쉬겠습니다요."

"손대지 마라."

"양이 많은데 동자승에게 나누어주면 어떻겠는지요?"

"그냥 두어라."

이튿날 쉬어버린 절편을 하인이 수챗구멍에 넣기 바빴다. 미처 치우지 못한 썩은 음식에서 구더기가 기어나와 방바닥을 기어다녔다. 그래도 썩히면 썩혔지 나누어 먹을 줄을 몰랐다.

그가 대제학 시절이었다. 그를 보좌하는 직제학 김구경이 그의 단점을 꼬집어 비방했다. 인색하고 식탐이 많은 점을 들어 선비답지 못하다고 흉을 보았다. 그뿐만이 아니었다. 변계량이 『낙천정기樂天亭記』를 김구경에게 보였다. 그러자 구경이 헐뜯었다.

"대감, 냄새가 납니다. 이 『낙천정기』는 성리性理를 논한 것이 『중용』의 서序와 매우 흡사합니다."

"함부로 말하지 마시오."

변계량이 불쾌하게 여겼다. 김구경은 자신의 재주만 믿고 변계량을 업신여겼다. 언제나 변계량이 지은 글을 비웃었다. 변계량은 김구경의 사람됨을 경멸했다. 두 사람 사이가 크게 벌어졌다. 김구경은 끝내 벼슬이 오르지 않았다.

변계량은 성품이 편벽하고 고집이 대단했다. 중국에서 흰 꿩을 가지고 왔다. 조선 조정에서 하례하는 글 가운데 '오직(惟) 이(玆) 흰 꿩'이라는 말의 자玆자'가 있었다. 변계량은 이 자 자를 떼어서 따로 써야 한다고 하여 여러 대신들과 의견 충돌을 일으켰다.

대신들은 윗구절에 붙이지 않고 왜 떼어 써야 하느냐고 따졌다. 이것은 지극히 높은 이에게 관한 문구를 한 자 떼어 쓰거나 혹은 한 줄 올려 쓰는 것을 말한다. 여러 대신들은 한 자 올려야 한다는 것이었고, 변계량은 떼어서 따로 써야 한다고 고집을 부렸다.

이 광경을 지켜보던 세종이 대신들의 편을 들었다.

"대제학이 잘못 생각한 것 같소. 과인도 여러 대신들의 의견과 같소이다."

그러나 변계량이 고집을 굽히지 않았다.

"전하, 마땅히 밭을 가는 일은 하인에게 물어야 할 것이오며, 베를 짜는 일은 여종에게 물어야 할 것이옵나이다. 외교문서에 대해서는 마땅히 이 늙은 신하에게 맡기시고, 다른 말이 옳다 할 일이 아닌 줄로 아옵나이다."

세종과 여러 대신들은 그만 말문이 막혀버렸다.

"경이 알아서 처리하시오."

변계량은 대제학을 20여 년이나 맡았다. 그의 글은 격조가 높고 오묘하며 전아하여 따를 자가 없었다. 시는 맑으면서도 궁기가 없었으며, 담담하면서도 얕지 않았다.

태종은 변계량을 친구로 대했다. 그는 역대 신하들의 말이나 행실로써 경계가 되고 본받을 만한 것을 모아 『정부상규설政府相規說』이라는 책을 짓기도 했다.

그의 인색함과 편벽, 그리고 고집은 그가 갈고 닦는 문장과 시에서 비롯된 것일까? 그렇다면 '사람이 곧 글이다'라는 말은 변계량에게는 맞지 않는 말이 아닌가. 그의 글이 당대의 으뜸이 아니라면, 외교문서를 다루는 대제학 자리에 20여 년 동안이나 머무를 수 있었겠는가. 변계량의 참모습이 무엇인지는 알 길이 없다.

권력의 화신도 작아지게 만드는 가족애

양촌 권근의 아들 권규는 태종의 셋째 딸 경안공주와 결혼하여 부마가 되었다. 권규는 담聃과 총聰 두 아들을 두었다. 태종의 외손자들이다.

태종은 이 두 외손자를 끔찍이 사랑했다. 담은 10여 살에 이미 왕실에 가까운 친척 간의 친선을 도모하기 위한 사무를 처리하던 관청인 돈녕부 직장直長

이 되었다. 직장은 품계로 종7품이었다.

어느 날 담이 돈녕부에 출근했다가 집으로 돌아와, 지붕에 올라가 새 구멍에서 새 새끼를 끄집어냈다. 그때 돈녕부 도정都正이 갑자기 나타났다. 도정이 담을 보고 지붕에서 내려오라고 호령했다.

"네 무례함이 차마 눈뜨고 못 볼 지경이구나. 나라의 녹을 먹는 벼슬아치가 지붕 위에서 새 새끼를 잡는 추태를 보이고, 어른이 왔는데도 영접을 하지 않다니, 말이나 되느냐!"

담은 눈물을 펑펑 쏟으며 꾸지람을 들었다. 도정은 품계가 정3품으로 담에 비해 높은 상관이었다.

"잘못했나이다, 도정 어른."

"앞으로 행동에 각별히 조심하라. 네 나이는 어리지만 벼슬아치이니라."

"명심하겠나이다."

도정이 돌아간 뒤 담은 억울하고 분하여 대궐에 들어가 외할아버지 태종에게 울면서 하소연했다.

"할아버지 마마, 일을 마치고 집에서 노는 것도 죄가 되옵니까?"

"무슨 일이 있었느냐?"

태종이 외손자의 어리광을 받아주었다.

"도정 영감께오서 신이 새 새끼를 잡았다고 꾸지람을 내렸나이다."

담은 슬픔이 복받쳐 훌쩍거렸다.

"허허, 네가 몹시 서운한 게로구나. 도정이 너보다 벼슬이 높아 네게 꾸지람을 내린 게다. 내가 너에게 도정보다 높은 벼슬을 내리마. 울음을 그치거라."

태종은 곧 입직 승지를 불러 담을 돈녕부 동지사同知事로 임명했다. 동지사는 도정보다 한 품계 위인 종2품이었다.

열 살짜리 담이 돈녕부 동지사가 되자 도정은 자기 상관을 깍듯이 모셨다.

"동지사 어른, 어서 오십시오."

"허험, 도정 영감은 내가 새 새끼를 잡든 과일을 따먹든 상관 마시오."

"예, 동지사 어른."

담은 도정 앞에서 한껏 거드름을 피웠다.

담의 동생 총은 태종이 사랑하여 항상 무릎 위에 두었다. 태종을 모시는 근신 중에 수염이 긴 신하가 있었다.

어느 날 총은 버릇없이 그 신하의 긴 수염을 칼로 잘라버렸다. 조정이 발칵 뒤집혔다.

"어린 나이이지만, 총의 무례를 죄 주지 않으면 안 된다!"

조정 여론이 들끓었다.

태종도 귀여운 외손자의 죄를 묻지 않을 수 없었다. 사랑은 사랑이고 죄는 죄였다.

"조정의 예절을 엄하게 아니 할 수가 없다. 어린 총의 죄는 죽어 마땅하다. 허나 어려서 예를 알지 못했으니, 여러 중신들에게 과인이 살려달라고 부탁하노라."

아우성이던 조정 여론이 가라앉았다. 태종은 총에게 벌을 주지 않을 수 없었다. 외손자라고 봐줄 수는 없었다.

"총을 숭례문(남대문) 밖에 가두도록 하라!"

어린 총이 감옥살이를 하게 되었다.

1년 후 태종이 병이 들어 자리에 누웠다. 여러 신하들이 차례로 문병을 갔다. 태종이 신하들을 붙들고 하소연했다.

"내 병이 점점 심해져 이미 약으로 치유할 수 없게 되었소. 경들을 며칠이나 더 볼 수 있을지…."

"전하, 말씀을 거두어주소서."

신하들이 울면서 엎드렸다. 태종이 한숨을 하르르 쉬고 나서 말했다.

"내 외손자 총이 오늘 따라 몹시 보고 싶구먼. 허나 조정의 법도가 두려워 감히 보지 못하오."

"전하, 당장 총을 방면하시어 부르시옵소서. 그동안 총은 어린 몸으로 죗값을 치르고도 남았나이다."

"경들이 정녕 그리 생각하오?"

"영을 내리시옵소서."

태종은 못 이기는 체 총을 사면시켰다. 태종의 고단수에 신하들이 꼼짝없이 당하고 만 것이다. 태종은 유난히도 두 외손자를 아꼈다.

박실 부녀의 애소哀訴

박실朴實의 본관은 함양이며, 벼슬이 도총제에 이르렀다. 실의 아버지는 자안子安으로, 장수였다. 자안은 고려 우왕·창왕 때에 여러 차례 왜구를 소탕하여 나라에 큰 공을 세웠다. 창왕 때에는 원수가 되어 박위와 함께 대마도를 정벌, 배 300여 척을 불사르고, 대마도에 붙잡혀 있던 고려인 100여 명을 찾아 데리고 개선했다.

이러한 자안이 조선이 개국한 후 전라도·경상도 안무사로 나아가 왜인을 접대했다. 이때 군사기밀을 왜인에게 누설했다 하여 참형을 받기에 이르렀다. 자안이 술을 마시고 큰 실수를 저지른 것이다. 왜인들 앞에서 곧 당신들을 정벌할 것이라며 호언장담을 기세 좋게 늘어놓았다. 조정에서는 은밀히 태조의 영을 받들어 현지에서 참형을 하도록 조처했다.

이 사실을 자안의 아들 실이 알고 구명에 나섰다. 실은 방원의 집으로 달려가 통곡을 터뜨리며 애소했다.

"나으리, 소인의 아버지를 살려주시옵소서. 아버지를 살려주시면 나으리의 하인이 되겠나이다. 나으리, 부디 아비를 살려주소서."

"내 힘으로 어찌할 수 없다. 이미 어명을 받고 금부도사가 떠났느니라."

실은 땅을 뒹굴며 통곡했다.

"나으리, 아버지는 술을 즐기십니다. 술김에 실수를 한 것이오니 살려주소서. 서두르시면 상감마마의 영을 거둘 수 있나이다."

방원은 실의 지극한 효성에 감동을 받아 서둘러 대궐로 달려가 아버지 태조를 뵈었다.

"아바마마, 소자 긴한 청이 있사옵나이다."

"말해보라."

"박자안은 훌륭한 장수이옵고 전조에 공이 많을 뿐더러, 조선에서도 장수로서 임무를 훌륭하게 수행했나이다. 술을 마시고 실수를 하였지만, 그의 본심과는 상관이 없을 것이옵나이다. 훌륭한 장수를 살려 아바마마의 성덕을 높이시고 그에게 기회를 주어 나라에 보국하도록 하시옵소서."

"그자는 돌이킬 수 없는 기밀을 누설했느니라. 그만 물러가거라!"

"아바마마, 자안 같은 장수를 얻으려면 오랜 세월이 걸리옵나이다. 지금은 개국 초라 자안 같은 장수가 절실히 필요한 때이옵나이다. 왜구의 동태를 자안만큼 파악하고 있는 자도 조정에 없나이다. 살리시어 크게 쓰시옵소서."

태조는 곰곰 생각해보았다. 자안의 기밀 누설이 모함일 수도 있었다. 살려서 지켜볼 일이었다. 그러나 이미 때를 놓친 것 같았다. 금부도사를 보낸 지반나절이 지났다.

"살리고 싶어도 영이 닿지 않을 것이야."

"아니옵나이다. 말을 잘 타는 통인이면 충분히 살릴 수 있나이다."

태조는 급히 통인 심귀수를 불러 영을 내렸다.

"네가 경상도 고성으로 내려가 박자안의 목숨을 구하라!"

심귀수가 영을 받고 준마를 골라 타고 채찍을 가했다. 그러나 송도를 벗어나 임진강을 건너기도 전에 낙마하여 갈비뼈가 부러져버렸다. 그는 역리驛吏를 불러 태조의 영을 전했다. 역리가 파발마를 타고 남쪽으로 달렸다.

고성에서는 참형 준비를 서둘렀다. 금부도사가 태조의 영을 전하여 관에서 형을 집행하려고 자안의 얼굴에 칠을 하고 옷을 벗기고 큰 칼을 씌웠다. 그리고 망나니가 자안 주위를 빙빙 돌며 칼춤을 추었다. 망나니는 탁배기를 바가지째 들이마시며 단칼에 목을 칠 기를 모으고 있었다.

드디어 망나니의 칼이 자안의 머리 위로 높이 치켜들려졌다. 그때였다.

"멈추어라!"

고성 동헌 밖 마당에 자리 잡은 형장에 멀리서 외치는 소리가 들려왔다.

"멈춰라! 전하의 영이다!"

들판을 가로질러 역관이 말린 두루마리를 펴서 나풀거리며 달려왔다. 망나니의 칼이 힘없이 내려졌다. 역리가 달려와 태조의 새로운 영을 전했다. 박자안은 저승 문턱까지 갔다가 목숨을 구했다.

박실은 학문도 무예도 뛰어나지 못했다. 다만 효심만은 지극했다.

태종이 즉위하여 박실에게 근위병을 맡겼다. 그는 착실히 근무하여 품계가 2품에 이르렀다.

태종이 상왕으로 물러난 후 대대적인 대마도 정벌을 벌였다. 이종무가 총사령관이 되고 박실은 선봉장이 되었다. 대마도 정벌은 많은 전과를 거두었다. 그러나 박실은 살아서 돌아오지 못했다. 대마도에서 전사하고 말았다.

실의 시체가 밀양부 그의 본가에 운구되었다. 이종무가 따라갔다. 실의 어린 딸이 어찌나 서럽게 우는지 모인 군사들을 죄다 울렸다.

"불쌍한 우리 아버지, 어찌 눈을 감으셨을꼬. 살아서는 효도와 충성뿐 다른 길을 몰랐고, 죽어서는 딱딱한 판자 안에 갇히셨네. 상감마마, 우리 아버님의 충성심을 아시는지요. 비정한 왜구들아, 충신을 죽이고 마음이 편안터냐. 어이할꼬 우리 아버지, 불쌍해서 어이할꼬."

어린 딸은 장례가 끝난 후에도 통곡으로 날밤을 새웠다.

이종무가 딸의 효심을 태종에게 전했다.

"그 아비에 그 딸이로다! 어린 딸의 효성을 헛되이 해서는 아니되겠다."

태종은 박실의 딸에게 후한 상금을 내려 위로했다. 태종과 인연이 많은 부녀였다.

세종 시대

1418~1450

세
종
시
대

1418~1450

단언컨대 가장 완벽한 성군 세종

세종은 태종의 셋째 아들이다. 천성이 학문을 좋아하여 손에서 책을 놓지 않았다. 그가 세자 시절 글을 읽을 때는 반드시 백 번을 채우고, 『좌전左傳』과 『초사楚辭』는 백 번을 더 읽었다.

몸이 아파도 글 읽기를 쉬지 않았다. 한번은 세종이 병이 들었는데도 글을 읽자, 태종이 몸을 생각하여 책을 모두 거두어오라고 영을 내렸다. 한 권의 책이 병풍 사이에 끼어 있었는데, 그 책을 천백 번이나 읽었다.

왕위에 오른 뒤 날마다 경연을 열어 신하들과 토론을 즐겼다.

세종이 가까운 신하에게 말했다.

"글 읽는 것이 가장 유익하고, 글씨를 쓴다든지 글을 짓는 것은 임금이 유의할 필요가 없다."

세종은 독서광이었다.

만년에 기력이 줄어 조회를 열지 않았으나, 학문에 관한 일은 더욱 열성이어서 유신에게 책을 편찬케 했다. 학문을 좋아하면 유약하다고 말하나, 세종은 그렇지 않았다. 후궁을 다루는 데 엄격하고 가차없었다.

어린 궁녀가 세종의 사랑을 받았다. 나이가 어려 세종이 관심을 두었던 것이다. 그런데 그 후궁이 세종의 사랑을 믿고 작은 청을 드렸다. 세종이 어린 후궁과 인연을 끊고 대전 상궁에게 말했다.

"어린 것이 감히 청을 넣다니, 이는 과인이 사랑을 보여서다. 어림에도 불구하고 이러니, 성숙하면 어떻게 나올지 짐작하겠다. 물리칠 것이니라."

세종은 어린 후궁을 멀리하고 다시는 찾지 않았다. 후궁의 친척에게도 냉정하게 대했다.

후궁 홍씨의 오라버니 유근有根이 세종의 어여쁨을 받았다. 그리하여 세종은 자기가 입던 헌옷을 유근에게 하사했다.

유근은 궁중의 가마·말·목장 등을 맡아보는 관청에서 일했다.

세종이 교외에 거둥하게 되었다. 그런데 연을 끄는 말이 한쪽 다리를 저는 것이었다. 이유를 물은즉, 연 끄는 말을 유근이 타고 다녔다는 것이다.

"만일 대간이 이 일을 알면 반드시 극형에 처하라고 할 것이다. 입을 다물고 조용히 지내거라."

유근을 다치지 않게 돌려보냈다. 그 후 이 사실을 대간이 알고 유근의 목을 베라고 청했다. 세종은 유근에게 벌을 내리지 않은 대신 평생 그를 보지 않았다. 이러한 세종이기에 문치文治의 시대를 활짝 열어 집현전을 설치하고, 젊은 인재들을 끔찍이 아끼고 사랑할 수 있었던 것이다.

집현전에서는 일찍 출근하고 늦게 파하여 일관日官이 시간을 알린 후에야 퇴청했다. 아침·저녁 식사는 내관이 직접 챙겨 학사들을 우대했다. 집현전 학사들은 번갈아가며 숙직을 했다. 세종은 그들을 사랑하고 융숭하게 대접하여, 사람들은 모두 신선이 사는 곳에 산다고 학사들을 부러워했다.

어느 날 늦은 밤이었다. 세종은 내관을 시켜 숙직하는 집현전 학사가 무엇을 하는지 엿보고 오도록 했다. 그날 밤 숙직은 신숙주였다.

신숙주는 어려서부터 총명하고, 어른이 되어서도 학문에 전념하여 읽지 않은 책이 없을 정도였다. 뒷날 세조와 각별한 사이가 되었으며, 세조가 왕위를 빼앗았을 적에는 의리를 저버리고 가장 가까웠던 성삼문과도 멀어지게 된다. 성삼문 등 사육신이 고문을 당할 때 신숙주는 모욕을 당하기도 했다. '숙주나물은 녹두로 만든다. 나물이 변하기 쉬운데, 신숙주가 사육신을 배반하고 변했다'고 하여, 이때부터 녹두나물을 숙주나물로 불렀다고 전한다.

신숙주는 세종·문종·단종·세조·예종·성종 등 여섯 임금을 모시고 벼슬이 영의정에 이르렀다. 『경국대전』, 『세조실록』, 『예종실록』 편찬에 참여했고, 『동국통감』, 『오례의』는 왕명으로 그가 편찬한 책이다.

신숙주는 글을 읽고 있었다. 내관이 세종에게 보고했다.

"전하, 신이 서너 번이나 가서 보았으나 글 읽기를 끝내지 않고 있사옵나이다."

"다시 가서 보라."

첫닭이 운 지도 오래되었다. 내시가 집현전으로 달려갔다. 그제야 신숙주는 촛불을 끄고 잠자리에 들었다.

내관의 보고를 받고 세종은 직접 집현전에 나아가, 자신이 입고 있던 돈피 갖옷을 벗어 신숙주를 덮어주었다. 신숙주가 아침에 일어나 이 사실을 알고 세종께 깊은 감사를 드렸다. 이 소문을 들은 집현전 학사와 선비들은 학문에 더욱 힘썼다.

세종의 인재 사랑은 여기에서 그치지 않았다. 낮에 관청에서 일하고 밤에 숙직하면 학문에 전념하지 못할 것을 우려하여, 나이가 젊고 재주 있으며 몸가짐이 단정한 권채·신석근·남수문 등을 불러 일렀다.

"과인이 들으니, 젊은 너희들이 장래가 있어 보이느니라. 이제부터 벼슬살이를 그만두고 각기 집에서 편히 지내면서 글 읽기에 전념하라. 또한 글 읽는 규범은 대제학 변계량의 지도를 받도록 하라."

이들에게 긴 휴가를 주고 조정에서 그 비용을 부담했다. 이들은 경사·백자百子와 천문·지리·의약·복서 등을 연구하여 많은 업적을 남겼다.

세종 말년이었다. 궁궐에 내불당內佛堂을 짓고 부처님께 귀의했다. 그러나 조선의 국책이 억불숭유, 즉 불교를 누르고 유교를 숭상하는 정책이어서 국법에 어긋나는 일이었다. 대신들과 집현전 학사들이 부당하다고 간했으나 세종은 고집을 부렸다. 그러자 집현전 학사들이 모두 떠나 텅 비어버렸다. 세종은 늙은 황희 정승을 불렀다.

"영상, 이 일을 어찌할꼬? 학사들이 과인을 버리고 떠나가 버리다니 이리도 무심하단 말인가?"

세종이 눈물을 흘렸다. 황희는 세종의 눈물을 보고 차마 모른 체할 수 없었다. 학사와 선비들을 끔찍이 아끼고 사랑한 임금이었다. 그 임금이 말년에 의지할 곳이 없어 부처님을 모시게 되었다고 등을 돌려버린 학사들의 몰인정이 황희는 야속했다.

"전하, 신이 그들을 달래어 보겠나이다."

"그렇게 해주오. 과인이 그들을 아끼는 것을 영상은 알고 있지를 않소."

"전하, 황공하옵나이다."

황희는 노구를 이끌고 학사들의 집을 일일이 찾아다녔다. 그리고 세종의 학사들을 아끼는 마음을 상기시켜주었다. 학사들은 임금의 마음도 마음이려니와, 늙은 정승의 왕림을 황송하게 여겨 죄다 집현전으로 돌아왔다. 임금이 미운 것이 아니라 국법이 미운 학사들이었다.

심온은 왜 태종의 제거 대상으로 전락했나

태종이 세종에게 왕위를 물려주고 상왕으로 물러앉았다. 그러나 병권만은 내놓지 않았다. 병권에 관한 한 세종 단독으로 처리하지 못하도록 엄명을 내렸다.

그런데 병조참판 강상인姜尙仁이 태종의 심기를 건드렸다. 강상인이 총제摠制 심정과 더불어 금위禁衛의 군사를 분속시키면서 세종에게만 아뢰고 상왕에게 아뢰지 않았던 것이다. 금위는 대궐의 경호군이었다.

상왕은 이 말을 듣고 강상인의 진의를 알아보려고 즉시 불러들였다.

"이보게 참판, 상패象牌와 매패梅牌는 어떤 일에 쓰는 것인가?"

"대신을 부를 때 쓰는 것이옵나이다."

강상인이 무심코 대답했다.

"그런가? 이걸 가지고 금상께 보이게나."

강상인이 상패와 매패를 가지고 세종에게 보였다.

"이것을 어디에 쓰는 것이오?"

"전하, 밖에 있는 장수를 부를 때 쓰는 것이옵나이다."

"그렇다면 상왕전에 도로 보내시오."

강상인은 '아차' 싶었다. 상왕과 세종에게 대답한 말이 달랐다. 상패와 매패가 상왕전에 바쳐졌다.

상왕은 강상인을 간사하고 거짓말을 잘하는 인물로 판단했다. 곧 우부대인 원숙과 도진무 최윤덕에게 전교를 내렸다.

'내 비록 덕이 없으나 병권에 관한 일은 친히 결재한다 했거늘 병조에서 다만 순찰하는 일만을 보고하고 군사 전반에 대한 사항은 보고하지 않으니라. 그렇게 하자고 의견을 처음 낸 자를 가려낼 것이니, 숨기는 자가 있다면 고문을 더하리라.'

상왕은 화가 나 있었다. 전교를 받고 병조의 관원들이 엎드려 죄를 빌었다. 병조의 법에 따르면, 도총부에서 군병을 주관하고, 본병本兵은 병조참판과 좌랑이 의례 군색軍色을 겸하고 판서는 간섭하지 않았다.

대언(代言, 승지) 이우녕이 일찍이 초계수령을 지낼 때였다. 박습朴習이 도순찰사가 되어 순찰을 나갔다가, 우녕의 행정이 잘못되어 파면시켜버린 적이 있었다. 우녕이 벼슬이 떨어져 고향으로 돌아가는 길에, 어머니가 더위를 먹어 그만 세상을 떠나고 말았다. 우녕은 박습에게 원한이 깊었다. 우녕은 상왕전에 나가 병조판서 박습에 관해 아뢰었다.

"상왕마마, 본병의 당상과 낭속들은 반드시 이 일을 알았을 것이옵나이다. 함께 고문하실 것을 청하옵나이다."

상왕은 즉각 국청을 열라고 영을 내렸다.

"병조판서 박습, 병조참의 이각, 병조정랑 김자온·이안유·양여공, 병조좌랑 송을개·이숙복 등도 강상인·심정 등과 함께 국문하라!"

의금부에 국청이 마련되고, 병조의 관원들이 상하를 막론하고 모조리 엮여 들었다.

국청에서 강상인과 심정이 말했다.

"위사衛士의 분속은 전례에 따라 한 것이고, 상왕께 여쭙지 못한 것은 깊이 생각하지 않은 탓이오."

병조판서 박습은 억울한 사정을 말했다.

"본병의 일은 각기 맡은 것이 있어, 위사는 입직하는 당상과 낭관이 분속시키는 것이요, 본시 판서에게 결재를 청하는 것이 아닙니다. 설사 판서가 간여했다 해도 죽을죄는 아니므로 감출 이유가 없소. 허나 나는 아는 바가 없소."

상왕은 박습·강상인을 풀어주고, 다른 죄인들은 벌금형을 내리고 불문에 부치려고 했다. 그런데 형조와 사헌부·사간원에서 들고일어나 이들을 귀양 보내지 않을 수 없었다. 이것이 8월의 일이었다. 사건은 여기에서 일단락되는 듯싶었다.

한 달 뒤 9월, 영의정 심온沈溫이 명나라에 사신으로 떠날 때 전별하는 사대부들이 많아 거마가 장안을 덮을 정도로 위세가 당당했다. 심온은 심정의 친형이며 세종의 장인이었다.

상왕은 그 소문을 듣고 매우 불쾌하게 여겼다. 왕비 민씨의 형제들이 설쳐 대어 4형제를 모조리 제거한 상왕이었다. 외척이 발호하면 왕권이 흔들릴 염려가 있다는 우려에서였다. 그런데 세종의 장인 심씨 집안의 권세가 하늘을 찌를 듯했던 것이다.

때마침, 여러 대신들이 상왕을 뵈러 왔다. 여러 가지 바깥소문들이 속속 상왕의 귀에 들어왔다.

병조좌랑 안헌오는 본래 강상인·심정 등과 사이가 좋지 않았다. 그는 상왕이 심온을 의심하는 눈치를 채고 고자질했다.

"상왕마마, 심정이 박습·강상인에게 사사로운 말로 이제 호령이 두 곳(상왕과 세종)에서 나오게 되었으니, 한 곳(세종)에서 나오는 것만 못하다 하였나이다."

"뭐야? 그 자가 그런 말을 했다는 말이냐? 이런 괘씸한 자가 있나!"

상왕은 그렇잖아도 심기가 불편한 터에 노기가 충천했다.

"그들을 귀양지에서 불러들여 의정부·의금부·대간에서 번갈아 국문하도록 하라!"

조정이 발칵 뒤집혔다.

강상인은 지독한 고문인 압슬형을 네 차례나 받았다. 압슬형은 사금파리를 깨어놓은 곳에 죄인을 무릎 꿇게 하고 무릎 위에 큰 돌을 얹어놓고 두들겨 패는 형벌이다. 강상인은 고문을 이겨내지 못하고 거짓 자백을 하기에 이르렀다.

"신이 박습과 더불어 심정을 궁문 밖에서 만났나이다. 심정이 신에게 이르기를 '내금원內禁員의 결원이 많아서 시위가 소홀한데 어찌 보충하지 않느냐'고 묻기에 신이 '군사가 만약 한 곳(세종이 있는 곳)에 모인다면 많고 적음을 어찌 상관하랴' 했나이다."

강상인과 심정의 대질심문이 있었다. 심정이 말했다.

"신이 총제의 자리에 있는지라 시위가 소홀함을 의논했을 뿐, 한 곳에 어쩐다는 말을 한 바 없나이다."

강상인에게 압슬형을 더 가했다. 그러자 말을 바꾸었다.

"신이 영의정 심온에게 '시위를 두 궁궐에 분속시키려면 갑사甲士가 부족하여 3천 명을 증원해야겠다고 말하고, 군무軍務는 마땅히 한 곳에 돌려야 한다고 했나이다. 그랬더니 심온 역시 '그렇다'고 하더이다."

상왕은 더욱 화를 냈다. 들은 바와 같았기 때문이다.

"간신들을 제거해야겠다. 철저히 조사하라!"

참판 조말생이 상왕을 부추겼다.

"두 전하께오서 자애와 효도가 지극하시온데, 이 무리들이 군무를 농단하였사오니 그 마음 측량키 어렵사옵나이다."

상왕이 말생에게 명령을 내려 죄인들을 혹독하게 고문하도록 했다.

심정을 고문했다. 고문에 못 이겨 형 심온을 끌고 들어갔다. 박습 역시 압슬형을 당하고 허위로 자백했다.

"신이 간여했나이다."

상왕이 화를 터뜨렸다.

"주모자는 심온이다! 이른바 한 곳에 어쩐다는 말은 그 뜻이 이미 군사를 나누는 데 있어 내게 아뢰지 않을 때에 드러났도다!"

상왕은 좌의정 박은과 우의정 유정현을 상왕전인 수강전으로 불러들였다. 두 정승은 심온과 권세를 다투던 터라 모함을 늘어놓았다.

"그가 한 곳이라 말한 곳은 상왕마마를 가리킨 것이 아니옴은 명백하나이다. 틀림없이 주상 전하를 가리켰을 것이옵나이다. 심정의 뜻이 아니오라 반드시 심온의 뜻일 것이나이다."

"경들의 생각도 그러한가?"

"예에, 상왕마마."

두 사람이 입을 모았다.

"박습 등은 마땅히 형에 처해야겠으나 심온은 어찌할꼬?"

승지 원숙 등이 아뢰었다.

"강상인은 그 죄가 무거워 응당 죽여야 하오나, 박습·심정은 상인에 비해 죄가 가볍고, 심온이 중국에서 돌아오지 않았는데 먼저 죽인다면 심온이 변명할 증거를 댈 길이 없사오니, 조금 기다리는 것이 좋을 듯하나이다."

"심온이 돌아오지 않았으나 이미 죄상이 나타났으니, 그 도당을 극형에 처하고 그 몸을 찢어서 각 도에 돌려 보이게 할 터이니 의논들을 하라!"

상왕의 영이 추상 같았다.

유정현이 아부했다.

"상왕마마, 박습 등이 이미 자복했사오니 하루라도 형을 늦출 수가 없나이다."

이에 질세라 박은이 거들었다.

"상왕마마, 심온이 돌아온다 한들 변명할 길이 없을 것이옵나이다."

"즉시 형을 시행하라!"

강상인의 몸을 수레로 찢고 박습의 목을 베었다. 그리고 이욱을 금부진무로 삼아 심온을 의주에서 기다리다가 잡아오도록 했다. 심온이 일을 마치고 의주 국경에 닿아 체포되었다. 날벼락이었다. 심온이 상왕에게 청했다.

'신이 중국으로 간 뒤 일어난 일이온즉 그들과 대면하기를 원하옵나이다.'

대면하면 쉽사리 해결될 줄 알았다. 그러나 그들은 이미 이 세상 사람들이 아니었다. 상왕이 말을 전했다.

"박습 등이 죽었으니 누구와 대면을 하겠다는 말인가?"

상왕은 금부진무 이양을 시켜 심온을 수원으로 압송케 한 후 사약을 내려 죽였다.

심온이 죽으면서 유언을 남겼다.

"대대로 박씨와는 혼인을 하지 말라!"

좌의정 박은이 심온의 죽음을 강력하게 주장하여 심온의 가슴에 한이 맺혔던 것이다.

박은은 상왕 앞에서 심온에 대해 권세욕에 눈먼 자로 평가했다.

"상왕마마, 심온이 국구(임금의 장인)로서 영의정이 되었을 때, 영의정은 비록 높기는 하나 맡은 사무가 없고, 좌의정은 이·예·병조를 관장하고 우의정은 호·형·공조를 관장하므로, 심온이 권세 없음을 싫어하여 좌상의 자리를 탐냈나이다. 이로써 심온이 권세를 탐내어 국법을 무너뜨리려는 뜻을 알 수 있나이다."

이 말이 상왕이 심온을 의심하는 데 결정적인 계기가 되었다.

우의정 유정현은 심온의 아내 안씨를 천민으로 만들 것을 청했다. 안씨는 의정부의 여종으로 전락했고, 또 강상인·심정의 처자는 종이 되었다. 박습의 재산은 몰수하고 그 자손을 금고시켰다. 한걸음 더 나아가 박은·유정현·조말생은 왕비 심씨를 폐하라고 청했다. 그러나 상왕은 선을 분명히 그었다.

"왕비는 차후로 논하지 말라! 엄벌에 처하리라."

시아버지의 특별한 배려였으나, 왕비 심씨의 친정은 풍비박산이 나버려 왕비 된 몸이 오히려 저주스러울 뿐이었다.

기생의 꿈 때문에 죽은 절제사

조선에 이르러서도 변방 야인들과 서해 · 남해안 일대 왜구의 약탈이 심하여 백성들의 피해가 컸다. 변방 야인은 고려 때 윤관이 여진을 내쫓고 성채를 설치하자 공정진에 방어소를 만들었다.

조선 개국 후 태조는 그곳에 돌성을 쌓았다. 태종 때에는 도호부를 만들고 목책을 설치하여 군대를 주둔시켰다. 그래도 야인들의 노략질은 끊이지 않았다. 드디어 육진을 설치하고 야인들을 회유하여 보살폈으나, 그들의 약탈 습성은 여전했다.

조정에서는 충청도 이남 세 도의 토호와 향리를 뽑아서 변방의 공지를 메우려고 했다. 이 무렵에 경원 절제사 송희미宋希美와 호군 이백경이 의금부에 감금되었다.

희미는 경원 절제사로서 경원을 지키는 관리였다. 어느 날 희미는 수청 기생들을 불러 잔치를 베풀고 변방 관리의 외로움을 달랬다. 수청 기생 가운데 희미를 따르는 기생이 희미와 동침했다.

"영감, 요사이는 변방이 조용하여 영감께서 잔치를 베풀 만큼 여유가 있어 소첩도 좋습니다요."

"그렇다고 방심할 일은 아니니라. 어느 때 어디로 야인들이 습격해 들어올지 늘 조마조마하여 피가 마르는구나."

"오늘밤만은 근심 걱정 털어버리시고 소첩의 품 안에서 편히 잠드소서."

"오냐, 사내가 내일 삼수갑산을 갈망정 어찌 여인의 살 냄새를 마다하겠느냐?"

희미는 수청 기생을 상대로 운우지정을 구수한 누룽지를 맛보듯 즐겼다. 수청 기생이 마음놓고 열어주는 문이어서 희미의 호기가 산이라도 무너뜨릴 기세였다.

"영감, 이런 기세라면 야인 따위가 무서울 리 없겠나이다. 아이구 시원해."

수청 기녀가 온몸으로 희미를 받아들였다. 희미는 기진한 채 쓰러져 단잠을 즐겼다.

이튿날 아침 수청 기녀가 정색을 하고 말했다.

"얄궂어라. 얘기를 해야 할지 어떨지 모르겠나이다."

"무슨 말인데 아침부터 뜸을 들이느냐?"

"영감, 한 귀로 듣고 한 귀로 흘려버리옵소서."

"어서 말해보라."

"어젯밤 꿈에 야인이 돌연히 나타나 영감 머리를 베어가더이다."

"뭣이야? 내 머리를 칼로 싹둑 잘라가더란 말이더냐?"

"예에, 하온데 피는 한 방울도 흘리지 않았나이다."

"개꿈이로구나."

말은 이렇게 하면서도 희미는 기분이 언짢았다. 무사히 근무기간을 넘겨 서울로 돌아가면 그만이었다. 야인을 쳐서 공을 세워봤자 크게 도움 될 일도 없고, 또 야인을 이길 자신도 없었다.

그런데 이틀 후 야인이 쳐들어왔다는 보고가 들어왔다. 희미는 기생의 꿈이 마음에 걸려 동헌에서 한 발짝도 나가기 싫었다.

"적의 동태를 살펴본즉 약해 보였소이다. 군대를 보내어 치게 하소서."

부하 장군이 재촉했다. 그러나 희미는 움직이려 들지 않았다.

"좀 더 두고 볼 것이야. 놈들이 그냥 떠날 수도 있지 않느냐? 병법에 싸우지 않고 이기는 것이 최상책이라 하지 않았더냐?"

"아니, 절세사 영감! 그들의 노략질을 보고만 있으란 말입니까? 그들을 쳐서 백성들을 구해야 하나이다."

호군 이백경이 흥분하여 채근했다.

"호군은 성급하게 굴지 말라!"

"성급한 것이 아니오라, 약탈하는 야인을 그대로 두는 병법도 있사옵니까?"

"가만히 앉아서 쫓는 방법도 병법이 아니겠는가!"

"영감, 나중에 이 죄를 어찌 받으려고 이러십니까? 군사를 움직이소서."

이백경이 몸이 달아 재촉했으나, 희미는 기녀의 꿈에 사로잡혀 옴짝달싹할 수 없었다.

그 사이 야인들은 말과 백성들 몇백 명을 몰고 사라져버렸다. 그나마 한 군졸이 경원성을 막대를 이용하여 뛰어넘어가 몽둥이를 휘둘러 야인들과 맞서 백성 10여 명을 구했다.

이 일이 조정에 알려졌다. 세종이 진노하여 송희미와 이백경을 경원에서 소환, 의금부에 가두고 문초했다. 그리고 막대로 담을 넘어가 백성을 구한 그 군졸에게 4품관에 해당하는 벼슬을 내려 포상했다.

송희미는 변명할 여지가 없었다. 기녀의 꿈이 불길하여 나갈 수 없었다는 말을 할 수 없었다. 이백경은 정상 참작이 되어 목숨을 건졌으나, 송희미는 사형을 면치 못했다.

송희미가 형장으로 가며 용산의 청파靑坡를 지났다. 이때 좌의정을 지낸 최윤덕이 술과 안주를 갖추어 하인에게 들려 나왔다.

최윤덕은 30년간 무장으로 활약했고, 특히 변방 야인들이 두려워했다. 어려서부터 활을 잘 쏘아 아버지 운해와 곧잘 사냥을 다녔다. 아버지 운해도 고려의 장수로 여러 차례 왜구를 소탕하고 조선 건국 후 지중추부사를 지냈다. 최윤덕은 삼군도절제사가 되어 이종무와 함께 대마도를 정벌하고, 야인 이만주가 국경을 침범하여 백성을 괴롭히자 파저강에 나가 토벌했다.

최윤덕은 북쪽 변방을 지키는 관리들의 심정을 누구보다 잘 알고 있었다. 윤덕이 희미에게 술잔을 내밀었다.

"저승길에 몸이나 훈훈히 적셔 가구려."

"고맙나이다, 대감."

"너무 슬퍼하지 마오. 그대는 법에 따라 마땅히 죽어야 하오. 인생이란 마침내 한 번은 죽는 게 아니겠소? 나 역시 곧 그대의 뒤를 따를 것이오."

"대감의 이 은혜 저승에서 갚겠나이다."

송희미는 꿈 얘기를 해준 기생을 저주했다. 그러나 최윤덕이 따라주는 이별주 한 잔에 저주의 감정이 씻은 듯이 사라졌다. 희미는 평온한 마음으로 죽음을 받아들였다.

명재상 황희, 노비조차 예로써 대하다

명재상 하면 황희黃喜를 떠올린다. 조선 역사상 황희처럼 청렴결백하고 사리분별이 확실하며, 마음이 너그러운 재상은 둘도 없었다. 황희는 목민관의 모범이자 이상적인 재상의 대명사가 되어 있다.

황희의 자는 구부懼夫, 처음 이름은 수로壽老였고, 호는 방촌厖村이다. 고려 말에 급제하여 나이 여든여섯 살에 은퇴했다. 그 뒤 4년 후에 90세로 세상을 떠나, 종묘에 배향되고 익성공翼成公이라는 시호가 내려졌다.

황희는 희로애락을 함부로 얼굴에 나타내지 않았다. 집안의 노비들을 노예로 여기지 않고 사람으로 대우했다. 노비들에게 매를 대는 일이 없었다. 여종들은 황희 앞에서 농을 지껄이기도 하고 싸움질을 해대기도 했다. 그럴 때마다 황희는 웃어주었다.

"노예도 역시 하늘 백성인데 어찌 함부로 부리겠는가!"

노비를 보는 황희의 시각이었다.

어느 날이었다. 황희 혼자서 동산을 거닐었다. 그때 이웃에 살고 있는 버릇 없는 젊은이가 돌을 던져 익은 배가 우수수 땅에 떨어졌다.

황희가 큰 소리로 뒤따라오는 시종을 불렀다.

"애야, 떨어진 배를 그릇에 담아 돌팔매질한 젊은이에게 갖다줘라."

혼줄이 날 줄 알고 숨어 있던 젊은이는 절로 머리가 숙여졌다.

한번은 정언(正言, 사간원 소속) 이석형이 황희를 뵈러 갔다. 황희는 석형에게 책 표지에 제목을 쓰게 했다. 그런데 추하게 생긴 계집종이 개다리 소반에 술상을 챙겨들고 와서 이석형을 노려보며 물었다.

"술상을 놓으리까?"

"조금 기다려라."

황희가 이석형이 책표지를 쓸 때까지 기다리라고 했다. 여종이 한참을 기다렸다. 황희가 술상을 놓으라고 하지 않자, 여종이 버럭 고함을 질렀다.

"어찌 이리 꾸물거리누."

황희가 웃으면서 받았다.

"그럼 놓으려무나."

여종이 술상을 방에 놓았다. 뒤이어 남루한 옷을 입은 한 떼의 아이들이 맨발로 들어와, 황희의 수염을 잡아당기기도 하고 옷을 밟기도 하고 두들기기도 하면서 안주를 집어먹었다. 죄다 황희가 부리는 종들의 아이들이었다.

황희는 아이들의 하는 짓을 지켜보면서 두들기면 '아야, 아야' 하고 비명을 지르는 시늉을 했다. 이석형은 어이가 없어 할 말을 잃고 말았다.

한번은 황희가 종이를 펼쳐놓고 글씨를 쓰려고 했다. 그런데 종의 아이가 종이에 오줌을 갈겨버렸다. 황희는 오줌을 손으로 훔치며 말했다.

"허허, 그놈 고추가 실하지 않구나."

황희는 이조판서 시절 양녕대군의 폐위를 반대했다. 이 때문에 태종의 노여움을 사서 7년 동안 귀양살이를 했다. 그때 황희는 남원에서 7년 동안 문을 닫고 단정히 앉아서, 찾아오는 손님마저 물리치고 오로지 운서韻書 한 질을 갖고 거기에만 눈을 대고 있었다. 그 덕으로 뒤에 비록 나이가 많아도 글자의 획이나 음이나 뜻이 백에 하나라도 그릇되지 않았다.

태종이 상왕으로 물러앉아 황희를 유배지에서 불렀다. 태종은 황희의 인물됨을 알고 있었다. 그리하여 세종에게 불러 쓸 것을 권했다. 세종은 자기를 반대한 황희였지만, 아버지의 청을 받아들이지 않을 수 없었다.

황희는 통이 벌어진 높은 갓을 쓰고, 거칠고 푸른색의 단령團領 차림에 남색 조알(絛兒)을 띠고 승정원(비서실)에 들어섰다. 시골티가 더덕더덕 꼈으나, 보는 사람들이 불쾌하게 여기지는 않았다.

상왕전에 세종도 와 있었다.

"두 분 마마, 신 황희 인사 올리옵나이다."

태종은 황희를 반갑게 맞았다.

"어서 오구려. 지난날 나의 홀대를 섭섭다 여기지 마오."

"어인 말씀이시옵나이까? 그동안 공부를 많이 할 수 있어 좋았나이다."

"그랬다니 다행이구려."

태종이 세종에게 말했다.

"주상, 황희의 지난 일은 어쩌다가 그릇된 것이었소. 허나 이 사람을 버릴 수 없소. 나라를 다스리려면 이 사람이 없어서는 아니 되오."

"알겠나이다, 아바마마."

세종은 태종의 뜻을 받들어 황희에게 곧 예조판서를 제수했다. 때마침 흉년이 들어 황희는 강원도 관찰사로 나갔다. 그는 마음이 넓고 모가 나지 않아, 윗사람이나 아랫사람에게 한결같이 예의로써 대했다. 국사를 논할 때는 전례를 잘 지켜, 고치고 바꾸기를 좋아하지 않았다.

황희가 정승이 되었을 때였다. 김종서가 공조판서로 있었다. 어느 날 국사로 판서들이 모였다. 김종서가 황희를 생각하고 약간의 술과 과일을 마련했다. 이를 보고 황희가 크게 성을 냈다.

"나라에서 예빈시(빈객·연회를 맡아보던 관청)를 조정의 곁에 설치한 것은 삼공을 접대하기 위함이오. 시장하다면 의당히 예빈시에서 장만해올 것이지, 어찌 공판이 사사로이 가져온단 말이오!"

김종서는 황희가 야속했으나 한마디도 대꾸할 수 없었다.

그 뒤에도 황희는 김종서에게만은 박절할 정도로 꾸지람을 내렸다. 때로는 김종서 대신 구사(丘史, 관원이 출입할 때 모시고 다니는 하인)를 매질하기도 하고 옥에 가두기도 했다. 김종서는 병조·호조 판서를 역임했다.

어느 날 맹사성이 황희에게 물었다.

"대감, 김종서는 당대의 훌륭한 판서요. 대감께서 매양 허물을 잡는 까닭이 무엇이오?"

황희가 빙긋 웃었다. 티없이 맑은 얼굴이었다.

"이보시오 고불(古佛, 맹사성의 호), 내가 김종서를 미워하는 것 같으시오?"

"미워하지 않고서야 어찌 그리 그 사람에게만 야박하단 말씀이오?"

"종서는 큰 그릇이오. 헌데 성격이 급하고 기운이 날쌔어 일을 과감하게 처리하오. 이것은 좋은 일이지만, 그가 뒷날 나이 들어 내 자리나 고불 자리에 앉았다고 봅시다. 그때도 지금처럼 성격대로 일을 처리한다면 신중하겠소?

일을 그르칠 염려가 있소. 그래서 내가 미리 종서의 기운을 꺾고 경계하여, 그로 하여금 뜻을 가다듬고 무게 있게 하여 뒷날 모든 일을 가벼이 처리하지 않게 하려는 것이오. 이래도 내가 김종서를 시기하는 것이오?"

"그런 깊은 뜻이 있는 줄 몰랐소이다. 잠시 오해한 것을 용서하시오."

"용서랄 것까지야… 큰 그릇은 잘 다듬어야 빛이 나는 법이라오."

뒤에 황희는 김종서를 정승에 추천했다.

황희가 한번은 교하의 둔전屯田을 이양받으려고 교하 수령에게 압력을 넣었다는 모함을 받게 되었다. 양사에서 들고일어나 황희를 파직시키라고 난리였다. 그러나 세종은 황희를 신임했다.

그 무렵, 길에서 성균관 유학생이 황희에게 삿대질하며 욕했다.

"네가 정승이 되어 임금의 눈을 속이고 못된 짓을 한단 말이냐!"

황희는 그에게 웃어주었다. 유학생의 기백을 높이 샀던 것이다.

황희는 나이가 많아지고 벼슬이 무거워질수록 더욱 겸손해졌다. 벼슬에서 물러나서는 늘 고요한 방에 앉아, 온종일 말없이 두 눈을 감았다 떴다 하며 글을 읽었다.

창가에 늦복숭아가 무르익어 이웃 아이들이 따먹었다. 황희는 낮은 목소리로 말했다.

"다 따먹지 마라. 나도 맛 좀 보아야 하지 않겠느냐?"

조금 뒤에 나가 보니 복숭아가 한 알도 남아 있지 않았다. 황희는 그저 웃었다. 끼니때마다 종의 아이들이 모여들어 황희가 밥을 덜어주면 지껄이며 먹었다. 때로는 서로 싸우는데도 황희는 그저 웃을 뿐이었다.

맹사성의 해학과 공당 문답

황희 못지않게 명재상으로 이름을 떨친 이가 고불 맹사성孟思誠이다. 황희와 같은 시대에 활동했던 같은 재상으로서 맹사성은 황희와 쌍벽을 이루었다. 천성이 지극히 효성스럽고 청렴했다. 그가 거처하는 집은 겨우 비바람만 막을 수 있는 정도였다. 나들이할 때는 소를 타고 다녀 백성들은 그가 재상인 줄을 몰랐다.

집안 살림에는 초연했고, 음률을 사랑하여 퉁소와 피리를 끼고 살았다. 그는 조정에서 주는 녹미祿米 외에는 먹지 않았다. 한번은 아내가 햅쌀밥을 지어 올렸다.

"어디에서 햅쌀을 구해왔소?"

"녹미가 묵어 냄새가 나서 먹을 수 없나이다. 이웃집에서 꾸어 밥을 지었나이다."

"허허, 공연한 짓을 했소이다. 벼슬아치가 녹미를 먹는 것은 당연한 일, 앞으로는 절대로 그러지 마시오."

맹사성은 밥상을 물려버렸다. 그렇다고 맹사성이 꽁생원은 아니었다. 해학이 넘치는 인간미를 지니고 있었다. 그는 경자생庚子生이면서 계묘생癸卯生끼리 모인 계에 장난삼아 들어갔다. 소위 갑계, 즉 동갑계에 든 것이다. 자기보다 나이 적은 동갑계에 들어 시치미를 뗐다.

세종이 어느 날 고불에게 나이를 물었다.

"경의 나이가 몇이오?"

맹사성은 임금을 속일 수 없었다.

"예 전하, 신 경자생이옵나이다."

이 말을 계묘생인 신하가 들었다. 갑계에 금세 소문이 퍼졌다. 즉시 제명되고 한때 웃음거리가 되었다.

"고불이 얼마나 젊어지고 싶으면 나이를 네 살이나 속이고 젊은 축에 끼려고 했을까."

고불은 그 말을 듣고도 오불관언이었다. 오히려 능청을 떨며 받아넘겼다.

"어른이 놀아주면 고맙다고 할 것이지, 웬 말이 그렇게 많은가?"

고불은 피리를 가지고 다니며 기분이 내키면 꺼내서 한 곡조씩 불었다. 집에 있을 때는 항상 대문을 걸어잠근 채 손님을 맞아들이지 않았다. 어쩌다가 공무로 오는 관리는 물리치지 않았다. 관리가 일을 보고 가면 이내 대문이 잠겼다. 관리는 멀리 동구 밖에서 피리 소리를 들으면 고불이 집에 있다는 것을 알았다.

여름이면 소나무 그늘에 앉아서, 겨울이면 포단(蒲團, 부들로 둥글게 틀어 만든 방석)에 앉아 피리나 퉁소를 불었다. 그토록 음률을 즐기고 사랑했던 것이다. 그의 주변에는 피리 · 퉁소 외에는 아무것도 없었다.

병조판서가 공무로 고불의 집을 찾았다. 마침 소낙비가 내려 고불의 집이 온통 물벼락을 맞고 있었다. 여기저기에서 물방울이 떨어져 병조판서의 의관이 다 젖었다. 고불은 새는 물방울을 피해 앉으며 구시렁거렸다.

"하필 손님이 계실 때 소낙비가 쏟아질 게 뭐람."

병조판서는 마침 사랑채를 크게 짓고 있었다. 집에 돌아온 그는 당장 공사를 중단시켰다.

"정승의 집이 그러한데 내 어찌 바깥사랑채가 필요하겠는가."

고불의 고향은 온양이었다. 어버이를 뵈러 한양에서 온양까지 소를 타고 다녔다. 한번은 양성과 진위 두 고을 수령이 고불이 온양에 내려온다는 소문을 듣고, 장호원에서 눈이 빠지게 기다렸다. 이번 기회에 재상의 눈에 들어보려는 수작이었다.

수령들이 있는 앞으로 한 노인이 소를 타고 지나쳤다. 수령이 관졸을 시켜 꾸짖었다.

"웬 늙은이냐? 재상 행차를 기다리는데 소를 타고 지나가다니 버릇이 없구나."

고불이 빙긋 웃고 말했다.

"수령들에게 이르게. 온양에 사는 맹고불이라고 말일세."

관졸이 전하자 두 수령은 기겁을 하여 달아났다. 당장 물고를 낼 것 같아서였다. 어쩌나 급히 달아났던지 언덕 밑 깊은 못에 수령의 관인이 떨어진 줄도 몰랐다. 뒤에 그 연못을 인침연(印沈淵)이라고 불렀다.

고불이 온양에 들러 어버이를 뵙고 한양으로 돌아오는 길이었다. 도중에 비를 만나 용인의 주막에 들렀다. 행차가 요란스러운 과객이 누상에 앉아 거드름을 피웠다. 고불은 할 수 없이 누상 아래에 앉았다. 거드름을 피우고 있는 자는 영남에서 의정부의 녹사(錄事, 하급관리) 자리에 응시하러 가는 중이었다. 그 사람이 고불에게 누상으로 올라오라고 했다. 둘은 세상 돌아가는 얘기를 나누며 장기를 두었다. 둘은 갑자기 친해져 농을 주고받기에 이르렀다.

"우리 공·당 놀이 한번 할까요?"

영남 나그네가 말했다.

"그것이 무슨 놀이오?"

"내가 말끝에 공 하고 물으면 노인께서 당 하고 대답하는 것입니다."

"거 재미있겠소. 내가 연장자이니 먼저 묻겠소."

"그러시지요."

고불이 먼저 물었다.

"무엇하러 서울에 올라가는 공?"

"벼슬을 구하러 올라간 당."

"무슨 벼슬인 공?"

"녹사 자리란 당."

고불은 한참 사이를 두었다가 말했다.

"내가 시켜주겠 공."

"에이, 그러지 못할 거 당."

"그렇지도 않을 공."

"농담이 지나치 당."

"알아서 하라 공."

"그리 할께 당."

두 사람은 비를 피하며 재미있게 지내고 헤어졌다.

며칠 후 맹사성이 의정부에 앉아 있는데 영남의 그 사내가 들어왔다. 고불은 슬그머니 장난기가 발동하여 사내에게 물었다.

"어떠한 공?"

사내가 깜짝 놀라 고불을 쳐다보고 납작 엎드렸다. 그리고 엉겁결에 말을 받았다.

"죽었지 당."

"핫핫핫… 되었지 공."

"대감, 소인 죽을죄를 지었나이다. 은혜를 베푸시옵소서."

"염려놓으시 공."

그 자리에 있던 신료들이 괴이쩍게 여겨 두 사람을 쳐다보았다.

고불이 그 까닭을 얘기했다. 그러자 의정부가 웃음바다가 되었다.

고불은 그 사람을 녹사로 삼았다. 그 뒤 그 사람은 고불의 추천을 받아 여러 차례 고을 수령을 지냈다. 참으로 묘한 인연이었다. 고불이 아니면 감히 흉내 내지 못할 해학이었다. 뒷날 사람들은 두 사람의 희한한 문답을 '공당 문답'이라 칭했다.

허조와 도둑

조선 초기의 외교관으로, 명재상으로 알려진 허조許稠의 자는 중통仲通, 호는 경암敬菴이다. 태종이 허조를 평하기를 '참된 재상이요, 우리에게 기둥이 되는 주춧돌'이라며 세종에게 추천했다.

외교관으로서 그의 활약이 돋보인다. 예조판서 시절 대마도인의 출입을 제한하고, 불법 입국으로 잡혀 있는 왜인들을 돌려보내는가 하면, 명나라에 사신으로 여러 차례 나가 국교를 다졌다. 각 주현에서 공창 폐지론이 일어났을 때, 조정에서는 혁파하는 쪽으로 여론이 움직였으나, 오로지 허조 혼자서 폐지하면 그보다 더 큰 폐단이 있을 것이라며 그대로 두자고 주장했다. 언관이 수세에 몰리면 적극 지원했고, 좀체 사람의 과오를 말하지 않았다.

일가 친척 간에 화목하고, 형을 섬기기를 아버지와 같이 했으며, 친구를 진심으로 사랑했던 허조는 어린 시절 어찌나 야위었는지 어깨와 등이 굽어 보였다.

허조는 세종 시대의 재상으로서 황희·맹사성에 버금가는 인물이었다. 성격이 엄하고 품행이 방정했으며, 청렴·근신했고, 일을 공평하게 처리했다. 날마다 새벽닭이 울면 세수하고 머리 빗고 관대를 갖추고 앉아, 종일 게으름을 피우지 않았다. 나랏일을 의논할 적에는 자기의 신념을 지켜 남들의 눈치를 보며 줏대 없이 왔다갔다하지 않았다.

가법家法이 몹시 엄하여, 아들에게 허물이 있으면 반드시 사당에 고하고 벌을 내렸다. 노비들이 죄를 지으면 법으로 다스렸다.

그가 어찌나 엄격한 생활을 했던지 사람들이 놀렸다.

"그 양반, 부부의 운우지락을 모를 거야."

"내가 운우지락을 몰랐다면 내 아들은 어떻게 태어났단 말인고?"

허조는 농담으로 받아넘겼다.

부모의 기일에 허조는 반드시 어머니가 손수 지은, 젊었을 때 입던 푸른빛 단령(團領, 벼슬아치가 평소에 입는 집무복)을 입고 눈물을 흘렸다.

허조의 형 허주가 판한성부사를 끝으로 벼슬에서 물러났다. 허조는 나랏일을 의논할 때는 새벽닭이 울자마자 형한테 먼저 갔다. 하인들을 동구 밖에 놓아두고 수레에서 내려 걸어서 형의 집에 갔다.

형 주도 동생이 찾아올 것을 미리 알고 새벽마다 의관을 갖추고 기다렸다. 그리고 간단한 주안상을 준비해두었다.

조가 형한테 물었다.

"오늘 조정에서 여차여차한 일을 처리해야 하는데 어찌 처리하면 좋겠습니까?"

"내 의견은 이러저러하네."

형 주가 흔쾌히 의견을 말해주었다. 허조는 매우 기뻐하며 물러나와 말했다.

"옛말에 '사람은 어진 부형이 있음을 즐거워한다'고 하더니 이를 두고 이름이야."

형 주 또한 동생 못지않게 성격이 준엄하고 가법이 있었다. 제사는 한결같이 주문공朱文公의 가례를 따랐다. 한번은 허주가 병이 들어 제사에 참례하지 못하고 동생 조에게 대행토록 했다. 조는 형의 제도를 조금 변경시켰다. 주가 화가 나서 절교 선언을 했다.

"작은 아들이 종가에서 제멋대로 옛 제도를 함부로 변경했다. 이는 종손을 업신여긴 것이다!"

동생을 대문 안에 들이지 못하도록 하인들에게 엄명을 내렸다.

허조가 황송하여 새벽마다 형의 대문 앞에 이르렀으나 번번이 거절당했다. 허조는 밤이 깊도록 기다렸다. 여러 날이 지나서야 허주는 동생에게 화를 풀었다. 그 형에 그 동생이었다.

어느 날 밤, 허조가 밤늦도록 책을 읽었다. 밤중에 도둑이 들어와 물건을 챙겼다. 허조는 그 광경을 마치 진흙으로 만들어놓은 허수아비처럼 보고만 있었다. 도둑이 나간 뒤에야 집안사람들이 알아차리고 수선을 떨었다.

허조가 집안사람들에게 말했다.

"이보다 더 심한 도둑이 마음속에서 싸우고 있는데, 어느 여가에 바깥 도둑을 걱정하리오."

집안사람들이 머리를 숙였다.

후세 사람들은 조선의 어진 정승으로 황희와 허조를 꼽았다. 그러나 두 재상 모두 고려조에 벼슬살이를 했기 때문에 올곧은 선비로 치는 데는 주저했다.

술을 사랑한 천재, 윤회

세종 시대의 문장가요 술꾼으로 알려진 윤회尹淮는 호가 청향당淸香堂으로, 흔히 거위가 삼킨 구슬 이야기로 많이 알려져 있다.

윤회가 젊은 시절, 시골에 갔을 때의 일이었다. 날이 저물어 주막에 들었다. 그러나 방이 없어 윤회는 뜰에 앉아 있었다. 그때 주인집 아이가 커다란 진주를 가지고 놀다가 뜰에 떨어뜨렸다. 그 곁에 흰 거위가 놀다가 진주를 보고 삼켜버렸다.

잠시 후 주인이 진주를 찾았다. 거위 뱃속에 들어 있는 진주를 찾을 리 없었다. 주인은 윤회를 의심했다. 윤회는 자기가 범인이 아니라고 주장했으나 주인은 믿지 않았다. 윤회를 오랏줄로 묶어놓고 날이 새기를 기다렸다. 관청에 넘길 요량이었다.

윤회는 변명하다가 지쳐 주인에게 한 가지 청을 넣었다.

"주인장, 저 거위를 묶어서 내 곁에 놓아두시오."

"거위는 왜?"

"내일 아침에 보면 알게 될 게요."

주인은 의심 없이 거위의 한 쪽 다리를 끈으로 묶어 윤회 옆의 기둥에 묶어놓았다.

날이 새었다. 주인은 윤회를 관청에 데리고 가려고 부산을 떨었다. 윤회는 거위가 똥을 누기를 기다렸다.

"이 도둑놈아, 가자!"

주인이 으름장을 놓았다.

"묶인 몸이오. 서두를 것 없소. 잠시 기다리시오."

"도둑놈이 말이 많구나."

"말 삼가시오!"

"어쭈, 도둑놈이 큰소리를 치는구나."

윤회는 대꾸하기 싫어 입을 다물어버렸다.

얼마 후 거위가 꽥꽥거리며 힘을 쓰더니 똥을 눴다. 똥 속에서 반짝 진주가 빛을 뿜었다.

"여보쇼 주인, 진짜 범인이 나타났소. 이리 와서 보시오."

주인이 달려와 거위 똥 속에서 반짝이는 진주를 보고 윤회를 풀어주었다.

"왜 진작 말하지 않았소?"

주인이 부끄러워 고개를 숙였다.

"어제 말했다면 당신이 저 거위의 배를 당장 갈랐을 게요."

"그렇다고 수모를 참고 거위의 목숨을 구했단 말이오?"

"당신의 욕심이 거위의 생명을 빼앗는 것을 보고 싶지 않았소."

주인은 백배 사죄했다.

윤회는 10세 때에 글을 읽기 시작하여 읽지 않은 책이 없을 정도로 책벌레였다. 게다가 기억력이 남달라 한번 읽은 책은 잊지 않았다.

일찍이 태종이 사냥을 나갔을 때, 세종이 문무백관을 거느리고 녹양평에서 맞아들였다. 이 자리에서 태종이 친히 윤회에게 술을 따라주며 신하들에게 말했다.

"청향당淸香堂은 나의 주석柱石이니라."

윤회를 주춧돌처럼 생각하고 있다는 극찬이었다.

당대에 남수문南秀文과 더불어 문장과 술이 막상막하였다.

세종은 이 두 사람에게 석 잔 이상은 마시지 말라고 주의를 주었다. 정도에 지나치게 술을 마셨기 때문이다. 그러나 이들은 연회에 참석하여 술을 꼭 석 잔을 마셨는데, 잔이 다른 사람들보다 커서 그 양이 몇 곱이었다.

세종은 이 말을 듣고 윤회를 불렀다.

"경이 나와 한 약속을 잘 지킨다 들었소. 지킬 만하오?"

"예 전하, 석 잔 이상을 절대로 마시지 않나이다."

"잔이 얼마만 하오?"

"전하, 그 잔이…."

윤회가 말끝을 흐렸다.

"그 잔이 잔이 아니라 바가지란 말이오?"

"전하, 송구하나이다. 하오나 석 잔 이상은 마시지 않나이다."

"바가지도 잔이란 말이오?"

"예에 전하, 큰 잔이옵나이다."

"술항아리째 마셔도 한 잔이오?"

"전하, 삼가겠나이다."

"내가 술을 많이 마시지 말라고 경계한 것이 도리어 마시기를 권한 것이 되었구려."

"전하, 기필코 석 잔 이상은 마시지 않겠나이다."

세종은 웃음을 참을 수 없어 환하게 웃고 말았다.

윤회의 문장 솜씨는 따를 자가 없었다. 그리하여 임금의 부름을 받을 때가 많았다. 어느 날이었다. 윤회는 자기 집에서 술을 마음놓고 마셨다. 모처럼 한가한 날이었다. 그런데 세종이 내관을 시켜 윤회를 급히 불렀다. 명나라로 보낼 외교문서를 급히 작성하려고 부른 것이다. 큰일이었다. 집안 하인들이 보기에 주인은 인사불성이 되도록 취해 있었다.

"나으리, 병을 칭하고 위기를 모면하소서."

윤회의 심복 하인이 말했다.

"그러시지요. 제가 상감께 잘 말씀 드리겠나이다."

내관도 그렇게 하라고 권했다.

"무슨 말인가? 나더러 상감마마를 속이라는 말인가?"

"워낙 취해 보입니다."

"염려 붙들어매게."

윤회는 입궐 준비를 서둘렀다. 관복으로 갈아입는데, 몸의 중심을 잡지 못해 비틀거렸다. 내관은 윤회가 임금 앞에서 실수를 저지를까 봐 입궐을 막으려 했으나 소용없었다. 윤회는 말을 타고 가겠다고 또 한 차례 고집을 부렸다.

"대감, 가마로 모시겠나이다."

"치워라! 내가 아낙네냐, 가마를 타고 가게."

"말을 어찌 타시겠다고 고집이십니까?"

"내가 간다더냐, 말이 가지."

윤회는 끝내 말 위에 올랐다. 금세 밑으로 곤두박질칠 것만 같았다.

"가자!"

말고삐를 쥔 하인이 조심스럽게 말을 몰았다. 윤회는 흥얼흥얼 시를 읊었다. 뒤따르는 내관은 가슴이 조여왔다. 그러나 윤회는 몸을 좌우로 심하게 움직이며 흥얼거렸다.

무사히 대궐에 닿아 편전에서 기다리는 세종 앞에 엎드렸다.

"전하, 불러 계시오이까?"

"내 급히 명나라에 보낼 표문表文이 있어 경을 부른 게요."

"하명하시옵소서."

윤회는 멀쩡했으나, 내관이 숨을 죽이고 지켜보았다. 임직 승지가 지필묵을 들고 엎드린 윤회 옆으로 갔다.

"대감, 술 냄새가 진동합니다. 괜찮습니까?"

승지가 속삭였다.

"염려 말게. 글을 내가 쓰나, 붓이 쓰지."

윤회는 농담마저 풀어놓았다.

"조심하십시오."

"염려 말고, 자네 자리로 가게."

세종이 표문 내용을 설명해주었다.

윤회가 붓을 놀렸다. 놀라운 솜씨였다. 술에 취한 사람의 글 같지 않았다. 세종의 의중에 딱 맞는 글을 망설임 없이 뽑아냈다.

"과연 경은 천재적인 문장가요."

세종이 보고 찬사를 보냈다.

"과찬이시옵나이다."

"술을 몇 잔 마시었소?"

"딱 석 잔이옵니다."

"석 잔 술에 뛰어난 문장이라…."

세종은 의미심장하게 말하고 빙그레 웃었다.

이 소문이 조정에 쫙 퍼졌다. 윤회가 술이 고주망태가 되어 명나라로 가는 표문을 지었다는 소문이 퍼져 그 뒤부터 사람들은 그를 이렇게 평했다.

"문성文星과 주성酒星이 한곳에 모여 윤회를 탄생시켰다!"

천재는 오래 살지 못했다. 그는 고려조에서 12년, 조선조에서 44년, 도합 56년을 살았다.

충은 길고 효는 짧다

집현전 학사를 거쳐 직제학에 올랐으나, 과감히 벼슬을 버리고 경상도 함양으로 낙향한 어변갑魚變甲은 원래가 지池씨였다. 그의 먼 조상 중익重翼의 본성이 지씨였다. 그런데 태어나면서부터 얼굴이 기이했고, 자라서는 백 근이나 되는 활을 사용했다. 중익의 겨드랑이 밑에 비늘 셋이 있었다. 그는 고려 태조를 섬겼다. 태조 왕건이 지중익의 겨드랑이에 비늘 셋이 있다고 하여 직접 확인했다.

"과연 듣던 대로구나. 네 겨드랑에 비늘이 있으니 물고기가 아니냐. 오늘 이후부터 너는 지씨가 아니라 고기 어魚 자, 어씨이니라."

고려 태조에게 사성을 받아 지씨가 어씨로 변한 것이다.

어변갑은 태종 무자년에 장원급제하여 벼슬길에 올랐다. 그때 시험관은 대제학 정이오鄭以伍였다. 정이오는 특히 글에 뛰어나 고려 명인名人으로 꼽히는 인물이다.

과거시험을 앞두고 정이오는 별난 꿈을 꾸었다. 꿈에 시를 지었던 것이다.

삼급에 풍뢰는 어변갑이요
한 봄에 좋은 경치 마희성馬希聲이로다
두 이름 대對가 되어 서로 겨루나
용문에 윗손님을 그 어찌 미치리오

희한한 꿈이었다.

그 뒤 정이오는 시험관이 되어 전시(殿試, 임금 앞에서 보는 과거)를 주관했다. 이때 문과에 뽑힌 장원이 어변갑이요, 무과에 뽑힌 장원이 마희성이었다. 정이오는 이들 두 급제자를 눈여겨 지켜보았다.

어변갑은 승승장구하여 충주판관이 되었다. 그의 아버지 어연魚淵은 겨우 하양 감무로서 한직에 있었다. 어변갑은 상소를 올려 자기가 아버지의 직을

대신하겠다고 청했다. 상소를 본 태종이 감동을 받아 연을 두 품계나 올려 본
직을 제수했다. 그때부터 어변갑의 효심이 널리 알려졌다.

어변갑이 헌납(사간원 관원)에 있을 때였다. 동료가 상소를 올려 계림부윤 윤
상尹祥을 탄핵하려고 협조를 당부했다. 어변갑은 일언지하에 거절했다.

"나는 윤 공과 근무한 적이 있소이다. 윤 공은 절대로 독직할 분이 아니오.
헛되이 날조하여 모함하지 마시오."

어변갑의 반대로 사간원 언관들이 윤상의 탄핵을 그만두었다. 윤상은 늙은
부모를 위해 외직으로만 돌던 효심 깊은 충신이었다.

어변갑은 벼슬아치 가운데 신장申檣과 매우 친했다. 신장은 참판을 지낸 집
현전 학사 출신이다. 어변갑은 신장과 굳게 약속했다.

"우리들이 충성을 다하여 임금을 섬기고, 이름을 떨치면 고향으로 돌아가
부모를 섬기세나."

"좋은 의견일세. 그렇게 하세나."

집현전에 들어간 어변갑은 세종의 은혜가 깊어 벼슬을 쉽사리 떨쳐버릴 수
없었다. 그는 고향에 돌아가 부모님을 모시는 것이 늦어짐을 탄식했다.

"임금 섬길 날은 길거니와 어버이를 봉양할 날은 짧도다."

어변갑은 기회를 노렸다. 때마침 그의 허리 밑에 건습증이 나타났다. 어변
갑은 병을 핑계로 사직서를 내고 고향 함양으로 달려갔다. 우선 자기 몸부터
치료하려고 온천을 찾아 목욕하며 병을 다스렸다.

세종이 어변갑의 사직서를 보고 승정원에 일렀다.

"이 사람은 꼭 써야 할 인물이다. 병이 낫는 대로 바로 보고하라."

어변갑은 건습증을 치료하고 고향에 돌아와 시를 지었다.

> 병을 핑계로 돌아오니 한 집이 깊은데
> 황량한 초목들은 옛 못가에 그윽하다
> 나 같은 자 어찌 감히 공명을 피하랴만
> 어버이 계시니 멀리 놀지는 못하리라

어변갑은 벼슬에 연연하지 않고 어버이를 정성껏 봉양했다.

신장은 어변갑과의 약속을 깨고 조정에 남아 참판에 이르렀다. 신장이 한림으로 있는 어변갑의 아들 효첨을 불러 말했다.

"내 일찍이 그대의 아버지와 고향에 돌아가 어버이를 봉양하기로 굳게 약속했었네. 허나 자네 아버지는 결단성 있게 고향으로 돌아가 어버이를 봉양하지만, 나는 약속을 지키지 못하고 여태껏 조정에 머물고 있네. 나는 부끄러운 인생일세."

"세상사가 뜻대로 되오이까? 너무 서글퍼 마소서."

효첨은 신장을 위로하면서도 아버지가 자랑스러웠다. 효도가 벼슬보다 어렵다는 것을 새삼 깨달았다. 권근의 아들 권제가 그 무렵 우찬성으로 있었다. 어변갑의 효행을 듣고 선비들에게 말했다.

"지금까지 조선에서 벼슬을 사양한 이가 두 사람 있다. 한 사람은 허주 판한성부사이고 다른 이는 어변갑이다."

어변갑은 조석으로 입에 맞는 음식을 어버이에게 올려 기쁘게 했다. 이 일을 일과로 삼았다.

조정에서 어변갑의 효행을 높이 사 김해부사를 주고 지사간원사로 불렀으나 끝내 응하지 않았다. 부모님이 돌아가시면 그때 가서 임금에게 충성을 해도 늦지 않다고 여겼다. 그러나 그는 다시는 벼슬길에 나오지 않았다.

사간원에 아란배가 생긴 이유

예조판서를 지낸 정갑손鄭甲孫은 언관言官들의 기강을 바로잡는 데 애쓴 이름난 문관이었다. 그의 얼굴은 남자다웠고, 키가 컸으며, 수염이 매우 아름다웠다. 정갑손은 그릇이 큰 관리였다. 청렴하여 여러 대에 걸쳐 재상을 지냈으나, 집이 가난하여 베이불과 부들자리를 깔고 만족해했다. 성품이 강직하고 곧은 말을 잘하여 권세가를 피하지 않고 할 말은 다했다. 그를 본받아 조정

신료들과 욕심 많은 자들이 청렴해지고, 나약한 자들이 스스로 일어설 줄을 알아, 세종과 대신들이 그를 귀하게 여겼다.

그는 대사헌 시절 많은 일을 해냈다. 한번은 이조에서 관리를 잘못 채용한 일이 있었다. 관리 임용은 이조 소관이었다. 세종이 사정전에서 조회를 열 때였다.

하연河演이 정승이고, 최부가 이조판서였다. 정갑손이 직격탄을 날렸다.

"최 판서는 말할 것도 없거니와, 하 정승은 사리를 조금 알 만한 분 같았는데 사람 쓰는 것을 보니 형편없습니다그려."

두 사람은 얼굴이 백짓장처럼 하얘졌다. 잘못을 저질러놓고 전전긍긍하던 차였다.

"할 말 있으면 해보시구려."

정갑손이 다그치자 두 사람은 고개를 숙여버렸다.

"전하, 저 두 사람을 국문하여 벌을 주시옵소서."

세종도 두 사람의 잘못된 인사를 알고 시정을 명한 터였다.

"대사헌, 이미 과인이 지적한 바 있소이다. 그 문제는 덮어두시오."

그제야 정갑손은 입을 다물었다.

조회가 끝나고 중신들이 사정전 밖으로 나왔다. 하연과 최부는 얼굴이 땀으로 젖어 있었다. 정갑손이 그들에게 다가갔다.

"두 분 대감, 나는 직분을 위해 잘못을 지적한 것이오. 결코 두 분을 해코지하고자 한 것이 아니오."

"그만둡시다. 더 말해 무엇 하겠소."

최부가 언짢은 기색을 보였다. 그러자 정갑손이 녹사를 불러 일렀다.

"두 분께서 심히 더우신 모양이다. 네가 부채를 가져와서 부쳐드려라."

정갑손은 빙그레 웃고서 자리를 피했다. 조금도 두려워하지 않았다.

공회公會가 열리면 사정기관인 사헌부와 사간원은 칸막이를 사이에 이웃에 자리 잡았다. 휘장을 걷고 서로 술잔을 주고받으며 권하기 일쑤였다. 만약 금주령이 내려진 때에 공회가 열리면 사헌부에서는 법을 지켰으나, 사간원에서는 그렇지 않았다. 마시고 취하는 일이 허다했다.

한번은 사간원 간관諫官이 술잔을 가득 부어 장난삼아 휘장 틈으로 사헌부 집의(사헌부 관원)에게 보냈다. 집의는 장난삼아 옷소매로 밀쳤다. 술잔이 휘장 틈으로 떨어져 굴러 대사헌의 책상 앞에 가서 멈추었다.

큰일이었다. 사헌부 수장이 누군가. 기강을 바로잡으려고 한시도 방관하지 않는 정갑손이 아닌가. 사헌부 관원들은 이제는 죽었구나 싶어 숨을 죽였다. 서로 쳐다만 보고 어찌할 바를 모르고 있었다. 종일 그 술잔 때문에 날벼락이 떨어질 시각만을 기다리고 있었다.

퇴청할 무렵 정갑손이 술잔을 보며 아전을 불러 물었다.

"저 거위 알처럼 생긴 것이 무엇인고?"

"예, 그 그것은….'

아전이 머뭇거렸다.

"수정 구슬이 몇 개나 들어갈 수 있느냐?"

"예 대감, 백 개쯤 들어갈 것 같나이다."

아전이 엉겁결에 대답했다.

"저것을 들어왔던 틈으로 던져버려라!"

사헌부 관원들은 그제야 큰숨을 하르르 내쉬었다. 그리고 정갑손의 넓은 아량에 탄복하여 저절로 머리가 숙여졌다. 이후 사간원에 아란배(鵞卵杯, 거위 알 술잔)가 생겨났다. 수정 구슬 한 되들이였다. 이 아란배는 금주령을 어긴 것을 경계하자는 뜻으로 정갑손이 만들어 보낸 것이다.

정갑손의 집안 단속은 한 치의 틈도 없었다. 그의 아들, 동생들도 사사로운 청탁을 절대로 할 수 없었다. 그가 함길도 감사이던 시절이었다. 조정의 부름을 받아 한양에 다녀오는 길이었다. 그 사이 함길도에서 치르는 향시鄕試의 방榜에 아들 오烏의 이름이 들어 있었다. 정갑손의 아름다운 수염이 꼿꼿이 곤두섰다. 몹시 화가 났다. 즉시 시관을 불러 불문곡직 불호령을 내렸다.

"네 이놈! 늙은 것이 감히 나 없는 사이에 내 자식에게 아첨을 떨었느냐! 내 아들 실력은 내가 잘 알거늘, 네가 감히 합격시켜 우리 금상(임금)을 속이려

했느냐! 당장 물러가 내 아들의 이름을 지워버려라!"

"그게 아니오라, 감사 나으리…."

"듣기 싫다. 실력으로 뽑았다는 말을 하려 드느냐!"

시관은 변명 한마디 하지 못하고 방에서 오의 이름을 지우고 파면당했다.

힘으로 화를 면한 무관

무과 출신으로 벼슬이 판중추에 이른 하경복河敬復은 죽어서 양정공이라는 시호를 받았다. 그는 용맹한 장수로 당대에 이름을 날렸다.

어머니의 꿈에 자라가 품속으로 들어오는 태몽을 꾸고 경복을 잉태했다. 그가 태어나자 아명兒名을 왕빠(王八)라고 지었다. 어렸을 때부터 또래 아이들에 비해 기운이 장사였다. 무과에 급제하여 궁궐을 지키는 갑사가 된 경복이 어느 해 동짓날 숙직을 맡았다. 비원의 온실을 순찰하다가 매화가 눈에 띄자 성큼 그 앞으로 다가갔다. 그러고는 긴 가지 하나를 꺾어 투구에 꽂았다. 온실 담당자가 보고 놀라 꾸짖었다.

"무슨 짓이냐. 감히 궁궐 온실에 있는 매화 가지를 꺾다니, 죽고 싶어 환장을 했구나!"

"말 삼가시오. 이 매화 가지를 궁궐 문 옆에 꽂으려 하는 게요. 매화가 온실에만 있으란 법이라도 있소?"

"이 자가 간덩이가 부었군. 조정에서 알면 네 목이 열 개라도 남아나지 않을 게다!"

"쳇! 진주에 있는 우리 집 울타리 가에 매화나무가 지천으로 자라고 있소. 마소를 매는 것도 이 나무요, 꺾어서 땔나무로 떼는 것도 이 나무요. 무엇이 귀하다고 이 난리요?"

"이 미련한 놈을 봤나? 네 집 울타리 가의 매화나무와 궁궐 온실의 매화나무가 같더란 말이더냐!"

"똑같은 매화나무요. 너무 호들갑을 떨지 마시오."

"네가 무식하니 고발하지는 않겠다만 앞으로 조심하거라."

"조심할 것도 많수다."

사람들은 그의 분별없음을 비웃었으나 기개만은 장하게 여겼다.

그가 장수가 되어 동북면을 지킬 때였다. 알고 지내는 야인이 동료들을 데리고 그를 찾아왔다. 야인은 그의 힘을 시험해보려고 300근짜리 활을 가지고 왔다. 하경복은 그들에게 술상을 차려주었다.

"장군, 이 활을 당겨보시겠소?"

경복은 아무 말 없이 궁수를 불러 일렀다.

"저놈들이 가지고 온 활을 보고 그대로 만들어 불에 구워 들고 나오너라."

"예, 장군."

그동안 경복은 야인들에게 술을 권하며 말했다.

"술을 마셔야 기운을 차려 저 활을 당길 수 있지 않겠소. 자, 잔을 비우시오."

술잔이 오고 갔다. 그동안 궁수가 야인이 가지고 온 활과 똑같은 활을 만들어 가져왔다. 경복이 일어나 궁수에게 활을 받고 말했다.

"자, 내가 이 활을 당겨보겠소."

경복은 힘들이지 않고 300근짜리 활을 가볍게 당겼다. 활이 불에 구워져 힘이 풀려 있던 터라 쉽게 당겨졌다.

"와와… 듣던 대로 장군은 힘이 장사요."

야인들이 머리를 조아려 탄복했다. 그 후 야인들이 그의 위세에 눌려 감히 약탈을 하러 오지 못했다. 그가 버티고 있는 한 국경은 평화로웠다.

세종은 그를 중히 여겨 함길도 절제사를 오래 맡겼다. 그리고 그의 어머니를 위로하고 보살펴주었다. 호군 홍사석에게 세종이 편지를 써서 보내기도 했다.

'과인이 그대 믿기를 장성長城처럼 하였으나, 어머니의 아들 기다림과 아들의 어머니 그리워함이 5년이나 되었구려. 경의 후임을 물색해도 실로 장수를 얻기가 어려워 과인이 괴롭소. 그대의 어머니는 과인의 보살핌을 받고 있으니 염려 말고 그대의 마음을 너그럽게 하기 바라오. 호군 홍사석을 보내어 그대에게 연회를 베풀고 의관을 내리니 기뻐하시오.'

세종의 사랑이 넘쳐 하경복은 충성으로 나라와 임금을 섬겼다.

하경복은 사람들에게 젊었을 적에 힘으로 화를 면한 것이 세 번이나 된다고 자랑삼아 말했다.

"내가 말이오, 태종께서 방석을 칠 때 궁궐 갑사로 있었소. 그때 태종의 군졸에게 잡혀 목이 떨어질 뻔했소. 나를 죽이려고 군졸이 끌고 갔소. 나는 군졸을 뿌리치고 태종께 달려가 외쳤소. '나 같은 장사를 죽이면 무엇이 유익하겠소!' 태종이 나를 보고 놓아주어서 목숨을 건졌소."

두 번째는 경복이 깊은 산중에서 사냥을 하다가 범을 만났다. 함께 갔던 사냥꾼들은 모두 도망쳐버렸다. 경복은 혼자 남아 범의 턱 밑을 잡아쥔 채 멈칫거리면서 아래를 굽어보니 물이 괸 웅덩이가 얼핏 눈에 들어왔다. 경복은 범을 벼랑 아래로 떼밀었다. 범이 웅덩이에 빠져 배가 터지게 물을 마시고 힘을 쓰지 못했다. 그때를 이용하여 경복은 범을 박살내버렸다.

"세 번째는 싸움터에서였소. 국경을 지키고 있는데 적의 기병이 새까맣게 몰려오고 화살이 빗발쳤소. 나는 주위를 두리번거렸소. 내 앞의 몇십 보쯤에 커다란 나무가 눈에 띄었소. 나는 몸을 날려 그 나무에 몸을 의탁했소. 적들이 한바탕 변방을 짓밟고 떠나버렸소. 나는 그때 힘이 아니었으면 버티지 못했을 것이라오."

하경복은 하늘이 내린 장사였다. 세 번을 살린 것도 하늘이지, 그의 힘이 아니었을 것이다. 그러나 그는 자신의 힘을 믿은 우직하고 충직한 장수였다.

조수가 두려워하지 않는 세 가지

세종의 지극한 굄을 받았으나 벼슬을 탐하지 않고 팔자대로 관동지방을 떠돌며 생을 마친 조수趙須는 서거정·권람·한명회 등 쟁쟁한 권세가를 제자로 둔 유방선과 당대에 쌍벽을 이룬 학자요, 문인이었다.

조수의 자는 형보亨父, 호는 송월당松月堂 · 만취정晚翠亭이다. 태조 때에 과거에 급제하여 벼슬길에 올라 사예(성균관 관원)를 지내다가, 가정에 화를 당해 관동지방으로 내려가 30여 년간 학문에 힘썼다.

그는 읽지 않은 책이 없었다. 안평대군이 그의 학문과 문장을 알아보고 조수를 불렀다.

"내 일찍이 송월당의 문장을 보았소. 가히 일품이었소."

"과찬이십니다. 시골에 묻혀 있는 무지렁이가 알면 무얼 알겠소."

"원 겸손의 말씀을… 내가 정표로 책 한 권을 드리겠소."

"무슨 책이옵니까?"

"『이백집李白集』이오."

그러자 조수가 자기의 배를 툭툭 치며 호기를 부렸다.

"대군, 이태백 전집이 이 뱃속에 들어 있소이다."

"허허, 그래요?"

"『이백집』은 다른 사람에게 주시구려."

조수는 끝내 『이백집』을 뿌리치고 받지 않았다.

어느 날 세종은 조수의 재주를 아껴, 내관에게 족자를 보따리에 싸서 보내어 시를 쓰도록 했다. 조수는 붓을 들어 그 족자의 그림에 어울리는 시를 휘갈겨나갔다. 그러면서 말했다.

"이 늙은이의 화법이 새끼 가진 범이 할퀴는 발톱과 같구나."

내관은 무슨 말인지 몰라 조수가 하는 양을 지켜볼 따름이었다.

족자의 시를 본 세종이 찬사를 보냈다.

"오오, 그의 성품이 너그럽고 대범하구나. 족자의 시가 과인의 마음에 쏙 드는구나."

한윤이라는 선비가 조수를 찾아가 당호堂號를 지어달라고 청했다. 조수는 3외三畏라는 편액을 써주었다. 삼외란 『논어』에 나오는 글로 '군자가 두려워하는 세 가지가 있으니, 하늘의 명령을 두려워하고, 인품이 훌륭한 사람을 두려워하고, 성인의 말씀을 두려워함'을 뜻하는 말이다.

한윤이 물었다.

"선생께서도 역시 세 가지의 두려움이 있나이까?"

조수가 빙그레 웃으며 대답했다.

"나는 세 가지 두려워하지 않는 것이 있다네."

"그것이 무엇이오이까?"

"첫째, 돈이 있어서 술을 마시고 취하여 곧 깊은 잠이 들면 코를 골며 벼락도 두렵지 않네."

"예에?"

"왜? 맘에 들지 않는가?"

"아닙니다."

"둘째, 겨울에는 솜옷을 입고 여름에는 삼베옷을 입으며, 아침에는 밥, 저녁에는 죽을 먹지. 쌀독에는 남은 쌀이 없고 상자에는 남은 옷이 없어 도둑이 두려울 것이 없네."

"그렇겠습니다."

"셋째, 10년 동안을 벼슬길에서 놀았으나, 한 치 전진하면 한 자를 물러서게 되어, 부귀는 뜬구름이요 공명은 헌신짝인 듯했으니, 재상을 두려워할 것이 없네."

"선생님, 아무나 따를 수 없는 규범이나이다."

"아닐세. 욕심을 자르면 얻을 수 있는 것들일세."

한윤은 느낀 점이 많았다. 조수는 한윤을 보고 빙긋 웃어주었다.

제5대

문종 시대

1450~1452

문종
시대

1450~1452

30년의 세자 생활, 준비된 왕 문종

세종의 맏아들 문종은 천성이 효성스럽고 성품이 너그러우며, 단정하고 무겁고 밝고 굳세고 어질고 우애가 지극했다. 그러나 몸이 약했다. 웃어른을 받들고 아랫사람 대우하기를 한결같이 지성으로 하고 노래나 색을 가까이하지 않았다.

학문이 높아 고금에 통달하고 성리학에 조예가 깊어, 때로는 신하들과 더불어 역대 치란治亂의 원인과 옛날 학자들의 학설을 논평하되, 한결같이 이치에 맞추어 말은 간단하면서도 뜻은 뚜렷하고 정연했다.

글을 쓰면, 붓을 들어 쉽게 써나가, 생각하기에 힘들지 않는 것 같았다. 천문·역산·음운에 이르기까지 절묘하게 통했고, 초서와 예서를 잘 썼다. 조회 때 말이 없어 바라보기에도 어색했으나, 신하들과 얘기하면 소회를 죄다 말했다.

세자로 있은 지 30년 동안 문종은 세종을 보필하여 사무를 결재했다. 그 공덕이 백성들에게 미친 바 컸다.

문종은 보위에 오르자 먼저 언로를 활짝 열고, 어질고 간특한 이를 뚜렷이 분별했다. 농업에 힘쓰고 형벌을 삼가며, 문을 숭상하는 한편, 무 역시 중히 여겼고, 나이 많은 이를 존대하고 절의를 장려했다. 전답의 납세는 덮어주고

낭비를 줄이며, 체납된 세금을 탕감하고, 의지가지없는 이를 불쌍히 여겨 원대한 계획을 넓혀나갔다.

백성들은 태평시대를 바랐으나, 문종은 왕위에 오른 지 2년 만에 세상을 뜨고 말았다.

동궁 시절, 달 밝은 밤에 인적이 고요하면 손에 책 한 권을 들고 집현전 숙직실까지 걸어가 학사들과 더불어 토론했다. 성삼문 등은 숙직 당번이 되면 밤에도 옷과 띠를 끄르지 않았다.

어느 날 밤이었다. 밤이 깊어 세자가 행차하지 않을 것으로 알고 성삼문은 옷을 벗고 자리에 누우려 했다. 그때 갑자기 문 밖에서 신발 끄는 소리가 들렸다.

"근보(謹甫, 성삼문의 자) 자는가?"

"아니옵니다, 저하."

성삼문은 재빨리 옷을 입고 나가 세자를 맞아들였다. 문종은 성삼문뿐만이 아니라 집현전 학사들을 모두 좋아하고 아꼈다.

문종의 효도는 하늘이 낸 것인 듯했다. 세종이 병상에 눕자 손수 약을 보살피고, 수라상 보는 일마저 직접 했다. 한밤중이 되어도 물러가라고 할 때까지 세종을 곁에서 모셨다.

세종이 앵두를 무척 좋아했다. 문종은 후원에 앵두나무를 심어 철이 되면 앵두를 따다 바쳤다. 세종이 몹시 기뻐했다.

"다른 곳에서 올린 앵두가 어찌 세자가 손수 심어서 따온 것과 비교가 되겠느냐."

궁 안은 앵두나무 천지가 되었다. 세자가 세종을 위해 심은 것이었다.

문종이 병이 들었다. 하루는 집현전의 여러 학사들을 불러 불을 켜고 얘기를 나누었다. 한밤중이 되자 문종은 무릎 아래에 어린 세자를 앉혀놓고 손으로 등을 쓰다듬으며 말했다.

"과인이 그대들에게 부탁할 것이 있소."

"전하, 말씀하시옵소서."

성삼문이 말했다.

"이 아이, 세자를 그대들에게 맡기오."

"전하, 어찌 그런 약한 말씀을 하시옵나이까?"

성삼문, 박팽년, 신숙주 등이 문종의 어탑 아래 엎드렸다.

문종은 어탑 아래로 내려와 술잔에 술을 부어 손수 권했다.

세 사람은 그날 밤 문종 앞에서 모두 술에 취했다. 그리고 굳은 결심을 마음속으로 굳혔다.

세 사람이 문종 앞에서 정신을 차리지 못하자 내관을 불렀다.

"들것을 만들어 메고 나가 입직청에 눕혀놓아라."

그날 밤 큰 눈이 내려 쌓였다.

이튿날 아침 세 사람이 입직청에서 눈을 떴다. 방 안에 이상한 향기가 가득했다. 그들의 몸에는 돈피(담비 가죽) 갖옷이 덮여 있었다. 문종이 손수 덮어준 것이다. 세 사람은 감격하여 눈물을 흘리고, 은혜에 보답하기로 맹세했다. 하지만 신숙주는 끝내 변절하고야 말았다.

문종은 시를 잘 지었다. 동궁 시절 문종은 희우정(喜雨亭, 양화도 쪽)에 나아가 금귤 한 쟁반을 집현전에 보냈다. 이때 세종은 희우정에서 여러 날을 안평대군, 성삼문, 임원준과 더불어 묵고 있었다. 하루는 강가의 정자에 뜨는 달을 구경하며 술을 마셨다. 이때도 세자가 동정귤 두 쟁반을 보냈는데, 쟁반 위에 시가 쓰여 놓여 있었다.

> 전단향(栴檀香)은 코에만 향기롭고
> 기름진 고기는 입에만 맞는다
> 코에도 향기롭고 입에도 다니
> 동정귤을 가장 사랑하노라

세종은 안평대군 등에게 시를 지어 올리라고 했다. 안평대군은 산문을 쓰고, 안견(安堅)은 그림을 그렸다.

집현전 학사들도 세자의 동정귤 하사에 화답하는 시를 지어 올렸다.

이 밖에도 문종은 매화나무 가지 하나를 그리고, 칠언율시 한 수를 화제로 써서 안평대군에게 주었다. 그 둘째 구절이 절창이었다.

얼음눈 수북이 쌓인 속에서
봄바람에 새어흐르는 향기를 훔쳐냈네.

문종은 자신의 운명을 알고 있었을까. 운명을 예고하는 듯한 시를 남겨 후세 사람들의 심금을 울린다.

천 송이 만 송이 붉은 꽃 봄바람에 다퉈 피더니
봄이 다 가자 도무지 한 점 붉은 것도 없구나

특히 해서楷書에 정묘하여 필력이 굳세고, 살아 꿈틀거리는 힘찬 기운이 진晉나라 명필들의 오묘한 곳까지 닿았던 문종. 보위에 오래 있었더라면 세조의 왕위 찬탈 같은 비극은 없었을 것이다.

봄이 다 가니 한 점 붉은 것도 없다고 절창을 뽑아낸 시구에는 가슴 저리도록 아픈 단종의 비극이 도사리고 있는 것 같아 애절하기만 하다.

쌀 40말의 비극

박이창朴以昌은 어려서부터 공부를 싫어했다. 아버지 박안신은 대제학을 지낸 명신이었다. 성미가 곧고 담론을 잘하였으며, 생활이 검소했다. 이러한 성품의 아버지가 아들의 게으름을 놓아둘 리 없었다. 안신은 아들을 심하게 꾸짖었다.

"네가 정녕 이 애비와의 인연을 끊고 싶으냐? 글공부를 게을리하려거든 집을 나가거라. 너는 내 자식이 아니다."

이창은 느끼는 바가 많았다. 원래 기개가 있고 활달하여 얽매이지 않는 성격이었고, 해학이 넘치는 말솜씨와 강직한 기질이 아버지를 닮았다.

그는 어느 날 갑자기 글공부에 몰두하기 시작하여, 고향 상주에서 향시를 봐서 당당히 장원으로 뽑혔다. 그는 아버지에게 이 소식을 알렸다.

'소자 향시장에 나가 보니 선비들이 우레처럼 움직이고 구름처럼 모여든 속에 소자가 그 우두머리를 차지했나이다.'

아버지는 편지를 받고 그제야 안도의 숨을 쉬었다.

"이놈이 정신을 차렸으니 과거 급제는 어렵지 않을 게야."

아버지의 예측대로 이창은 얼마 안 되어 과거를 치러 당당히 급제했다.

이창은 벼슬길에 올라 예문관에 배속되었다. 그러나 그는 벼슬아치들의 꽉 막힌 듯한 분위기가 싫어 거친 행동을 서슴지 않았다. 선임자가 그를 꾸짖고, 50일이 지나도록 면신(免新, 일종의 신입 신고식)을 허락해주지 않았다. 그러자 이창은 자기가 앉을 자리를 찾아 스스로 앉아버렸다. 그의 기개에 사람들은 혀를 찼다.

그 당시 명나라에 사신으로 갈 때 평안도에서 마른 양식을 많이 주었다. 이것으로 부를 축적한 이들도 있었다. 박이창이 이 사실을 알고 문종에게 그 폐단을 낱낱이 아뢰었다.

그 뒤 이창이 성절사 일행으로 북경에 가게 되었다. 길이 멀어 부득이 많은 양식을 준비했다. 그런데 이것이 말썽을 일으키고 말았다.

이창은 명나라에 들어갔다가 돌아오는 길에 의주에서 붙잡혔다. 그는 신안관까지 오다가, 한밤중에 차고 있던 칼을 빼어 스스로 목과 배를 찔러 거의 죽게 되었다.

서장관 이익이 달려가 보았다. 이창이 아직 죽지 않고 이익에게 말했다.

"나는 오래전에 마른 양식으로 치부한 자들을 임금에게 아뢴 적이 있소. 그런데 내가 그 양식 때문에 스스로를 죽음으로 몰고갔소."

"아닙니다. 무언가 조정에서 오해가 생겼을 것입니다."

"아니오. 당초에 양식을 정한 대로 가지고 가려 했소. 그런데 역관들이 하는 말이 '지금은 장마가 시작되어 혹여 홍수를 당해 길이 끊어지거나 역참이 물에 잠기면 굶주림을 당할 수 있으니 더 가져가시오' 하기에 나도 그렇게 생각하여 쌀 40말을 더 가지고 간 것이 화근이 된 게요."

"쌀 40말을 박 공께서 혼자 착복하려고 더 가져간 것이 아니지 않소?"

"내가 그 연유를 말하려 했는데 이미 국법을 어겼다 하여 금부도사를 보냈으니, 내가 무슨 염치로 임금을 뵙겠소. 아무리 생각해도 택할 길은 이것 하나밖에 없었소."

이창은 숨이 차서 헐떡거렸다. 이익은 그를 위로했다.

"내가 증인이 되어주겠소. 염려 말고 치료를 받으시오."

"부질없는 일이오. 나는 중국 땅에서 자살을 결행할 수 없었소. 따르는 중국인들도 많고 타국 사람들에게 알려지는 것이 싫어 의주에 와서 단행한 것이오. 편히 가시오."

이창은 곧 숨이 끊겼다. 워낙 상처가 깊었다.

문종은 이창의 자살 소식을 듣고 후회했다.

"이창은 그만한 일로 부끄러워 자살했을 것이다. 심히 측은한 일이다. 만리길에 고생하여 과인은 처음부터 잡아오고 싶지 않았다. 허나 조정 중론의 강청으로 아까운 중신 하나를 잃었다. 과인은 후회막급이다."

문종은 이창의 장례를 잘 치르도록 이르고, 쌀과 콩, 시체를 담을 관을 하사했다. 이창을 죄인으로 보지 않은 것이다.

현덕왕후 권씨의 한

문종은 여복이 없는 불행한 임금이었다. 동궁 시절 가례를 상호군 김오문의 딸과 행하여 휘빈을 삼았다. 세자빈 김씨는 세자에게 잘 보이려고 이상한 행동을 서슴지 않았다. 소위 방술方術을 써서 세자빈의 체통을 떨어뜨렸던 것이다. 이 일이 발각되어 김씨는 폐빈당했다.

세자가 두 번째로 맞은 빈은 봉려의 딸 순빈이었다. 순빈은 세자가 학문에만 전념하고 자신을 소홀히 대하자, 부리는 하녀들과 동성연애를 하다가 발각되어 폐출당했다.

세 번째 빈은 후에 왕후가 된 현덕왕후 권씨이다. 권씨는 덕이 있어 세종이 어여삐 여겼다. 문종도 권씨를 사랑했다. 권씨의 나이 24세에 단종을 낳고, 이틀 만에 산후풍으로 세상을 떠났다. 안산에 장사지내고 소릉昭陵이라 불렀다. 그러나 단종 복위 사건으로 현덕왕후의 어머니 최씨와 아우 권자신이 극형을 당하고 왕후마저 폐위당했다. 세조가 왕위를 찬탈한 뒤였다. 의정부에서 세조에게 소를 올렸다.

'전하, 현덕왕후의 어머니 아기阿只와 아우 자신이 반역을 꾀하다가 처형되었나이다. 그 아버지 전專은 이미 죽은 뒤이나 폐하여 서인으로 내렸으며, 노산군(단종)이 종사宗社에 죄를 지어 이미 군으로 강봉되었으니, 그 어머니의 왕후의 위를 보존함이 마땅하지 아니하오니, 청컨대 폐하여 서인으로 내리고 장사도 다시 하게 하시옵소서.'

세조는 그대로 따랐다.

현덕왕후의 능은 안산의 바다가 보이는 언덕에 있었다. 능을 파헤치기 며칠 전, 한밤중에 왕후의 울음소리가 능 속에서 들렸다.

"내 집을 파헤치려 하니 장차 어찌할꼬?"

그뿐만이 아니었다. 한 스님이 밤중에 들으니 능이 있는 곳에서 여자의 울음소리가 들려왔다.

"이 일을 누가 막으랴. 원통하다, 원통하다, 내가 갈 곳이 어디냐?"

스님이 자세히 들어보니, 울음소리가 바다에서 시작하여 능이 있는 곳으로 가서 그쳤다.

얼마 후 역마를 탄 사절이 졸지에 와서 인부들을 부려 능을 파헤쳤다. 그런데 맑던 하늘이 금세 캄캄해지고 비바람이 몰려왔다. 인부들이 놀라 능을 파헤치다가 도망쳤다.

한편, 밤에 울음소리를 들은 스님이 이튿날 능 가까이 가보았다. 그런데 관이 바닷가에 떠 있었다. 스님은 너무나 놀라 관을 언덕으로 옮기고, 풀을 베어 관을 덮고 흙을 쌓아놓았다.

이러한 일이 있고 난 어느 날 밤이었다. 세조가 잠을 자다가 꿈을 꾸었다. 현덕왕후가 나타나 불같이 성을 냈다.

"네가 죄 없는 내 자식을 죽였으니 나도 네 자식을 죽이겠다. 알아듣겠느냐!"

세조가 소스라치게 놀라 일어났다. 곧 동궁에서 세자 덕종이 죽었다는 기별이 왔다. 세조는 화가 나서 현덕왕후의 능을 파헤치라고 거듭 영을 내렸다.

소릉으로 달려가 석실을 쪼개고 관을 꺼내려 했으나 전혀 움직이지 않았다. 백성들이 놀라고 괴이쩍게 여겨, 글을 지어 올리고 제사를 지내준 뒤에서야 관이 움직였다. 관을 꺼내어 바닷가에 놓아두었다.

그 후에 스님이 울음소리를 듣고 바닷가의 관을 옮겨 흙을 덮어주었던 것이다. 그 위로 조수에 밀려온 모래가 쌓이고 쌓여 육지가 되었다. 다시 몇 년 후 풀이 나고 언덕이 되었다. 본디 묘의 형상은 없고 흙이 높이 쌓인 곳을 가리켜 관이 들어 있는 곳이라 했다.

그 뒤 중종 때에 이르러 소릉은 다시 복위되었다.

소신과 원칙이 대를 잇다

어변갑은 조선 초기 허주와 더불어 벼슬을 사양한 문신으로 알려져 있다. 그의 아들 어효첨魚孝瞻은 문종 때의 명신으로 풍속을 바로잡고 기강을 바로 세우는 데에 추상 같은 관료였다.

어효첨의 성품은 강직하고 청렴결백했다. 어려서부터 단정하고 정중하여, 아이들과 함부로 놀지 않고 어른스러웠다. 보는 사람마다 큰 포부를 지닌 아이라며 칭찬했다. 문장은 세밀하고 절실한 면이 있었고, 뜻이 함축되어 있었다. 과거에 급제한 후 벼슬길에 나아가, 상소를 올려놓고 국사를 의논하는 데

특장이 있었다.

그 무렵, 서울의 관청 안에는 으레 작은 집 한 채를 마련해놓고, 지전紙錢을 새끼줄에 촘촘히 끼워 걸어두고 그것을 부군府君이라 부르며 모여서 제사지내는 풍습이 있었다. 새로 임명된 관원은 제사를 더욱 정성들여 지냈다.

효첨이 사헌부의 집의가 되었을 때 아래 관원이 부군에 대해 구구한 설명을 늘어놓았다. 효첨은 폐습임을 알고 호통을 쳤다.

"부군이 어떻게 되어먹은 물건이냐! 당장 폐지하라!"

사헌부에서부터 악습을 폐지시켰다. 이후 효첨은 관직을 옮겨 앉는 곳마다 부군을 모신 집을 모두 불살라버렸다. 그 때문에 조정에 적이 많았다. 효첨은 굴하지 않았다. 옳다고 판단하면 뜻을 굽히지 않는 참다운 선비였다.

효첨은 풍수설을 옳다고 여기지 않았다. 임금에게 풍수의 허구를 글로 써 올렸다. 그 이론이 정연하고 명백하여 세종이 정인지에게 물었다.

"정공, 효첨의 풍수 이론이 그럴 듯하오. 허나 의심스럽소이다. 제 부모의 장사에도 풍수를 무시하고 장사를 지냈답디까?"

"그렇사옵나이다."

"그렇다면 참선비구려. 그의 아버지 묘를 어떻게 썼답니까?"

"전하, 일찍이 신이 함안에 이르러 효첨이 제 아버지를 집 옆에 장사지낸 것을 보았나이다. 신이 보니 풍수와는 전혀 무관하게 묘를 써놓았나이다."

"그의 언행을 본받을 만하구려."

"그러하옵나이다. 뒤에 그의 어머니 묘를 아버지의 묘 옆에 장사지냈다 하옵나이다. 풍수에 전혀 구애되지 않은 듯싶사옵나이다."

"장하도다!"

문종 시절, 어효첨은 보문각 직제학에 임명된 적이 있었다. 주위 사람들이 강등된 인사라고 불평을 늘어놓았다. 어효첨은 한마디로 불평을 잠재웠다.

"벼슬에는 가可와 불가不可가 없다. 털끝만큼이라도 나라에 도움이 되게 하는 것은 벼슬에 있지 않고 자기 자신에게 있는 것이다."

뒤에 세조가 왕위에 오른 뒤 중국 사신을 영접하는 모화관에서 연회를 베풀었다. 여기에 어효첨도 참석했다. 세조는 어효첨에게 잔을 권한 뒤 중신들 앞에서 극찬했다.

"경 같은 정직한 신하는 옛 글에서 말한 군자君子로다."

"황공무지로소이다."

세조는 어효첨을 나라의 기강과 질서를 바로잡는 사헌부 수장인 대사헌에 앉혔다. 조정 백관들이 수군거렸다.

"어효첨이 대사헌이 되었으니 편안히 벼슬살이하기는 틀렸구먼. 정신 바짝 차려야 다치지 않을 게야."

어효첨은 나라의 기강을 바로잡는 무서운 관리였다. 그의 소신과 원칙은 조선 초기 나라의 기틀을 다지는 데 큰 뒷받침이 되었다.

그가 세상을 떠나자, 그의 아들 세겸·세공이 광나루 가에 장사를 지냈다. 풍수를 전혀 고려하지 않은 땅이었다. 풍수를 선호하지 말라는 가법家法에 따른 것이다. 소신과 원칙에 있어 아버지 어변갑과 아들 효첨이 다를 바 없었다. 모범을 삼을 만한 집안이었다.

단종 시대

1452~1455

단종
시대

1452~1455

12세의 허수아비 임금

문종이 죽고 그의 아들 단종이 보위에 올랐다. 그때 단종의 나이는 겨우 12세였다. 조정에 먹구름이 끼기 시작했다. 숙부들인 여덟 명의 대군과 대호 大虎라 일컬어지는 김종서를 포함한 3정승과의 갈등, 그리고 그 틈에서 이간 질하는 간신들 사이에 끼어 어린 단종은 허수아비일 수밖에 없었다.

사헌부에서 먼저 대군들을 걸고 넘어졌다.

'대군의 집에 잡다한 사람의 방문을 금해야 하나이다. 또한 조정의 당상관 (정3품 이상)의 집에도 사람들의 방문을 금하도록 하소서.'

이에 발끈한 사람은 후에 세조가 된 수양대군이었다. 수양은 동생 안평대 군, 그리고 도승지 강맹경 등을 통하여 여론을 형성해나갔다.

"우리들에게 잡다한 사람의 방문을 금한다는 것은 바로 우리들을 의심하 는 것이다. 우리들이 무슨 낯으로 세상을 살아가겠는가? 임금이 즉위 초부터 먼저 종실을 의심해서 사람들의 방문을 막고 있으니, 장차 종실이 임금을 도 울 일이 있어도 돕지 못할 것이며 임금은 고립될 것이다. 임금은 스스로 그 우익을 자르는 격이 아닌가. 우리들은 나라와 더불어 생사를 같이할 몸이니 무심히 지켜볼 수 없다. 위태롭고 어려운 시기에 마음과 힘을 기울여 종실에 서는 여러 대신과 더불어 난관을 극복하려고 했는데 도리어 의심을 받을 줄

이야. 우리들을 위해 상소를 하여 하소연할까 하다가, 혹여 사헌부의 실수인 지 몰라 먼저 대신에게 알리는 것이다."

영의정 황보인이 이 말을 듣고 깜짝 놀라 모른 체하고, 잘못을 사헌부에 뒤집어씌웠다. 그러나 수양대군은 이 말이 의정부에서 나왔다고 보고 3정승을 의심하기 시작했다. 계유정난癸酉靖難의 불씨가 일어난 것이다. 계유정난이란 수양이 장차 대권을 잡기 위해 황보인·김종서 등을 비롯하여 조정에서 영향 력 있는 대신들을 제거한 사건이다.

대군들이 관련된 방문 시비가 있은 다음, 대사헌 기건이 시사時事에 대한 상 소를 올려, 조정이 또 한바탕 소용돌이에 휩싸였다.

기건은 상소에서 대신이 정부를 겸령兼領하는 제도를 혁파하여, 대신을 존 중히 하고 제조의 임무에 전심하도록 청했다. 또 창덕궁 수리낭청修理郎廳을 그만두라고 했고, 내의 김순의·최읍·변한산 등이 선왕(문종)의 병을 보살필 때 잘못한 일을 죄로 다스리라고 청했다.

어린 임금은 이 문제를 조정에 하달하여 의논케 했다. 조정에서는 영의정 황보인 등이 의견을 모았다. 대신의 정부 겸령 문제는 전조에서도 전례가 있 는 것이라며 불문에 부치기로 하고, 김순의 등은 내의에서 제명되었다.

그런데 어찌된 일인지 대사헌 기건이 외직으로 쫓겨나고 말았다. 기건은 연안부사로 조정을 떠났다. 암투의 조짐이 보였다. 임금은 보이지 않고 종친 부와 3정승 사이의 대결 양상만이 서서히 윤곽을 드러내고 있었다.

계유년 봄에 군담집 『역대병요歷代兵要』가 완성되었다. 세조 때 편찬이 시작, 수양대군이 총재관이 되어 단종대에 완성을 본 것이다. 수양이 단종에게 『역 대병요』를 편찬한 여러 신하들을 표창해주자고 건의했다. 단종은 두말없이 수양의 뜻에 따랐다. 그리하여 편찬에 참여한 성삼문·유성원 등이 표창을 받 았다. 그런데 하위지만은 사양하고 받지 않았다. 하위지는 사헌부 집의였다.

"임금이 어리고 나라에 의심이 많은데, 종실(수양대군)이 관직과 표창으로 신 료들을 농락해서는 안 되고, 신료들 또한 종실의 농락을 받아서는 안 된다."

하위지가 표창을 거부한 명분이었다. 기실 수양의 월권에 쐐기를 박은 것이다. 하위지의 표창 사양을 임금이 허락하지 않고 상 받을 것을 억지로 강요했다. 그러자 하위지는 임금을 뵙고 받지 않는 까닭을 아뢰겠노라고 청했다. 임금이 황보인·김종서 등에게 하위지가 표창을 사양하는 까닭을 물었다. 황보인 등은 하위지를 깎아내렸다.

"수양께서 전례에 따라 상을 청한 것은 다른 뜻이 없나이다. 또한 세종조에는 하위지가 책을 편찬한 공로로 상을 받았는데도 사양하지 아니했나이다. 하온데 지금 상을 사양하는 것은 한낱 유신儒臣의 제 잘난 체하려는 것이나이다. 하위지의 면대를 허락하지 마시옵소서."

이 말을 듣고 하위지가 상소를 올려 뜻을 밝혔다.

'전하, 세종조에는 은혜가 위로부터 나왔으므로 상을 받았사오나, 지금은 은혜가 아래로부터 나왔으므로 사양하려는 것이옵나이다. 신은 사정이 난처해지고 사리가 극에 이르렀사오니 조정에 설 수 없나이다.'

하위지는 사의를 표했다. 조정에서는 하위지를 집현전으로 보냈으나, 곧 병을 핑계 대고 시골로 내려가 버렸다. 하위지는 수양의 야심을 미리 알아차렸던 것이다. 12세의 임금은 허수아비였다.

수양대군, 김종서를 죽이다

수양은 어린 임금이 3정승에게 휘둘려 왕권이 흔들리고 있다는 명분을 내세워, 왕권강화의 기치를 내걸고 어린 단종의 충신들을 제거하려고 음모를 꾸미고 있었다. 그의 참모로는 한명회와 권람 등이 있었다. 한명회는 개국공신 한상질의 손자로서, 그때까지는 별 볼 일 없는 궁지기로 있었다. 권람은 권근의 손자였다.

계유년 10월 10일, 수양이 한명회·권람 등과 더불어 거사를 모의했다. 아침 일찍 그를 따르는 홍윤성·강곤·임자번·최윤·안경손·홍순노·홍귀동·민발·곽연성 등을 자신의 집 후원으로 불러들였다. 수양은 이들에게 주연을 베풀고 거사를 의논했다.

"먼저 주상께 보고해야 하지 않겠나이까?"

민발과 송석손이 말했다. 왕권을 넘보는 김종서 등을 없애는 일이니 임금에게 먼저 알려야 한다는 주장이었다.

"그럴 필요 없소. 임금에게 알려 기밀이 새어나가면 일이 크게 벌어질 수 있소."

다른 사람이 반대했다. 수양은 짐짓 고민하는 체했다.

"대군, 결단을 내리시오!"

한명회가 재촉했다.

"대군, 용병하는 데는 주저함을 가장 기피해야 하는 것이오. 용단을 내리시오!"

홍윤성이 거들었다.

"아니 됩니다. 일에는 순서가 있는 법입니다. 먼저 주상께 알려야 하오."

송석손 등이 반대 의사를 분명히 했다. 그러자 수양이 태도를 일변했다.

"정 그렇다면 그대들은 대궐에 들어가 고발하라!"

수양이 분연히 일어섰다. 평복 안에 갑옷을 입고 갓을 썼다. 송석손 등이 옷자락을 잡고 말렸다.

"대군, 심사숙고하소서."

수양이 그를 발길로 차버렸다.

"너를 강제로 끌고 가지 않겠다. 나를 따르지 않으려면 돌아가라! 장부가 죽으려면 사직을 위해 죽어야 한다. 나 혼자라도 가겠다. 만약 어리석은 고집으로 기회를 그르치는 자가 있으면 먼저 목을 칠 것이다!"

수양이 종자 임운을 데리고 나가려고 했다.

"대군을 홀로 보낼 수는 없소!"

한명회가 작전을 말했다.

"권언 · 권람 · 한서귀 · 한명진 등은 따르는 군사를 이끌고 돈의문 성 위에 복병하라. 그리고 양정 · 홍순손 · 유수는 평복을 입고 대군을 따르라! 홍달순이 미리 종서의 집에 염탐하러 갔으니 도움이 될 게다."

수양이 임운·양정 등을 데리고 김종서의 집으로 갔다. 김종서는 4대문 밖에 살고 있었다. 김종서의 집에 닿았다. 종서의 아들 승규가 신사면·윤광은과 더불어 대문 앞에 나와 있었다.

"좌의정 대감을 뵈러 왔네."

"어서 안으로 드시지요."

승규가 집 안으로 안내했다. 임운·양정 등이 따랐다.

"아버님, 수양대군 나으리가 오셨습니다."

승규가 김종서의 방 앞에서 알렸다. 종서가 방 안에서 서둘러 나왔다.

"나으리, 어슴한 석양 무렵에 어인 일이시오?"

"긴히 드릴 말씀이 있어서 왔습니다."

"안으로 드시지요."

"아니오. 여기서 잠깐 얘기를 나누시지요."

김종서가 사랑채 마당으로 내려섰다.

"무슨 일이오?"

"종부시(왕족을 관리하는 관아)에서 영응 부인의 일을 탄핵했소이다. 좌의정께서 그 일을 맡아 처리해주셔야겠소."

"허허, 그 일이라면 몸소 오시지 않아도 되었을 겝니다."

김종서는 의심하지 않았으나 승규는 고개를 갸우뚱거렸다.

영응 부인의 일이란 수양의 동생인 영응대군(세종의 여덟째 아들)의 아내 송씨가 동래 온천에 가서 목욕했는데, 대간이 그 그릇됨을 지적하여 탄핵한 것이었다. 수양은 이 일을 구실삼아 김종서를 찾아온 것이다.

수양은 기회를 노렸으나, 김종서의 좌우에 승규·사면·광은 등이 버티고 서 있어 난처했다. 수양은 짐짓 사모뿔을 떨어뜨렸다. 그러자 김종서가 자기의 것을 뽑아주었다.

"좌상 대감, 긴히 여쭐 말씀이 있으니 주위를 물리시지요."

김종서는 승규 등을 뒤로 멀찌감치 물렸다.

수양은 품안에서 두루마리를 꺼내어 종서에게 내밀었다.

"읽어보시지요."

김종서가 두루마리를 펼쳐 읽어내려 갔다. 수양이 임운과 양정에게 손짓했다. 임운이 품안에 숨겨둔 철퇴를 꺼내어 김종서의 뒤통수를 내리쳤다.

"으윽!"

땅바닥에 쓰러지는 김종서를 향해 승규가 달려왔다. 양정이 칼을 뽑아 승규의 배를 깊숙이 찔렀다. 승규가 아버지 위에 엎어졌다. 해가 지고 달빛이 내렸다.

수양은 말을 타고 유유히 사라졌다. 돌다리 너머에서 한명회가 기다리고 있었다.

"나으리, 어찌 되었소이까?"

"적을 죽였소."

김종서는 죽지 않았다. 의식을 회복하고 종을 불렀다. 그러나 종자가 달려오지 않았다.

"얘야, 성문지기에게 달려가 내가 죽게 되었으니 임금께 고하고, 약을 가져와 구하도록 하여라."

허공에 대고 외쳤다.

종서는 상처를 싸매고 부인의 가마를 타고 숭례ㆍ소덕ㆍ돈의문 등을 돌았다. 그러나 수양의 심복들이 성문을 이미 장악하여 들어갈 수가 없었다.

수양은 종서가 다시 살아날까 염려되어 이흥상을 보내어 살피게 했다. 이흥상이 종서의 집을 샅샅이 뒤졌다. 아들 승규의 방에 종서가 누워 있었다.

"끌어내라!"

흥상이 소리쳤다.

"네 이놈! 내가 어찌 걸어가겠느냐. 초헌을 불러라!"

말을 마치기도 전에 흥상의 칼이 종서의 목에 깊숙이 꽂혔다.

수양은 집에 있는 무사들을 불러 거느리고 순라청에 이르렀다. 홍달손이 이미 순라군을 매수해놓은 후였다. 순라군들이 수양을 에워쌌다. 수양은 시

재소時在所로 갔다. 내금위 봉석주에게 군사들을 뜰 가운데 배열시켜 사람들이 함부로 드나들지 못하도록 조치했다.

그날 입직 승지는 최항이었다. 수양은 최항을 불렀다.

"나으리, 어인 일이십니까?"

수양이 최항의 손을 덥석 잡았다.

"최 승지, 종서가 반역을 꾀하여 죽였소. 일이 워낙 화급하여 주상께 미리 알리지 못했소. 최 승지가 고해주시오."

최항은 몸을 떨었다.

이때 단종은 향교동 영양위 정종의 집에 나와 있었다. 정종은 문종의 사위로 단종에게는 매부가 되었다.

떨고 있는 최항에게 수양이 덧붙였다.

"종서 일당은 영의정 황보인을 비롯하여 이양·민신·조극관·윤처공·이명민·원구·조번 등이고, 이들이 함길도 절제사 이징옥, 종성부사 이경유, 평안도 관찰사 조수량, 충청도 관찰사 안완경과 연결하여 임금이 어린 틈을 타서 사직을 도모하려고 했소. 또한 내관 김연·한숭도 역적과 한 패요. 적의 괴수는 제거했으나, 그 나머지 당도 주상께 아뢰어 신속하게 토벌해야 하오."

최항이 단종에게 알렸다. 단종이 궁궐로 들어오고, 수양의 살생부에 오른 황보인 등이 죽어나갔다. 단종은 궁궐에 들어와 수양을 보고 울며 매달렸다.

"숙부, 나를 살려주시오."

"전하, 염려 마시옵소서."

수양은 명패命牌를 내어 여러 중신들을 불러들였다. 명패란 위쪽에 '命' 자를 쓰고 붉은 칠을 한 나무패를 말한다. 임금의 명으로 3품 이상의 벼슬아치를 부를 때 이 패에 이름을 써서 돌렸다. 이 패를 받고 올 뜻이 있으면 '進', 오지 않을 때는 '不進'이라 써서 돌려보냈다.

수양은 궁궐을 세 겹으로 에워싸고, 한명회는 없애야 할 신료들의 명부, 즉 살생부를 가지고 문 안쪽에서 기다렸다.

여러 중신들이 들어오기 시작했다. 첫째 문에서 들어오는 중신들의 하인들을 떼어버렸다. 둘째 문에서는 살부殺簿에 실려 있는 인물이면 한명회의 지시를 받아, 홍윤성 · 구치관 · 유수 등이 쇠몽둥이를 들고 지키다가 잔인하게 때려죽였다.

황보인 · 조극관 · 이양 등 수양의 눈 밖에 난 중신들이 죽어나갔다. 또한 윤처공 등은 집으로 군사를 보내어 죽이고, 민신은 도망친 장소를 추적하여 죽였다. 우의정 정본 등 지정 · 조수량 · 이석정 · 안완경 · 유중문을 귀양 보냈다가, 단종에게 압력을 넣어 사사해버렸다.

이때 죽은 신료들을 계룡산 동학사에 위패를 모셔 영혼을 달랬다. 절에 초혼적기招魂籍記가 있는데, 명단은 다음과 같다.

김종서 · 황보인 · 이양 · 민신 · 조극관 · 윤처공 · 이명민 · 이경유 · 원구 · 조번 · 김연 · 한숭 · 조수량 · 안완경 · 정본 · 이석정 · 지정 · 이용 · 이우직 · 이현로 · 이징옥 · 지신화 · 허후 · 하석 · 이보인 · 이의산 · 김말생 · 김정 · 박이영 · 이차 · 최노 · 김상지 · 양옥 · 조석강 · 황귀존 · 안막동 · 조완규 · 고덕칭 · 황의헌 · 김유덕 · 김신례 · 유세 · 강막동 · 정효전 · 박계우 등.

수양의 대권 야심에 걸림돌이 된다는 이유 하나로 고귀한 생명들이 명분 없이 희생당한 것이다. 소위 계유정난이란 수양의 쿠데타였다.

단종, 비극의 동반자를 맞이하다

충신들을 싹쓸이하고 수양이 영의정이 되었다. 임금은 허수아비에 지나지 않았다. 모든 권력은 수양으로부터 나왔다. 단종은 아버지 문종의 상중이라 상주 노릇하기에도 바빴다. 이 와중에 느닷없이 왕비 책봉 문제가 불거져 나왔다. 상중이지만 중궁전이 비어 왕비를 맞아들여야 한다는 것이었다. 이 말이 나왔을 때 예조참의 어효첨이 항의했다.

"법도에 어긋나오. 더구나 왕비를 들이는 것은 종사宗社의 대계라 어쩔 수 없다고 치지만, 거상을 짧게 하는 것은 억지외다."

문종 대상 전에 왕비 책봉 문제가 거론되어 상을 앞당기게 되어 그렇게 할 수 없다는 반론이었다. 수양은 귓등으로 흘려버렸다. 인심을 쓰듯이 단종에게 짝을 지어 맺어주겠다고 고집을 부렸다.

어느 날 수양이 황효원을 우의정 정인지에게 보내어 왕비 책봉 문제를 거론하도록 일렀다.

"우상 대감, 영상께서 내일 왕비 책봉 문제를 상의하라 하십니다."

정인지가 화를 발끈 냈다.

"이미 예조참의도 지적했거늘 어찌 서두른단 말이냐! 너도 명색이 선비이거늘 내게 이런 말을 할 수 있는가!"

효원은 꾸지람을 듣고 수양에게 되돌아갔으나, 정인지의 말을 곧이곧대로 옮길 수는 없었다.

"우상 대감께서 몸이 편찮은 것 같아 말씀드리지 못하고 돌아왔습니다."

"일이 급하다. 다시 가서 말하라."

효원이 머뭇거렸다. 심히 난처했던 것이다.

"지금 양빈楊嬪께서 왕비를 들이라고 재촉이 심하시다. 그 말에 따르지 않을 수 없다."

내명부의 어른은 세종이 빈으로 책봉한 양씨였다. 수양은 힘없는 양씨를 팔아 중전 책봉을 서둘렀다. 임금의 숙부로서 소임을 다하고 있다는 인상마저 풍겼다. 양씨는 세종이 빈으로 책봉했지만 세종의 굄을 받지 못했다.

효원이 다시 정인지에게 달려가 양씨를 팔았다.

"우상 대감, 내명부의 어른이신 양빈께오서 독촉이 심하시다 합니다. 영상께서 내일 이 일을 의논하자 하십니다."

정인지가 버럭 고함을 내질렀다.

"양씨가 어찌 국사에 감 놔라 배 놔라 할 수 있단 말이냐! 양씨는 세종께서 빈으로 책봉했지만 원래 천한 여자이니라!"

효원이 꿇어앉아 애원했다.

"우상 대감, 소인이 이런 말씀을 영상께 어찌 아뢰겠습니까? 우상께오서 소인께 지혜를 빌려주소서.”

정인지는 곰곰 생각하다가 수양의 진의를 알아차리고 웃으면서 말했다.

“내일 일찍 입궐하겠다. 네가 사옹전에 들러 술이나 많이 준비해두라 일러라.”

아침부터 술판을 벌이며 국사를 의논할 작정이었다. 기왕에 권력이 수양한테서 나오거늘, 법도를 따라 수양의 말을 거절한다면 화를 자초할 뿐이었다. 정인지는 시시콜콜 따지지 않고 살기로 마음먹었다.

이튿날 정인지는 입궐하여 모인 정승, 판서들과 큰 술잔을 주고받으며 크게 취해버렸다. 왕비 책봉 문제는 한마디 거론조차 하지 않았다. 그러나 며칠 뒤 왕비 책봉은 단종이 아버지 상을 마치기 전에 이뤄졌다. 단종이 한숨을 쉬며 말했다.

“조정 중신들의 의견이 그렇다니 내 뜻을 어찌 지킬 수 있단 말인가.”

단종은 송현수의 딸을 왕비로 맞아 비극의 동반자로 삼았다.

황제를 꿈꾼 장수, 이징옥

세종 대의 이름난 장수로는 큰 호랑이로 일컬어진 김종서와 작은 호랑이로 일컬어진 이징옥李澄玉이 있다. 이징옥은 형 징석澄石과 함께 무관으로서 이름을 날렸다.

형제가 벼슬하기 전이었다. 하루는 어머니가 형제에게 말했다.

“너희들이 무예에 소질이 있다는 소문이더구나. 내가 살아 있는 산돼지를 보고 싶구나. 소원을 들어주겠느냐?”

“염려 마시어요, 어머님.”

형제는 어머니와 약속하고 산 속으로 들어갔다. 이때 징석의 나이 18세, 징옥은 14세였다. 징석은 그날로 산돼지를 화살로 쏘아 잡아왔다. 어머니는 죽은 산돼지를 보고 기뻐했다.

"과연 소문대로구나. 장하도다."

징옥은 여러 날이 지나서야 빈손으로 돌아왔다. 어머니의 실망이 컸다.

"듣기로는 네 용맹이 형보다 출중하다던데 빈손으로 돌아왔구나. 어찌된 게냐?"

징옥이 웃으면서 말했다.

"어머니, 잠깐 대문 밖으로 나가시지요. 보여드릴 게 있습니다."

"그것이 뭣이냐?"

"나가보시면 압니다."

어머니는 마지못해 대문 밖으로 나갔다. 커다란 산돼지가 칡넝쿨에 네 다리가 묶인 채 누워서 씩씩거렸다.

"어머니, 살아 있는 산돼지 보시기를 원하셨죠? 제가 이놈을 쫓아다니느라 이틀 밤을 꼬박 세웠습니다. 결국은 이놈이 지쳐 제게 네 다리를 내밀더군요."

어머니는 입을 벌린 채 다물 줄을 몰랐다.

징옥이 범을 잡았다는 소문이 전설처럼 퍼졌다. 용맹이 뛰어난 징옥이 눈을 부릅뜨고 범을 쏘아보면 범이 머리를 숙이고 멈칫거렸다고 한다. 그 틈을 노려 징옥은 화살을 날려 범의 급소를 맞혀버렸다는 것이다.

징옥이 김해부사를 만나러 갔다가 허탕치고 돌아오는 길이었다. 길에서 슬피 우는 한 여인을 만났다.

"무슨 사연이기에 길가에서 넋을 놓고 울고 있는 게요?"

"우리 남편을 살려주세요. 범이 남편을 물고 대밭으로 들어갔습니다."

징옥은 팔을 걷어붙이고 여자가 가리키는 대밭으로 뛰어들었다. 대밭이 소란스러웠다. 대나무가 쓰러지고 징옥의 고함소리가 추상 같았다.

"네놈이 사람을 헤쳤구나. 가만두지 않겠다! 으라차차… 차차찻!"

대밭이 조용해졌다. 잠시 후 징옥이 커다란 범을 어깨에 메고 나왔다. 범은 사지를 늘어뜨린 채 죽어 있었다.

"부인, 이미 이놈이 남편을 삼킨 뒤였습니다. 이놈의 배를 갈라 남편의 남은 살점과 뼈를 모아 장사 지내시오."

징옥은 손수 범의 배를 갈라 아직 소화되지 않은 사람의 살점과 뼈를 모아 부인에게 넘기고, 범의 가죽을 벗겨 살림에 보태 쓰라고 주었다.

이 소문이 금세 퍼졌다. 김해부사가 징옥을 만나주지 않은 것을 후회하고 사람을 보내어 불렀으나 징옥은 뒤돌아보지도 않았다.

징옥은 벼슬길에 나아가 주로 변방에서 오랑캐를 지켰다. 그의 뛰어난 용맹이 오랑캐들 사이에 알려져, 오랑캐들이 그를 몹시 두려워했다.

이징옥은 김종서 막하에서 6진을 설치하는 데 큰 공을 세웠다. 김종서는 이징옥을 자기 후임으로 일찌감치 점찍어두었다.

김종서가 조정으로 돌아왔다. 세종이 물었다.

"누가 경을 대신할 수 있겠소?"

"전하, 이징옥이 있사옵나이다."

"오오, 그래요?"

이징옥은 함길도 절도사가 되어 변방 수비의 총사령관이 되었다. 김종서 못지않게 오랑캐들을 잘 다스렸다. 그는 정변을 까맣게 모른 채 오로지 국토 방위에 여념이 없었다.

수양은 정난을 일으킨 후 아무리 생각해봐도 김종서의 오른팔 격인 이징옥이 껄끄러웠다. 그리하여 박호문朴好問을 함길도 절제사로 임명하여 임지로 보냈다. 이징옥에게는 날벼락이었다.

이징옥이 박호문에게 자리를 인계해주고 곰곰이 생각해보니, 조정에 나가봐야 찬밥 신세일 것 같았다. 조정은 이미 수양의 측근들로 포진되어 있고, 김종서의 사람인 자기는 자칫 그들의 마수에 걸려 개죽음을 당할 수도 있다는 판단이 섰다.

'쳇! 나라고 못할 것 없지. 나대로 북쪽 변방에 제국을 세우자.'

징옥은 결심을 굳혔다. 평복 속에 갑옷을 받쳐 입고 박호문의 영문에 가서 호문을 불러냈다.

"내가 빠뜨린 게 있다. 박 절제사더러 영문 밖으로 좀 나오시라고 해라!"

군졸을 박호문에게 보냈다. 호문은 영문을 모른 채 밖으로 나왔다. 징옥이 단칼에 베어버렸다. 징옥은 영문 안으로 들어가 손쉽게 군을 장악해버렸다. 두 아들 자원·윤원과 군관 박문헌 등을 불러 작전회의를 열었다.

"이 여세를 몰아 한양으로 쳐들어가 김종서 장군을 죽인 자들을 모조리 도륙하고 내가 권세를 틀어줠까 한다. 의견을 말해보라!"

"아버님, 쉽지 않습니다. 여기에서 한양이 천 리 길이 넘습니다. 가는 길에 수없이 싸움을 치러야 하고, 또 이긴다는 보장이 없습니다. 차라리 강을 건너가 오랑캐의 땅에 아버님의 나라를 세우시고, 힘을 기른 후에 한양을 도모하여 속국으로 만들어버리십시오."

큰아들 자원의 말에 징옥은 귀가 솔깃했다.

"내가 제국을 건설한다, 그 말이렸다. 그러면 나는 황제가 되는 것 아니냐?"

"그렇습니다."

"제장들의 의견은 어떤가?"

"좋을 듯싶습니다. 황제 폐하!"

장수들은 징옥의 위엄에 눌려 순순히 따랐다.

"이 시각부터 나는 대금 황제이니라. 그리 알라!"

"폐하, 어디에 도읍을 정하시렵니까?"

작은아들이 물었다.

"오국성伍國城으로 정하겠다."

이징옥은 졸지에 황제가 되었다. 그는 군사를 거느리고 두만강을 건너기 위해 종성으로 쳐들어갔다. 종성부사 정종鄭種이 거짓 항복하고 이징옥을 맞았다.

"황제 폐하, 어서 오시옵소서."

"정 부사, 내가 도읍이 정비되는 대로 한양을 도모할 것이다. 알겠는가?"

"예, 폐하. 이미 오늘은 날이 저물었사옵나이다. 이곳에서 묵고 내일 강을 건너시지요."

"그럴까 하네."

"곧 연회 준비를 서둘라 이르겠나이다."

"그것 좋지. 나라를 세운 기념 연회를 이곳 종성에서 하게 되는구먼."

이징옥은 잔뜩 거드름을 피웠다. 누각에서 연회가 벌어졌다. 그 자리에 징옥이 사랑하는 기생이 참여했다. 징옥의 작은아들이 말했다.

"황후 마마, 술을 삼가셔야 하나이다."

모인 장수들이 웃을 수도 울 수도 없어 울상을 지었다. 개중에는 징옥과 기생에게 아첨을 떠는 장수들도 있었다.

"황제 폐하, 소장이 술 한 잔 권하겠나이다."

"오오, 김 장군, 우리 잘해보십시다."

"황후 마마, 이 밤은 황후 마마의 밤이기도 하옵나이다."

"호호호… 사람 팔자, 특히 여자 팔자 점칠 수 없네요. 내가 황후라니, 믿어지지 않아요."

기생은 호들갑을 떨며 교태를 부렸다.

정종은 수하 군졸들을 요소요소에 배치해놓았다. 밤이 이슥하여 징옥이 기생과 더불어 잠자리에 들었다. 그 옆방에서 두 아들이 자고 있었다.

큰아들이 흉몽을 꾸고 식은땀에 젖어 깨어났다.

"아버지의 해골에서 피가 흐르다니… 흉몽이야."

큰아들이 아버지가 자고 있는 방의 문을 두드렸다.

"웬놈이냐!"

"아버님, 자원이입니다."

"무슨 일이냐?"

"꿈이 끔찍하여 알려드리고자 합니다."

"말해보거라."

자원이 해골에서 피가 흐르는 꿈 얘기를 해주었다.

"피가 흐르는 꿈은 길몽이니라. 좋은 꿈이다. 좀 더 자두거라."

이때였다. 시커먼 그림자들이 에워쌌다. 자원은 퍼뜩 자객이라는 생각이 들었다.

"아버님, 자객입니다!"

"뭣이야?"

징옥은 알몸으로 뛰쳐나와 자객의 칼을 빼앗아 닥치는 대로 베었다. 정종의 군사들이 새까맣게 몰려왔다. 징옥은 좌충우돌하며 군사 수십 명을 베었다. 그러나 아무리 천하장사일지라도 역부족이었다. 징옥은 몸을 날려 동헌 뒤뜰 담장을 넘어 도망쳤다.

정종의 추격병이 뒤따랐다. 징옥은 민가에 숨어들었다. 정종의 군사가 에워쌌다. 징옥이 밖으로 나와 성난 사자처럼 뛰어다니며 군사들을 베었다. 군사들은 활을 쏘아 징옥의 기를 꺾어놓았다. 화살 수십 개가 머리 · 가슴 · 어깨에 꽂혔다. 드디어 징옥이 비탄의 신음을 토하고 쓰러졌다.

"죽일 놈들! 이렇게 죽기는 싫었다."

누구를 향한 욕인지 알 수 없었다.

세조 시대

1455~1468

세
조
시
대

1455~1468

세조의 왕위 찬탈은 천명이다?

　세조의 이름은 유瑈, 자는 수지粹之였다. 세종의 둘째아들로 태어나 조카 단종을 죽이고 왕위를 찬탈했으나, 나라에 많은 업적을 남기기도 했다. 세조는 얼굴이 괴기하고, 활쏘기와 말 타기를 남보다 뛰어나게 잘했다. 성격은 공손하고 검소한 편이었다.

　그가 보위에 오른 후 어느 날 신하들이 내전에 들어가 보았다. 세조는 감색 무명 호구虎裘를 입고, 푸른 짚신을 신고 나무 갓끈에 대나무 지팡이를 들고 뜰을 거닐고 있었다. 아무도 흉내 내지 못할 차림새였다.

　세조가 대군으로 있을 때였다. 나이 14세 때 기방에 출입했다. 어느 날 밤 기생과 잠자리에 들었다. 그런데 한밤중에 기생의 기둥서방이 들이닥쳤다. 수양대군은 봉변을 당할까 봐 발로 방의 뒷벽을 힘껏 차서 무너뜨리고 뛰어나와 높은 담을 뛰어넘었다.

　기생의 기둥서방도 만만찮았다. 담을 뛰어넘어 쫓아왔다.

　"이놈, 게 섰거라! 남의 계집을 훔친 네놈을 그냥 두지 않겠다!"

　수양의 신분이 밝혀지면 망신을 톡톡히 당할 테고, 조정에서 대군의 행실을 놓고 찢고 바술 일을 생각하면 정신이 아찔했다. 수양은 사타구니에서 비파소리가 나도록 달렸다. 무엇이 앞을 턱 가로막았다. 올려다 보니 성곽이었다. 정신없이 성곽을 뛰어넘었다. 그리고 오 리쯤 더 달려 뒤를 돌아보았다.

"이놈, 섰거라!"

기둥서방이 끝까지 쫓아왔다. 수양은 길가의 버드나무를 발견했다. 고목이 되어 나무 속이 텅 비어 있었다. 수양은 그 속으로 들어가 몸을 숨겼다. 기둥서방이 버드나무 가까이 다가와 갑자기 사라진 수양을 찾다가 그냥 뒤돌아섰다.

"나보다 더 빠른 놈도 있구나. 귀신 같은 솜씨인걸."

기둥서방은 아쉬운지 투덜거리면서 가버렸다.

잠시 후 버드나무 곁에 있는 오두막에서 점잖아 보이는 사내가 나와 징검다리 옆에서 소변을 본 후, 하늘의 별을 우러러보며 혼잣말로 중얼거렸다.

"자미성(紫微星, 임금에 비유되는 별을 일컬음)이 유성(柳星, 버드나무)에 걸려 있다니, 참으로 묘한 일이로다."

그 사내는 한참 별을 관찰하고 버드나무 주위를 돌다가 들어가 버렸다.

'내가 임금이 된다는 말인가? 괴이하다.'

수양은 집으로 돌아가 그 이튿날 알아보니, 그 사내는 관상감에서 천문을 잘 보는 관리였다. 수양이 후에 등극하여 그 사내를 찾았으나 죽은 지 이미 오래였다. 그리하여 그 사내의 아들에게 후한 상을 내렸다.

수양이 16세 때에 세종을 따라 포천 땅 왕방산으로 강무講武 겸 사냥을 나갔다. 반나절 만에 사슴과 노루 10여 마리를 쏘아 맞혔다. 늙은 무사 이영기 등이 보고 감탄하며 말했다.

"오늘 태조 대왕의 신무神武를 보는 것 같사옵니다, 대군 나으리."

문종이 수양의 활에다 찬양의 글을 써주었다.

> 철석 같은 그 활이여
> 벼락인 양 그 살이로다
> 버팀은 보겠으나
> 풀어짐은 못 보겠네

세종이 수양대군과 안평대군을 비롯하여 유신들을 삼각산 보현봉에 보내 해지는 것을 관측토록 명한 적이 있었다. 보현봉은 길이 험하고 벼랑이 많아 위험했다. 안평 등은 어지럽고 다리가 떨려 오르지 못했다. 수양은 순식간에 보현봉을 오르락내리락하며 전혀 두려워하지 않았다.

"형님은 귀신이요, 사람이오."

안평이 혀를 찼다.

수양은 늘 소매가 넓은 옷을 입고 다녔다. 궁궐 사람들이 웃음을 참지 못했다. 수양은 아랑곳하지 않았다. 이를 보고 세종이 말했다.

"너처럼 용맹스럽고 힘이 있는 사내는 의복이 그처럼 넓고 커야만 될 것이야."

대군 시절, 수양이 사은사로 명나라에 갔다. 그 무렵 황보인·김종서 등과 갈등이 있었다. 수양은 심복 권람에게 서장관을 추천받았다.

"대군, 신숙주를 데리고 가소서."

권람은 신숙주를 수양 편에 끌어들이기 위해 명나라 사신길에 동행시키려 했던 것이다. 수양이 눈치를 채고 신숙주를 서장관으로 데리고 갔다. 사실 길을 떠나기 전에 심복인 한명회·권람 등과 의논했다.

"내가 한양을 비운 사이에 저들이 먼저 손을 쓰면 어찌 하오? 이번 사은사를 포기하면 어떻겠소?"

"아니 됩니다. 사은사를 포기하면 오히려 의심받기 쉽습니다."

한명회가 말했다.

"어쩐다? 이도저도 어렵겠구만."

"나으리, 계책이 있나이다."

"말해보오, 자준(子濬, 한명회의 자)."

"김종서의 아들 승규와 황보인의 아들 석을 데리고 가소서."

"그것 참 좋은 생각이오. 아들들을 명나라로 데리고 가면 나 없는 새에 저 놈들이 변을 일으키지는 못하겠지."

"그렇습니다. 이럴 때 인질이 필요한 것이지요."

수양은 단종에게 청하여, 재상의 아들들을 인질로 삼아 명나라 사신길에 동행시켰다.

명나라에 닿은 수양을 보고 사람들이 입을 모았다.

"조선 사신이 꼭 대장군의 위풍이다."

수양이 북경 대궐 문밖에 닿았다. 코끼리 여덟 마리가 수양을 보더니 위압감에 눌려 뒷걸음쳐 물러나 큰 덩치를 움츠렸다. 이 광경을 본 사람들이 신기하게 여겼다.

수양이 보위에 올라 세조가 된 후였다. 낮은 벼슬아치의 인품이 탐탁지 않아 벼슬을 올려주지 않았다. 여러 해가 지난 어느 날 대전에서 신하들에게 잔치를 베풀었다.

한 신하의 얼굴이 세조의 눈길을 끌었다. 낮은 자리에 있던 벼슬아치가 이미 당상관 이상이 착용하는 금대金帶를 두르고 있었다. 세조는 깜짝 놀랐다. 눈을 부비고 다시 보았다. 역시 그 얼굴이었다. 연회가 끝난 후 세조는 이조판서를 불러 그 사내의 이력을 알아오도록 일렀다. 그 사내는 실력으로 청요직을 거쳐 승진한 인물이었다.

세조가 이조판서에게 말했다.

"사람의 귀천이란 운명이 있는 것이어서 임금의 힘으로도 불가항력이오."

"전하, 어인 말씀이시온지요?"

"그런 일이 좀 있소."

세조는 그 사내에 대한 자기의 판단을 끝내 감추어버렸다.

그 뒤부터 이조에서 벼슬을 추천해오면 그 명단을 보고, 붓에 묽은 묵즙을 듬뿍 찍어 명단 위를 오르락내리락했다. 그리하여 먹물이 떨어진 이름을 낙점하는 버릇이 있었다. 어떤 때는 글자를 모르는 궁인들을 불러 이름을 한 사람 짚어보라고 하여 그 이름에 낙점하고는 혼자 중얼거렸다.

"이것 역시 운명이야."

세조는 말년에 피부병을 앓는 등 고생이 자심하여, 왕위를 찬탈할 때의 야심과는 달리 마음을 비운 듯한 시를 남기고, 운명을 신봉하는 듯한 인상을 풍기기도 했다.

세조가 어느 날 후원에 전임 대신들을 불러 술을 마시며 활쏘기를 했다. 세조가 과녁을 맞히면 시를 지어 축하하는 신하들이 있었다. 세조가 말했다.

"내가 젊었을 적에는 기운이 왕성하고 마음이 커서 활쏘기를 평생의 업으로 삼았었소. 허나 이제 와서는 그렇지 않으니, 만일 한낱 풍부(馮婦, 호랑이를 잘 잡는 사람)처럼 절도를 지킬 줄 모른다면, 이것은 나라를 다스리는 방법이 아닐 것이오."

그리고 신하들을 경계하는 뜻에서 시 한 수를 지었다.

　　　욕심이 적어야만 채울 수 있고
　　　일이 간략해야 공을 이루리라
　　　하늘을 공경하면 하늘이 보전하게 할 것이요
　　　백성을 사랑해야 백성이 편하리라
　　　하찮은 활쏘기야 관심 둘 것 없거니
　　　큰 나랏일에 정력을 기울이라

이 시에 이어 또 한 수를 지어 자신의 심정을 비쳤다.

　　　모든 근심 걱정은 안락에서 나는 것
　　　유쾌함은 곤궁에서 싹트네
　　　진실로 천명이란 떳떳하지 않은 것
　　　오직 착한 이에게 곧장 따르리라
　　　닦을 것을 아예 잊지를 마소
　　　시종이 한결같기를 생각하리로다

권람이 이에 화답하는 시를 지었다.

나무가 굽다 하나 먹줄에 발라지고

옥은 깎지 않으면 그릇되지 않으리

썩은 새끼 고삐인 양 조심하옵소서

근본이 굳어야만 나라가 편하리다

밤이나 낮이나 부지런히 하옵시면

어리석은 신하들도 힘껏 하여 보오리다

　세조는 기뻐하지 않았다. 이미 욕망이 식어 있었다. 그에게 천명으로 알았던 왕위 찬탈이 정말 떳떳치 않았을까? 오로지 세조만이 알 뿐이었다.

충혼의 상징 사육신의 못다한 꿈

　세조가 왕위를 찬탈한 뒤, 단종 복위 운동이 일어났다. 세종과 문종에게 부탁을 받은 집현전 학사 출신의 조정 중추들이 주동이 되었다. 성삼문·박팽년 등 나라의 동량지재들이 단종 복위에 나선 것이다.

　세조 2년 6월, 명나라 사신 일행이 조선에 왔다. 세조는 창덕궁 광연전에서 사신을 초대하여 연회를 베풀기로 했다. 성삼문·박팽년 등이 이날 거사를 모의했다. 연회에는 의장의 하나로 큰 칼을 차고 연회장을 지키는 운검雲劍이 있었다. 이 운검을 성삼문의 아버지 성승과 유응부가 맡아, 연회에 참석한 세조와 그 우익을 처단하기로 모의가 이루어져갔다.

　유응부가 말했다.

　"임금과 세자는 내가 맡겠소. 나머지는 알아서들 처리하시오."

　"신숙주는 나의 평생 친구이나, 변절했으니 베지 않을 수 없소."

　성삼문이 고충을 털어놓았다.

　"그자는 내가 맡겠소."

　권전의 사위 윤영손이 자청하고 나섰다. 성삼문이 김질에게 말했다.

"거사가 성공하면 그대의 장인 정창손 대감을 영의정으로 추대할 것일세. 그리 알게나."

드디어 연회날이 되었다.

한명회가 조정 돌아가는 사태를 예의 주시하고 있다가 세조에게 청했다.

"전하, 창덕궁 광연전은 비좁고 더위가 찜통일 것이옵나이다. 세자 저하께오서는 오시지 말고, 운검도 들어오지 않는 것이 좋을 듯하나이다."

"듣고 보니, 찜통더위에 간소화하는 것이 좋겠소. 그리 하시오."

도총관 성승이 긴 칼을 차고 연회장에 들어가려고 했다. 한명회가 가로막았다.

"어명이오. 운검은 들이지 않기로 했소."

"무슨 말이오. 관례를 깨다니, 어인 일이오?"

"장소가 협소한데다가 찜통더위라서 간소화하자는 어명이 계셨소."

성승은 거사가 어긋난 것으로 알고, 당장 한명회의 목부터 치려고 했다.

"아버님, 세자도 오지 않는답니다. 다음으로 미뤄야겠습니다."

성삼문이 성승의 귀에 대고 속삭였다. 기회를 노리던 유응부가 거사를 미루지 말자고 불뚱거렸다.

"거사를 늦추면 기밀이 새어나가게 마련이오. 예정대로 거사를 서두릅시다."

"아니 되오. 세자가 본궁에서 오지 않고, 또한 운검도 들이지 않는다니, 이는 하늘이 거사를 늦추라는 명이오."

성삼문의 말에 유응부는 핏대를 올렸다.

"우리도 하늘의 명을 받고 거사를 하려는 게요."

"우리가 지금 거사를 서둘렀다가 세자가 경복궁에서 군사를 몰고 오면 승산이 없습니다. 다른 날을 기약해야겠습니다."

박팽년이 말했다.

"세자가 비록 본궁에 있지만 수양과 그의 도당들이 모두 연회장에 나와 있소. 이 무리들을 싹 쓸어버리고 상왕(단종)을 복위시킨 후 군사를 거느리고 경복궁으로 들어가면 세자가 어디로 도망치겠소? 비록 지혜 있는 자가 있다 해도 계교를 쓰지 못할 것이니, 이 기회를 놓칠 수 없소."

"오늘은 기회가 아니오. 자중하는 게 좋겠소."

박팽년과 성삼문이 유응부를 겨우 말렸다.

김질은 일이 성사되지 않은 것을 보고 장인 정창손을 찾았다.

"자네가 어인 일로 숨 가쁘게 달려왔는가?"

"장인어른, 역적모의입니다."

"뭐? 누가 역적모의를 했다는 말인가?"

"저도 그 모의에 가담했습니다."

"뭐라고 했나, 자네도?"

"그렇습니다. 하오나 오늘 거사가 어긋난 것을 보면 이는 천명이 아닌 것 같습니다. 우리가 먼저 변하면 부귀를 누릴 수 있지 않겠습니까?"

"서두르게."

정창손이 사위 김질을 앞세우고 대궐에 들어가 세조를 만났다.

"전하, 역모이옵나이다."

"뭐라고 했소? 역모라고?"

"신은 잘 알지 못하오나, 성삼문 등이 역모를 꾀했다고 하옵나이다. 신의 사위 질이 상세히 알고 있나이다."

"질을 불러라!"

김질이 대기하고 있다가 세조 앞으로 나아가 자초지종을 죄다 털어놓았다.

"이런 괘씸한 놈들! 과인이 그자들과 장래를 약속했거늘, 어찌 과인의 등 뒤에서 칼을 들이댈 모의를 했단 말인가."

성삼문은 승지로서 세조를 가까이 모시고 있었다.

세조가 편전으로 나갔다. 삼문이 입시했다.

"여봐라, 저자를 끌어내라!"

세조는 무사들에게 명하여 성삼문을 끌어내어 김질과 대질시켰다.

"질은 과인에게 한 말을 저자 앞에서 말해보라!"

김질이 모의 경위를 거침없이 설명했다. 삼문이 김질의 말문을 막았다.

"그만해두라. 네 말이 거짓이 아니다. 상왕께오서 춘추 젊으신데 손위했으니, 신하 된 자로서 다시 세우려 함은 마땅한 일이 아닌가!"

국청을 열고 세조가 삼문을 친국했다.

"네가 어찌하여 과인을 배반했느냐?"

"배반이 아니오. 본 임금을 복위시키려 함이었소. 이 어찌 배반이라 하오? 내 마음은 온 백성이 다 알 것이오. 나으리(수양)가 남의 자리를 꿰차고 앉아 있으니, 내가 남의 신하가 되어서 차마 상왕의 처지를 볼 수가 없어 모의를 한 것이오. 내가 이 일을 꾸민 것은 하늘에 두 해가 없듯이 백성에게도 두 임금이 없기 때문이오."

세조가 화가 치밀어 발을 구르며 물었다.

"네 이놈! 선위를 받을 때는 어찌하여 한마디 말이 없다가 이제 와서 과인을 배반하느냐!"

"그때는 사세가 불가능했기 때문이오. 내가 선위를 막지 못하였음은 뒷날을 기약하기 위함이었소. 나으리, 끝내 그 기회를 잡지 못해 원통하기 그지없소이다."

"네가 너를 신이라 일컫지 않고 나를 끝내 나으리(왕자에 대한 존칭)라 하니, 네가 과인의 녹을 먹지 않았느냐? 녹을 먹고 배반하는 것은 선비가 아니다."

"상왕이 계신데 나으리가 나를 어떻게 신하로 삼을 수 있겠소. 나는 나으리의 녹을 먹지 않았소. 내 말을 믿지 못하겠거든 내 집 창고를 살펴보시오!"

호된 고문에 성삼문은 모의에 가담한 사람들을 말하지 않을 수 없었다. 박팽년·이개·하위지·유성원·유응부 등 사육신의 이름과, 박정 등 모의에 가담한 자들의 이름이 밝혀졌다. 국청에 피바람이 불었다.

성삼문은 세조의 혹독한 친국을 받았다. 쇠를 달구어 삼문의 다리를 뚫고 팔을 잘랐다. 쇠가 식어지자 성삼문이 외쳤다.

"다시 달구어 오너라! 나으리의 고문이 독하기는 하다."

신숙주가 세조의 옆에 서서 성삼문을 외면했다. 삼문이 꾸짖었다.

"옛날에 너와 더불어 집현전에서 숙직할 때, 세종께서 원손(단종)을 안고 뜰을 거니시면서 말씀하시길, '나의 천주만세 뒤에 너희들이 모름지기 이 아이를 잘 보살피라' 하셨다. 그 말씀이 아직도 귀에 남아 있거늘 너는 잊었단 말이더냐! 네가 이럴 줄은 차마 몰랐구나."

세조가 얼굴이 하얗게 질린 신숙주에게 말했다.

"뒤로 피하여 계시오."

신숙주가 성삼문을 힐끗거리며 사라져버렸다.

성삼문은 홍주洪州 노은골(老隱里)의 외가에서 태어났다. 태어날 때 공중에서 "낳았느냐?" 묻는 소리가 세 번 들렸다. 그리하여 이름을 삼문으로 지었다.

성삼문의 자는 근보謹甫, 호는 매죽헌梅竹軒이다. 사람됨이 소탈하고 얘기와 농담을 즐겼다. 앉고 눕는 것이 방종하여 겉보기에는 지조가 없어 보였으나, 속은 단단하고 확실하여 그 누구도 빼앗을 수 없는 뜻이 있었다.

일찍이 명나라 북경에 사신 일행으로 따라간 일이 있었다. 어떤 사람이 백로 그림에 시를 써달라고 청했다. 삼문이 거침없이 시구를 불렀다. 그림은 보지 않은 채였다.

> 흰 눈으로 옷을 만들고 옥으로 발을 만드니
> 갈대숲 물가에서 고기 노리기 몇 번이런고

시를 청한 사람이 그림을 보여주었다. 수묵화였다. 삼문은 그림을 보고 다음 구를 채웠다.

> 산음 고을 우연히 지나다
> 왕희지의 벼루 씻던 못에 잘못하여 떨어졌네

그는 북경으로 가는 길에 백이 · 숙제의 사당을 찾아가 시를 바쳤다.

> 말머리를 두들기며 그르다고 말한 것은

대의가 당당하여 일월같이 빛났건만

풀과 나무도 주나라의 비 이슬에 자랐는데

부끄럽다 그대 어찌 고사리는 먹었는고

중국 사람들이 삼문의 시를 보고 충절이 깊은 사람으로 알았다.

성삼문이 형장으로 실려가며 좌우를 돌아보며 말했다.

"너희들은 어진 임금을 도와서 태평성대를 이룩하라. 나는 돌아가 지하에서 옛 임금을 뵙겠노라."

그러고는 한 수의 시로써 심정을 달랬다.

둥둥둥 북소리는 사람 목숨 재촉하는데

머리 돌려 돌아보니 해는 이미 기울었네

머나먼 황천길에 주막 하나 없으려니

이내 몸 오늘밤을 뉘집에서 재워줄꼬

성삼문의 대여섯 살 된 딸이 수레 뒤를 따르며 통곡을 터뜨렸다. 삼문이 돌아보며 말했다.

"사내자식은 다 죽을 것이고, 너는 계집애니 살 것이다. 그만 그치거라."

종이 딸과 함께 통곡하면서 수레를 따르다가 술 한 잔을 올렸다. 삼문이 받아 마시고 화답하는 시를 지었다.

임이 주신 밥을 먹고 임이 주신 옷을 입었으니

한평생 한마음이 어길 줄 있었으랴

한 번 죽음이 충의인 줄 알았으니

현릉(문종릉)의 송백이 꿈속에 아른아른

삼문의 아버지 승, 아우 세 사람이 모두 죽었다. 아내는 관비가 되었으나 끝내 절개를 지켰다. 삼문의 단가短歌 한 수는 그의 청절한 지조를 만고에 드높이고 있다.

> 이 몸이 죽어가서 무엇이 될꼬 하니
> 봉래산 제일봉에 낙락장송 되었다가
> 백설이 만건곤할 제 독야청청하리라

박팽년이 세조에게 친국을 받았다. 세조는 팽년의 재주를 아껴 은밀히 옥으로 사람을 보냈다.

"전하께오서 역모를 꾸민 적이 없다고 말하면 살려주신다고 했소. 국청에 나가 그리 말하시오."

팽년은 웃기만 할 뿐 대답이 없었다. 친국청에 나온 팽년은 평화로운 얼굴로 의연했다.

"네가 모의에 가담했느냐?"

"가담했기에 여기에 나왔지요, 나으리."

"저런 쳐 죽일 놈을 봤나! 여봐라 저놈의 입을 찢어버려라!"

세조는 화가 치밀어 팽년의 입을 반쯤 찢어놓았다.

"네가 이미 신이라 일컫고 과인에게 녹을 먹었으니, 지금 비록 나으리라 해도 소용이 없다!"

"나는 상왕의 신하로 충청감사가 되었고, 장계에도 나으리에게 한 번도 신이라 적지 않았으며, 녹은 하나도 먹지 않고 창고에 쌓아두었소. 확인해보소서, 나으리."

세조는 그가 올린 장계를 확인해보았다. '신臣' 자는 하나도 없고 모두 '거巨' 자로 되어 있었다. 신이 아니라, 큰 사람이 임금에게 올린 장계였다. 녹은 성삼문처럼 하나도 먹지 않고 창고에 보관되어 있었다.

박팽년의 자는 인수仁叟, 호는 취금헌醉琴軒이다. 성품이 차분하고 말수가 적었으며, 종일 단정히 앉아 의관을 벗지 않아 남들이 스스로 공경하는 마음이 일었다. 문장이 화려하고 맑았으며, 필법은 왕희지를 본받았다.

세조가 영의정으로 있을 때였다. 연회 자리에서 팽년이 시를 지었다.

> 묘당 깊은 곳에 풍악 소리 구슬프니
> 만사를 오늘에는 도무지 모를레라
> 동풍은 솔솔 불고 버들은 푸르른데
> 꽃 밝은 봄날이 길고도 기네
> 선왕의 이룬 대업은 금궤에 있는 책을 찾아놓고
> 성주의 큰 은혜는 온 잔에 취하도다
> 즐기지 아니하고 어이 하랴
> 취하고 배부르니 태평성대 노래하세

팽년이 형장의 이슬로 사라질 무렵, 아들 순의 아내 이씨가 임신 중이었다. 조정에서는 아들을 낳거든 죽이라고 이미 세조의 영을 전했다.

때마침 팽년의 종이 임신 중이었다. 종이 스스로 말했다.

"주인이 딸을 낳으면 다행이요, 비록 나와 함께 아들을 낳더라도 내가 낳은 아들을 대신 죽게 하리라."

해산을 했다. 주인은 사내를 낳고 종은 딸을 낳았다. 즉시 바꿔치기를 하여 종이 사내아이를 자식으로 삼아, 이름을 박비朴婢라 지었다. 장성한 뒤 순의 동서 이극균이 박비를 자수시켰다. 성종이 박비를 특별히 용서하고 이름을 일산壹珊으로 고쳤다.

박팽년이 형장으로 가면서 좌우를 돌아보며 말했다.

"그대들은 나를 난신亂臣이라고 생각지 말라. 우리들의 죽음은 계유 때 사람 (김종서 등)과 같지 않다."

금부도사 김명중이 안타까워 물었다.

"공께서는 어찌 이런 화를 당하십니까?"

"중심中心이 불평하니 할 수 없네."

그는 일찍이 지조와 절개를 뜻하는 단가를 남겼다.

> 금생려수金生麗水라 한들 물마다 금이 나며
> 옥출곤강이라 한들 뫼마다 옥이 나랴
> 아무리 여필종부라 한들 임마다 좇을쏘냐

부인 이씨는 관비가 되어 평생을 수절하여 마쳤다.

세조가 유응부에게 물었다.

"너는 무엇을 하려 했느냐?"

"잔칫날 한칼로 족하(足下, 세조)를 폐하고 본 임금을 복위시키려고 했더니, 불행히도 간사한 놈이 고발하여 이리 되었다. 족하는 빨리 나를 죽이라!"

"네가 상왕을 팔아 사직을 도모하려 했구나?"

"쓸데없는 말 지껄이지 말라. 내가 사직을 도모하다니, 족하 같은 줄 아는가!"

"저놈의 살가죽이 벗겨라!"

유응부는 살가죽이 벗겨지고도 태연했다.

"옛 사람들이 말하기를 서생들과는 일을 꾀할 수 없다 하더니, 과연 그 말이 옳도다. 내가 그날 거사를 하자고 우겼건만, 성삼문·박팽년 등이 굳이 말려 오늘 이런 화를 당하는구나. 박·성 등은 사람이라도 꾀가 없으니 짐승과 다를 바 없다."

"입 다물라!"

"알았소. 더 알아볼 일이 있으면 더벅머리 선비들에게 물으시오."

유응부는 입을 다문 후 벙어리가 되어버렸다. 세조가 더욱 화를 내며 쇠를 달구어 두 다리 사이에 넣어 지겼다. 응부는 얼굴빛 하나 변하지 않고 쇠가 식어버리자 훌쩍 던지며 말했다.

"쇠가 식었다. 더 달구어 오라!"

유응부는 무과 출신이다. 키가 크고 용모가 엄하며 몸이 날쌔었다. 활을 잘 쏘고 세종과 문종의 굄을 받았다. 성품이 지극히 효성스러워서, 어머니의 마음을 위로할 수 있는 일이라면 무엇이든 가리지 않고 했다. 집이 가난하여 한 섬 곡식의 비축이 없었으나 어머니를 봉양하는 데에는 넉넉지 않은 것이 없었다. 아우 응신과 함께 활 쏘고 사냥하는 것으로 세상에 이름이 나서, 새와 짐승을 쏘아서 맞히지 못하는 것이 없었다.

응부는 품계가 2품인 재상의 반열에 있으면서도, 거적자리로 방문을 가리고, 먹는 데는 고기 한 점 없었으며, 때로는 끼니 걱정을 할 정도로 청렴했다. 일찍이 북병사가 되어 임지로 가서 사내의 기개를 알리는 시 한 수를 지었다.

> 장군이 절(節, 절개)을 가지고 국경을 진압하니
> 변방에 티끌이 맑아지고 군사들이 조는도다
> 긴 낮 빈 뜰에 구경하는 것이 무엇인가
> 날랜 매 삼백이 누欅 앞에 앉았다

가히 그 기상을 알 수 있었다.

응부가 형장으로 떠나던 날 그의 부인이 말했다.

"영감, 살아서는 평안히 산 적이 없고 죽을 제는 큰 화를 얻었구려."

이 말을 들은 행인들이 눈물을 뿌렸다. 조정에서 응부의 가산을 몰수했으나, 방 안에는 다 해진 짚자리만 남아 있었다.

이개가 친국청에서 불찜을 당하는 형벌을 받으며 세조에게 물었다.

"나으리, 이것이 무슨 형벌이오?"

세조는 기가 막혀 대답을 하지 못했다.

이개는 목은 이색의 증손자이며, 자는 백고伯高 · 청보淸甫였다. 시와 문이 뛰어나게 절묘하여, 선비들이 그를 중하게 여겼다.

숙부 계전이 수양대군의 집에 자주 출입하는 것을 보고 숙부를 경계했다. 단종 복위 모의가 실패로 돌아가 친국을 받을 때 세조는 그때의 일을 상기하고 불쾌하게 여겼다.

"일찍이 개가 숙부 계전에게 경계의 말을 했다고 들었다. 이제 보니 그때부터 다른 뜻이 있었구나."

몸이 여위고 약하여 형벌을 견디지 못할 것같이 보였으나, 얼굴빛 하나 변하지 않아 보는 이들이 모두 감탄했다.

이개가 직제학으로 있을 때였다. 박사 성간과 집현전에서 연구聯句를 지은 적이 있었다.

> 옥당에 봄은 따뜻하고 날은 길어지기 시작했네
> 졸며 남창에 기대어 백치白痴를 기른다
> 우는 새의 두어 소리는 낮 꿈을 놀라게 하고
> 살구꽃 아리따운 웃음은 새 시詩에 들어오네

성간이 중시에 급제하기 전 그의 형 성임에게 꿈 이야기를 한 적이 있었다.

"형님, 꿈에 이백고가 용이 되어 내가 붙들고 날아서 강을 건너면서 떨어질까 두려워했더니, 용이 돌아보며 말하더이다. '내 뿔만 굳게 잡아라' 하더이다."

"좋은 꿈이로세. 백고는 명망이 높고 중시重試에 뽑히지 않았나? 자네가 그 뿔을 붙잡았으니, 장원은 따놓은 것일세."

그 후 얼마 되지 않아 이개는 죽임을 당하고 성간은 병이 들어 이개의 뒤를 따랐다.

이개도 지조를 담은 단가 한 수를 남겼다.

> 까마귀 눈비 맞아 희난듯 검노매라
> 야광 명월이 밤인들 어두우랴
> 임 향한 일편담심이야 변할 줄이 있으랴

하위지가 세조 앞에 큰 칼을 쓰고 앉았다.

"네 죄를 알렸다!"

"죄는 무슨 죄? 나으리가 반역죄로 몰았으면 마땅히 목을 벨 것이거늘, 무엇을 묻겠다는 게요!"

세조는 할 말을 잃고 말았다. 잔말 말고 죽이라는데야 무슨 할 말이 있겠는가?

하위지의 자는 중장仲章·천장天章이며, 호는 단계丹溪이다. 성격이 침착하고 조용하며 말이 적었다. 말을 하면 한마디도 버릴 것이 없었고, 공손하며 예에 밝았다. 대궐을 지날 때에는 반드시 말에서 내리고, 비가 와서 질퍽거리더라도 통행이 금지된 길로는 가지 않았다.

문종이 승하하자 벼슬을 그만두고 시골로 돌아갔다. 단종이 왕위에 오르자 인심을 위태롭게 여기고 의심했다.

박팽년이 일찍이 하위지에게 도롱이를 준 일이 있었다. 하위지는 시로 답했다.

> 남아의 득실이 예나 지금이나 같도다
> 머리 위에는 분명히 백일이 임하였네
> 오호伍湖에 안개 끼고 비 내리면 좋게 서로 찾으리

다분히 시대를 슬퍼하는 내용이었다.

수양이 김종서를 죽이고 영의정이 되자, 하위지는 조복을 다 없애버리고 경상도 선산으로 은거해버렸다. 수양이 단종에게 아뢰어 좌사간으로 불렀으나 사양하고 출사하지 않았다.

세조가 선위한 뒤 예조참판을 제수하자 잠시 벼슬길에 올랐으나, 녹 먹기를 부끄러워하여 녹을 창고에 따로 쌓아두고 먹지 않았다.

세조가 그의 재주를 아깝게 여겨 옥에 사람을 보내어 회유했다.

"음모에 가담하지 않았다고 발뺌하면 살 수 있다."

하위지는 피식 웃고 말았다.

그의 처자가 일선에 있었다. 금부도사가 그의 두 아들 호琥와 박珀을 잡으러 일선으로 갔다. 박의 나이 20여 세쯤 되었다. 금부도사를 보고도 조금도 두려운 기색 없이 양해를 구했다.

"조금만 기다리시오. 어머님께 고할 말이 있소이다."

도사가 허락했다. 박이 어머니 앞에 꿇어앉았다.

"어머님, 아버님께서 이미 돌아가시어 죽는 것은 두렵지 않습니다. 자식이 어찌 홀로 살겠습니까? 비록 조정의 명령이 없더라도 자결해야 할 것입니다. 다만 누이동생이 출가할 나이가 되었으니, 비록 천한 종이 되더라도 부인의 도리로 마땅히 한 남자를 따라야 할 것입니다. 개나 돼지 같은 행실은 하지 말라고 이르소서."

어머니에게 두 번 절하고 나와 박은 말없이 끌려가 조용히 죽었다. 그 아버지에 그 아들이었다.

유성원은 성균관에 있었다. 친국이 벌어졌다는 소식을 듣고 곧 집으로 돌아와 아내를 상대로 술을 마시며 이별하고 사당으로 올라갔다.

아내가 한참을 기다려도 사당에서 내려오지 않아 사당으로 올라가보았다. 유성원은 관대를 벗지 않고 반듯하게 누워서 차고 있던 칼을 빼어 목에 대고 나뭇조각으로 칼자루를 쳐서 박았다. 아내는 남편이 죽은 까닭을 모르고 있다가 금부도사가 시체를 가져간 뒤에야 알았다. 유성원의 시체는 형장에서 갈가리 찢겼다.

유성원의 자는 태초太初이다. 세종조에 『송사宋史』가 조선에 없어 세종이 여러 차례 명나라에 청했다.

하루는 집현전의 여러 학사들이 송나라 조정의 인물들을 논하다가 왕안석王安石을 거론했다.

"왕안석은 『송사』의 어느 전에 들어 있을까?"

여러 학사들이 입을 모았다.

"왕안석은 간신전에 들어야 하오."

이에 한두 사람이 반박했다.

"안석이 신법을 만들어 천하를 어지럽혔으니 소인임에는 틀림없다. 그러나 문장과 절의가 일컬을 만한 것이 많고, 그 마음을 짚어보면 나라를 근심하고 백성을 사랑했다. 그가 천하를 그르친 것은 다만 고집이 센 데 있다. 따라서 열전列傳에 넣는 것이 맞을 게다."

유성원이 한두 사람의 의견에 동조했다.

얼마 후 『송사』가 명나라에서 들어와 왕안석을 보니 열전에 들어 있었다.

집현전 남쪽에 큰 버드나무가 있었다. 어느 해 흰 까치가 날아와 깃들고 흰 새끼를 낳았다. 그런데 그 나무가 홀연히 말라버렸다. 집현전 학사들이 유성원을 두고 희롱했다.

"화가 반드시 유柳로부터 시작될 것이다."

유성원이 죽고 얼마 후 집현전이 파했다. 그 희롱이 들어맞은 셈이다. 집현전의 서책은 모두 예문관으로 옮겨졌다. 사육신의 죽음과 함께 집현전도 명을 다하고 만 것이다.

그들이 죽음 직전에 목숨을 건질 수 있었던 이유

정보鄭保는 포은 정몽주의 손자이다. 보는 방랑벽이 있고 활달하여, 어디에든 구애받지 않으려고 했다. 보는 성삼문·박팽년을 좋아했다. 보의 서매庶妹가 한명회의 첩이 되었다. 한명회는 세조의 장자방이라 불릴 만큼 세조의 최측근으로서 권력이 욱일승천하는 판이었다. 사육신을 잡아들여 국청에서 피비린내를 풍길 때 정보가 한명회를 찾았다.

"매제는 어디 갔는가?"

"죄인들을 국문하느라고 대궐에 있습니다."

서매가 대답했다.

"아니, 그들이 무슨 죄가 있다고 지지고 볶는다든가?"

"오라버니, 말씀 삼가세요. 역모를 다루는 사건입니다."

"매제가 만약 그 사람들을 죽이는 일에 가담한다면 만고의 죄인이 될 것일세."

정보는 손을 휘휘 저으며 한명회의 집을 떠나버렸다.

저녁에 퇴청하여 이 말을 들은 명회는 곧 다시 입궐하여 세조에게 고해바쳤다.

"전하, 정보라는 자가 난언亂言을 늘어놓고 다닌다 하옵나이다. 그자를 잡아다가 죄를 물으소서."

"잡아들이도록 하시오."

정보가 세조 앞에 끌려왔다. 세조가 친히 국문했다.

"네가 무슨 연유로 성삼문·박팽년을 두둔하는 말을 하고 다니느냐?"

"신은 항상 그 두 분을 성인군자로 생각하고 있었나이다."

"뭣이라? 성인군자라?"

"그러하옵나이다."

"전하, 이자의 죄상이 이미 드러났사오니 극형에 처하시옵소서. 이자도 역모의 방조자이옵나이다."

신하들이 입을 모아 충성심을 보였다. 정보는 그들이 하나같이 구더기로 보였다. 가소로운 인간들이었다. 정보는 두려운 기색이 전혀 없었다.

"다시 묻겠다. 두 사람이 정녕 성인군자이더냐?"

"그러하옵나이다."

"저자를 수레로 찢어 죽여라!"

세조가 화가 나서 소리쳤다.

정보를 형장으로 끌고 갔다. 그가 국청에서 나간 후에 세조가 물었다.

"저자는 어떤 사람인가?"

"전하, 정보는 포은 정몽주의 손자이옵나이다."

세조는 생각을 바꾸었다.

"충신의 손자를 죽일 수는 없다. 극형을 감하여 연일 땅으로 귀양 보내라!"

정보는 할아버지 덕으로 죽음 직전에 살아났다.

대간이 전라감사 이석형을 국문하라고 청했다. 세조는 허락하지 않았다. 이석형은 세종조에 삼장원三壯元에 올라 한때 명성을 날렸다. 특히 박팽년·성삼문 등과 친했다.

세조가 단종에게 선위받을 때, 석형은 어머니 상을 당하여 복중에 있었다. 그는 복을 마치고 전라감사가 되었다. 이 무렵 사육신 등의 옥사가 일어났다. 그는 외직에 있었으므로 단종 복위에 가담하지 않았다.

이석형은 전라도 순행길에 올라 익산에서 사육신이 다 죽었다는 소식을 듣고 객사 벽에 시를 써서 위로했다.

> 우나라 때 이녀죽二女竹과
> 대나라 때 대부송大夫松이로다
> 비록 그 슬프고 영화로운 것의 차이는 있을망정
> 같은 절개로 대와 소나무의 염량炎凉이야 있을쏘냐

이녀죽은 열녀의 상징으로, 우순이 남방에 놀러갔다가 죽자 그의 두 왕비가 소상강에서 슬피 울어, 눈물이 대술에 뿌려져 반죽班竹이 되었다는 고사에서 나온 말이다. 대부송은 진시황이 태산에 놀러갔다가 도중에 비를 만나 다섯 소나무 밑에서 비를 피했는데, 그 소나무에 대부라는 벼슬을 주었다는 고사에서 나온 말이다.

대간에서 이석형의 이 시를 걸고 넘어졌다.

'전라감사 이석형은 역적의 무리를 칭송하고, 사실 그 무리와 친했나이다. 전하, 이석형을 잡아올려 죄를 물으소서.'

상소가 빗발쳤다. 세조는 이석형의 재주를 아끼고, 인재들의 희생을 막기 위해 대간의 빗발치는 상소를 묵살해버렸다.

"시인의 뜻을 그대들이 아는가? 그 뜻이 어디에 있는지 잘 모르거늘, 역도들에게 마음을 주었다고 속단할 수 없다. 다시는 거론치 말라."

뜻밖의 예외였다. 정보와 이석형은 죽음 직전에 목숨을 건진 천운이 따른 인물들이었다.

단종, 영월에서 숨을 거두다

사육신 옥사 후 단종은 노산군으로 강봉되어 영월로 떠나게 되었다. 어린 단종은 자신의 복위 운동을 알고 있었다.

노산군이 영월로 떠나는 날, 세조가 내관 안로에게 화양정에 나가 전송하도록 했다.

"상왕마마, 편히 가시옵소서."

안로는 눈물이 앞을 가려 말을 제대로 잇지 못했다.

"숙부에게 고맙다고 이르게."

"상왕마마, 망극하여이다."

"성삼문의 모의를 알고도 말하지 않았으니, 내 죄가 분명하이."

어린 노산군은 의연했다.

금부도사 왕방연이 노산군을 영월 청령포에 데려다주고, 밤에 곡탄曲灘 언덕에 앉아 슬피 노래를 지었다.

천만 리 머나먼 길 고운 님 여의옵고

내 마음 둘 곳 없어 냇가에 앉았으니

저 물도 내 마음 같아 울어 밤길 가는구나

얼마 후 청령포가 장마에 물에 잠길 염려가 있어 노산군은 객사로 옮겨갔다. 노산군은 날마다 관풍매죽루觀風梅竹樓에 올라, 피리 부는 초동을 불러 밤새도록 구슬픈 피리 소리를 들으며 시름을 달래었다. 때로는 매죽루 아래로 내려가 답답하고 처량한 심사를 시로 읊었다.

달 밝은 밤 소쩍새 슬피 울면

시름 못 잊어 자규루에 기대었네

네 울음 슬퍼 내 듣기 괴롭구나

이 세상 괴로운 이에게 말을 보내 전하노니

춘삼월 자규루엘랑 부디 오르지 마소서

노산군의 이 시를 듣고 울지 않는 사람이 없었다. 노산군은 자신의 신세를 시에 담아내며 외로움과 고통을 이겨냈다.

원통한 새 한 마리 궁중에서 나온 뒤로

외로운 몸 그림자 푸른 산을 헤매누나

밤마다 잠 청하나 잠들 길 바이없고

해마다 한을 끝내려 애를 써도 끝없는 한이로세

울음소리 새벽 산에 끊어지면 지는 달이 비치고

봄 골짝에 토한 피가 흘러 떨어진 꽃 붉었구나

하늘은 귀 먹어서 저 하소연 못 듣는데

어쩌다 어려운 이 몸 저만 홀로 밝았는가

노산군은 날마다 맑은 새벽에 대청에 나와서, 곤룡포를 입고 걸상에 앉아 있었다. 보는 이들이 눈물을 흘리며 안타까워했다. 영월 지방이 가물 때 노산군은 향을 피우고 하늘에 빌어 비를 내리게 하는 영검을 보이기도 했다.

이러한 세월도 오래가지 못했다. 숙부 금성대군이 순흥부사 이보흠과 더불어 세조를 제거하려는 음모를 벌이다 발각되었다. 조정에서는 노산군을 없애야만 반란사건이 사라질 것이라는 강경론자들의 말이 힘을 얻었다. 세조는 노산군을 죽여 반란의 뿌리를 제거하고 싶었다. 노산군을 살려두면 추종자들이 끊이지 않아, 조정에서는 그들을 색출해내느라고 국력 낭비가 심하고, 임금의 권위에도 치명적일 것 같았다. 세조는 노산군에게 사약을 내렸다.

금부도사 왕방연이 사약을 받들고 영월에 닿았다. 차마 노산군을 만날 수 없어 머뭇거렸다. 나장이 시각이 늦어진다며 재촉이 심했다. 왕방연이 하는 수 없이 집 안으로 들어가 마당에 엎드렸다. 노산군은 익선관을 쓰고 곤룡포를 입고 나와 물었다.

"금부도사가 웬일인가?"

왕방연은 차마 말할 수 없었다.

통인(通引, 지방 관아의 잡심부름꾼) 하나가 노산군을 모시고 있었다. 이참에 공을 세워보려고 왕방연에게 말했다.

"노산군을 내 손으로 죽이겠소. 조정에 들어가 내 공을 말해주겠소?"

왕방연은 가타부타 말이 없었다. 통인은 왕방연이 고개를 끄덕인 것으로 알고, 방 안으로 뛰어들어 노끈을 노산군의 목에 걸고 뒷문 창구멍으로 끈을 잡아당겨 조였다. 얼마 후 팽팽하던 노끈이 축 처졌다. 숨이 끊어진 것이다. 노산군은 그 자리에서 아홉 구멍에서 피가 흘러 즉사하고 말았다. 노산군의 나이 17세였다. 원통한 꼴을 보고 시녀와 종 들이 고을 동강에 몸을 던져 시체가 강을 메웠다.

이날 천둥 번개가 치고 폭우가 내려 지척을 분간할 수 없었다. 드센 바람이 나무를 뽑고, 검은 안개비가 하늘을 덮어 밤새도록 걷히지 않았다.

호장(戸長) 엄흥도가 통곡하면서 관을 갖추어 노산군을 묻어주려고 했다. 그러자 집안 식구들이 말렸다.

"역적의 시체를 묻어주었다가 멸문지화를 당하고 싶어 이러는 게요? 관청에서 묻어줄 테니 그냥 두시오."

"옳은 일을 하고 화를 당한다면 나는 달게 받겠다."

엄흥도는 이튿날, 아전들을 거느리고 가서 노산군의 시신을 관 속에 넣어 군(郡) 북쪽 5리쯤 되는 동을지(冬乙旨)에 장사지냈다.

노산군이 죽던 그날, 객사에 앉아 있는 그를 촌백성들이 보고 엎드렸다. 노산군은 백마를 타고 동쪽 계곡으로 달려갔다. 촌백성들이 노산군을 보고 엎드려서 물었다.

"어디로 행차하시나이까?"

"태백산으로 놀러가는 길일세."

노산군이 웃으면서 손을 흔들었다. 이미 그가 죽은 후의 일이었다. 노산군은 이미 전설적인 인물이 된 것이다. 노산군의 죽음으로 더 이상 반란사건은 일어나지 않았다. 그제야 세조의 시대가 열린 것이다.

천재에서 기인으로, 김시습의 고뇌

매월당梅月堂으로 널리 알려진 김시습은 자가 열경悅卿이며, 호는 매월당 외에 동봉東峰 · 청한자淸寒子 등이 있다. 그의 승명은 설잠雪岑이다.

그는 태어난 지 여덟 달 만에 글을 알았다. 일가 할아버지 최치운이 이름을 시습이라고 지어주었는데, 말은 늦게 배웠으나 정신은 민첩하여 글을 입으로 읽지는 못해도 그 뜻은 알았다. 그는 세 살 때 이런 시를 남겼다.

복사꽃은 붉고 버들은 푸르러 3월이 저물었다
구슬을 푸른 바늘로 꿰었으니 솔잎의 이슬이라

어느 날 유모가 맷돌에 보리를 가는 것을 보고 시를 지었다.

비는 오지 않는데 우렛소리는 어느 곳에서 울리는고
누런 구름이 조각조각 사방으로 흩어지누나

보는 이마다 그를 신동으로 여겼다.

다섯 살에 『대학』을 독파하고 글을 지었다. 재상 허조가 김시습을 보고 말했다.

"내가 늙었으니 '노老' 자로 시구를 지어보겠느냐?"

시습이 주저 없이 읊었다.

　　늙은 나무가 꽃이 피니 마음은 늙지 않았네

"과연 소문대로 신동이로구나."

허조는 무릎을 치며 감탄했다.

세종이 시습의 소문을 듣고 승정원으로 불렀다. 지신사(知申事, 비서실장) 박이창이 세종을 대신하여 시습을 시험했다.

"내가 시구를 띄우겠으니 차운을 지어보겠느냐?"

"예에, 대감."

"동자의 공부는 백학이 푸른 하늘 끝에서 춤추는 듯하도다."

"성주聖主의 덕은 황룡이 푸른 바다 가운데 뒤집는 듯하도다."

박이창이 시습을 덥석 껴안아 무릎 위에 앉히고 물었다.

"저어기 벽에 걸린 산수도가 보이느냐?"

"예에, 대감."

"저 그림에 붙여 시를 지을 수 있겠느냐?"

"지어 올리겠습니다."

"어디 솜씨를 보자꾸나."

시습은 산수도를 훑어보고 나서 바로 시구를 뽑아냈다.

"작은 정자와 배 안에는 어떤 사람이 있느뇨?"

세종이 이 광경을 지켜보고 혀를 내둘렀다.

"저 아이가 장성하면 크게 쓰겠노라."

세종은 비단 50필을 하사하고 그 지혜를 눈여겨보았다.

시습은 비단의 끝을 이어서 한쪽을 잡고 질질 끌고 갔다. 이 일로 하여 시습은 이름을 잃고 사람들이 '다섯 살'이라고 불렀다.

시습은 삼각산에서 글을 읽다가 단종이 세조에게 내쫓긴 소식을 듣고, 문을 걸어 잠근 채 책을 불살라버렸다. 그런 후 미치광이가 되어 뒷간에 빠졌다가 도망쳐 중이 되었다.

그는 수락산 정사에 들어가 살면서 도를 닦았다. 그러나 유생을 보면 공맹孔孟을 입에 담고 불법을 말하지 않았다. 사람들이 수행법을 물을지라도 결코 말하지 않았다. 그는 미친 듯이 읊조리고 방랑하면서 세상을 조롱했다. 절에 들어가 세상을 피했으나, 불법을 받들지 않아 세상 사람들은 그를 미친 중으로 취급했다. 거리에 나오면 한곳을 뚫어져라 쳐다보다 갈 길을 잃고, 그 자리에서 오줌을 누어 사람들을 놀라게 했다. 아이들이 그를 졸졸 따라다니며 기왓조각이나 돌멩이를 던졌다. 그는 온몸에 맞으면서도 웃어주었다.

세조가 내전으로 스님들을 불러들여 법회를 열었다. 김시습도 불려왔다. 그런데 이른 새벽에 설잠雪岑 스님(김시습)은 도망쳐 행방이 묘연했다. 대궐에서 군사를 풀어 설잠의 행방을 쫓았다. 설잠은 거리의 거름 구덩이에 빠져서 얼굴만 내밀고 있었다.

설잠이 데리고 다니던 상좌가 있었다. 목소리가 고와 비장한 음조를 소리낼 줄 알았다. 그가 길게 소리를 내면 그 여운이 공중에 맴돌았다. 설잠은 달밝은 밤이면 상좌에게 『이소경離騷經』을 한 번 읊게 하고는, 눈물을 흘려 가사 자락을 적셨다.

설잠은 술에 젖어 살았다. 취하면 울면서 중얼거렸다.

"우리 세종대왕을 뵈올 수 없구나."

중들이 설잠을 따르며 신사神師라고 지성껏 섬겼다. 하루는 중들이 설잠을 모셔놓고 물었다.

"저희들이 대사를 받든 지가 오래입니다. 허나 설법을 한 번도 들려주지 않으시니, 대사님의 청정하신 법안法眼을 누구에게 전하시려 하십니까?"

"너희들이 크게 법연法筵을 열라!"

설잠은 가사를 갖춰 입고 가부좌를 틀고 앉았다. 중들이 구름같이 모여 꿇어앉아 합장하고 있었다.

"소 한 마리를 몰고 오너라!"

설잠이 말했다. 중들은 어리둥절해하면서도 소를 끌어다가 대웅전 앞마당에 매어놓았다.

"소 먹일 꼴을 가져오너라!"

소꼴을 가져다가 소 뒤에 놓았다. 설잠이 웃음을 터뜨렸다.

"흐앗 흐앗 흐앗… 너희들이 법을 듣고자 하는 것이 이와 같도다!"

사람됨이 희미하고 어둡고 무식한 자를 속담에 '소 뒤에 꼴 두기'라고 한다. 모인 중들이 얼굴을 붉히고 물러갔다.

설잠이 금오산에 들어가 『금오신화』를 지어 석실石室에 감추고 말했다.

"후세에 이 설잠을 알아주는 자가 있을 것이다."

『금오신화』는 중국 명대明代의 소설 『전등신화』를 모방한 것이다.

그의 평생의 심회를 세상 사람들이 엿볼 수 없었다. 그는 시에 '미微' 자 '궐蕨' 자를 쓰기 좋아했다.

그가 중흥사에 있을 때였다. 비가 내린 뒤에 시냇물이 불어서 넘쳐흘렀다. 그는 종이를 썰어 100여 조각을 만들고, 사람을 시켜 붓과 벼루를 가지고 뒤따르게 하여 시내를 따라 내려가다가, 물결이 급한 곳을 골라 앉아 율시律詩 또는 오언고풍伍言古風을 지어 종이에 써서 띄워 보냈다. 종잇조각이 다 바닥날 때까지 100여 수의 시를 지어 시냇물에 떠내려 보냈다.

설잠은 또 서 있는 나무를 깎아 시 쓰기를 좋아했다. 그러고는 한참 읊고 나서 곡을 하며 깎아서 지워버렸다. 또는 나무로 농부를 조각하여 책장 옆에 두고 온종일 들여다보다가 곡하고는 불태워버렸다.

그가 스스로 심은 벼가 알차게 익었다. 그는 술에 취해 낫을 휘둘러 벼를 다 베어버리고는 목놓아 울었다. 달밤에 『이소경離騷經』 외우기를 즐겼는데, 외우고 나면 통곡을 터뜨렸다. 이소경은 초나라의 굴원이 임금에게 쫓겨나서, 애국심과 울분을 참지 못하여 이소를 지었다. 이소는 장편 운문으로, 중국 사부辭賦의 원조가 되었다.

또 설잠이 시집에 미 자와 궐 자를 많이 쓴 것은 백이 숙제가 수양산에서 고사리를 꺾은 것을 의미했다.

한양에 들어오면 설잠은 향교동 남의 집에 붙어 있었다. 설잠과 소싯적에 친했던 서거정徐居正이 찾아가면, 누워서 두 발을 거꾸로 하여 벽에 대고 발장난을 하면서 얘기를 나누었다. 사람들이 보고 숙덕거렸다.

"매월당이 서 대감에게 함부로 대하니 다시는 찾아오지 않을 게야."

며칠 뒤 서거정이 또 찾아왔다. 서거정은 학자로서 육조의 판서를 두루 거친 명신이기도 했다. 조정에 봉사한 세월이 45년이나 되었다.

신숙주와도 친했었다. 한번은 매월당이 한양에 들어왔다는 소문을 듣고, 묵고 있는 집주인을 꾀어 매월당에게 술을 권하며 취하게 한 다음, 가마에 태워 숙주의 집으로 데리고 왔다. 매월당은 술이 깨어 속은 줄 알고 벌떡 일어나 사랑을 나가려고 했다. 숙주가 손을 잡으며 만류했다.

"이보게, 어째서 말 한마디 나누지 않고 가려 하는가?"

매월당은 아무 말 없이 손을 뿌리치고 신숙주의 집을 나와 총총히 사라져 버렸다.

조우肺雨라는 제법 알려진 스님이 있었다. 조우 스님은 『장자』를 노사신에게 배웠다.

조우가 한 종실宗室의 집에 들렀다. 설잠이 그 집에 가게 되었다. 설잠이 보니 조우가 먼저 와 있었다. 짐짓 모른 체하고 큰 소리로 말했다.

"조우가 노에게 수학했다는데, 그가 사람 축에 끼는 자인가? 만약 오늘 여기에 조우가 오면 목 졸라 죽이겠다."

조우가 울분을 참지 못하여 발끈했다.

"그대가 감히 정승(노사신)을 욕하다니, 어디 죽여봐라!"

설잠은 망설이지 않고 조우를 죽이려고 했다.

"죽고 싶다면 죽여주마!"

모인 손님들이 겨우 뜯어말려 조우는 간신히 빠져나가 위기를 모면했다.

그 뒤 조우가 수락정사로 설잠을 찾아왔다. 설잠이 반가이 맞았다.

"그대가 나를 찾아왔는가?"

설잠은 조우에게 공양 대접을 했다. 조우가 숟가락으로 밥을 떠먹으려고 할 때 설잠이 발로 먼지를 일으켜 한 숟갈도 먹지 못하게 했다. 설잠이 나무랐다.

"그대가 노 모에게 수학하였으니 그대가 어찌 사람이냐!"

노사신은 연산군 때에 영의정까지 지낸 재상이었으나, 매월당의 눈에는 형편없는 기회주의자로 보였던 것이다.

학조 스님은 세조를 도와 여러 고승들과 더불어 불경을 번역했다. 설잠과 친하게 지내면서 결코 설잠에게 지지 않으려고 했다. 한번은 둘이 산중에서 동행하게 되었다. 비가 온 뒤끝이라 하늘은 맑았으나, 오솔길 옆에 산돼지가 칡뿌리를 캐내어 깊은 웅덩이에 물이 고여 있었다.

설잠이 제의했다.

"내가 이 웅덩이 속에 들어가 한번 휘젓고 나오려는데, 자네가 내 뒤를 따르겠는가?"

"나라고 못하겠소! 함께 들어갑시다!"

설잠이 웅덩이로 철버덩 뛰어들었다. 학조도 설잠의 흉내를 냈다.

설잠이 웅덩이에서 나왔다. 옷이 한 군데도 젖지 않았다. 학조가 뒤따라 나왔다. 흠뻑 젖어 있었다. 설잠이 웃으면서 말했다.

"그대가 어떻게 나를 본받을 수 있겠는가!"

학조는 고개를 숙이고 말이 없었다.

하루는 설잠이 한양에 들어와 술을 마시고 거리를 지나다가 영의정 정창손을 만났다. 사육신을 고변하여 영의정이 된 인물이다. 설잠이 소리쳤다.

"너 영의정 그만두어라!"

정창손은 못 들은 체 서둘러 가버렸다. 이 소문이 퍼져 매월당을 알고 지내던 친구들이 망신을 당할까 봐 그의 주위를 떠나버렸다.

설잠은 노비와 집·전답을 사람들이 마음대로 가져가도 개의치 않았다. 그런데 어느 날 홀연히 그 사람들에게 반환 청구를 했다. 사람들이 응할 리 없었다. 설잠은 할 수 없이 소송을 제기하여 죄다 되찾았다. 그는 되찾은 문서를 품안에 넣고 나와 하늘을 쳐다보며 크게 웃고는 갑자기 품안의 문서를 꺼내어 발기발기 찢어버렸다. 그는 마음껏 사람들을 희롱했던 것이다.

명나라의 천연天淵이란 사람은 원래 원나라 말기의 한림학사였다. 원나라가 망하자 머리를 깎고 중이 되어, 이름을 내복來復, 자를 견심見心이라 했다. 그는 수염을 깎지 않고 길렀다. 이를 기이하게 여겨 황제가 불러 물었다.

"스님은 어이하여 머리는 깎고 수염을 기르는가?"

"소승이 머리를 깎은 것은 번뇌를 없앤 것이요, 수염을 기른 것은 장부를 표한 것이나이다."

"허어, 그런가?"

그는 시를 짓되 희롱하고 풍자의 뜻이 담겨 있었다. 나중에 그는 죽임을 당했다.

설잠도 수염을 기르고 이런 말을 했다.

"머리를 깎은 것은 당세를 피한 것이요, 수염을 기른 것은 장부丈夫를 표한 것이다."

내복과 우연의 일치일까? 아니면 내복을 사모한 것일까? 두 사람의 절개가 서로 같다고 할 수 있겠다. 천재가 기인이 된 데에는 그 누구도 말할 수 없는 세상과 인간에 대한 깊은 고뇌가 있었기 때문이다.

신숙주, 변절자인가 고뇌하는 지식인인가

신숙주는 나물 중에서 아주 쉽게 변하는 숙주나물의 이름의 유래가 될 만큼 변절자의 대명사로 일컬어지고 있다. 세종과 문종의 고명을 받아 단종을 지켜주어야 할 입장에 있었음에도 불구하고, 오히려 단종을 몰아내는 데 참여하고 집현전 8학사들을 배반했던 것이다. 그러나 그의 학문과 재주는 당대 제일이었다.

그는 천성이 고명하고 마음이 관대했다. 젊었을 때는 큰 뜻을 품고 속된 일에 마음을 기울이지 않았다. 늘 산 속의 절간에 머물며 글 읽기를 쉬지 않았으며, 가사에는 마음 쓰지 않았다. 집현전에 들어가 고전을 연구했던 그는 동료들 대신 숙직을 하며 밤새도록 책을 읽었다.

세종이 일본에 가는 통신사의 서장관을 뽑지 못해 고심하고 있었다. 두세 사람을 추천받았으나 세종의 마음에 들지 않았다. 신숙주가 거론되었다. 때 마침 병중이라서 세종은 그를 일단 접견해보았다.

"경이 병중이라 과인이 피했거늘 마땅한 자가 없구려. 일본에 갈 수 있겠는가?"

"신의 병이 다 나았나이다. 어찌 사양하겠나이까."

그리하여 신숙주는 일본 사신의 서장관으로 바다를 건넜다.

일본에 이미 신숙주의 문필이 널리 알려져 시를 청하는 자가 많았다. 숙주는 사양하지 않고 그들의 청에 응해주었다. 일본인들이 그의 시를 보고 탄복했다.

신숙주는 돌아오는 길에 포로가 된 남녀를 데리고 왔다. 배가 대마도를 지나 육지에 닿기 전에 별안간 태풍이 일어 위기에 처했다. 배 안에 있던 사람들의 얼굴이 사색이 되었다. 신숙주는 태연하게 앉아 사람들을 위로했다.

"대장부가 넓은 바다로 나와 이제 큰물을 만나 해돋이의 땅을 구경하게 되었으니 곧 장관을 볼 것이요, 만약 바람을 타서 금릉에 닿는다면 산천의 경계를 눈이 시리도록 구경할 것이니, 이 역시 유쾌한 일이 아니겠소?"

그 와중에 배 안에서는 좋지 않은 일이 벌어지고 있었다. 포로 가운데 임신한 여자가 있었는데, 뱃사공들이 이 여자를 꺼렸다.

"임신한 여자는 물길에 좋지 않소. 여자를 바다에 던져 재앙을 면해야 하오."

뱃사공들이 임신한 여자를 바다에 집어던지려고 했다. 신숙주가 그들을 가로막고 나무랐다.

"사람을 죽여서 삶을 구하다니, 사람으로서 할 짓이더냐! 나는 허락할 수 없다!"

"이 여자 하나 때문에 우리가 다 죽습니다."

"미신에 불과하다. 미신을 믿고 어찌 귀한 목숨을 재물로 삼겠다는 게냐! 썩 물러가라!"

"고집 피우지 말고 영감이나 물러서시오!"

뱃사공들이 으르렁거렸다.

그때였다. 바람이 자고 바다가 조용해지기 시작했다. 기적 같은 일이 일어난 것이다. 이 소문이 퍼져 신숙주는 학문과 인품으로 당대의 사표가 되었다. 그가 인심을 잃게 된 것은 사육신 사건 이후이다.

신숙주의 부인은 영의정 윤자운의 누이였다. 신숙주는 집현전 8학사로 성삼문과 가장 친한 사이였다. 사육신의 옥사가 벌어졌다. 신숙주는 마음이 괴로워 술을 한 잔 들이켜고 집으로 들어왔다. 중문이 환하게 열려 있었다. 부인은 보이지 않았다.

그가 안방을 살펴보았다. 부인이 다락 위에 올라가 두어 자 되는 베를 들고 들보 밑에 앉아 있었다.

"부인, 무슨 일로 거기에 오른 것이오?"

"영감, 성 학사들과 서로 형제처럼 친히 지내더니, 성 학사들의 옥사 소식을 듣고 영감도 그들과 함께 죽을 것으로 믿고 통지가 오기를 기다려서 자결하려고 하였소. 이렇게 영감이 살아서 돌아오리라고는 생각지 못했소."

신숙주는 부끄러워 술이 확 깨었다. 세상 사람들은 당연히 신숙주도 사육신들과 뜻을 같이할 줄로 알았다. 이때부터 신숙주의 학문과 재주는 빛이 바랬다. 그는 권력의 편에 서서 명분을 찾으려고 고심했다.

신숙주는 한 · 왜 · 몽고 · 여진 말 등 4개 국어에 능통했다. 그가 강원 · 함길도 도체찰사가 되어 야인을 토벌하러 갔다. 세조가 편전으로 불러 담장 밑의 넝쿨박을 가리키며 물었다.

"경이 보기에 열매가 잘 맺어지겠소?"

"성盛하지도 못한 채 철이 벌써 늦었으니, 신의 생각에는 결실할 것 같지 않사옵니다."

신숙주가 떠난 뒤 작은 박이 하나 열렸다. 그것을 쪼개어 술잔을 만들어 세조는 손수 시를 적었다.

경은 비록 내 말을 웃었으나
바가지는 이내 이루었나니
쪼개어서 술잔을 만들어
그지없는 정을 보내노라

잔과 술을 사절을 보내어 신숙주에게 전했다.

신숙주는 변방에서 잔과 술을 하사받고 감격하여 눈물을 흘렸다.

신숙주는 6진의 오랑캐들을 소탕했다. 오랑캐가 밤을 타서 습격해왔다. 아군의 진마다 떠들썩하게 오랑캐를 맞아 싸우는데도 숙주는 막사에 드러누운 채 막료를 불러 시를 읊었다.

되놈의 땅에 서리 치니 변방 땅이 차가울사
철기가 종횡으로 백 리에 뻗치누나
밤 싸움이 쉬지 않고 동이 이미 트려 할 제
누워서 보니 북두성이 비끼누나

군사들이 그의 태연함을 보고 절대로 흔들리지 않았다.

어느 날 신숙주는 막료들을 모아놓고 잔치를 베풀어주었다.

"그대들 중에 시로써 오늘의 뜻을 잘 표현하는 자가 있으면, 내가 뽑아서 상객上客으로 삼겠다."

별시위 박위겸이 한 수 읊었다.

십만의 날랜 군사 수루를 에워싸고
밤 깊어 변방 달에 여우 갖옷 싸늘하구나
한 소리 긴 피리 어디에서 온단 말인고
정부征夫의 만리 시름 불어서 다하누나

"오오, 절창이로다. 오늘부터 그대를 나의 상객으로 삼겠다."

신숙주는 크게 기뻐했다. 싸움터에서도 여유를 갖는 그의 풍모가 돋보이는 대목이다.

신숙주가 신하로서 최고의 직위인 영의정에 올랐다. 그때 구치관이 새로 우의정이 되었다.

세조가 두 정승을 불러놓고 장난을 쳤다.

"오늘 과인이 경들에게 물을 것이오. 대답을 잘하면 그만이지만, 잘못하면 벌을 받을 것이오."

"분부 받들어 모시겠나이다."

두 정승이 고개를 주억거렸다.

세조가 물었다.

"신 정승!"

신숙주가 재빨리 대답했다.

"예에, 전하!"

"경이 아니오. 과인이 새로 정승이 된 우상을 부른 게요."

세조는 커다란 벌주를 신숙주에게 내렸다. 벌주를 다 마시자 세조가 또 불렀다.

"구 정승!"

"예에, 전하."

구치관이 얼른 대답했다.

"아니로다. 나는 옛(舊) 정승인 영의정을 불렀도다."

세조는 구치관에게 벌주를 내렸다.

"구 정승!"

세조가 불렀다. 이번에는 신숙주가 대답했다.

"예에, 전하."

"아니오, 이번에는 성을 불렀소."

신숙주에게 벌주를 내렸다.

"구 정승!"

신숙주와 구치관이 대답하지 않았다.

"임금이 불렀는데 신하가 대답이 없음은 예가 아니오. 벌주를 마셔야겠소."

두 사람에게 벌주를 내렸다. 이렇게 종일토록 벌주를 마셔서 두 사람은 대취했다. 세조가 만족하여 크게 웃었다.

이렇듯 세조의 꾐을 받고 한평생 영화를 누리고 살던 신숙주가 59세의 나이로 세상을 떴다. 임종 때 신숙주는 한숨을 쉬며 탄식을 내뿜었다.

"인생이란 마침내 이에 그치고 마는가?"

분명 후회하는 마음이 섞인 말이었다.

조선 최고의 책사 한명회, 수양을 만나다

연산군 10년에 일어난 갑자사화에 부관참시를 당해 두 번 죽은 한명회의 자는 자준이며, 일세를 풍미한 모사꾼이었다.

출생부터 특이했던 그는 잉태한 지 일곱 달 만에 세상에 나왔다. 아직 사지가 갖춰지지 않은 상태였다. 집안 식구들이 꺼려하며 기르지 않으려 하여 유모가 아기를 솜으로 싸서 밀실에 둔 지 오랜 후에야 형체가 이뤄지고 자라남에 따라 골격이 갖춰졌다.

젊은 시절, 어느 날 밤 산골짝을 지나다가 범을 만났다. 범은 눈에 파란 불을 켜고 그를 안내하여 큰길 가에 데려다주었다. 명회가 범에게 말했다.

"멀리 와서 그냥 보내주니 그 후의를 알 수 있겠네."

범이 말귀를 알아듣고 머리를 숙이고 엎드려 있다가 날이 밝은 무렵에야 떠났다.

그가 영통사靈通寺에서 글을 읽을 때였다. 얼굴이 괴상하게 생긴 중이 나타나 그에게 속삭였다.

"그대의 머리 위에 빛이 있으니 귀한 징조일세. 명년 안으로 반드시 뜻을 얻을 것일세."

그의 등과 배에는 검은 사마귀가 있었다. 꼭 별부와 같아 보는 사람마다 괴이하게 여겼다.

그는 개성의 경덕궁敬德宮의 궁지기였다. 명절 때에 부중에 있는 관원들이 만월대에서 잔치를 벌였다. 모인 사람들이 술에 취해 의논했다.

"우리들이 죄다 한양 친구들 아닌가. 이 고도에 와서 벼슬살이를 하고 있으니, 이것도 인연일세. 우리가 계契를 만들어 우정을 돈독히 하는 것이 어떻겠나?"

"조오치. 암, 좋고말고."

모두 찬성했다. 한명회가 옆에 있다가 끼어들었다.

"나도 한몫 끼워주시오."

"쳇, 칠삭둥이가 사람 구실 하겠다네. 분수를 모르는 자로군."

사람들이 그를 멸시했다.

다음 해에 그는 개국공신인 할아버지가 좌명공신에 원훈이 되자 계원들이 부끄럽게 여겼다. 이런 연유로 세상 사람들이 세력을 끼고 남을 멸시하는 사람을 '송도계원'이라고 말했다.

그는 민대생의 사위가 되었다. 장모가 그를 대놓고 괄시했다.

"으이구, 저것도 사람이라구. 먹을 것, 입을 것 다 먹고 다 입네. 으이구 복장 터져."

장인 민대생은 한명회의 관상을 보고 느끼는 바가 있어 아내를 나무랐다.

"말 삼가시오. 비록 한 서방이 병신처럼 지내지만 곧 크게 될 것이니, 그때가서 후회하지 말고 다른 사위와 똑같이 대하시오."

"어느 세월에 현달한다는 말이오. 사람 되기는 글렀소."

"허허, 입 닥치시오!"

권람이 그를 수양대군에게 소개하여, 한명회는 고기가 물을 만난 듯 그의 재주를 마음껏 발휘했다.

권람과 한명회의 관계는 관중과 포숙 같았다. 한명회가 권람에게 말했다.

"문장과 도덕은 내가 그대에게 양보하겠네만, 사업을 경륜하는 데는 양보할 수 없네."

권람은 고개를 끄덕였다.

단종이 왕위에 올랐다. 한명회는 때가 왔다고 생각했다. 세상은 갖고자 하는 자의 것이었다. 한명회가 권람을 만나 은밀히 말했다.

"어린 임금의 자리를 엿보는 왕족이 많아질 것일세. 안평대군이 제일 먼저 왕위를 노릴 게야."

"이 사람아, 농담이라도 그런 말 말게."

"곧 환란이 일어나게 되어 있네. 자네는 아무런 생각이 없는가?"

권람은 한명회의 얼굴을 쳐다보았다. 아무리 봐도 꾀단지 같았다.

"나라고 느낌이 없겠나. 장차 어찌해야 하나?"

"환란을 막으려면 세상을 구제하고 난을 다스릴 임금이 나와야 하네."

"그가 누군가?"

"수양대군은 활달하기가 한고조漢高祖 같고, 영특하고 출중한 무예는 당태종 같네. 나는 수양에게 천명이 있음을 아네."

"내가 어찌해야 하나?"

"곁에 모시고 있으면서 수양의 마음 하나 돌려놓지 못하나?"

"내가 자네를 수양에게 소개하겠네."

한명회는 아무 말이 없었다. 권람이 수양에게 말했다.

"나으리, 자준(한명회의 자)을 불러 옆에 두시지요."

"무슨 말이오?"

"나으리에게 자준이 필요한 때이나이다."

"그 사람을 어디에 쓰게요?"

"자준의 꾀와 수단은 아무도 따를 자가 없소이다. 대군께오서 절조를 지키려면 모르거니와, 장차 나라를 다루려거든 자준이 아니고는 불가할 것이오."

"자준이 그 정도요?"

"불러서 써보시옵소서."

야심을 품은 수양이 한명회를 불러 옆에 두었다. 그러고는 한명회를 가리켜 '자준은 나의 장자방(張子房, 한고조를 도운 책사 장량을 일컬음)이야' 하고 좋아했다.

한명회는 수양을 도와 보위에 앉혀놓았다. 그러는 동안 많은 피를 보았다. 피의 소용돌이 가운데에는 거의 빠짐없이 한명회가 있었다. 권력을 잡은 한명회는 딸 둘을 왕후로 만들어 왕실과 끈끈한 인맥을 다져놓았다. 세조를 모시고 영화를 누릴 때였다. 한시도 꾀주머니를 비우지 않았다.

하루는 신숙주와 더불어 세조를 모시고 술을 마셨다. 술에 취한 세조가 숙주의 팔을 잡고 장난을 쳤다.

"경도 나의 팔을 잡아보라!"

세조가 말하자 신숙주는 술김에 세조의 팔을 덥썩 잡았다.

"아이구 아파, 웬 팔힘이 이리 센가!"

이 광경을 지켜보고 있던 세자(예종)의 얼굴빛이 싹 변했다. 세조가 세자에게 일렀다.

"세자야, 나는 이럴 수 있지만, 너는 불가하니라."

세조는 아무렇지 않은 듯이 흥겹게 놀았다.

한명회가 보는 눈은 달랐다. 세조가 괘씸하게 여긴다면 신숙주가 무사하지 못할 것 같았다. 술이 취해 실수한 것처럼 보여야 했다.

한명회는 집에 돌아와 청지기를 불러 일렀다.

"범옹이 아무리 술에 취했더라도 반드시 일어나 불을 켜고 책을 읽느니라. 네가 가서 오늘은 절대로 불을 켜지 말고 그대로 자라고 전하라."

청지기가 숙주의 집에 가 보니 역시 불을 켜고 책을 읽고 있었다. 청지기가 한명회의 말을 전했다. 숙주는 서둘러 불을 끄고 잠자리에 들었다. 한밤중에 세조가 술에서 깨어 눈을 떴다. 내관을 불러 신숙주가 깨어 있는지 보고 오도록 일렀다. 내관이 보고 와서 말했다.

"오늘은 불이 꺼져 있었나이다."

"그러면 그렇지. 범옹이 술에 취하지 않고서야 과인의 팔을 그렇게 세게 잡았을 리 없지."

명회의 꾀가 아니었다면 숙주는 곤욕을 치를 뻔했다.

한명회는 신숙주와 연혼連婚을 맺어 세력기반을 확고히 다졌다. 권람이 샘이 나서 한명회와 혼인을 맺으려고 했다. 한명회는 난처했다. 거절할 방법을 찾지 못해 신숙주에게 상의했다. 신숙주가 웃으며 말했다.

"쉬운 일을 가지고 뭘 그러시오. 우리 세 사람은 전하께 공로가 같소. 한데 이미 나와 혼인하고 또 정경(권람의 자)과 혼인한다면, 임금이 우리 세 사람이 지나치게 가깝다고 의심할 게 아니겠소? 이런 말로 설득해보시오."

"거, 좋은 생각이오."

한명회가 신숙주에게서 들은 말을 권람에게 했다. 그러자 권람이 알아듣고 뉘우쳤다.

"내 생각이 거기까지 미치지 못했소. 역시 자준은 전하의 장자방이오."

한명회의 정자가 압구정에 있었다. 그는 마냥 벼슬에 욕심이 없다고 하면서도 은퇴하지 않고, 늘 강호江湖에서 늙겠다는 말을 되뇌었다. 그의 압구정 정자에 시를 지어 올린 이가 헤아릴 수 없이 많았다. 그 가운데는 풍자시도 끼어 있었다.

최경지라는 선비가 이런 시를 남겼다.

> 임금 은혜 은근하며 대접 또한 융숭하니
> 정자는 있었으나 와서 놀진 못했어라
> 가슴속 서린 기심機心 가라앉아 고요하면
> 벼슬 바다(宦海) 위에서도 백구와 친하리라

이 시를 보고 한명회는 불쾌하게 여겨 현판에 새기지 않았다.

어느 날 선비 이윤종이 압구정을 지나다가 이런 시를 남겼다.

> 정자가 있다 하나 돌아가지 않았으니
> 참으로 이 인간에게 갓 씌운 원숭이일세

한명회는 10년 사이에 정승에 올랐다. 성질이 재물을 탐하고 주색을 즐겨서, 토지·노비·보물 등의 뇌물이 줄을 이었다. 집을 크게 짓고, 여러 채의 집을 소유하고 첩을 많이 두어 사치가 극에 달했다. 그러나 그도 말년에는 권력을 잃고 적막 속에서 탄식을 짓곤 했다. 인간의 영화가 뜬구름과 같거늘, 한명회 같은 인물이 끊일 새 없어 세상은 혼탁의 연속일 수밖에….

살인이 제일 쉬웠던 정승 홍윤성

홍윤성은 무사로서 계유정난에 참여, 일등공신이 되고, 한평생 영화를 누린 무지막지한 재상이었다. 그의 자는 수옹守翁이며, 본관은 회인懷仁이다.

그의 젊은 시절은 불우했다. 무과시험을 보러 서울에 들어와 이름난 점쟁이 홍계관의 소문을 들었다. 그는 홍계관을 찾아가 자신의 앞날을 물었다. 홍계관이 그를 보고 공손히 꿇어앉아 점괘를 풀어주었다.

"참으로 귀한 운이올시다. 곧 귀하게 될 것이니 염려 마소서."

"그 말을 믿어도 되는가?"

"되고말굽쇼. 대감은 모년 모시에 형조판서가 될 것입니다. 그때 오늘의 점괘풀이에 대한 보상을 하소서."

"무슨 보상인가?"

"제 아들놈이 그때 죄를 얻어서 대감 앞에 무릎을 꿇고 죄를 빌게 될 것입니다. 모쪼록 제 아들놈을 살려주소서."

"내가 형조판서만 된다면 어려운 일이 아니지."

"틀림없이 되십니다."

계관은 아들을 불러 일렀다.

"네가 모년 모월 모일에 옥에 갇힐 것이다. 그때 내 아들임을 밝혀라. 네 목숨을 구해줄 분이 금방 다녀가셨다."

그로부터 10년, 홍윤성은 형조판서가 되었다.

어느 날이었다. 큰 옥사가 일어나 국문을 하는 중이었다. 한 죄수가 소리를 높여 외쳤다.

"나는 소경 점쟁이 홍계관의 아들이오!"

홍윤성은 10년 전의 일이 문득 떠올라 약속을 지켰다. 그 소문이 퍼져 홍계관이 점으로 더욱 이름이 나서, 홍계관골이라는 동네 이름이 생겨났다.

홍윤성은 성질이 포악하고 기운이 장사였다. 수양이 김종서를 죽이던 날 저녁, 홍윤성을 시켜 공무를 알린다는 핑계로 동태를 살피고 오도록 했다. 그때 홍윤성은 훈련원 주부였다.

김종서가 안방에서 장침에 기대어 있고, 첩 셋이 시중을 들고 있었다. 윤성이 김종서 앞에 나가자 강한 활을 주며 당겨보라고 했다. 윤성은 활을 당겨 둘이나 꺾어버렸다.

"번쾌일지라도 너보다 못할 것이다."

번쾌는 한고조를 따른 장수로 용맹이 뛰어났다.

종서는 첩에게 큰 그릇에 술을 부어 윤성에게 권하도록 했다. 그는 석 잔을 받아 마시고 유유히 걸어나갔다. 그의 주량은 무한량이었다. 종일 술을 마셔도 취한 기색이 없어, 세조는 그의 호를 경음당鯨飮堂이라 지어 인장을 새겨주었다.

그는 사람의 목숨을 가볍게 알았다. 그의 문 밖 시내에서 어떤 사람이 발을 씻다가 말과 함께 목숨을 잃었다. 또 말을 타고 그 집 앞을 지나는 자가 눈에 띄면 귀천을 묻지 않고 죽여버렸다.

일찍이 남의 논을 강제로 빼앗아 미나리를 심었다. 논 주인은 늙은 할머니였다. 할머니가 울면서 말했다.

"이 늙은 몸이 홀로 살면서 믿는 것은 이 논뿐인데, 빼앗겼으니 굶어죽을 것이요, 반항하면 맞아죽을 것이다. 죽음은 어차피 마찬가지이거늘, 차라리 그 집 문 앞에 가서 하소연이나 해보겠다."

노파는 논문서를 손에 쥐고 윤성의 대문 앞에 나아가 하소연을 늘어놓았다. 홍윤성은 노파를 잡아다가 돌 위에 거꾸로 매달고 모난 돌로 때려죽였다.

노파의 시체를 길 옆에 놓아두었으나, 그 누구도 윤성이 무서워 어떻게 할 수가 없었다. 주인이 이러하니 그의 노복들의 횡포도 나날이 극심해져갔다.

포도부장 전임이 어느 날 도적을 잡으려고 재인암才人岩 곁에 매복해 있었다. 재인암은 윤성의 집 근처에 있었다. 대여섯 명의 장성이 포졸들에게 덤비며 외쳤다.

"우리들은 이 집 사람들이다! 우리를 감히 어찌할 테냐?"

전임은 그들이 홍윤성의 노복인 줄 모르고 전원 포박시켰다.

"거짓말 마라! 아무려면 홍 공께서 너희들을 풀어 법을 어기게 했겠느냐!"

"전 공, 두고 보시오. 우리가 누구인지…."

날이 새었다. 전임은 그들을 묶어 홍윤성의 집으로 데리고 갔다.

"대감, 이놈들이 세력을 믿고 함부로 행동했나이다. 도둑은 아닙니다만, 부디 엄하게 다스리소서. 행여 대감께 누가 될까 염려스럽나이다."

윤성이 눈치를 채고 전임을 사랑으로 들이고는 후하게 대접했다.

"그대 같은 훌륭한 사람을 내가 늦게 만났구먼."

윤성은 전임을 선전관으로 추천했다. 두 사람은 친하게 지냈다.

어느 날 전임이 윤성의 집에 들렀다. 때마침 윤성이 계집종을 닦달하는 판이었다. 윤성이 뜰 안 호상에 걸터앉아 계집종을 나무에 묶어놓고 활을 매겨 막 시위를 당기려고 했다.

"대감, 어찌하여 계집종을 죽이려 하십니까?"

"저것이 한 번 불러 쪼르르 달려오지 않아 죽이려 하네."

"대감, 계집종을 죽이기보다는 소인에게 주시면 어떻겠나이까?"

"그렇게 하게나."

전임은 계집종의 목숨을 구해주고 오래도록 데리고 살았다.

홍윤성이 도순문출척사가 되어 근기 지방을 순행할 때였다. 양주에 다다라, 저잣거리에 한 떼의 사람들이 모여 있는 것을 보았다. 그런데 한 여자가 울타리 틈으로 바깥을 엿보았다. 윤성의 눈에 그 여자가 들어왔다. 자태가 뛰어나게 고왔다. 양주 동헌에 이르러 알아보았다. 죄수 집의 딸이었다. 죄수를 불러 명령을 내렸다.

"네 딸을 오늘 저녁에 첩을 삼을 테다. 돌아가 지체 말고 술자리를 갖추어라. 만약 지체하면 살아남지 못할 것이니라!"

좌수는 집에 돌아와 아내를 붙잡고 울었다.

"우리 집안은 이제 결단 났소. 공연히 예쁜 딸을 두었다가 앉아서 상놈의 집안이 되었구려."

"영감, 이 일을 어찌하면 좋으리까?"

내외가 붙들고 우는 것을 보고 딸이 제 방에서 나와 그 연유를 물었다.

"너는 무지막지한 홍가 놈의 첩이 되게 생겼다. 이 일을 어찌하면 좋으냐?"

"아버님, 염려 놓으소서. 소녀가 잘 처리하겠습니다."

홍윤성이 갑옷을 입고 투구를 쓰고 좌수의 집에 도착했다. 딸이 화장을 진하게 하고 중문 뒤에 서 있다가, 홍윤성이 중문으로 들어오는 것을 보고 팔을 건드렸다. 윤성이 돌아다보았다. 딸이 한 발짝 나서며 윤성의 소매를 붙잡고 한 손으로 패도佩刀를 뽑으면서 말했다.

"대감은 나라의 대신으로 상감마마의 영을 받아 지방을 순시하면서 한 가지 일도 칭찬할 것이 없고 불의만 행하려 하시나이까? 소녀는 사족의 딸이거늘 마음대로 첩을 삼겠다니, 그 연유가 무엇이오? 아내로 삼겠다면 허락하겠으나, 첩으로 삼겠다면 당장 목숨을 끊겠소. 대감께서 끝내 무례한 행동으로 소녀를 죽이겠나이까?"

딸의 대담한 행동에 홍윤성이 웃으면서 말했다.

"마땅히 청대로 하겠네."

홍윤성은 이 일을 세조에게 아뢰고 청을 넣었다.

'신이 아내가 있사오나 영리하지 못하여 가사의 일을 감당하지 못하와, 좌수의 딸을 계실로 삼겠나이다. 윤허하여 주시옵소서.'

세조가 비답을 내렸다.

'이는 경의 집안일이니 물을 것이 없도다.'

윤성은 좌수의 딸에게 장가들어 숭례문 밖에 신접살림을 꾸렸다.

윤성이 죽은 후에 본처와의 사이에 적통 문제가 생겼다. 계실이 말했다.

"아무 해, 아무 달, 아무 날에 선왕께옵서 제 집에 오셔서 저로 하여금 술을 따르게 하시고 형수라 부르셨는데, 『승정원일기』에 부인이 술을 따랐다고 썼습니까? 첩이 따랐다고 썼습니까?"

그리하여 『승정원일기』를 검토해보았다.

'상(上, 임금)이 홍윤성의 집에 행차하시와 술에 취하여 부인을 나오게 하여 술을 따르게 했다.'

이렇게 쓰여 있었다.

홍윤성이 이조판서가 되어 인사권을 쥐고 있을 때였다. 그의 숙부가 아들을 벼슬시켜달라고 청탁을 넣었다. 홍윤성이 조건을 말했다.

"작은아버님 소유의 문전옥답 스무 마지기를 내 앞으로 넘겨주면 벼슬을 주겠소."

"에라이, 순 날강도 같은 놈아! 옛날 네가 곤궁하여 끼니 걱정을 할 때 내가 30여 년이나 보살펴주었거늘, 은혜도 모르고 그 따위 말이 나오느냐!"

홍윤성은 숙부의 입에서 이 말이 전파될까 두려워, 그 자리에서 숙부를 죽여 후원 깊숙이 묻어버렸다. 숙모는 조카 집에 간 남편이 돌아오지 않자 백방으로 수소문했다. 조카에게 죽임을 당한 것이 틀림없었다. 고소장을 형조에 접수했으나 어찌된 일인지 감감무소식이었다. 사헌부에 탄원해보았으나 말짱 허사였다. 홍윤성이 권력으로 막아버렸다.

숙모는 세조가 온천길에 나섰다는 소문을 듣고 임금에게 직접 호소하기로 마음먹었다. 세조가 온양 온천으로 온다는 소문이었다. 숙모는 천안 삼거리 버드나무 위에 올라가 임금의 행차를 기다렸다.

며칠 후 세조가 천안 삼거리를 지나게 되었다. 버드나무 위에서 여인의 울음에 섞인 호소가 들려왔다.

"상감마마, 억울한 백성의 한을 풀어주시옵소서!"

수행 무사가 달려왔다. 여자가 버드나무 위에서 울고 있었다.

"아녀자가 상감의 행차에 웬 요망이더냐?"

"요망이 아니오라 억울한 고소이옵니다."

"내게 말하라!"

"권신權臣에게 관계된 일이므로 상감마마께 직접 말씀드려야 하나이다."

"알았다."

수행 무사가 세조에게 이 사실을 고했다. 세조가 괴이쩍게 여겨 숙모를 만나 보았다.

"무슨 일인지 말해보라!"

"상감마마, 조정 대신으로 제 숙부를 때려죽인 패륜이 있나이다."

"그 무슨 해괴한 말이냐?"

"신은 홍윤성의 숙모이옵나이다. 이조판서 홍윤성이 벼슬을 부탁하는 제 숙부에게 뇌물을 요구했다가 거절당하자, 숙부를 때려죽여 제 집 후원에 묻어놓았나이다. 홍윤성을 벌하시옵소서."

"뭣이야? 그 말이 사실이라면 덮어둘 수 없다!"

세조는 당장 홍윤성을 불러 사건의 진상을 알아보았다. 틀림없는 사실이었다.

"홍윤성을 끌어내어 당장 목을 베어라!"

"전하, 고정하시옵소서. 비록 윤성이 패륜을 저질렀사오나 마마에게는 일등공신이옵니다. 예로부터 공신을 함부로 죽인 예가 없었나이다. 선처해주시옵소서."

같은 공신들이 홍윤성을 살리려고 아우성이었다. 세조는 마음이 누그러져 홍윤성을 살려두고, 윤성의 종 10여 명을 목 베고 화를 풀었다.

세조가 다른 온천에 거둥할 때였다. 홍산에 사는 나계문의 아내 윤씨가 행궁 밖에서 울고 있었다. 행궁이란 임금이 거둥할 때 임시로 머무는 곳을 일컫는다. 임금을 수행하던 도승지가 문지기에게 물었다.

"어인 소란이냐?"

"상감마마께 호소하고자 하는 여인이옵니다."

"들여보내거라!"

도승지가 윤씨를 데리고 세조에게 갔다.

"무슨 일이더냐?

세조가 물었다.

"상감마마, 신은 홍산에 사는 나계문의 안사람이나이다. 홍윤성의 종놈이 주인의 권세를 믿고 역리驛吏로 하여금 제 남편을 죽였나이다. 하오나 이 고을 사또는 윤성의 권력에 겁을 먹고 역리만을 가두고 종놈을 불문에 부쳤나이다. 하온데 윤성의 두 종놈이 갇힌 역리마저 데려가버렸나이다. 감사는 도리어 신의 아비 윤기를 윤성을 모해했다 하여 옥에 가두었나이다. 상감마마, 천지에 이런 억울한 일이 그 어디에 있겠나이까?"

세조는 화가 나서 홍산 사또 최윤과 감사 김지경을 불러 사건의 경위를 조사해보았다. 윤씨의 말이 틀림없었다. 세조는 사건에 연루된 자들을 모두 극형에 처하거나 귀양조치 하고, 윤씨에게 상을 내렸다.

"윤씨가 권력의 위세를 두려워하지 않고 남편의 원수를 갚았다. 그 절의를 칭찬할 만하니 쌀 열 섬을 내려 위로하라!"

백성들의 원성을 사던 홍윤성은 마르고 닳도록 권세를 누리려 했으나, 겨우 50을 넘기고 불귀의 객이 되고 말았다. 역사는 그의 추한 행적만을 기록으로 남겨놓았다.

괴짜 선비의 글 읽는 버릇

학자이자 문신인 김수온은 세조시대 고승 신미信眉를 형으로 두고 『금강경』을 국문으로 번역했다. 그의 자는 문량文良이며, 호는 괴애乖崖이다.

수온이 젊었을 때 날마다 책을 빌려 성균관에 왕래하면서 한 장씩 찢어 소매 속에 간직하고 외웠다. 잊어버린 곳이 있으면 소매 속에서 내어 보고 외우기가 끝나면 버렸다. 그러므로 책 한 질을 외우면 한 질이 없어졌다.

신숙주가 임금에게 받은 『고문선古文選』이 있었다. 숙주는 그 책을 아껴 손에서 놓지 않았다. 김수온이 사정사정하여 『고문선』을 빌렸다. 신숙주는 한 달이 되어도 김수온이 책을 돌려주지 않자, 수온의 집을 방문했다. 숙주는 벽을 보고 눈이 둥그래졌다. 『고문선』이 한 장씩 찢겨 벽에 붙어 있었다.

"김 공, 이게 어찌된 일이오?"

김수온은 아무렇지도 않은 듯이 대답했다.

"내가 누워서 외우느라고 그리 됐소."

신숙주는 기가 막혀 아무 말도 할 수 없었다.

그의 살림살이는 늘 궁색했다. 잠자리에 들 때마다 책을 평상 위에 깔고 그 위에 자리를 펴고 잤다. 그 까닭을 물으면 김수온이 태연히 대답했다.

"평상이 차고 방석이 없어서 그러오."

그의 문 앞에 커다란 회화나무가 있었다. 하루는 종을 시켜 그 나무를 베었다. 지나는 사람이 나무가 아까워 그 까닭을 물었다.

"회화나무의 그늘이 좋은데 왜 베는 게요?"

"땔나무가 떨어졌다기에 베라고 했소."

이러한 일화에서 알 수 있듯이 그는 가난을 전혀 부끄럽게 여기지 않았다. 그는 학문을 좋아하고, 만사를 널리 보았으며, 기억력이 뛰어났다. 벼슬이 영중추부사에 이르렀으나 늘 가난했다. 말을 타고 다녔는데, 말이 여위어 뼈가 앙상했다. 그의 말은 잘 죽어나갔다. 한 선비가 말했다.

"대감께서는 말 먹이는 종들을 어찌 가만두는 게요? 부지런히 말을 먹이면 말이 쇠약하여 죽을 염려가 없을 게 아니요? 종놈들에게 벌을 주시오."

"짐승으로 하여 사람에게 죄를 주겠소?"

넓은 도량이었다.

그는 문장을 지을 때 미리 초안을 잡지 않았다. 또 여러 사람이 문장을 청하여 그 건수가 7, 8건이 되어도 주저하지 않고 여러 사람에게 붓을 들게 한 후 구술하되, 각기 그 체제에 알맞게 불러주었다. 기막힌 재주였다.

세조가 그를 명나라에 보내어 동방에 전하지 못한 범자梵字를 구해오도록 했다. 감로사의 주지는 중국의 고승이었다. 그 주지가 김수온이 큰 선비라는 말을 듣고는 그를 초청하여 재주를 시험했다. 미리 의자와 탁자를 갖추어놓고, 붓 · 벼루 · 종이를 탁자 위에 올려놓았다.

김수온이 방에 들어가 보았다. 바람벽 위에 묵매墨梅가 눈에 띄었다. 그는 붓에 먹을 듬뿍 적셔 시를 지었다.

조계에는 황매, 감로사엔 묵매로다

빛깔로 본다면 반야가 못되리

이 시를 보고 주지가 뜰 아래로 내려가 머리를 조아렸다.

"과연 소문대로 큰 선비외다."

과거에 오르지 못하고 글공부를 할 때, 그는 소변을 보러 뜰에 내려섰다가 떨어진 나뭇잎을 보고서야 비로소 가을이 된 줄 알았다고 한다. 훗날 병이 심하여 임종의 시간이 가까워지자 그는 아들들에게 일렀다.

"너희들은 부디 『중용』, 『대학』을 많이 읽지 마라. 나는 지금 정신이 오락가락하는 중에도 눈앞에 선연한 것은 모두 『중용』, 『대학』의 글자뿐이니라."

학문 속에 파묻혀 산 일생이 조금은 속절없이 느껴졌을까? 유언마저 그의 괴상한 버릇처럼 남겼다.

북방 차별이 부른 참극, 이시애의 난

길주의 호족 이시애李施愛가 반란을 일으켰다. 그는 북도의 수령을 남도의 인사로 삼는 것이 부당하다며, 북도인들을 선동하여 봉기했다.

세조는 중앙집권을 강화하기 위해 북도 출신의 수령을 점차 줄이고 경관京官으로 북도 수령을 늘여나갔다. 때마침 회령부사를 지내고 상을 당해 집에 있던 이시애가 무리들에게 유언비어를 퍼뜨리게 했다.

"남쪽 세 도의 군사가 수륙으로 병진하여 충청도의 전함은 경성鏡城 후라도에 닿았고, 또 조정에서 평안·황해도의 군사를 보내어, 그 군사가 설한령으로부터 북도에 들어와 장차 본도의 사람들을 모두 죽인다더라."

큰 동요가 일었다. 관찰사 오응이 이 유언비어를 믿고, 각 관청에 글을 보내어 백성들을 산 속으로 피란시키라 하여 인심이 땅에 떨어져버렸다.

이시애는 동생 이시합과 반란을 꾀하여 '본도의 절도사가 모든 진鎭의 장수들과 더불어 반역을 꾀한다'고 소문을 퍼뜨렸다.

절도사 강호문이 길주에 이르렀다. 시합의 첩의 딸이 길주의 기생이었다. 그 기생이 반란군과 내통, 강호문과 자다가 슬그머니 문을 열어 반란군을 맞았다. 절도사 강호문, 길주목사 설징신을 죽이고 반란군이 길주를 차지했다.

"호문의 무리가 반란을 꾀하여 없앤 것이다!"

이시애는 이러한 명분을 내세우고 조정에 글을 올렸다.

'각 고을 백성들이 모두 죽임을 당할까 봐 유언비어로 서로 선동하니, 청컨대 본도의 사람으로 수령을 삼아 인심을 가라앉게 하소서.'

세조는 진상을 알아보았다. 게다가 한명회·신숙주·노사신·한계희 등이 시애에게 내응했다는 유언비어마저 나돌았다. 세조는 반란 쪽으로 가닥을 잡고 종친인 구성군 이준李浚을 도총사로 삼고, 호조판서 조석문을 부사로, 허종을 절도사로, 강순·남이·어유소를 대장으로 임명하여 토벌군을 파병했다.

이시애의 반란에 여러 고을이 앞을 다투어 수령을 죽이고 호응했다. 함흥에서도 관찰사 신면을 포위하자, 신면이 누각으로 올라가 방어하다가 힘을 잃고 공허한 꾸지람을 남기고 죽어갔다.

"역적 놈들아, 자수하라! 너희들의 갈 길이 뻔하다!"

반란군들의 기세가 하늘을 찔렀다. 북도 괄시에 대한 저항이 거세었던 것이다.

신면이 죽었다는 소문을 듣고 토벌군은 의기소침해졌다. 강순·허종 등이 홍원에서 크게 싸우고 북원과 만령에서도 싸웠다. 반란군이 높고 험한 곳을 점령하여 화살을 빗줄기처럼 쏘아댔다.

이때 어유소가 꾀를 내어 적의 배후를 공격했다. 만령을 반란군과 관군이 목숨을 걸고 탈취하려고 총력을 기울였다. 결과는 관군의 승리였다. 이 싸움으로 반란군의 기세가 꺾였다.

이시애는 만령 · 홍원 싸움에 패하여 길주로 달아났다. 그는 재물과 기생을 싣고 오랑캐 땅으로 들어가려고 했다. 그때까지 부하들은 시애가 반란을 일으킨 줄을 까맣게 모르고 있었다. 다만 북도 백성을 탄압하러 온 관군에게 저항하는 줄로 알았다. 그러다가 시애가 도망치려는 것을 알고 반란인 줄 깨달았다.

길주 별시위 허유례가 이시애의 참모 이주 · 황생 · 이운로 등을 꾀어냈다.

"반란을 일으킨 자는 시애 형제다. 우리가 놈들의 목을 바치면 후한 상금을 받을 것이다. 놈들이 오랑캐 땅으로 들어가기 전에 목을 쳐야 한다. 실패하면 시애 형제는 오랑캐 땅으로 도망치고, 우리만 반역죄를 뒤집어쓰고 죽게 될 것이다."

"오늘밤에 처치합시다."

"오늘밤을 놓치면 내일 저들이 강을 건널지도 모른다."

이들은 의기투합하여 기생을 끼고 깊은 잠에 빠진 이시애 · 시합 형제를 간단히 포박해버렸다. 허유례는 반란군 앞에서 시애 형제의 목을 베어 서울로 보냈다.

한때 북도를 위협했던 난리가 쉽게 진압되었다. 허유례 · 이주 · 황생 · 이운로는 세조에게 금띠를 하사받고 영웅이 되었다.

한편, 시애와 내응했다는 유언비어로 한명회 · 신숙주 · 노사신 · 한계희가 궐 내 인지당에 구금되었다. 그들의 아들 · 사위들도 금부에 가두었다. 한 달이 지나고 나서야 사실이 아님이 증명되었다.

처음에 구치관의 밀계로 이들이 옥에 갇혔다. 세조가 내관을 시켜 한명회와 신숙주의 동태를 살피고 오도록 했다. 내관이 염탐하고 와서 말했다.

"전하, 죄인들에게 큰 칼을 씌웠으나 틀이 가볍고 목에 닿는 구멍이 넓더이다."

"뭐야? 입직 승지를 불러라!"

입직 승지가 달려왔다.

"금부 당상을 옥에 가두고, 도사 남용신을 저자에서 수레로 사지를 찢어 죽이도록 하라! 이자들이 죄인 다루기를 상전 모시듯이 하는구나!"

남용신이 파리 목숨처럼 가볍게 날아갔다.

진상이 밝혀졌을 때 세조는 한명회와 신숙주에게 맨발로 달려와 사죄했다. 임금도 자기에게 필요한 신하 앞에서는 몸을 굽힐 줄 아는 지혜가 필요한 것이다. 허나 결과적으로 세조의 북도 차별은 큰 실책이었다.

예종 시대

1468~1469

예종
시대

1468~1469

죽음을 부른 남이의 시 한 수

28세에 역적으로 몰려 목숨을 잃은 남이는 태종의 외손자였다. 용맹이 뛰어나고 포부가 커서 늘 시기가 따랐다. 심지어 남이가 그의 어머니와 정을 통했다는 밀고가 들어와 옥에 갇히기도 했다.

일찍이 그가 남긴 시 한 수는 사나이의 기상을 한껏 뽐낸 것이었으나, 결국 자신을 옭아매는 마수가 되어 죽음으로 몰고갔다.

> 백두산 돌을 갈아 다 없애고
> 두만강 물은 말을 먹여 없어졌다
> 사나이 스무 살에 나라를 평정 못한다면
> 뒷세상에 그 누가 대장부라 이르리오

권람은 시집 보낼 딸이 있어 사윗감을 골랐다. 그때 남이의 집에서 청혼이 들어왔다. 권람이 남이의 사주를 보았다. 점쟁이가 불길한 말을 했다.

"이 사주는 반드시 젊은 나이에 요절할 것이오."

이번에는 딸의 사주를 물어보았다.

"이 사주도 수명이 매우 짧고 자식이 없으나, 복만 누리고 화는 입지 않을 것이오."

권람은 남이를 사위로 맞았다.

남이는 17세에 무과에 장원한 후 임금의 극진한 사랑을 받았다. 28세에 병조판서에 올라 주위의 시기와 질투를 샀고, 그 결과 죽음을 재촉하게 되었다.

백성들 사이에 이런 말이 전해졌다.

남이가 소년 시절에 거리에서 놀 때였다. 한 어린 종이 보자기에 작은 상자를 싸가지고 가는 것을 보았다. 보자기 위에 분을 바른 여자 귀신이 앉아 있었다. 다른 사람들은 하나도 보지 못했으나 남이 눈에는 귀신이 보였다. 남이는 여자 귀신을 따라갔다. 종은 한 재상의 집으로 들어갔다. 조금 후에 그 집에서 우는 소리가 들렸다. 남이가 그 연유를 물었다.

"주인집 작은 낭자가 금방 죽었소이다."

하인의 대답이었다.

"내가 죽은 낭자를 보면 살릴 수 있다. 주인에게 알려라!"

주인은 처음에는 허락하지 않다가 행여나 하는 심정으로 남이에게 죽은 낭자를 보여주었다. 남이의 눈에 분을 바른 여자 귀신이 낭자의 가슴 위에 앉아 있는 게 보였다. 귀신이 남이를 보고 달아나버렸다. 낭자가 벌떡 일어나 앉았다. 남이가 낭자의 방을 나왔다. 낭자는 다시 죽어 나자빠졌다. 남이가 방으로 들어가면 낭자는 살아나는 것이었다.

남이가 물었다.

"아까 어린 종이 가져온 상자 속에 무엇이 들어 있었소?"

"홍시가 들어 있었는데, 아이가 그걸 먹고 숨이 막혀 쓰러졌다오."

남이는 자기가 본 분을 바른 여자 귀신을 자세히 설명하고 귀신을 다스리는 약으로 치료하여 살아났다. 이 낭자가 뒤에 남이의 아내가 되는 권람의 셋째 딸이었다.

남이가 어느 날 숙직하다가 때마침 하늘에 나타난 혜성을 보고 말했다.

"혜성은 곧 묵은 것을 제거하고 새로운 것을 포치布置하는 형상이다."

이 말을 유자광이 전해들었다. 예종이 즉위한 지 얼마 후의 일이었다. 유자광은 예종이 남이를 싫어한다는 것을 알고 거짓을 꾸며 예종에게 고변했다.

"전하, 남이가 자신의 직위를 남용하여 반역을 꾀하고 있나이다."

예종은 곧 국청을 열어 남이를 역모죄로 다스렸다. 예종이 친국했다.

"죄인은 낱낱이 고하라! 공범자가 누구이더냐?"

남이는 때마침 예종을 모시고 있는 영의정 강순이 눈에 띄었다. 강순이 자기를 변명해주지 않는 것이 괘씸했다. 강순은 이시애의 난 때 남이와 함께 출정하여 공을 세우고, 또 야인들의 소굴인 건주위를 칠 때 서정장군이 되어, 부장군 남이와 좌장군 어유소와 더불어 괴수 이만주를 죽이는 등 큰 공을 세웠다. 남이가 역모를 꾸밀 인물이 아니라는 것을 누구보다도 잘 아는 강순이었다. 그런데 강순은 아무 말이 없었다.

"강순도 역적모의에 참여했사옵니다."

강순은 졸지에 역적 누명을 쓰고 예종 앞에 엎드렸다.

"전하, 모함이나이다. 신은 본래 평민으로서 밝으신 성군을 만나 벼슬이 일인지하 만인지상인 영의정에 이르렀나이다. 신이 무엇이 부족하여 역모에 가담했겠나이까! 굽어 살피시옵소서."

"경의 말이 맞다. 과인은 경을 믿노라!"

"아니옵니다! 전하는 강순의 노회한 속임수에 넘어가려 하시옵니다. 역모에 가담한 자의 죄를 면해주고서 어디서 다른 죄인을 찾겠나이까."

남이가 외쳤다. 심약한 예종은 강순을 의심했다.

"국문하라!"

남이는 회심의 미소를 띠었다. 강순의 나이 80세였다. 고문을 이기지 못해 스스로 자복하고 말았다. 남이가 국문을 받을 때 사나이의 패기를 읊은 시의 한 구절이 단단한 올가미가 되어 그를 옭아맸다.

어느새 '남아이십미평국男兒二十未平國'이라는 시구가 '남아이십미득국男兒二十未得國'으로 둔갑하여 남이는 꼼짝없이 당할 수밖에 없었다. '미평국'이면 나라를 평정한다는 뜻이 되고, '미득국'이면 나라를 얻는다는 뜻이 되니, 그 둘은 하늘과 땅 차이만큼 뜻이 달랐다. 남이는 벌써부터 나라를 얻으려고 준비해

왔다고 유자광 등이 예종을 속이고 몰아붙였다. 남이는 구차하게 살고 싶지 않아 스스로 반역자임을 자백했다.

억울하게 걸려든 강순이 남이에게 부르짖었다.

"네 이놈 남이야! 네가 나에게 무슨 원한이 있다고 모함을 했느냐?"

"원통한 것은 나도 대감 못지않소. 대감이 영의정으로서 나의 원통함을 알고도 구해주지 않으니 나도 어쩔 수 없소."

강순은 체념하고 말았다.

병조판서 허종을 의심하여 예종이 남이에게 물었다.

"허종도 가담했느냐?"

"허종은 충신이오. 허종을 높이 쓰고 의심하지 마시오."

남이는 허종을 다치게 하지 않았다.

남이와 관련된 인물들을 죄다 잡아들여 문초했다.

남이가 도총관이 되자 벼슬아치들은 다투어 명함을 내밀었다. 김맹이란 사람만이 도총부 경력직에 있으면서도 명함을 내밀지 않았다.

남이의 집을 수색했을 때 명함이 쏟아져 나와 그자들이 잡혀가 혼이 났으나 김맹만은 무사했다. 사람이 살면서 시류에 너무 민감해도 화를 면치 못하는 법이다. 김맹처럼 자신을 믿고 세상을 의연하게 흔들림 없이 살아가면 좋으련만, 예나 지금이나 세상은 풍전세류로 하여 혼탁하기 그지없다.

서거정과 김시습은 왜 멀어질 수밖에 없었나

예종 시대에 문형(文衡, 대제학)으로 기록된 오로지 한 사람으로서 서거정徐巨正이 있다. 그의 자는 강중剛中, 호는 사가정四佳亭이다. 권근의 외손자로서, 세종때 벼슬길에 나아가 좌찬성에 이르렀다.

세조가 즉위하기 전 명나라 사신으로 연경에 갈 때, 서거정은 부교리로 세조를 수행했다. 사신 일행이 압록강을 건너 파사보에서 하룻밤을 묵었다. 저녁 무렵, 거정의 어머니 권 부인의 부고가 전해졌다. 세조가 그 소식을 먼저 받고 거정의 상심을 염려하여 숨기려고 했다.

그날 밤, 서거정은 이상한 꿈을 꾸고 놀라 자리에서 일어났다. 그는 눈물을 홀쩍이며 잠을 이루지 못했다. 일행 중 한 명이 잠을 깨어 물었다.

"무슨 사연으로 울고 계시오?"

"나쁜 꿈을 꾸었소. 꿈에 달에 변괴가 생겼소. 달은 어머니의 상징이 아니오? 나는 연로한 어머니가 계시오. 꿈자리가 좋지 못한 것을 보면 필시 어머니에게 무슨 일이 생긴 것 같소. 그래서 울고 있는 거라오."

"꿈은 꿈일 뿐이오. 아무 일 없을 테니 누워서 잠을 청해보시오."

서거정은 뜬눈으로 밤을 새웠다. 서거정의 얼굴이 밤새 수척해졌다.

"강중의 얼굴이 안 좋아 보이는구려. 몸이라도 불편한 게요?"

세조가 물었다.

"어머니가 걱정되어 잠을 설쳤나이다."

서거정은 세조에게 꿈 얘기를 들려주었다. 세조는 더는 속일 수 없었다.

"강중의 효심이 하늘을 감동시켰구려. 실은 어제 저녁에 어머니의 부고를 받은 바 있소."

거정은 대성통곡을 터뜨렸다.

뒷날 세조가 왕위에 오른 후 서거정을 대하면 압록강의 꿈 이야기를 꺼냈다. 그러고는 덧붙였다.

"과인이 경을 밑에 두려는 것은 경의 재주가 탐나서가 아니오. 아시겠소?"

"성은이 망극하여이다. 어찌 전하의 어의를 헤아리지 못하겠나이까."

서거정은 매월당과 친한 사이였으나, 세조 즉위 후부터는 사이가 멀어지고 말았다. 일찍이 서거정이 김시습을 청하여 강태공의 고기 낚는 그림을 보이면서 시를 부탁했다. 김시습은 그림을 일별하고 즉시 절구를 뽑아냈다.

바람이 부슬부슬 낚시터에 뿌리니
위수의 고기와 새는 즐거이 기심機心을 잊었구나

무엇하러 늘그막에 매처럼 날뛰는 장수 되어
백이 · 숙제를 속절없이 굶주리게 했는가

여기에서 기회를 엿보는 마음이란 뜻의 '기심'에는 숨은 뜻이 있다. 옛날
바닷가에 사는 어떤 사람이 해오라기와 친하게 되어, 해오라기가 그를 두려
워하지 않고 가까이서 놀았다. 집에 와서 그 얘기를 부인한테 들려주었다. 부
인이 말했다.

"내일은 그 해오라기 한 마리를 잡아오시구려."

"그러지."

이튿날 사내가 해오라기를 잡아올 마음을 먹고 바닷가에 나갔다. 해오라기
가 한 마리도 보이지 않았다. 이것은 곧 그 사내가 해오라기를 잡으려는 기심
이 있었기 때문이라고 한다.

서거정은 김시습이 쓴 시를 한참 들여다보다가 한숨을 쉬며 말했다.

"알겠네. 그대의 시는 나의 죄罪를 말한 것이구먼."

김시습은 아무 말 없이 가버렸다. 세조 밑에서 벼슬하는 서거정이 곱지 않
았던 것이다.

서거정은 26년 동안 문형을 맡았다. 그 당시 이름 높은 학자 김종직 · 강희
맹 · 이승소 같은 이들은 문형을 맡지 않았다. 사람들이 이를 두고 입방아를
찧었다.

"서거정이 김종직 · 강희맹 등과 사이가 좋지 않아, 문형의 후임이 두 사람
에게 돌아갈까 두려워 꽉 잡고 있는 것이다. 어느 한 사람이 오랫동안 문형을
맡는 것은 옳지 못하다."

이 말을 듣고 서거정이 맞받았다.

"내가 문형을 그만두면 그 누가 임무를 감당하겠는가!"

그는 시험관을 맡아 과거시험을 스물세 번이나 치러 인재를 뽑았다. 그의
저술로는 『사가집』 34권을 비롯하여, 『역대연표』, 『여지승람』, 『동문선』 등 헤
아릴 수 없이 많다.

제9대

성종 시대

1469~1494

성종
시대

1469~1494

성종, 조선의 태평성대를 열다

예종이 즉위 후 해를 넘겨 세상을 떠나고, 13세의 어린 임금이 보위에 올랐다. 조선 제9대 성종이다. 성종은 학문에 뜻이 많았다. 아침 · 낮 · 저녁 세 때에 글을 강론하고, 밤에도 옥당에 입직한 신하를 불러 강론을 청했다. 강론을 마치고는 신하와 편복 차림으로 마주앉아 술을 내리면서, 고금의 치란治亂과 민간의 편리한 일, 병폐로운 일 등에 대해 물었다. 따라서 전각 안에는 늘 촛불이 켜져 있었다. 혹 입직 신하들이 술에 취하면 어전 촛불을 주어 바래다주라고 내관에게 일렀다.

성종은 해서楷書에 정통하여, 글씨 모양이 사랑스럽고 단아하며 무게가 있었다. 또 묵화에도 일가견이 있었다. 나랏일을 보살피는 여가에 때때로 필묵을 가까이 하여 솜씨를 보였다. 성종의 짧은 글씨와 작은 화폭들이 세상에 흩어져, 이것을 얻은 자는 겹겹으로 싸서 간직하여 주옥보다 더 귀중하게 여겼다.

이따금 궁인의 상자 속에 들었던 휴짓조각이 발견되기도 했는데, 종이와 필체가 예사롭지 않았다. 그 종잇조각에는 단상을 읊은 시가 적혀 있었다.

그윽한 정자는 흐르는 물을 내려다보고
높은 나무는 잔잔한 물을 굽어본다

준마가 푸른 풀밭에서 우니
봄이 산기슭에 있구나

　한적한 봄을 읊은 것 같으나, 고독감이 물씬 배어 있다. 외로움은 이 종잇조각에도 묻어 있다.

깎아세운 듯한 절벽은 천 길이나 섰는데
솔바람은 불어 그치지 않네
난간에 기대어 서 있는 무한한 뜻에
고향의 가을이 어렴풋하네

　성종은 형 월산대군에 대한 우애가 남달랐다. 형에 대한 애틋한 정을 읊은 시도 보인다.

묻노니 형은 무슨 일로 세월을 보내는가
상상하건대 거문고와 노래겠지

　이러한 종잇조각으로 보아 성종은 낙서를 즐긴 듯하다.
　뒤에 영의정을 지낸 성희안이 홍문관 정자(정9품)로 있을 때였다. 그가 부친상을 당하여 복제를 마쳤다. 성종은 말단 벼슬아치인 그를 편전 문 밖에까지 불러 위로했다. 그리고 내관을 불러 성희안에게 매 한 마리를 주면서 일렀다.
　"그대는 늙은 어머니가 계시니, 공무의 여가를 틈타 이 매로 사냥하여 맛있는 고기를 드리도록 하라!"
　성희안이 숙직을 할 때 성종의 부름을 받아 술을 마시며 세상사를 토론했다. 그는 술에 취해 감자와 귤 여남은 개를 소매 속에 넣었다.
　내관이 술 취한 희안을 업고 나가다가 소매 속의 감자와 귤이 떨어져 바닥에 흩어졌다.

이튿날이었다. 성종은 감자(柑子, 홍귤나무의 열매)와 귤 한 쟁반을 옥당(홍문관)에 하사하면서 일렀다.

"어젯밤 희안이 감자와 귤을 소매 속에 넣은 것은 노모를 위한 것이므로 과인이 오늘 그것을 내리노라."

성희안은 성종의 은혜를 마음속 깊이 새겨 죽음으로 갚으려고 했다. 뒷날 그는 중종반정中宗反正의 핵심 인물이 되어 폭군 연산을 몰아내는 데 목숨을 걸었다. 성종에 대한 은혜 갚음이었다.

한번은 재상 이영은과 이곤 두 사람이 한 기생을 함께 관계하고 서로 빼앗으려고 추태를 부렸다. 간관이 이를 알고 죄를 논하며 파직시키라고 청했으나, 성종은 응하지 않았다. 양사에서 벌떼처럼 일어나 두 사람을 파직시키라고 성종에게 압력을 넣었다.

성종이 말했다.

"예로부터 사대부들이 아내와 첩을 서로 빼앗는 것은 쇠망해가려는 징조다. 나는 지금 이 나라가 쇠망해가는 세상으로 볼 수 없으므로 대간의 파직하라는 청에 따를 수 없다."

그리고 이영은과 이곤에게 영을 내렸다.

"그대들은 벼슬을 내놓고 물러가 깊이 반성하라!"

성종은 두 정승을 파직시키지 않고 사직서를 쓰게 만든 것이다. 현명한 판결이었다.

성종은 경연 강론이 끝나면 꼭 편전에 나왔다. 6개 부처 승지가 각기 소속 관청의 일을 가지고 해당 관원들과 함께 임금을 뵈었다. 임금은 승지와 관원들과 더불어 나랏일을 의논하고, 옳지 않은 일을 상주하면 물리친 후 다시 의논해오라고 영을 내렸다. 그리고 의견을 꼼꼼히 따져물었다.

"이것이 정녕 당상관의 의사인가, 해당 관원의 생각인가?"

그러고 나서 의견을 낸 관원의 이름을 기록해놓았다가 반드시 승진에 반영시켰다.

또한 성종은 수령과 변방의 장수들이 그만두거나 부임할 때 한 사람씩 불러, 그 사람의 출신내력과 친족·교우 관계를 물었다. 그리고 군졸을 다스리고 백성을 어루만지고 외적을 방어하는 방법을 물어, 잘하고 있다고 보면 칭찬해주고, 때로는 승진시켜 사기를 북돋워주었다. 또 잘못한다고 판단되면 내쫓고, 그 수령과 변방 장수를 추천한 사람에게 책임을 물었다. 그러므로 지방관으로 발령받는 관리가 임무를 감당하기 어렵다 싶으면 병을 핑계 삼아 부임하지 않는 예가 종종 있었다.

한번은 성종이 한 수령이 지방을 잘 다스린다는 말을 들었다. 성종은 그 수령을 크게 쓸 수 있는지 알아본 후에, 조정으로 불러 사헌부 소속의 집의(종3품)로 명했다.

3사(三司, 사헌부·사간원·홍문관)에서 상소를 번갈아 올려 그 집의의 임명을 거두어들이라고 아우성이었다. 성종은 오히려 그 사람을 이조참의로 한 품계 더 승진시켰다. 3사에서는 또 극력 반대하여 들고 있어났으나, 며칠 만에 성종은 또 그 사람을 한 품계 올려 이조참판(차관급)으로 임명했다. 그제야 3사에서 상소를 중지했다.

"만약 이에 그치지 않는다면 반드시 정승까지 이르게 될 것이니, 그만 중지하는 것만 못하다."

그 사람은 후에 정승이 되었고 재능이 출중하여 나라에 큰 도움을 주었다. 성종의 사람 보는 눈에 신하들은 탄복할 수밖에 없었다.

어느 날, 성종이 후원에서 산보를 즐겼다. 그때 까치가 종이 한 장을 물고 가다가 성종 앞에 떨어뜨렸다. 성종이 그 종이를 무심코 보았다. 해변 고을 수령이 좌승지에게 뇌물을 준 물목 단자單子였다.

성종은 그 종이를 소매 속에 넣고 경연에 나가, 여섯 승지를 불러 조용히 말했다.

"그대들에게 묻겠노라. 만약 지방의 수령들이 음식물을 그대들에게 선물한다면 예의를 무시하고 받겠는가?"

여러 승지들이 입을 모았다.

"전하, 어찌 감히 덥석 받겠나이까?"

그러나 좌승지만은 대답을 하지 못하고 머리를 조아렸다.

"신은 덥석 받았나이다. 신은 90세가 되는 노모가 계시온데, 평소에 교분이 두터운 한 수령이 어제 해산물을 신에게 선물하여 그것을 받았나이다. 신에게 죄를 주시옵소서."

성종은 환하게 웃으며 소매 속에서 그 물목 단자를 꺼냈다.

"그대는 옛날 정직한 사람의 유풍을 지녔다고 이를 만하다. 노모를 지극 정성으로 모시도록 하라!"

성종은 뇌물과 성의의 선물을 구별하여 신하들을 단속했다.

성종은 큰 술잔에 술 마시기를 좋아하는 묘한 버릇이 있었다. 맑기가 물 같은 옥 술잔이 하나 있었다. 성종은 술이 취하면 신하에게 그 술잔으로 술을 마시게 했다.

어느 날 종친부의 한 종실이 술을 마신 뒤에 그 옥 술잔을 소매 속에 살짝 넣고 일어나 춤을 추다가, 거짓으로 넘어져 술잔이 와장창 깨어져버렸다. 성종의 과한 음주를 간접적으로 깨닫게 한 처사였다. 성종은 종실의 뜻을 알고 죄를 묻지 않았다.

성종은 말년에 왕자 역(후에 중종)을 유별나게 사랑했다. 사헌부에서 이 일을 문제삼았다. 지나친 편애로 교육에 문제가 있다는 것이었다.

성종은 사헌부에서 올리는 상소를 읽고 난 후, 사헌부의 장령을 불러 아무 말 없이 한 수의 시를 보여주었다.

세상 사람들이 늦가을 국화를 사랑하나니
이 꽃이 핀 뒤에는 다시 다른 꽃이 없기 때문이다

장령이 시를 읽고 눈물을 닦았다. 임금의 심약함이 죽음을 끌어들이고 있어서였다. 얼마 후 성종은 세상을 떠나고 말았다.

성종의 후견인 왕대비와 세 대비

성종은 궁궐에 정희왕대비와 세 대비인 혜장 · 회간 · 양도 대비를 모셨다. 그리고 대비를 위해 날마다 소연을 베풀고, 내수사의 여종 5, 6명을 뽑아 속악俗樂을 익히게 했다.

여종 가운데 하나가 얼굴과 재주, 예능이 뛰어났다. 그 여종이 성종에게 은근히 추파를 던졌다. 성종은 그 낌새를 깨닫고 그 부모를 불러 시집 보내게 한 다음 다시는 궁중에 들어오지 못하도록 조처했다. 그리고 궁중에서 소연을 폐지해버렸다.

성종은 날마다 세 번 경연에 나오고 세 번 왕대비전과 대비전에 문안을 갔다. 그리고 종친들을 불러 후원에서 술도 마시고 활도 쏘았다. 종친들을 대하면 반드시 소연을 베풀어 기생과 음악이 따르게 했다. 가히 태평성대라 말할 수 있었다. 그러나 부정적인 시각도 없지 않았다.

"연산군이 연락宴樂에 빠진 것은 성종 때부터 귀와 눈에 배었으므로 그리된 것이다."

성종은 왕대비를 깍듯이 모셨으나, 국사에 관한 일에 한해서는 결코 양보가 없었다.

선왕인 세조가 정난을 일으킬 때 한 장사치가 공이 커 어필을 내렸다.

'세 번 죽을죄를 지어도 용서받는다.'

성종 즉위 초 그 장사치가 사람을 죽였다. 당연히 법대로 처벌해야만 했다. 그 장사치가 세조의 어필을 정희왕대비에게 올렸다. 왕대비는 세조가 약조한 일이라며 성종에게 교지를 내렸다.

'선왕께오서 손수 쓰신 유교遺教가 있으니 장사치를 용서해주시오.'

성종은 왕대비를 찾아가 위법임을 밝혔다.

"왕대비마마, 선왕의 유교는 한때의 사사로운 은혜이옵나이다. 사람을 죽인 자가 죽게 되는 것은 만세의 공법公法이니, 어찌 사사로운 은혜로 하여 만세의 공법을 폐기하겠나이까? 해량하시옵소서."

"내가 공법을 모르는 바 아니오. 다만 선왕의 유교를 따르지 않을 수 없으니 특사로 용서해주시오."

"그럴 수는 없사옵나이다. 선례를 잘못 만들어놓으면 법이 제대로 서지 않고, 법이 서지 않으면 나라의 기강이 무너지고, 기강이 무너지면 나라는 혼란해지나이다."

"주상, 법을 어기라는 게 아니라 주상께서 특사를 하라는 말씀이오."

"특사도 그렇습니다. 한번 남발하기 시작하면 전례가 되어 계속 이어지게 되고, 계속 이어지게 되면 임금의 권위가 서지 않게 되나이다."

"그래도 이번만은 주상이 이 할미의 청을 들어주셔야겠소."

"할마마마, 이 손자의 고충을 헤아려주소서."

"주상, 어찌 그리 법만을 말하고 인정을 외면하시려는 게요!"

"왕대비께오서 저의 말을 듣지 않으신다면 제가 나라를 맡을 수 없사옵나이다. 그러하오시면 원컨대 다른 이에게 나랏일을 맡겨주옵소서!"

왕대비의 얼굴이 새파랗게 질려버렸다. 그토록 너그럽고 아량이 많은 임금이 딴 사람으로 변한 것 같았다. 왕대비는 자신의 요구가 너무 심했다는 것을 깨닫고 순순히 한 발 물러섰다.

"주상의 뜻이 정 그렇다면 알아서 처리하시오."

성종은 그 장사치에게 곤장형을 내리게 하고 끝내 죽이지는 않았다. 왕대비의 마음을 아프게 할 생각은 추호도 없었다.

성종 6년에 익명서가 승정원에 붙었다. 그 내용은 인수대비의 섭정 폐단을 지적한 것이었다. 인수대비는 즉시 성종에게 나랏일을 물려주었다. 성종은 극구 사양했다. 그래도 대비는 듣지 않았다. 성종은 할 수 없어 한명회에게 대비를 잘 구슬려 마음을 돌려보도록 했다. 한명회가 대비를 만나 세 치 혀를 굴렸다.

"대비마마, 지금 만약 마마께오서 정사를 내놓으신다면 이는 동방의 백성을 버리는 것이옵나이다. 신이 평상시에 안심하고 술을 마셨사온데, 만약 정사를 내놓으신다면 안심하고 술을 마실 수 없나이다."

"원상院相께서는 무슨 말씀을 하시는 게요? 원상이 술을 안심하고 마시라고 내가 정사를 껴안고 있으라는 말이오!"

"대비마마, 그것이 아니오라, 아직은 마마께오서 정사를 물리칠 때가 아니라는 말씀이옵나이다."

"아니오. 주상이 보위에 오른 지 6년이오. 주상의 춘추가 금년 열아홉이 아니오? 내가 정사를 주상께 이양하는 것이 옳을 듯하오."

"아니옵니다. 주상께오서도 대비마마께오서 더 뒷배를 봐주시기를 원하옵나이다."

"아녀자가 언제까지 발을 늘이고 수렴청정을 하란 말이오. 이참에 나는 물러날 것이오. 그리 알고 준비를 서두르시오!"

인수대비의 뜻은 확고했다.

한명회는 속절없이 대비전을 물러나왔다.

인수대비는 곰곰이 생각해보니 한명회의 농담이 괘씸하기만 했다. 그래서 교지를 내려 꾸짖었다. 이에 양사에서는 한명회의 말을 문제 삼아 임금에게 국문하라고 상소를 올렸다.

'세조께오서는 말이 불경한 죄로써 정난공신 양정을 죽이고, 정인지·정창손 등 원로 재상들을 귀양 보낸 일이 있사옵나이다. 한명회를 잡아들여 죄를 물으소서.'

성종은 불문에 부쳤다.

남이 장군을 죽이는 데 공로가 컸던 유자광이 한명회를 국문하라고 팔을 걷고 나섰다. 성종은 자신이 심부름을 보내어 그렇게 된 일이어서 한명회를 의리상 죄 줄 수는 없었다.

"원상의 일은 더는 거론치 말라!"

엄명을 내렸으나 유자광은 끝까지 물고늘어졌다. 성종은 그의 상소 가운데 거친 표현을 트집 잡아 오히려 그를 파직시켜버렸다. 성종은 대비의 수렴청정에서 벗어나 비로소 국사를 손수 다루는 명실상부한 임금이 된 것이다.

인재는 인재가 알아본다

성종은 내관을 암행어사로 삼아 충청도 지방의 백성들의 고통을 알아오라고 지시했다. 내관은 은밀히 행동했다. 그가 조정으로 돌아와 성종에게 아뢰었다.

"전하, 충주목에서 생긴 일이옵나이다. 목사에게 한 손님이 있었사온데, 그가 기생 하나를 몹시 사랑했나이다. 하오나 기생은 냉정했나이다. 이별할 때에 손님은 울면서 차마 작별하지 못했나이다. 때마침 도사都事가 그 자리에 있었나이다. 손님은 도사와 기생의 손을 잡고 눈물을 흘리면서 도사에게 말했나이다. '그대가 내 이별의 서러움을 위로해주겠소?' 그러자 도사가 시 한 수를 읊었나이다."

> 자지직紫芝雀 띠는 가는 허리에 둘리었고
>
> 흑서화黑黍靴 신은 발에 맞아 편안하다

"시를 듣고 손님은 뒤돌아보지도 않고 가더이다."

성종이 내관의 얘기를 듣고 빙긋 웃었다. 그리고 도사의 이름을 물어 적어놓았다. 뒷날 성종은 그 도사를 불러들여 홍문관에 두려고 했다. 그러자 사헌부에서 들고일어났다. 성종은 사헌부 관리를 불러 물었다.

"반대하는 이유를 대라!"

"전하, 예로부터 홍문관 채용은 공론에 의해 이루어졌나이다. 임금의 특별명령으로 채용된 적이 없나이다."

"묻겠노라. 세력가에게 쫓아다니며 얻은 것이 공정하냐, 아니면 명성이 임금에게 알려져 채용된 것이 공정하냐?"

"그런 기준으로 채용 유무를 가릴 수는 없나이다."

"듣기 싫다, 나가라!"

성종은 노기를 띠었다. 사헌부 관원은 벌벌 떨면서 나가다가 길을 잘못 들어 임금이 다니는 길로 나갔다. 성종은 눈여겨보다가 좌우의 신하들에게 말했다.

"제가 가야 할 길도 모르면서 남의 앞길을 막으려 하는 자로다!"

도사는 결국 옥당(홍문관)에 들어왔다. 재주가 뛰어난 자였다.

어느 해 성종이 친히 종묘에 제사 지낼 때였다. 한 장령이 축관祝官이 되어 축을 읽을 때 목소리가 나오지 않고 입이 붙은 것 같았다. 이튿날 성종은 그 장령을 외직인 풍산만호로 임명했다. 간관들이 부당하다고 들고일어났다. 성종이 간관들을 나무랐다.

"명색이 문관이란 자가 축문도 읽지 못하였다. 내 들으니 그자가 활 쏘는 것은 조금 한다 하여 한 성보城堡나 지키라고 보낸 것이다."

그러나 성종은 그 사람을 3개월 동안 깨닫게 한 후 다시 장령으로 불러들였다.

이번李蕃이란 사람이 경주에 소속된 안강현에 살았다. 얼굴이 단정하고 성품이 고상했다. 나이 스무 살이 되어 경주부의 향교에서 스승에게 배우고 친구를 사귀었다. 경학에 통달하고 문장에 능했으며 글씨도 잘 썼다.

성종은 이번이 향시鄕試에서 장원한 작품을 보고 칭찬한 후, 이번에게 역마를 타고 급히 상경하라고 영을 내렸다. 이번이 성종 앞에 나타나자, 종이와 붓을 주어 다시 그의 실력을 시험해보았다. 그런 후 의복과 식비까지 주어 성균관에서 공부하도록 배려해주었다. 이번은 성균관에서 공부를 마친 후 과거에 급제한 후 출사했다. 선비들이 이번을 영광스럽게 생각했다.

성종은 밤이면 자주 미행을 나가 민정 시찰을 했다. 성종이 밤늦게 대궐 문밖을 나와보니, 삼각산 밑에 유난히도 밝은 등불이 보였다. 내관을 시켜 가서 보게 했다. 한 서생이 등불을 나무에 달아놓고 글을 읽고 있었다.

내관이 물었다.

"여보시오, 무엇하러 고생스럽게 글공부를 하오?"

"과거에 급제하려고 그러오."

성종은 그 사람을 불러 글을 짓게 했다. 글이 뛰어났다. 성종은 그 선비를 급제시켜 벼슬을 주었다.

또 한 번은 성종이 대궐 밖에 미행을 나갔다가 어떤 사람이 까치집이 있는 나무를 베어 자기의 문 앞에 세우는 것을 보았다. 내관을 시켜 그 연유를 물었다.

"까치집이 있는 나무를 무엇 하러 집 앞에 가져다 세운 거요?"

"예로부터 대문 밖의 나무에 까치집이 있으면 과거에 급제한다는 말이 있소이다. 우리 집 앞에 까치집이 있는 나무가 없어, 이것으로 대신하여 좋은 징험이 있기를 바라는 뜻이오."

성종이 그를 불러 직접 물었다.

"선비는 강송講誦을 잘하오?"

"예에, 나를 아는 선비들은 잘한다고 하오."

"제술(製述, 글짓기)은 어떻소?"

"잘하오. 그런데도 수십 년 동안 과거에 억울하게 떨어졌소이다."

성종은 그를 시험해본 후 급제시켜주었다.

장령 이승건이 황해도를 돌아보고 돌아와 성종에게 아뢰었다.

"신이 향시에서 책문策問을 내어 황해도의 여러 폐단을 막을 방법을 물었사온데, 영유 훈도 권계동이 대답하되, '오직 부처를 공양해야만 능히 구할 수 있다'고 했사옵나이다. 이 사람의 마음씨가 바르지 못하여 내쫓았나이다."

성종은 이 말을 듣고 즉각 조처했다.

"불교가 나라를 좀먹고 백성을 해치는 것은 백성들이 다 아는 바다. 지각이 있는 사람이면 불교를 당연히 물리칠 것이거늘, 계동은 남을 가르치는 훈도로서 유교를 배반하고 부처에게 아첨하여 불교로써 백성을 구하는 방법을 삼으려 하니, 백성을 현혹함이 이보다 더할 수 없다. 사헌부로 하여금 국문케 하라!"

영을 내리고 교지를 내렸다.

'과인이 일찍이 중들이 천륜을 버리고 백성의 재물을 소모시키는 것을 미워하여 장차 그 뿌리를 뽑고 세상의 교화를 부식扶植하고자 했거늘, 지금 유생들이 나라에서 어진 사람을 들어 쓰는 시기를 당하여 요·순의 도리는 진술

하지 않고 부처의 법을 주창하게 되니, 이는 과인으로 하여금 양나라 무제가 절에 가서 사신(捨身, 출가)하고 당나라 헌종이 예불했던 것과 같이 하도록 하려 함이니, 마땅히 법을 맡은 관원으로 하여금 국문케 하여 먼 지방으로 내쫓도록 하라!'

성종의 불교 배척이 이처럼 자심했다.

찰방 벼슬을 지낸 이관의는 나이가 75세였다. 그는 경기도 이천에 살고 있었다. 성리학에 조예가 깊어 그 당시 선비들이 그를 추앙했다.

손순효의 추천으로 조정에 불려와서, 경연에서 『대학』, 『중용』을 강송했다. 성종은 관의에게 성리학의 근원과 천지의 도수度數 및 일월성신과 세차역법歲差曆法 등을 논하게 했다. 관의는 막힘없이 대답했다.

성종은 관의의 깊은 학문이 아까웠으나 옆에 두기에는 늦은 나이였다. 그를 이천으로 돌려보내고 경기감사에게 영을 내렸다.

"전 찰방 이관의의 학문이 높다 하여 불러 시험해보니 과연 소문과 다르지 않도다. 장차 크게 쓰려고 했으나 관의의 나이 이미 75세, 고향으로 돌아가 여생을 마치도록 했도다. 감사는 그 지방의 수령을 시켜 쌀을 주어 과인이 표창하는 뜻을 보이게 하라."

이처럼 성종의 인재 사랑은 나이를 초월한 것이었다.

함경도 유생 박원경은 글씨를 잘 써서 남의 상소를 대신 써주었다. 박원경의 글씨체가 성종의 눈에 띄었다.

"누가 쓴 글씨인고?"

입직 승지에게 물었다.

"멀리 함경도 유생 박원경의 글씨이옵나이다."

"박원경을 승정원으로 부르라!"

성종은 박원경에게 술과 고기를 내리고, 화살통을 주면서 그 거죽에 글씨를 써서 올리도록 했다. 그리고 성종은 손수 글씨를 쓴 병풍을 하사했다.

이렇듯 성종은 비록 작은 재주라도 칭찬하고 장려했다. 또 신하를 접견할 때는 한 집안의 부자 사이처럼 하였고, 나랏일을 다룰 때는 엄숙하고 공정했다. 그러므로 신하들이 감히 실정을 숨기고 행실을 꾸미지 못했다.

성종 앞에서는 서로 잘했다 못했다 하고 면박하거나 숨기거나 회피하지 않았으나, 대궐 문 밖에 나가서는 마음을 털어버리고 서로 기뻐하여 마음에 앙금이 남을 일이 없었다. 성종의 뛰어난 밝음과 위엄 있는 덕에 신하들은 늘 감화를 받았다. 신하들의 희로애락이 성종의 한번 찡그리고 웃는 사이에 있었다.

목숨을 건 소인배론

조선시대의 언관言官들은 자신의 목숨과 바꿀 만한 말 한마디로 고집을 부려 임금과 한판 승부를 겨뤘다. 언관은 그만큼 나라 기강을 바로잡는 중요 직책이었다. 언관이 썩으면 언로言路가 막히고, 언로가 막히면 조정이 썩게 마련이었다. 성종 시대의 소인배론은 언관이 성종에게 목숨을 건 한판 승부였다.

성종 8년 7월, 인사개편이 있었다. 현석규가 도승지, 홍귀달이 동부승지, 임사홍·한간·손순효가 승지로 발탁되었다. 현석규는 서원군의 사위이고, 임사홍은 보성군의 사위로 임금과 인척이었다. 특히 임사홍은 성종과 사돈 관계가 되었다. 임사홍의 아들이 성종의 둘째 딸 휘숙옹주에게 장가들었다.

때마침 조식의 누이동생이 이심에게 시집을 가서 일찍 과부가 되었다. 조식은 그의 노비까지 모두 빼앗아버렸다. 얼마 후 조식의 과부 누이동생이 전현령 김주와 혼인했다. 조식은 김주가 누이동생을 강간했다고 무고했다. 이 사건이 의금부에 내려왔다. 의금부에서 조식을 무고죄로 신문하기를 청하자, 홍귀달이 부당하다고 성종에게 아뢰었다.

이튿날 현석규가 이 일을 알고, 자기와 의논하지 않고 홍귀달이 단독으로 임금에게 아뢰었다고 노발대발이었다.

"안 될 말이야. 비록 강맹경이 도승지가 되고 신숙주가 동부승지가 되었더라도 이런 일은 하지 않았을 것이야. 괘씸한 자 같으니라구! 네가 어찌 이런 일을 할 수 있다는 말이냐!"

현석규가 홍귀달을 '너'라고까지 하면서 닦달했다. 이 사실이 조정에 널리 알려져, 대사간 손비장과 사간 박효원이 현석규를 탄핵하는 상소를 올리고, 유자광도 현석규를 논박하는 상소를 올렸다. 조정이 이 일로 하여 시끌벅적했다.

성종은 생각다 못해 새로 임명한 승지를 죄다 교체해버렸다. 그런데 승지 임사홍을 일약 대사간으로 임명했다. 이때 그의 나이 30세였다.

대간이 들고일어났다.

"현석규만을 책망하여 다른 보직을 주지 않는 것은 부당하다."

성종은 기다렸다는 듯이 현석규를 대사헌에 임명했다. 대간에서 옳지 않다고 항의 상소를 올렸다. 성종은 이를 대간들의 인사권 간섭으로 알고 석규를 형조판서로 임명해버렸다.

"석규와 사홍은 모두 종친의 사위이고 한간은 과인의 4촌이니, 어찌 누구는 사랑하고 누구는 미워할 수 있겠는가! 또한 석규가 귀달에게 성을 낸 것은 그럴 만해서 성 낸 것이니 본래 죄가 없도다!"

그런데 여기에서 그치지 않았다. 사헌부 지평(持平, 정5품) 김언신金彦辛이 현석규를 소인배라고 탄핵하고 나섰다. 석규를 당나라 노기盧杞와 송나라 왕안석에 비유했다. 성종은 석규의 그릇이 정말 그런지 의심하면서도 언신을 불러 다짐을 받았다.

"과인이 의정부와 이조에 묻겠다. 만약 석규가 네 말대로 소인배가 아니라면 너는 임금을 속인 죄를 면하지 못할 게야."

"만약 사실이 아니라면 신이 극형을 받겠나이다."

성종은 의정부와 이조에 현석규의 인물됨을 하문했다. 두 곳 모두 '석규가 소인배인 줄은 모르겠다'는 보고였다.

성종은 몹시 화가 나서 언신을 의금부에 가두고 국문토록 했다. 의금부에서는 언신을 기망죄로 다스려, 곤장 1백 대에 도형徒刑 3년형을 확정하여 임금께 보고했다. 성종은 화가 풀리지 않았다.

"임금을 속였으니 마땅히 죽을죄이니라. 형벌이 가벼운 까닭이 무엇이냐?"

성종은 언신을 승정원으로 잡아오게 하여 국문하도록 했다.

이에 동중추부사 김유가 상소를 올렸다.

'전하, 대간은 임금의 귀와 눈이나이다. 하는 말이 정당하면 전하께오서는 얼굴빛을 고치시고, 논하는 일이 의정부에 관계되면 재상도 처분을 기다리게 되옵나이다. 석규가 소인인지 군자인지 신은 모르옵니다만, 설령 석규가 군자인데 언신이 그를 소인이라고 했더라도 잘못 판단하고 고집을 부린 데 불과할 것이나이다. 하물며 석규는 갑자기 품계가 뛰어올라 벼슬이 판서에 이르러 혁혁한 대신이오며, 언신은 미관으로서 마음속에 생각한 그대로를 감히 전하의 엄한 위엄 앞에 다투었으니, 말은 비록 맞지 않더라도 옛 사람의 강직한 기풍은 있사옵나이다. 마땅히 표창하여 선비들에게 권장해야 할 것이온데 도리어 죄를 주게 되오니, 신은 앞으로 대간의 정신이 해이해질까 염려되나이다. 통촉해주시옵소서.'

"언신이 스스로 극형을 받겠다고 했으니 과인이 알아서 결정하겠노라."

성종은 언신을 대궐 뜰에 꿇리고 꾸짖었다.

"네가 과인을 기망한 죄는 죽어 마땅하다. 지금도 석규를 소인배라고 말하겠느냐, 아니면 네 판단이 잘못되었느냐?"

"신이 그릇 고집한 것이 아니오며, 석규는 실로 소인이옵나이다."

언신은 죽음 앞에서도 소신을 꺾지 않았다.

"네가 석규를 노기와 왕안석에 비유했으니, 그렇다면 너는 과인을 당나라의 덕종과 송나라의 신종에 비하는 것이더냐?"

언신은 목소리를 높였다.

"전하, 덕종은 노기 하나만을 썼고, 신종은 왕안석 하나만을 썼사옵나이다. 석규는 노기·왕안석의 음험하고 간사함을 겸했는데도 전하께오서는 그를 쓰시니, 전하께오서는 덕종·신종보다 더하다고 생각되나이다."

성종은 노여움을 풀었다. 언신의 소신을 굽히지 않는 강직한 기풍이 신선한 느낌마저 주었다. 언관이라면 이쯤 되어야 한다는 생각이 들었다. 성종은 언신을 다독거렸다.

"죽음에 다다라 말을 고치지 않는 것은 분명 신信이다. 간하는 신하를 죽인 임금은 오직 걸주桀紂뿐이니라. 너를 옥에 가둔 것은 네가 고집이 센 때문이니라. 내가 어찌 간하는 신하를 죽이겠느냐? 옛날 당태종이 처음에는 간하는 말을 잘 듣다가 뒤에 가서 점점 그렇지 못했던 일을 본받지는 않을 것이다. 너는 앞으로도 말할 만한 일은 죄다 말하라. 네가 강개하여 끝내 굴하지 않는 것을 과인은 칭찬하고 싶도다. 돌아가 직무에 충실하라!"

"성은이 망극하여이다, 전하!"

성종은 언신에게 술을 내리어 위로했다.

얼마 후 사간원의 헌납(獻納, 정5품) 안침이 아침 조회에서 휘숙옹주(임사홍의 며느리)의 집이 법도에 지나치다고 탄핵했다. 임사홍은 이때 대사간이었고, 그의 아들 광재는 예종의 딸 현숙공주에게, 숭재는 성종의 딸 휘숙옹주에게 장가들어 권세가 하늘을 찔렀다.

임사홍은 기가 막혔다. 수장인 자기의 의사를 물어보지 않고 관원이 불쑥 상관인 자기를 탄핵하다니, 이는 하극상이었다. 그는 양사 언관들을 모아놓고 일갈했다.

"대간은 마땅히 동료끼리 의논이 일치해야만 주상께 아뢰는 것이거늘, 안 헌납 혼자 주상께 아뢰다니, 될 말인가! 양사에는 위계질서도 없단 말인가!"

안침이 이에 불복했다.

"언관은 마땅히 가슴속에 있는 것을 죄다 말해야 할 것이오. 만약 의논 일치만을 고집한다면 언로에 지장이 있을 것이오."

"안 헌납은 잘했다는 말인가?"

"제가 잘못한 것을 모르겠소."

"이런 자가 있나!"

"말씀 삼가시오!"

서로 언성을 높였다. 임사홍의 권세를 뜻 있는 중신들은 탐탁지 않게 여겼다. 두 사람의 알력다툼을 성종은 인사조치로 마무리해버렸다.

그러나 안침과 임사홍은 또다시 부딪쳤다. 임사홍이 도승지가 되고 안침이 홍문관 응교(應敎, 정4품)였던 시절이었다. 임사홍의 세력이 제법 활기를 띠었다.

안침은 임사홍의 비리를 적발하여 동료들과 함께 탄핵소를 올렸다. 성종은 불같이 화를 내고 홍문관 전원을 파면시켜버렸다. 종실에서 그냥 있지 않았다. 임사홍의 간교함을 주계정·심원 등이 성종에게 간하여, 성종은 그제야 깨닫고 사홍을 물리치고 안침 등을 복직시켰다.

임사홍이 복직을 노렸다. 척리의 세력을 힘입어 등용될 조짐이 보였다.

대사헌 이칙李則이 임사홍 재등용 방어에 총대를 메고 나섰다. 그는 언관들을 거느리고 합문 밖에 엎드려 성종에게 들이댔다.

"전하, 전하께오서는 방계傍係로써 왕통을 이었으므로 종묘와 사직의 중함을 생각지 않으시나이까?"

이에 성종은 크게 성이 나서 물었다.

"대사헌은 무슨 말을 하는 게냐!"

"아들이 아버지를 잇는 것은 진실로 떳떳한 일이오나, 만약 부자상전父子相傳을 아니 하고 백성을 위하여 임금을 택한다면 성인聖人이 아니면 안 될 것이옵나이다. 신은 전하께 요·순이 되실 것을 바랐사온데, 이제 간하는 말을 따르지 않으시려 하오니 신은 실로 마음이 쓰리옵나이다."

이칙의 사정을 봐주지 않는 직언은 듣는 사람들의 가슴을 서늘하게 하여 등에서 식은땀이 흘러내렸다.

성종의 용안이 부드러워졌다.

"임사홍의 일이라면 걱정하지 마오. 그대들의 논의에 따를 것이니 물러들 가오."

"성은이 하해와 같사옵나이다, 전하."

과연 그 임금에 그 신하들이었다. 언관들은 옳은 일이다 싶으면 목숨을 내어놓고 신념을 굽히지 않았다.

용안을 할퀸 손톱자국

　연산군의 어머니 폐비 윤씨는 원래 숙의淑儀였다. 연산군을 낳은 후에 왕비로 책봉되는 행운을 안았다. 그런데 성종의 사랑이 두터워지자 교만하고 방자하여 여러 후궁들을 투기하고, 임금에게도 공손하지 못한 행동을 서슴지 않았다.

　윤비에 대한 궁궐의 비판이 드세어질 무렵이었다. 어떤 사람이 감찰 상궁의 집안사람이라고 속이고 권 숙의權淑儀의 궁에 투서했다. 숙의가 그 투서를 성종에게 올렸다.

　'엄소용과 정소용이 장차 왕비와 원자(뒤에 연산군)를 해치려고 하나이다…'

　성종은 왕비를 의심했다. 평소에 왕비가 두 소용을 특히 투기한다는 것을 알고 있었다.

　어느 날, 밤 성종이 중궁전에 연통 없이 들이닥쳤다. 그리고 비상이 든 작은 주머니와 방술하는 서책을 발견하고 진노했다. 윤비는 삼월이라는 여종이 친잠(왕비가 친히 누에를 치는 것)할 때 올린 것이라고 거짓말을 했다. 삼월이를 잡아다가 문초했다. 그녀는 자기가 한 짓이 아니라고 주장했다. 성종은 윤비를 닦달했다. 이 과정에서 윤비는 성종의 용안에 손톱자국을 내고야 말았다. 치명적인 실수였다.

　인수대비가 노발대발하여 윤비 폐비문제를 정식으로 여론화시켰다. 성종은 중신들을 모아놓고 폐비문제를 정식으로 거론했다. 승지 이극돈과 임사홍만이 윤비의 편을 들어 불가함을 주장했으나, 성종의 어심은 이미 폐비 쪽으로 굳어 있었다. 윤비를 빈으로 강등시켜 자수궁에 따로 거처하게 하여 잘못을 뉘우치기를 바랐다. 그러나 윤비는 뉘우치기는커녕 자신의 원통함을 울부짖으며 임금과 신하들을 원망하고 욕했다. 중궁의 체통이 말이 아니었다. 게다가 윤비의 어머니마저 자수궁을 들락날락하며 성종과 중신들의 노여움을 샀다.

　성종은 윤비를 폐비시키고 사가로 내쫓아버렸다.

폐비에 대해서는 원자를 낳은 어머니라 하여 가혹하다고 이의를 다는 신하도 있었다.

강원도 관찰사 손순효가 상소를 올려 부당함을 간했다.

'예禮를 상고하건대, 부인에게 일곱 가지 내칠 일(七去之惡)이 있사오니 첫째 자식이 없는 일, 둘째 질투하는 일이라 했나이다. 두 가지를 비록 다 가졌다 하더라도 만약 세 가지 내쫓지 않을 일(三不法)이 있으면 옛 사람은 오히려 용서했사온데, 한 가지 내쫓길 것만 있고 여섯 가지 허물이 없는데도 용서하지 못하겠나이까? 하물며 원자 아기씨의 어머니를 단 하루 동안만이라도 어찌 궁벽한 여염집에 머물게 한다는 말씀이옵나이까. 왕비 윤씨는 일찍이 만복의 근원을 받아 아들을 낳는 경사를 얻었사온데, 하루아침에 여염집에 물러가 있게 하고 또한 물자까지 끊어버리신다면, 비록 윤씨의 허물로 그리 되었사오나 어찌 전하께오서는 그리도 박정하시나이까. 군신과 붕우 사이는 마땅히 의리가 은혜보다 앞서야 되겠사오나, 부자와 부부 사이는 은혜가 의리보다 앞서야 될 것이나이다. 훗날에 원자께오서 측은한 마음을 가지신다면 전하께오서 어찌 후회가 없으시겠나이까.'

그러나 성종은 요지부동이었다. 이미 윤비에게서 마음이 떠난 지 오래였다. 대사헌 채수가 경연 자리에서 홍문관 교리(校理, 종5품) 권경우와 더불어 윤씨 얘기를 꺼냈다.

"전하, 윤씨는 비록 폐위되었사오나 일찍이 전하의 배필이셨는데 지금 여염집에 거처하고 봉양 또한 궁색하오니, 청하옵건대 따로이 집을 마련하여 거처하게 하시옵고 관청에서 일용물자를 공급토록 하시옵소서."

성종의 입에서 벼락이 떨어졌다.

"저자들이 원자에게 아첨하여 훗날을 도모하려는 수작이다. 저자들을 국문하라!"

채수와 권경우는 의금부에 갇혀 국문을 받았다. 끝내 그들의 뜻을 굽히지 않았다. 성종은 그들이 다른 뜻이 없음을 알고 풀어주었으나, 3년 동안 벼슬길을 막아버렸다.

성종은 폐비 윤씨에게 언문으로 그 죄를 적어 승지와 내관을 보내 날마다 장막을 사이에 두고 읽어주어 그녀가 허물을 고치고 중궁에 복위토록 바랐다. 그러나 윤씨가 끝끝내 허물을 고치지 않고 발악하므로 사약을 내릴 결심을 하기에 이른다.

윤씨에게 사약을 내리는 날 이세좌가 대방승지代房承旨로서 약을 가지고 갔다. 윤씨는 성종이 내린 사약을 마시고 피를 토하고 죽었다.

그날 저녁 이세좌의 아내가 물었다.

"조정에서 계속하여 폐비의 죄를 논한다는 소문이 있더이다. 결국은 어찌 될까요?"

"오늘 사약을 마시고 죽었소."

"그 사약을 누가 가지고 갔소?

"그건 왜 묻소?"

"장차 화를 면하지 못할 것이오."

"임금의 영에 따랐을 뿐이오."

"설마, 영감이?"

이세좌는 말문이 막혔다.

"이 일을 어찌할꼬. 우리 자손이 씨가 마르구려. 어머니가 죄도 없이 죽음을 당했으니 아들이 훗날 복수하지 않겠소? 조정에서 장차 세자를 어찌 감당하려고 이런 끔찍한 일을 저질렀단 말이오."

이세좌의 아내는 잠을 이루지 못했다.

세자가 보위에 올랐다. 연산군이었다. 연산군 갑자년에 갑자사화를 일으켜 어머니 윤씨에 대한 복위문제를 놓고 복수전을 펼쳐 10여 명을 사형시켰다. 이때 이세좌는 그의 아들 수정과 함께 죽임을 당했다. 조정 중신들이 아녀자만큼도 장래를 내다보지 못했던 것이다.

취중에도 일필휘지, 명신 손순효

옛 사람의 삼휴三休 · 사휴四休를 모아 스스로 칠휴거사七休居士라 일컬은 손순효는 자가 경보敬甫이며, 호는 물재勿齋였다. 사람됨이 순실純實하고 근신했다. 모든 일을 자기 뜻대로 행하고, 풍속과 나라의 기강에 관계되는 일은 깊이 생각을 기울였다. 술에 취하면 그는 호기스러운 말을 쉴 새 없이 늘어놓았다.

그가 강원도 관찰사였을 때였다. 크게 가물어 비가 오기를 기원하며 기우제를 지냈으나 효험이 없었다.

"비를 얻지 못함은 감사인 내가 정성을 쏟지 않았기 때문일 게야. 성심으로 하늘을 감동시킨다면 하늘이 반드시 응할 것이다."

손순효는 목욕재계하고 다시 제단을 쌓고 기우제를 지냈다. 한밤중에 비가 내렸다. 그는 너무나 기뻐 외쳤다.

"마땅히 하늘에 감사하지 않고 배기겠는가!"

그는 조복을 입고 뜰 가운데 나가 하늘을 향해 정신없이 절을 해댔다. 빗방울이 점점 굵어졌다. 아전이 우산을 가지고 나왔다.

"높으신 하늘 앞에 어찌 우산을 쓰겠느냐."

조복을 흠뻑 적시며 하늘에 절을 하고 고마워했다.

그가 경상감사로 지내던 시절이었다. 효자 · 열녀문을 지나면 그는 반드시 앞에서 말을 내려 두 번 절했다. 비가 오는 날에도 꼭 지켰다.

어느 비오는 날 열녀문 앞을 지나다가 손순효는 말에서 내려 두 번 절했다. 때마침 도사 이집이 도롱이를 입고 밭고랑 사이에 앉아 있는 것을 보고 손순효가 물었다.

"자네, 거기서 무얼 하고 있는가?"

"나는 영감보다 먼저 절했소이다."

그의 멀쩡한 거짓말에 좌우의 사람들이 입을 가리고 웃었다.

손순효가 평양에 들렀을 때였다. 기자의 묘에 말에서 내려 절하고 나서 일행에게 말했다.

"동방 사람들이 예의 바른 것은 오로지 태사(太師, 기자)의 가르침 덕이다."

그는 벼슬이 높아도 마음가짐은 더욱 검약하여, 손님의 술상을 준비할 적에 누런 콩·채소·버섯·나물 뿐이었고 고기는 전혀 없었다.

그는 자제들에 경계했다.

"우리 집은 초야에서 일어났다. 대대로 내려온 옛 물건은 없다. 다만 청렴하고 결백한 것을 전해주면 만족하니라."

그는 또한 술에 취해 드러누워서 자기 가슴을 가리키며 말했다.

"이 속에는 조금도 더러운 물건이 없다."

그가 경상감사로 있을 때였다. 관할 구역인 영해 읍령(泣嶺)이 있었다. 그곳 백성들이 읍령을 몹시 꺼려했다.

"사신이 처음 이 재를 넘어오면 반드시 흉한 일이 있다."

백성들이 이 재를 피하여 돌아서 다녔다. 손순효가 읍령에 이르러 고목을 깎고 거기에다 시를 썼다.

> 너는 화산(華山)에 읍하고 만세를 부르며
> 나는 왕명을 받들어 뭇 백성을 위로한다
> 그 가운데 경중을 누가 알리요
> 밝은 해가 환하게 두 정상을 비친다

그러고 읍령을 파괴현(破怪峴, 요괴한 것을 타파하는 재)으로 이름을 고쳤다. 그 후엔 백성들이 읍령을 마음대로 넘나들었다.

역시 경상감사 시절, 손순효가 동래에 시찰을 나갔다. 그 이튿날 현령이 연회를 베풀어주려고 했다. 그런데 현령이 손순효의 형인 인효의 부고를 접하고도 숨기고 알리지 않았다.

그날 밤 순효의 꿈에 형의 아들이 상주 차림으로 나타나 울음을 터뜨렸다.

"늙은 형님이 돌아가셨구나. 이를 어찌할꼬."

이튿날 순효는 현령에게 연회를 취소하고 소찬을 차리게 했다.

"감사 나으리, 어인 일이시옵니까?"

"곧 형님의 부고가 올 게요."

"나으리, 실은 어제 받았나이다."

순효는 현령을 나무라지 않았다.

그의 집이 한양 명례방 위쪽에 있었다.

성종이 어느 날 밤 느지막이 두 내관과 함께 경회루에 올라 멀리 바라보았다. 남산 옆에 두서너 사람이 숲 사이에 이마를 맞대고 앉아 있었다. 성종은 그중 한 사람을 알아보았다. 손순효였다. 내관을 시켜 확인했다. 손순효가 손님 두 사람과 함께 탁주를 마셨다. 안주는 누렇게 익은 참외 한 개였다. 내관의 말을 들은 성종은 즉시 술과 안주를 하사하고 경계의 말을 전했다.

"내일 조정에 들어와 과인에게 절대로 감사하다는 말을 하지 말라."

손순효는 뜻밖의 하사품에 손님과 함께 머리를 조아려 감격하여 울고, 성종이 내린 술과 안주로 포식했다. 이튿날 손순효는 성종을 뵙고 사은의 예를 올렸다. 성종이 꾸짖었다.

"과인이 분명 사은하지 말라고 했거늘, 경은 어이하여 과인의 명을 따르지 않는 게요!"

손순효가 울면서 대답했다.

"신은 다만 성상의 은혜를 감사하게 여길 뿐 다른 뜻이 없나이다."

성종은 빙긋 웃었다. 그의 순수한 충성심을 알기 때문이었다.

손순효가 좌찬성으로 대제학을 겸직할 때였다. 성종은 그의 재주를 사랑하여 매우 소중히 여겼다. 그가 늘 술을 마시므로 성종은 따로 영을 내렸다.

"경은 이제부터 석 잔 이상은 마시지 말라!"

"삼가 명령대로 따르겠나이다."

손순효는 임금에게 굳게 약속을 했다.

어느 날 성종이 승정원에서 올린 표문表文이 마음에 들지 않아 손순효를 불렀다. 그런데 어찌된 영문인지 내관을 열 명이나 보냈는데도 오지 않았다. 저녁때가 되어서야 손순효가 성종 앞에 나타났다. 머리카락은 망건 밖으로 나와 헝클어져 있고, 얼굴은 취기가 가시지 않아 불그레했다. 그의 몰골을 보고 성종이 화를 냈다.

"표문의 글이 마음에 들지 않아 경을 불러 고치려고 했거늘, 이처럼 술에 취해 나타났단 말인가! 과인이 석 잔 이상은 마시지 말라고 했거늘 어찌하여 실행하지 않는가!"

"전하, 신에게 시집간 딸이 있사온데 오랫동안 보지 못했나이다. 오늘 아침 딸네 집 앞을 지나게 되어 잠시 들러 술을 마셨사온데, 다만 세 그릇을 마셨을 뿐이옵나이다."

"술잔이 무엇이었소?"

"놋쇠 주발이었나이다."

"경은 술이 취했으니 제학을 불러 표문을 함께 짓도록 하시오."

"제학에게 폐를 끼칠 것 없나이다."

성종은 할 수 없이 친히 쓰던 지필묵을 가져다주도록 했다. 손순효는 정신을 가다듬고 표문을 지은 다음, 붓을 거꾸로 쥐고 글줄을 따라 한번 훑어보고는 성종에게 바쳤다. 성종이 읽어보았다. 글자 한 자 고칠 데가 없이 훌륭한 표문이었다. 성종은 그의 글재주에 혀를 차면서 술상을 내렸고, 손순효는 또 취하도록 마셨다.

성종이 운자韻字를 부르고 장량(張良, 장자방)이란 제목으로 율시律詩를 짓게 하니 순효는 막힘없이 읊었다. 성종은 기쁨이 절정에 달해, 궁인에게 비파를 타며 노래를 부르라 하고, 순효에게 춤을 추라고 했다. 순효는 덩실덩실 춤을 추다가 이내 쓰러지고 말았다. 성종은 남색 비단옷을 벗어서 술 취해 쓰러진 손순효에게 덮어주었다. 이 말을 전해들은 신하들은 감격하여 눈물을 흘렸다.

손순효도 세월은 어쩔 수 없었다. 70세를 2년 남겨두고 잠시 병이 들어 벼슬에서 물러날 뜻을 밝힌 상소를 올렸다. 성종은 허락지 않았다. 성종이 순효에게 내린 비답은 그에 대한 극찬이었다.

'경을 두고 사헌부와 승정원에서는 뭇 신하들의 평판이 바른말을 잘한다고 일컫고, 관동과 영남 백성들은 경의 인자한 은혜를 사모했소. 경의 맑은 풍치와 높은 절개는 이원례李元禮의 모범이요, 성한 덕과 높은 이름은 한이부韓吏部의 태산북두 같도다. 과인은 그대의 사직을 받아들일 수 없노라.'

여기에서 이원례는 한나라 이응의 자인데, 당시에 명망이 높아서 선비들이 '천하의 모범이 원례'라고 칭했다. 그리고 한이부는 당나라의 문장가 한유韓愈의 벼슬이 이부시랑었는데, 문장으로 이름이 높아 태산북두에 비할 정도였다. 성종은 손순효를 이들에 비유한 것이다.

성종이 세상을 떠나자 순효는 밤낮으로 슬피 울었다.

"제왕다운 풍채를 어디에서 다시 볼 수 있으리오."

그는 한 달 동안이나 먹지 않고 통곡했다. 그는 늘 이런 말을 입에 담았다.

"내 소원은 병 없이 죽는 것이다."

손순효가 71세 되던 어느 날, 여러 대신들과 술을 마시고 밤늦도록 얘기를 나누었다. 새벽에 잠에서 깬 순효가 아내를 깨웠다.

"내가 기운이 없소. 여러 아들을 부르고 어서 밥상을 차려오시오."

"이 꼭두새벽에 밥상을 차려와요?"

"시키는 대로 하시구려."

부인이 부리는 사람을 깨워 아침상을 차려다주었다. 순효는 아침밥을 맛있게 먹었다. 그 사이에 자식들이 모였다.

"내가 젊었을 때 책을 끼고 스승의 문하에서 공부하던 흉내를 내어보고 싶구나."

그는 책 한 권을 끼고 섬돌 층계로 두서너 번 오르락내리락하더니 방에 들어와 누웠다.

"피곤하구나, 조금 쉬겠다."

식구들은 그가 잠시 잠든 줄로 알았다. 한참 후 안색이 수상쩍어 코에 귀를 대어보니 숨을 쉬지 않았다. 숨을 거둔 지 한참이었다.

그가 생전에 자식들에게 누누이 부탁한 말이 있었다.

"내가 죽거든 맛 좋은 소주 한 병을 무덤 앞에 묻어다오."

자식들은 그대로 해주었다. 참으로 멋진 인생, 멋진 죽음이었다.

신하를 향한 석별의 정

성종 시대에 3절三絶로 일컬어졌던 유호인俞好仁은 벼슬이 비록 장령(掌令, 사헌부의 종4품)에 머물렀으나, 충효와 특히 성종과의 돈독한 우의로 세상에 널리 알려진 인물이다. 그의 자는 극기克己이며, 호는 뇌계雷溪이다.

그는 임금에겐 충성, 부모에겐 효도하고, 청백·검소했다. 또한 성질이 침착하고 무게가 있었다. 시문詩文은 품격이 높아 고풍스러웠고, 필력이 굳세었다. 이처럼 시·문·필에 뛰어나 그를 3절, 즉 세 가지의 뛰어난 재주를 가진 인물로 쳤다.

그가 옥당에 있을 때였다. 성종이 달 밝은 밤이면 내관 서너 사람과 더불어 경회루에서 놀았다. 못 가운데 작은 배는 겨우 5, 6명만이 탈 수 있었다. 성종은 유호인만은 꼭 챙겼다. 당나라 현종이 이태백을 대우함과 같았다.

그가 옥당에서 숙직할 때였다. 성종이 내관 한 사람만을 대동하고 숙직실에 갔다. 유호인이 놀라서 어찌할 바를 몰랐다.

"의관을 정제할 것 없다. 사모만 쓰고 앉으라."

성종은 유호인과 즐겁게 담소를 나누었다. 성종은 유호인이 덮었던 명주이불이 낡아서 솜이 비어져 나온 것을 보고 혀를 찼다.

"그대가 청환직(淸宦職, 학식·문벌이 높은 사람이 하던 규장각·홍문관 등의 벼슬)만을 지냈으니 알 만하다. 검소함이 이와 같으니 과인이 칭찬할 만하다."

즉시 내관에게 명하여 새 이불을 가져와 하사했다. 이는 당나라 문종이 신하 위수를 총애한 것과도 같았다.

호인이 수령 자리를 얻어 어버이를 봉양하고 싶다고 청했다. 성종은 처음에는 허락하지 않다가 그의 효심에 감동하여 의성현감에 임명했다. 그리고 은밀히 경상감사에게 일렀다.

'호인은 과인의 친구요. 어버이를 위해 현감이 된 것이니 잘 보살펴주시오.'

세월이 지난 후 경상감사가 각 고을 수령의 고과표考課表를 작성하여 조정에 올렸다. 유호인이 상·중·하의 세 등급 중에서 하등급으로 매겨져 있었다. 성종이 경상감사를 불러들여 물었다.

"과인이 일찍이 은밀히 일렀거늘 어찌하여 호인이 하등이란 말인가?"

"나라에서 수령을 두는 것은 그 자신을 영화롭게 하기 위한 것이 아니옵고, 백성과 친하게 사귀어 은혜를 베풀기 위함이나이다. 호인은 의성 땅에서 맑은 바람과 달이나 읊조릴 뿐 백성을 돌보지 않으므로 당연히 하등이옵나이다."

성종은 할 말을 잃었다. 그의 뛰어난 재주에 비해 목민관으로서의 자질은 약했던 모양이었다.

호인은 아버지가 돌아가신 후 3년상을 치르고 조정으로 돌아와 장령이 되었다. 얼마 후 그는 또 어머니를 봉양하기 위해 지방으로 내려가기를 청했다.

성종은 그를 곁에 두고 싶어 조정 신하들에게 물었다. 신하들은 어의를 짐작하고 중론을 모아 말했다.

"호인은 나이가 지긋하고 덕이 높으니 마땅히 전하 곁에 있어야 하옵나이다."

"유 장령은 듣거라. 과인이 가마를 내어줄 터이니, 어머니를 모시고 한양으로 올라올지어다."

"전하, 그리 하오면 신은 더 없는 영광이오나, 어머님 병환이 중하시어 먼 길을 가실 수 없나이다. 통촉해주시옵소서."

성종은 어쩔 수 없이 호인을 또 외직으로 내보내야 했다. 기왕이면 경상도의 큰 고을을 맡기고 싶었다. 그의 어머니는 선산에 있었다. 성종은 인사부처인 이조에 교지를 내렸다.

'호인이 어머니 섬길 날이 얼마 남지 않은 듯하다. 고향인 이웃 고을인 진주목사로 내보내어 어머니를 편히 모실 수 있도록 조처하라.'

이조에서 거부하고 나섰다. 이유 없이 벼슬을 자주 갈아 법을 어길 수 없다는 것이었다. 아무리 임금일지라도 법을 준수하려는 신하들 앞에서는 어쩔 수 없었다.

'합천군수는 어떤가?'

성종이 이조에 다시 교지를 내려 물었다. 더는 반대할 수 없어 유호인을 합천군수로 임명하는 데 동의했다.

그가 합천군수를 제수받고 조정을 떠나는 날 성종은 전별연을 열어주었다. 그리고 친히 시조를 지었다. 애틋한 정이 듬뿍 담긴 내용이었다.

이시렴, 부디 갈타, 아니 가든 못할쏘냐
무단無端히 슬트냐, 남의 말을 들었느냐
그려도 하 애닯고야, 가는 뜻을 닐러라

호인이 감격하여 울었다. 다른 신하들도 눈물바람이었다. 성종은 그를 떠나보내고 그의 뒤를 밟아보라고 일렀다.

"과인은 저를 마음속에 담아두고 있는데, 저 또한 과인을 생각하고 있는지 알고 싶구나."

성종의 영을 받은 내관이 변장을 하고 유호인을 따랐다. 서울을 떠난 그는 날이 저물어 역관에 들었다. 호인은 역관 누각에 올라 성종이 계시는 대궐 쪽을 바라보고 서 있다가 벽에 시 한 수를 썼다.

북쪽을 바라보매 임금과 신하가 떨어져 있고
남쪽으로 내려오매 어머니와 아들이 만나게 되네

내관이 돌아와 성종에게 그 실상을 알렸다. 성종이 중얼거렸다.

"호인이 몸은 비록 밖에 있으나 마음만은 과인을 잊지 않고 있구나."

성종은 연말이면 호인에게 시와 글을 바치도록 하고, 그의 어머니에게 음식물을 하사했다. 보기 드문 임금과 신하의 우의였다.

유호인이 세상 떠나기 전 그의 아들 환에게 말했다.

"군자는 마땅히 임금을 속여서는 안 된다. 네가 만약 최하품 벼슬이라도 얻거들랑 내 말을 명심하라."

충직한 신하의 정직한 가르침이었다.

한밤중의 노래자랑으로 벼슬을 얻다

성종 시대의 명신으로 역사에 기록되어 있는 구종직丘從直은 자가 평보平甫이다. 글을 잘하고 특히 『주역』에 정통했다. 용모가 기이하고 재주가 훌륭하여 세조가 그를 발탁했다.

세조가 어느 날 서현정에 나아가 친히 지은 『비빙가飛氷歌』를 구종직에게 보였다. 종직은 세조 앞에 나아가 입에 침이 마르도록 찬사를 보냈다.

"전하, 비록 시 3백 편이라도 전하의 『비빙가』에는 미치지 못하나이다."

세조는 그의 찬사가 싫지 않았다.

"맹자는 어떤 분이라 생각하오?"

"어질지 못한 줄로 아뢰오."

"그리하면 주자는?"

"결코 어진 분이 아니나이다."

양성지가 너무 심하다 싶어 앞으로 나섰다.

"전하, 종직의 하는 말이 상감의 뜻을 맞추기에 급급하오니, 만약 조정의 신하들이 이를 본받는다면 나랏일을 크게 그르치겠나이다. 종직 같은 신하는 탄핵받아 마땅하나이다."

양성지는 학자로서 세조의 신임이 두터웠다.

"옳은 말이오. 종직은 말을 삼가라!"

그러나 종직은 부끄러운 기색이 없었다.

그는 일찍이 성균관에서 공부한 적이 있었다. 생원 · 진사시에 급제한 선비들이 20여 명이나 되었다. 종직은 그들에 비해 초라한 선비였다.

하루는 점을 잘 치는 복술가를 불러다가 성균관 유생들이 평생의 재화와 복록을 물어보았다. 마침내 구종직의 차례가 되었다. 점쟁이가 벌떡 일어나 두 번 절하고 제자리에 앉았다.

"어인 일이냐?"

종직이 물었다.

"선비께서는 장차 벼슬이 1품계까지 오르고, 수는 70세를 넘겨 부귀를 누릴 운수이옵나이다. 오늘 여러 선비님들은 선비의 운에 죄다 미치지 못하나이다."

"핫핫핫! 아니, 이 나이에 생원·진사시에도 급제 못한 주제에 어느 세월에 1품에 오르남? 순 엉터리 점쟁이군."

선비들이 비웃었다.

얼마 후 종직은 과거에 급제하여 교서감에서 일하게 되었다. 종직은 경회루의 경치가 뛰어나다는 소문은 들었으나 아직 보지 못했다. 어느 날 밤, 그는 숙직을 맡게 되었다. 한밤중에 그는 조복이 아닌 편복으로 갈아입고 경회루 연못가를 거닐었다. 소문대로 경회루 야경이 무릉도원과도 같았다.

얼마 후 성종이 남여를 타고 갑자기 경회루에 나타났다. 구종직은 황공하여 달싹 엎드렸다. 뜻밖에 사람을 만난 성종도 깜짝 놀랐다.

"웬 놈이더냐?"

"전하, 교서감 정자 구종직이나이다."

"한밤중에 어인 일로 여기에서 서성거리느냐?"

"신은 일찍이 경회루의 기둥과 연못이 천상의 선계仙界란 소문을 듣고, 오늘 밤 교서감 숙직을 하다가 감히 구경을 나왔나이다."

"직접 보니 어떠냐?"

"가히 선경이옵나이다."

성종은 슬그머니 장난기가 일었다.

"노래를 부를 줄 아느냐?"

"미관말직의 노래가 어찌 음률에 맞겠나이까?"

"어디 한번 불러보라!"

구종직은 단가를 한 곡 불렀다. 성종이 들으니 제법이었다.

"제법이구나."

"곱게 들어주시니 황공무지로소이다."

"다시 한 번 큰 소리로 불러보라!"

종직은 목청을 가다듬고 나서 큰 소리로 단가를 불렀다. 때아닌 단가 소리가 경복궁 담을 넘어 세종로로 퍼졌다.

"목소리가 특이하구나."

"과찬이옵나이다."

"혹여 『경전經傳』을 외울 수 있느냐?"

"『춘추春秋』를 외울 수 있나이다."

"청을 가다듬고 외어보거라."

구종직은 청아한 목소리로 『춘추』 1권을 막힘없이 청산유수로 외었다. 성종이 매우 기뻐했다. 경회루에 산책을 나와 재주가 훌륭한 신하를 발굴한 것이다. 성종은 그 자리에서 구종직에게 술을 하사했다.

"네 재주가 뛰어나구나. 날이 밝거든 또 보자꾸나."

이튿날 성종은 구종직을 홍문관 부교리(종5품)에 임명했다. 3사에서 반대 상소가 빗발쳤다. 세조 시절부터 아첨꾼으로 알려진 구종직을 벼슬아치들의 꽃으로 일컬어지는 홍문관에 발령을 낸 것도 마뜩치 않고, 정9품 정자에서 품계를 무려 다섯 계단이나 올려 부교리라니, 파격도 이러한 파격이 없었다. 3사의 반대 상소는 당연한 것이었다.

성종은 엿새 동안을 3사에서 구종직을 놓고 찧고 까불도록 놓아두었다. 이레째 되는 날이었다. 성종은 3사의 상하 관원들을 모두 편전에 모이라고 일렀다.

"과인이 지금부터 시험을 치르겠소! 대사헌, 『춘추』를 처음부터 외워보시오."

대사헌은 처음 몇 구절을 외우다가 막혀버렸다.

"대사간이 외워보시오."

대사간도 몇 줄을 못 넘겼다.

"이번에는 대제학 차례요. 외어보시오."

대제학도 몇 줄 외우다가 막혀버려 절절 매었다.

"누가 『춘추』 1권을 외우겠는가?"

3사 관원 가운데 나서는 사람이 한 사람도 없었다.

"부교리는 앞으로 나오라."

구종직이 임금 앞에 나아갔다.

"그대가 『춘추』를 외어보라."

구종직은 맑은 목소리로 막힘없이 『춘추』 1권을 다 외우고 2권을 외우려고 했다.

"그만 되었느니라."

성종은 3사 관원들을 죽 훑어보고 나서 말했다.

"그대들은 입만 살아 있도다. 『춘추』한 구절도 제대로 외우지 못하면서 어찌 청환직(학식이나 문벌이 높은 사람에게 시키던 홍문관 등의 벼슬)에 올라 있더란 말인가? 그런데도 구종직과 같은 관리는 부교리를 맡을 수 없다고 아우성인가!"

3사의 관원들은 벙어리가 되어버렸다.

종직은 후에 벼슬이 찬성에 이르고, 죽은 뒤 안장공安長公의 시호까지 받았다.

제10대

연산군 시대

1494~1506

연산군 시대

1494~1506

세상을 발아래 두고 폭정을 일삼다

폭군으로 역사에 기록된 연산군은 이름이 융이며, 성종과 폐비 윤씨 사이에 태어난 원자였다. 연산이 세자였던 시절, 성종이 인정전에 연회를 베풀고 신하들과 회동했다. 술이 어지간히 취해 성종은 썩 유쾌했다. 이때 우찬성 손순효가 큰 소리로 말했다.

"전하, 신이 아뢸 말씀이 있사옵나이다."

"경은 어탑 가까이 오라."

손순효는 어탑 가까이 다가가, 세자가 장차 국사를 감당할 수 없음을 알고 성종이 앉아 있는 평상을 어루만지면서 말했다.

"전하, 이 자리가 장차 아깝나이다."

"과인도 그리 알지만, 차마 폐할 수는 없소."

"전하, 대궐 안에 동궁 저하께서 사랑하는 여인들이 너무나 많고, 신하들이 전하께 말씀을 올릴 길이 넓지 못하나이다."

성종은 몸을 굽히고 순효에게 물었다.

"어찌하면 좋겠소?"

"전하께오서 동궁 저하의 하는 일을 아신다면 저절로 해결이 될 것이옵나이다."

대간들이 손순효가 성종에게 귀엣말을 하는 것을 보고 트집을 잡았다.

"전하, 신하로서 임금의 용상 가까이 다가가는 것도 불경한 일이온데, 임금의 귀에 가까이 대고 말하는 것은 더욱 무례한 태도이나이다. 순효를 옥에 가두고 죄를 물으소서."

"전하, 순효가 비밀리에 아뢴 것이 무엇이옵나이까? 밝히시옵소서."

연회 자리가 손순효의 탄핵 자리로 변했다. 성종이 얼굴에 웃음을 담고 말했다.

"우찬성이 과인을 지극히 아껴, 과인에게 여색을 경계하고 술을 끊으라고 했소. 죄 될 일이 무엇이오?"

대간들은 말꼬리를 감춰버렸다.

세자 연산에 대한 신하들의 걱정이 태산 같았다. 세자가 여색에 빠져 노는 데에만 정신이 팔려 학문과는 담을 쌓고 있었기 때문이다. 세자의 학문을 맡은 필선 허침과 보덕 조지서는 마음을 다하여 가르쳤으나 마이동풍이었다. 조지서는 천성이 굳세고 곧아, 세자에게 강의할 때마다 책을 던지며 으름장을 놓았다.

"저하께오서 학문에 힘쓰지 않으시면 주상께 아뢰겠나이다."

세자는 그 순간만은 고통스럽게 여겼으나 돌아서면 그만이었다.

허침은 부드러운 말로 조용히 깨우쳐주려고 했다. 세자는 이 두 사람 중 허침을 좋아했다. 벽 사이에 '조지서는 소인이요, 허침은 큰 성인이다'라고 써붙이고 조지서에 대한 증오심을 키웠다.

세자는 왕위에 오르자 갑자사화甲子士禍를 일으켰다. 제일 먼저 조지서 목을 베고 그의 집을 적몰해버렸다.

허침은 우의정에 올랐다. 비록 연산의 잘못을 바로잡지는 못했으나, 연산의 명으로 곧 죽을 목숨들을 살리는 데 혼신의 힘을 다 바쳤다. 정무를 마치고 집에 돌아오면 허침은 피를 두어 되가량이나 쏟았다. 그는 이내 분하고 답답하여 죽고 말았다.

일찍이 성종이 사향 사슴 한 마리를 길렀다. 사슴은 길이 잘 들어 성종 곁을 떠나지 않았다. 어느 날 세자가 성종을 모시고 있었다. 그 사슴이 다가와 세자의 몸을 혀로 핥았다. 세자가 사슴을 발길로 냅다 차버렸다. 성종이 화를 냈다.

"세자야, 짐승이 사람을 따르거늘 네 어찌 그리도 잔인하단 말이냐."

성종은 세자가 폭군이 될까 봐 늘 마음이 편치 않았다.

성종이 세상을 떠난 후 연산은 그 사슴을 직접 활로 쏘아 죽여버렸다.

연산이 왕위에 올랐다. 신하들은 입을 모아 영명한 임금이라고 칭찬했다. 다만 점필재 김종직만은 늙음을 핑계대고 조정을 떠나 고향으로 돌아갔다. 고향 선비들이 그에게 물었다.

"금상께서 영명하시다고 들었소. 선생께서는 어찌하여 벼슬을 그만두었소?"

"내가 새 임금의 눈동자를 살펴보았소. 나처럼 늙은 신하는 장차 목숨을 보전하는 것만으로도 다행일 것이오."

"무슨 말이오?"

종직은 입을 다물어버렸다. 얼마 후 무오·갑자사화가 일어나 희생자가 많아졌다. 사람들 사이에 김종직이 선견지명이 있었다는 소문이 나돌았다. 김종직은 이미 죽은 뒤라서 무오사화戊吾士禍 때 부관참시를 당하는 화를 입었다.

갑자사화 이후 연산의 주색잡기는 도를 더해갔다. 얼굴이 예쁜 기생을 대궐 안으로 뽑아들였다. 처음에는 백여 명이었다가 나중에는 만여 명으로 늘어났다. 기생의 칭호를 고쳐 운평運平이라고 했다. 대궐 안에 들어온 기생을 흥청興淸·계평繼平·속홍續紅이라 하고, 연산을 가까이 모시는 기생을 지과흥청地科興淸이라 했다. 연산과 동침한 기생은 천과흥청天科興淸이라고 불렀다.

음악에 관한 일을 맡아보던 관청인 장악원을 고쳐 계방원繼芳院이라고 했다. 그리고 각 고을마다 운평을 설치하고 궁궐에 기생을 뽑아올리는 데 대비토록 했다. 흥청의 보증인을 호화첨춘護花添春이라고 했다. 대신이 홍준紅駿 체찰사란 벼슬을 받고 서울과 지방의 공천公賤의 아내와 첩과 창기 등을 찾아내어 각 원에 나누어두도록 했다. 흥청과 운평들이 쓰는 화장 도구의 비용은 백성들에게서 거두어들였다.

그뿐만이 아니었다. 궁의 이름도 바꾸었다. 자수궁을 회록각會綠閣이라 하여, 연산과 동침한 기생들을 이곳에서 살도록 했다. 늙은 나인이 자는 곳을 두탕호청사壯蕩護淸司라 하고, 흥청의 식료품 저장고를 호화고護華庫라 했다. 그리고 식품 공급을 맡은 자는 전비사典備司라 했다.

또 시대를 비난하는 자가 있을까 염려하여 모든 관원들에게 패牌를 차도록 했다. 그 패에는 '입은 재앙을 오게 하는 문이고 혀는 몸을 베는 칼이다. 입을 다물고 혀를 깊이 간수해야만 몸이 편안하여 가는 곳마다 견고하리라'라고 쓰여 있었다.

연산은 응준방鷹隼坊을 대궐 후원에 두고, 8도의 매 · 개, 진귀한 새, 기이한 짐승을 모두 잡아다 기르고, 백성의 배를 빼앗아 경회루 못에 띄워놓고 채색 누각을 그 위에 지어, 첫째 것은 만세라 하고, 둘째 것은 영춘이라 하고, 셋째 것은 진방이라 했다.

연산은 경회루 못에 배를 띄우고 놀며 시를 지었다.

> 웅장한 산봉우리 공중에 솟구치니
> 신령스런 나라와 학이 시대를 맞추어 모였네
> 여러 영준이 함께 잔치하니 충성스런 마음이 합쳐지고
> 외로운 귀신이 잡혀 갇히니 간사한 패부가 타는구나
> 안개 · 누각 · 구름 창에 용선이 아득하고
> 무지개 사닥다리에 노래와 피리 소리 봉루에 까마득해라
> 누가 오락하려고 백성의 힘을 괴롭힌 것이냐
> 모두 조선을 위하여 오래 살고 잘 사는 것을 표시함이네

또 그네를 설치하여 여름이 가도 치우지 않았다. 도성 백 리 안에 출입 금지의 팻말을 세워 사냥터를 만들고, 항상 말을 타고 내관 한 사람을 거느리고 갠 날 비 오는 날 가릴 것 없이 말을 달렸다. 따로 응사(사냥꾼) 1만여 명을 두

어 사냥을 나갈 때 따라다니도록 했다.

연산은 저자도·제천정·장단석벽·장의사의 수각, 영치정·경회루·후원 가릴 것 없이 흥청을 데리고 밤낮으로 놀았다. 이것을 '작은 거둥'이라고 칭했다. 서울과 가까운 경기도 광주·양주·고양·양천 고을을 폐지하고, 그 고을 백성들을 쫓아버린 후 내수사의 노비들을 살도록 했다.

그런가 하면 나루를 건너는 것을 금하고 노량진으로만 다니게 했다. 길 가는 나그네는 매우 고통스러웠고 나무꾼도 끊겨버렸다. 서총대를 쌓고 궁궐을 크게 건축했으므로, 군사들은 부역에 시달리고 백성들은 떠돌다가 굶어죽는 자가 많았다. 숭례문 밖과 노량진 사이에는 여기저기 시체가 산더미처럼 쌓였다.

연산 스스로도 자신의 잘못을 알고 말하는 신하가 있을까 봐 경연과 사간원을 폐지하고, 상소를 올리고 신문고 두드리는 일을 모두 금지시켰다. 세상이 별스럽게 변해만 갔다.

나라를 이 지경으로 만들어놓고 연산이 어느 날 내관에게 말했다.

"대간들에게 일러라. 기생들이 부를 가사가 빈약하다. 서둘러 지어올리라 하라."

대사헌 이자건이 기가 막혀 죽음을 무릅쓰고 연산 앞으로 달려와 머리를 조아렸다.

"전하, 신들이 기생을 위해 가사를 짓는다면 기필고 성덕에 누가 될까 두렵사옵나이다."

"그런가?"

"그렇사옵나이다."

"그만두라!"

이자건이 사헌부로 달려와 이 사실을 알렸다. 붓을 들고 가사를 지으려고 이마를 찡그리고 있던 이계명이 붓을 던지며 탄식했다.

"대사헌 대감이 아니었다면 우리들은 뒷세상의 비웃음을 감당하지 못했을 것이오."

그러나 이것만은 면치 못했다. 연산이 음탕한 짓을 할 적에 문관과 유생 삼색인三色人을 연 매는 인부로 충당시켰다. 한 신하가 대간도 충당시켜야 하느냐고 연산에게 물었다.

"대간도 충당시켜라!"

그리하여 연산이 놀러갈 때 대간이 연을 매고 가는 진풍경이 벌어졌다. 때로는 대간들에게 기생을 찬양하는 글을 짓게 하여 상을 주기도 했다. 유생을 욕보이며 연산은 그들의 고통을 즐기고 있었다.

연산의 횡포는 날이 갈수록 걷잡을 수 없이 심해졌다. 생원 황윤헌의 첩실이 미모가 뛰어나고 가야금을 잘 탔다. 이 첩실을 세조의 아우 영응대군의 사위 구수영이 빼앗아 연산에게 바쳤다. 소위 아부성 뇌물이었다.

연산이 그 첩실을 무척 아꼈다. 그러나 첩실은 성질이 사납고 괴팍하여 말하고 웃는 것을 볼 수 없었다. 연산은 첩실이 황윤헌을 그리워하는 마음 때문이라고 단정하고 그를 잡아다가 죽여버렸다. 그래도 그 첩실은 웃지 않았다.

이런 일도 있었다. 최유회란 사람의 딸이 가야금의 명인이었다. 정승 한치형이 그 딸을 끌어다가 첩을 만들었다. 연산이 여자를 뽑을 적에 임숭재·신항이 다투어 이 여자를 추천했다. 그런데 구수영이 먼저 빼앗아 연산에게 바쳤다. 연산은 매우 기뻐하며 후궁으로 삼아 숙의淑儀로 봉했다.

어느 날 후원에서 연회를 열어 거나하게 놀고 있을 때였다. 최 숙의가 갑자기 머리를 풀어헤치고 연회장에 뛰어들어 통곡을 터뜨렸다.

연산이 놀라서 물었다.

"무슨 일이더냐?"

"전하, 신첩의 아비가 병들어 죽었다 하옵나이다."

연산이 별것 아닌 것을 호들갑이다 싶어 화를 냈다.

"그 말이 사실이냐?"

"그러하옵니다."

연산은 내관을 최유회의 집으로 보내어 사실인지 보고 오라고 일렀다. 내관이 달려가 보았다. 최유회가 병은 들어 있었으나 아직 살아 있었다. 내관은 최유회에게 연산이 몹시 성이 나 있다고 귀뜀해주었다. 최유회는 어차피 죽을 목숨이라며 대들보에 목을 매어 죽어버렸다.

내관이 돌아와 연산에게 아뢰었다.

"신이 갔을 적에는 살아 있었으나 아마 지금쯤 죽었을 것이옵나이다."

"혹시 거짓으로 죽었거든 형벌에 처하라!"

금부도사가 최유회의 집으로 달려갔다. 최는 싸늘한 시체로 변해 있었다.

연산이 그 이튿날 술이 깨어 보고를 받고 말했다.

"후하게 장사지내주고, 참의(정3품) 벼슬을 추증해주라!"

파격적인 대우였다.

성세정이 경상감사로 있을 때였다. 상주 기생을 어여삐 여겨 집에 데려다 첩실로 두었다. 연산이 그 기생을 욕심내자 세정은 바치지 않을 수 없었다.

어느 날 연산이 상주 기생에게 은근히 물었다.

"성세정이 보고 싶지 않느냐?"

기생이 펄쩍 뛰었다.

"전하, 억울하옵나이다. 어찌 그런 마음이 있겠사옵나이까. 그가 첩을 집에 두었지만, 사나운 아내가 무서워 첩의 방에 얼씬거리지도 못해 첩은 무척 외롭고 괴로웠나이다."

"하면 세정을 죽이고 싶으냐?"

"전하, 그냥 죽이는 것은 통쾌하지 않사오니 곤장을 쳐서 변방으로 귀양 보내어 고생을 시킨 뒤에 죽여주소서."

연산이 웃으면서 쾌히 승낙했다.

"네 소원대로 해주마."

성세정은 이유 없이 세 번이나 귀양지를 옮겨다니며 죽을 뻔하다가 중종반정으로 목숨을 건졌다.

연산에게 총애받은 기생이 하나 있었다. 그 기생은 제 친구에게 꿈 이야기를 했다.

"지난밤 꿈에 옛 주인을 만났네. 무슨 뜻인지 모르겠네."

그 친구가 연산에게 달려가 얘기해주었다.

연산은 즉시 작은 쪽지에 무엇인가를 써서 밖으로 내보냈다.

얼마 후 궁인이 은쟁반 하나를 받들고 들어와 연산에게 바쳤다. 꿈을 꾼 기생을 불러 열어보도록 했다.

"으악!"

그 기생은 까무러쳐버렸다. 은쟁반에 전 주인의 머리가 놓여 있었다. 그 기생도 목을 베어버렸다. 사람 죽이기를 취미로 삼는 연산이었다. 연산의 황음과 폐단이 극에 달하자 왕비 신씨가 바른말로 간하다가 여러 차례 능욕을 당했다.

이 무렵 숙의의 종이라고 하는 자가 사방에서 물건을 독점하여 백성들의 토지와 노비를 빼앗아 차지했다. 신하들 가운데 말하는 자가 아무도 없었다. 왕비는 혼자 탄식했다.

"여러 궁인들이 나라의 정치를 어지럽게 하니, 나는 그 나쁜 짓을 알면서도 어쩔 수 없구나."

왕비는 내수사에 명하여 단속을 강화했다.

"만약 본궁의 노자奴子들 가운데 횡포한 자가 있다고 들리면 매를 쳐서 죽이리라."

그러나 왕비의 말은 공허한 메아리로 되돌아올 뿐이었다. 연산은 이미 제정신이 아니었다. 스스로 자신의 운명을 아는 듯, 폐륜의 길을 택하여 그 끝을 기다리고 있었다. 중종반정은 필연이었다.

훈구와 사림의 첫 대결, 무오사화

연산군 4년에 일어난 무오사화는 욕심 많은 훈구파와 새로 등장한 야생귀족野生貴族인 사림파와의 갈등이 빚은 참화였다. 그 불씨는 사초의 기록 문제가 원인이었으나, 기실 사사로운 감정이 불러온 큰 피바람이었다.

훈구파의 유자광과 사림파의 김종직은 일찍부터 서로 사사로운 감정이 있었고, 김종직의 제자 김일손이 춘추관의 사관으로서, 훈구파 이극돈의 비행을 낱낱이 사초에 기록한 일로 이극돈과 김일손 사이도 금이 가 있었다.

유자광과 이극돈은 김종직 일파를 눈엣가시처럼 여겼다. 이들은 복수의 기회를 노렸다. 그 시기가 온 것이다. 때마침 연산군 4년, 전례에 따라 실록청이 개설되어 『성종실록』의 편찬이 시작되었다. 그 실록청 당상관에 이극돈이 앉았다.

김일손이 기초한 사초에 삽입된 김종직의 「조의제문弔義帝文」이란 글은 세조가 단종으로부터 왕위를 빼앗은 일을 비방한 것이라 하여, 이것을 문제 삼아 이극돈은 유자광과 더불어 가뜩이나 선비들을 못마땅하게 여기던 연산에게 고해바쳐 일이 크게 벌어지게 된 것이었다.

무오사화의 중심인물들이 야사에 어떻게 기록되어 있는지 이모저모 살펴보자.

역사에 간신으로 기록된 유자광柳子光은 건장하고 날래며 힘이 장사였다고 한다. 원숭이처럼 높은 곳에도 비호같이 올라갔던 모양이다. 그는 서자 출신으로, 젊었을 적에는 무뢰배가 되어 저자에서 장기나 바둑을 두고 내기 활쏘기를 즐겼다. 밤길을 돌아다니며 부녀자를 만나면 강제로 낚아채 간음을 일삼았다. 아버지 유규는 부윤 벼슬을 지낸 사대부 출신으로서, 자광이 서출인 데다가 하는 짓이 방종하여, 여러 차례 매로 다스렸으나 고쳐지지 않아 내놓은 자식이었다.

자광은 갑사甲士로 발탁되어 건춘문을 지켰다. 이시애가 반란을 일으키자 유자광은 스스로 글을 올려 이시애의 난을 평정하는 데 써달라고 청했다. 세조는 기특하게 여겨 자광을 반란 진압군에 넣어주었다. 난이 평정되자 세조는 자광을 총애하게 되었다.

자광은 병조정랑의 요직을 맡아 근무하면서 문과 시험에 응시하여 장원의 영광을 안았다. 예종 초에 남이 장군의 모반을 고발하여 공신이 된 후 무령군으로 추봉되었다. 그는 품계를 뛰어넘어 일품관이 되었다.

자광은 항상 자기를 호걸이라 일컬었으나, 성격이 음험하고 남을 잘 모해했다. 재능과 명망이 자기보다 뛰어난 자가 있으면 반드시 모함하여 끌어내리려고 했다. 그리하여 사람들이 꺼리는 존재가 되어 늘 혼자였다.

그는 한명회의 가문이 성함을 보고 질투가 심했다. 성종이 신하들의 말을 잘 받아들이는 것을 보고, 자광은 한명회를 헐뜯는 상소를 올렸으나 성공하지 못했다. 후에 임사홍·박효원 등과 결탁하여 현석규를 조정에서 몰아내려고 하다가, 도리어 탄핵을 받고 동래로 귀양을 갔다가 곧 돌아왔다.

성종은 그가 정치를 어지럽게 한다고 여겨, 공신의 봉작만을 회복시켜주고 실권이 있는 벼슬은 주지 않았다. 그는 성종의 총애를 받으려고 온갖 수단을 다 썼으나, 마음대로 되지 않아 항상 불만이 가득했다. 그는 이극돈 형제가 조정에서 권력을 잡고 있음을 보고, 자기의 일을 성취시킬 수 있다고 여겨 몸을 굽혀 그들과 결탁했다.

그가 김종직과 사이가 나빠진 것은 김종직이 함양군수 재직 시절이었다. 자광이 일찍이 함양에서 놀다가 그 고을 군수에게 부탁하여 시를 지어 나무에 새겨 동헌에 달아놓았다. 김종직이 함양군수로 부임하여 유자광의 시를 떼어버렸다.

"자광이 어떤 자이기에 되지도 않은 시를 걸어놓았단 말이냐!"

자광이 이 소문을 듣고 이를 갈았다. 그 무렵 김종직은 임금의 총애를 받고 있어서, 자광은 오히려 종직과 교분을 맺고, 종직이 세상을 떠났을 때는 제문을 지어 울면서 종직을 왕통과 한유에 비하기까지 했다.

김일손은 김종직의 제자이다. 이극돈이 전라감사 시절 성종의 초상을 당했다. 이극돈은 서울에 향을 올리지도 않고 기생을 탐한 일이 있었다. 김일손은 그러한 사실과, 이극돈이 뇌물을 받은 일을 사초에 기록했다. 이극돈이 이 사실을 알고 김일손에게 청을 넣어 삭제해주기를 바랐으나 일손은 들어주지 않았다. 두 사람 사이에 금이 가버렸다.

또 김일손은 사간원의 헌납이 되어 권세가들을 꺼리지 않고 할 말을 다했다. 이극돈을 탄핵하는 상소를 올렸다.

'… 이극돈과 성준이 서로 사이가 좋지 않아 장차 파당을 만들 것이라 하옵 나이다.'

이극돈이 이를 알고 불같이 화를 냈다. 후에 신록청을 열어 『성종실록』을 편찬할 때 이극돈이 당상관이 되어 김일손이 쓴 사초를 보고 복수할 기회를 노렸다.

어느 날이었다. 이극돈이 총제관 어세겸에게 말했다.

"어 총제관, 김일손이 선왕(세조)을 훼방했으니 신하로서 이 같은 일을 보고 도 주상께 알리지 않는 것이 옳겠소이까? 내 생각에는 사초를 봉하여 상께 아뢰어서 처분을 기다리면 우리는 후환을 면할 것이오."

어세겸은 깜짝 놀라 대답하지 않았다.

이극돈은 이 일을 유자광과 의논했다. 유자광은 팔뚝을 걷어붙였다.

"망설일 일이 아닙니다. 서둘러야 하오."

유자광은 원로대신인 노사신·윤필상·한치형을 먼저 만나보고 감언이설 로 이들을 꾀었다.

"원로대신들께서 세조대왕의 은혜를 그 얼마나 입었소이까. 하온데 은혜를 입은 선왕이 사초에 잘못 기록된다면 바로잡는 일은 원로대신들의 몫이 아니 겠습니까?"

"그야 그렇지요. 무슨 일이 있는 게요?"

"있다마다요. 큰일입니다."

유자광의 꾐에 빠진 원로대신들은 이성을 잃고 판단력이 흐려졌다. 유자광 은 원로대신들과 함께 도승지 신수근을 만나 이 사실을 말했다. 신수근 또한 김일손에게 감정이 있었다. 수근이 대간이 될 적에 김일손 등은 '외척이 권력 을 잡을 발단'이라며 옳지 못하다고 극구 반대했다. 신수근은 연산군의 처남 이었다. 이들이 똘똘 뭉쳐 큰 사건을 벌이고 있었다.

연산은 학문을 좋아하지 않았다. 글 잘하는 선비를 미워하기까지 했다.

"명예를 구하고 임금을 능멸하며, 나를 자유스럽지 못하게 하는 자는 모두 선비 무리들이다."

연산은 항상 마음이 답답하고 즐겁지 않아 통쾌한 일을 벌이려고 벼르고 있었다. 연산의 이런 마음에 유자광 등이 불을 지른 것이다.

"그대들은 충신이다. 남쪽 빈청에 국청을 마련하여 죄인들을 국문하고, 그 국문을 무령군이 맡고 왕명의 출납을 내관 김자원이 맡아라!"

기어이 일이 터지고야 말았다. 금부도사 홍사호가 함양으로 내려가 김일손을 잡아왔다. 김일손은 풍을 맞아 함양 고향집에 머물다가 압송되었다. 연산이 친히 국청에 나와 지켜보고 유자광이 추관推官을 맡았다. 노사신 · 윤필상 · 한치형 · 신수근 등이 배석했다. 유자광이 김일손을 질책했다.

"죄인은 듣거라! 네 어이하여 선왕(세조)의 일을 거짓으로 꾸며 썼느냐! 이 실직고하라!"

"없는 일은 쓰지 않았소."

"네 이놈! 선왕께서 왕위를 찬탈했다면, 네가 감히 왕통의 정통성을 인정하지 않는다는 것이냐!"

"비약하지 마시오."

"너 혼자 생각이 아닐 것이다. 공범자를 대라!"

"나 혼자 생각이오. 그만 괴롭히고 죽이시오."

연산이 금부도사 홍사호에게 물었다.

"일손이 잡혀오는 도중에 무슨 말을 하더냐?"

"이 일은 극돈이 고발한 것이라 했나이다. 극돈이 잘못한 일을 죄인이 사초에 그대로 써서, 그로 인해 원한을 품고 무고한 것이라 했나이다."

"그러냐?"

유자광은 연산과 매일 만나 국청의 일을 논의했다.

"전하, 김종직의 무리들이 매우 성하나이다. 앞으로 변고를 헤아릴 수 없을 것이나이다. 미리 방비를 해야 할 것이옵나이다."

"암, 그리 해야 하고 말고…."

김종직이 지은 「조의제문」이 화근이 되어 김일손 등은 꼼짝없이 걸려들었다. 유자광은 연산의 노여움을 이용하여 눈엣가시 같은 자들을 한꺼번에 모조리 잡아 죽일 계획을 세웠다.

김일손을 비롯하여 권오복 · 권경유 · 이목 · 허반 · 강겸 · 표연말 · 홍한 · 정여창 · 강경서 · 이수공 · 정희량 · 정승조 · 이종준 · 최부 · 이원 · 이주 · 김굉필 · 박한주 · 임희재 · 강백진 · 이계맹 · 강혼 등 김종직의 제자와 그들과 가까운 선비들이 죄다 걸려들었다.

"이 사람들의 죄악은 무릇 신하 된 우리로서는 한 하늘 밑에서 함께 살 수 없는 원수이니, 마땅히 그 무리들을 찾아내어 모두 죽여 없애야만 조정이 맑고 깨끗해질 것이오. 그렇게 하지 않는다면 나머지 무리들이 일어나 얼마 안 가 다시 화란이 생길 것이오."

유자광이 윤필상에게 말했다. 경천동지할 살인음모였다. 노사신이 몸서리를 치며 말했다.

"무령군은 어찌 이런 말까지 하오? 옛날 당고黨錮의 화를 듣지 못했소이까? 금고의 법망이 날로 혹독하여 선비들을 용납하지 않아 한漢나라도 뒤따라 망했으니, 맑은 의논이 마땅히 조정에 있어야 될 것이요, 맑은 의논이 없어지는 것은 나라의 복이 아니오. 무령군은 어찌 틀린 말을 하는 게요!"

당고란 동한東漢 말년에 간신들이 천하의 명사를 붕당朋黨이란 죄명으로 일망타진하여 금고禁錮시킨 것을 말한다. 원래 금고란 다시는 벼슬하지 못하게 하는 것이다.

노사신의 말에 유자광의 기가 푹 꺾였다. 김종직 제자들의 선비들을 싹쓸이하려던 유자광의 음모는 김일손 · 권경우 · 이목 · 허반 · 권오복 등 다섯 명의 목을 베고 나머지는 귀양조치로 막을 내렸다. 김종직은 무덤이 파헤쳐지고 시체가 톱질당하는 부관참시를 받았다. 무오사화의 불씨를 지핀 이극돈은 여세겸 등과 수사관修史官으로서, 문제의 사초(조의제문)를 보고도 보고하지 않았다는 죄로 파면당했다.

유자광은 바라던 일의 반을 이루고 의기양양해졌다. 이후부터 그의 위엄이 조정과 백성들 사이에 대단했다. 조정에서는 그를 독사처럼 대하고 감히 그 뜻을 거스르지 못했다. 유림들은 기운이 꺾여 움직이지 못하고 조정의 눈치를 살폈다. 학문하는 곳은 두서너 달 동안에 글 읽는 소리가 끊기고 선비들이 서로 경계했다.

"학문은 과거나 볼 만하면 그만이지 무엇 때문에 많이 할 것인가."

온 나라가 폭군과 간신으로 하여 활력이 사라지고 희망이 없었다.

변신의 천재 유자광은 중종반정의 주역 성희안과의 인연으로 공신이 되어, 무령군에서 무령부원군에 피봉被封되었다. 그러나 그는 말년에 탄핵을 받아 훈작을 빼앗기고 귀양을 가서, 장님이 되어 고생하다가 생을 마쳤다.

폐비에 대한 연산군의 복수, 갑자사화

연산군 10년은 갑자년이었다. 연산은 폐비 윤씨의 복위문제를 거론했다. 윤씨를 왕비로 복위시켜 성종의 능에 배향하려는 것이었다. 조정 여론은 반대하는 쪽으로 기울었다. 그러나 감히 총대를 매는 신하가 없었다. 응교 권달수가 죽음을 무릅쓰고 반대 상소를 올렸다. 조정이 이 문제로 연산과 신하들 사이가 살얼음판과도 같았다. 이때를 이용하여 임사홍이 연산에게 참사의 불길을 댕겨주었다.

임사홍은 아들 둘을 태종과 성종의 사위로 삼고 막강한 권력을 행사하려 했으나, 위인이 소인배여서 따돌림을 당했다.

그의 둘째 아들 숭재는 성종의 사위였다. 성질이 음흉하고 간사하기가 그의 아버지를 찜 쪄 먹을 정도였다. 남의 첩을 빼앗아 연산에게 바쳐 총애를 받기도 했다. 연산은 숭재의 집에 자주 놀러 갔다. 이 기회를 틈타 사홍이 조정에 크나큰 환란을 몰고왔다.

어느 날, 연산이 숭재의 집에 놀러온 틈을 타서 사홍은 연산의 마음을 뒤집어놓았다.

"전하, 모후께서 돌아가신 것은 선왕의 후궁이신 엄 숙의와 정 숙의 두 여인의 참소로 억울하게 돌아가신 것이옵나이다."

"그 말이 참말이오?"

"신이 어찌 거짓을 고하리이까? 조정 신료들도 다 아는 사실이오나, 다만 입을 다물고 있을 따름이옵나이다."

연산은 그렇잖아도 모후 폐비 윤씨의 죽음에 대해 의심을 품고 있던 차에, 임사홍의 말을 듣고 분명히 음모가 도사리고 있다는 확신을 갖게 되었다.

당장 두 여인을 잡아다가 국문했다. 하지만 두 여인의 없는 죄상이 드러날 리 없었다. 그 사이 외할머니가 살아 있다는 소문을 듣고, 외할머니를 찾아 궁궐로 데려왔다. 외할머니로부터 어머니의 마지막 가는 모습을 듣고, 게다가 피묻은 수건까지 받아든 연산은 반미치광이가 되어갔다. 당장 엄·정 숙의를 죽이고, 그들이 낳은 연산의 배다른 형제 안양군과 봉안군을 섬으로 귀양보냈다가 죽여버렸다.

온 조정에 피바람이 불었다. 윤씨를 폐한 사건의 원흉 12간十二奸을 정하여 단죄했다. 살아 있는 사람은 죽이고, 죽은 사람은 부관참시형을 내려 무자비한 형벌을 가했다. 12간으로 지목된 신료들은 윤필상·한치형·한명회·정창손·어세겸·심회·이파·김승경·이세좌·권주·이극균·성준 등이었다. 살아 있는 윤필상·이극균·이세좌·권주·성준은 극형을 받고, 나머지는 무덤을 파서 시체를 토막내버렸다. 심하게는 시체를 강물에 던져버려 자손들이 묘소조차 갖지 못하게 되었다.

또한 12간의 자제들을 죽이고, 아낙네는 종으로 삼고, 그 사위들은 귀양 보냈다. 그리고 그들의 집을 헐어 연못을 만들어버렸다.

인수대비는 연산에게 항의했다가 벽으로 밀쳐져, 그 후 병이 나서 죽고 말았다.

연산의 포악이 절정에 달할 무렵, 어떤 사람이 언문으로 포악상을 써서 거리에 붙였다. 간신들이 이 사실을 고하자 연산은 노발대발이었다.

"이것은 죄를 입은 자들의 친족들이 한 짓이다. 귀양 간 자들을 죄다 잡아들여 곤장을 치고 혹독한 고문을 하라!"

또 한 차례 회오리바람이 일었다.

갑자사화에서도 무오사화 때처럼 김종직의 제자들이 숱한 희생을 당했다. 홍귀달 · 권달수 · 심원 · 이유녕 · 변형량 · 이수공 · 곽동번 · 박한주 · 강백진 · 최부 · 성중엄 · 이원 · 김굉필 · 신징 · 심순문 · 강현 · 김천경 · 정인민 · 이주 · 조지서 · 정성근 · 정여창 · 성경온 · 박은 · 조위 · 강겸 · 홍식 등이 참혹한 화를 당했다.

이때 생육신의 한 사람인 남효온도 부관참시를 당하고, 그의 아들 충세도 죽임을 당했다. 후에 좌의정까지 지낸 이행은 고문을 받고 거의 죽을 뻔한 고비를 넘긴 후, 사형이 감형되어 곤장을 받고 함안에 소속된 관노가 되었다. 그런데 거리에 나붙은 익명서로 하여 다시 불려와 고문을 당하고, 거제도로 귀양 가는 도중에 중종반정이 일어나 사지에서 벗어났다. 무오 · 갑자 두 차례의 사화로 성종 시대에 양성한 많은 선비들이 수난을 당하여 유학계는 커다란 공백이 생기게 되었다.

성희안과 박원종, 중종반정을 도모하다

중종반정의 주역 성희안은 어머니가 왕족인 덕천군 후생의 딸이었다. 성종 때 옥당에 들어가는 등 은혜와 총애를 한몸에 받았다.

연산군의 폭정이 날로 심해지자 희안은 나라 걱정에 밤잠을 이루지 못했다. 그런 어느 날, 연산이 양화 나루에 놀이를 나갔다. 희안이 임금을 따라갔다. 연산은 따라간 신하들에게 시를 지으라는 영을 내렸다. 희안은 연산을 꼬집은 시를 지어 올렸다.

임금은 본래 청류를 좋아하지 않느니

연산은 이 시를 보고 노발대발하여 희안을 파직시켜버렸다.

"네가 감히 과인을 나무라는 것이냐! 이조참판직을 당장 내놓고 집에서 근신하라!"

성희안은 웃으면서 벼슬을 그만두었다. 그가 바라던 바였다.

그는 평소에 지략이 출중했다. 연산의 폭정이 날로 심화되자 반정할 뜻을 품었으나 동지가 없었다. 성희안은 언뜻 박원종을 생각했다. 원종이 연산에게 한을 품고 있을 것 같았다.

박원종은 월산대군(성종의 형)의 처남이었다. 부유한 집에서 태어났으나, 방탕하여 구속됨이 없고, 시정잡배들과 놀아나다가 무과에 급제한 후 중요 관직을 두루 거쳤다. 사람이 구김살이 없고 호탕하여 따르는 무사들이 많았다. 그런 박원종의 누이가 연산에게 몸을 더럽혔다. 연산은 큰어머니를 능욕한 것이다. 원종의 연산에 대한 감정이 좋을 리 없었다.

성희안은 박원종과 의사를 타진해보기로 했다. 신윤무는 성희안과 박원종을 모두 알고 지냈다. 희안은 신윤무를 원종의 집으로 보내어 자기의 뜻을 전했다.

박원종이 튕기듯 일어나면서 반겼다.

"이는 내가 밤낮으로 품고 있었던 일이오."

성희안과 박원종은 금세 의기투합이 되었다. 저녁에 성희안이 박원종의 집에 가서 서로 통곡하고 뜻을 다졌다.

"우리는 평생 충성과 절의를 지켜왔소. 마땅히 나라를 위해 목숨을 버리겠소. 대장부의 죽고 사는 것은 명에 달렸거늘, 종사의 위태함이 경각에 달려 있음을 보고 어찌 구제하지 않을 것이오."

두 사람은 손을 굳게 잡았다. 그러나 두 사람의 의기투합으로는 아무 일도 할 수 없었다. 2, 3개월 두 사람이 끙끙대다가 이조판서 유순정을 끌어들였다. 유순정은 당대에 명망 있는 대신이었다. 그를 끌어들이면 반정의 절반은 성공한 셈이나 매한가지였다.

유순정은 심사숙고 끝에 동참하기로 마음을 정했으나, 적극적으로 나서지는 않았다. 신윤무가 군기첨정 박영문, 사복첨정 홍경주 등을 끌어들였다. 이들이 반군을 조직해나갔다. 박원종은 귀양 가 있는 이고에게 연통을 넣어, 호남의 병사 · 수사 · 수령을 몰고 상경하도록 선을 뻗쳤다.

모의가 순조롭게 진행되었다. 때마침 연산이 장단 석벽으로 놀러갈 날짜가 잡혔다. 거사를 그날로 잡았다.

9월 초하루, 밤중에 장수와 병졸들을 훈련원에 모이도록 했다. 모의에 가담한 신료들과 반정군들이 다투어 모여들었다. 부서를 나누었다. 변수와 최한홍은 내성 동쪽을, 심형과 장정은 내성 서쪽을, 성희안 · 박원종 · 유순정은 광화문 앞 수백 보쯤 되는 곳에 나아가 진을 쳤다. 그러나 그 이튿날 장단에 간다던 연산이 일정을 취소해버렸다. 반정군들은 몹시 당황했다.

때마침 호남에 귀양 가 있던 이고 · 유빈 · 김준손 등이 진성대군(중종)을 추대하려는 격서를 서울로 보냈다. 성희안 등은 이 소식을 접하고 더는 미룰 수가 없었다. 격서가 도착하기 전에 거사를 단행해야만 했다.

성희안은 우의정 김수동에게 달려가 거사 계획을 말하고 참여해줄 것을 청했다. 김수동이 펄쩍 뛰었다.

"나는 애초에 그 일의 내용을 잘 모르오. 날더러 어쩌란 말인가!"

김수동은 베개를 베고 누워 말했다.

"그대는 내 머리를 베어가라!"

"우상 대감, 진성대군을 세우기로 했소이다. 진성대군은 연산의 배다른 형제요, 성종대왕의 둘째 아드님이십니다. 우의정께서는 폭군을 그대로 모시겠소이까?"

"진성대군이라 했소?"

"그렇소이다."

"그렇다면 마땅히 따르겠소. 먼저 가시오."

김수동이 벽제 소리를 내며 반군 진영으로 달려왔다. 그리고는 상석에 앉아 병조판서를 불렀다.

"병판은 군사를 진성대군 곁으로 보내어 호위하시오!"

마치 반군대장처럼 설쳐댔다.

"병판이 직접 군사를 몰고 가시오."

신윤무는 용사 이심 등 10여 명을 거느리고 가, 왕비 신씨의 오라버니 신수근, 동생 신수영 그리고 임사홍 등을 죽여버렸다. 이들은 연산의 어두운 눈을 더욱 가리고 자신들의 욕심을 채우는 데 급급했던 것이다.

9월 2일, 해가 뜰 무렵 벼슬아치들이 우왕좌왕이었다. 입직한 도총관 민효증과 참지 유경은 먼저 대궐을 빠져나가고, 승지 이우는 연산 곁으로 달려갔다. 대궐 안에 변괴가 났다는 소문이 퍼졌다. 연산은 차비문 안에 앉아 승지를 불렀다.

"이 같은 태평성대에 변고가 나다니 가당치 않다. 아마 홍청의 본남편들이 모여서 도적질하는 것일 게다. 금부당상을 불러 빨리 처치하도록 하라!"

승지 이우는 사태의 심각성을 알고도 보고하지 않고 슬그머니 대궐을 빠져나갔다. 그동안 반군이 대궐을 장악해버렸다. 손쉬운 반군의 승리였다.

뒤늦게야 사태의 심각성을 깨달은 연산은 악을 써댔다.

"게 아무도 없느냐! 활과 화살을 가져오라!"

아무도 대답이 없었다.

우의정 김수동이 연산 앞에 나타났다.

"전하, 노신이 죽지 않고 살아 있다가 이런 일을 보았사옵나이다. 전하께오서는 너무 인심을 잃었나이다. 옥체를 보중하소서."

유자광도 그 자리에 있었다. 거사 모의 막바지에 여러 사람이 의견을 내놓았다.

"유자광은 궂은 일을 많이 겪어 꾀가 많소. 반정에 가담시켜 그의 의견을 들어보는 것이 유익할 것이오."

그리하여 사람을 보내어 거사에 참여하도록 했다. 만약 거부하거든 죽이라고 일렀다.

유자광은 반정 소식을 듣자마자 때를 기다렸다는 듯이 군복으로 갈아입고 말을 탔다. 그런데 두꺼운 유지油紙 비옷을 싸가지고 종더러 따라오라고 했다. 아무도 그 뜻을 몰랐다. 반군 진중에서는 장수와 병졸을 파견할 때 부신符信을 만들 만한 것이 없었다. 곧 자광이 가지고 온 유지를 오려서 부신을 만들었다.

자광의 지혜에 모두 탄복했다.

유자광은 곽광이 창읍왕昌邑王을 패했던 고사를 따라 연산을 대궐 안에서 나오게 하고, 대비에게 연산을 폐한 사유를 고하자고 했다. 성희안 등이 이를 말렸다.

연산은 그제야 자신이 폐주가 되었다는 것을 깨닫고 중궁전으로 달려가 중전에게 애원했다.

"중전, 대비전에 나아가 용서를 빌어보오. 대비께서 용서하신다면 정신 차려 정사를 보겠소."

제정신이 아니었다.

"일이 이 지경에 이르렀는데 빌어본들 무슨 소용이겠나이까. 받아들이는 것이 순리이옵나이다. 전날 신첩이 여러 차례 간해도 끝내 고치지 않으시더니, 이제 우리 두 아이는 어찌할 것이오이까."

중전 신씨는 가슴을 치며 통곡을 터뜨렸다. 연산은 머리를 숙이고 눈물을 흘렸다.

왕비가 대궐에서 나갔다. 신었던 비단신이 자꾸 벗겨져 발목을 잡았다. 비단 수건을 찢어 신을 동여매었다.

세자와 대군은 청파동 무당집에 나가 있었다. 무당이 밥상을 차려주었다. 대군이 반찬 투정을 부렸다.

"어찌 새끼 꿩을 올리지 않았느냐?"

유모가 울면서 말했다.

"내일은 이런 밥을 얻어먹을지 알 수 없나이다."

진성대군이 반정으로 중종 임금이 되고, 폐주는 연산군으로 감봉되어 강화 교동으로 유배를 떠났다. 연산군은 붉은 옷에 갓을 쓰고, 띠도 두르지 않은 차림으로 내전문으로 나와 땅에 엎드렸다.

"내가 큰 죄를 지었는데도 특별히 임금의 은혜를 입어 죽지 않게 되었습니다."

평교자를 타고 선인문 · 돈의문을 나올 때에는 갓을 숙여 쓰고 얼굴을 들지 못했다. 거리에 몰려나온 백성들은 다투어 손가락질하며 폐주를 욕했다. 연산은 연희궁에서 유숙하고, 이어 김포·통진·강화에서 유혹한 후 교동에 위리안치되었다.

연산은 일찍이 이런 시를 지었다.

중현대의 모임이 은대보다 넓은데
봄바람 길 위에는 붉은 준마가 달려가네
취해서 밤달을 즐길 뿐 아니라
돌아올 때도 악대를 이끌고 다시 거닐어오네

이 시를 보고 당대의 시인 조신曺伸이 차운次韻을 읊었다.

남의 집 헐어서 정자를 만들고
많은 여자 뽑아서 운평을 만들었네
원훈과 간하는 신하 다 죽이고
내시들만 남겨서 충성하게 하였네

또 조신은 중현대에 대한 차운을 읊었다.

서총대 쌓느라고 만인이 죽었는데
춤추고 난 기생에게 비단을 내려주네
부끄러운 기색으로 여러 아우의 뼈를 찾고자
문득 해상에서 잠시 거닐고 있네

연산군은 왕비가 따라가지 않은 교동에서 역질로 고생이 심했다. 그해 12월, 연산군은 죽음을 맞이했다. 시중 드는 시녀에게 중전 신씨를 찾았다.

"중전이 보고 싶구나."

중종이 역질 소식을 듣고 의원을 보내어 치료하게 했으나, 도착하기도 전에 세상을 떠나버렸다.

중종 시대

1506~1544

중종
시대
1506~1544

중이 옥사를 꾸미다

연산 시대 이후 한양에 있는 사찰을 모두 폐지하여 관청에서 이용했다. 그리하여 불교의 선·교 양종은 청계사에 의탁하여 선종이라는 간판을 내걸었다.

중종 4년 겨울, 지각없는 선비 몇이서 청계사에서 불경을 가지고 온 일이 있었다. 이때 청계사 주지가 선비들의 종적을 알고 불목하니를 시켜 거짓말을 퍼뜨렸다.

"유생들이 절에서 쓰는 유기 일곱 바리를 훔쳐갔다!"

소문을 낸 후 청계사에서 포도청에 신고했다. 포도대장이 이 사실을 중종에게 보고했다.

"유생들의 집을 수색하여 오해가 없도록 하라!"

포도청에서 수사에 나섰다. 그러나 지목받은 유생의 집에서는 유기 대신 불경 몇 권이 나왔다. 포도대장이 수사 결과를 중종에게 보고했다. 불경을 훔쳐온 유생들을 승정원으로 불러 중종이 심하게 나무랐다.

"선비들이 불경을 뭣 하러 훔쳤더란 말인가! 당장 절에 돌려주고 사죄하라!"

양사에서 그냥 있지 않았다. 원래 유생이 절에 가서 불경을 훔쳐오는 것은 죄가 되지 않고 예사로운 일인데, 중이 감히 유생들을 고발하여 말썽을 일으킨 일이 괘씸했다. 양사 대간들이 청계사 주지를 탄핵했다.

'중이 유생들을 도둑으로 몰아 고발한 것은 전례에 없는 일이옵고, 수사 결과 불경 몇 권 잃은 것으로 드러났사옵나이다. 청계사 주지를 법으로 다스려야 하옵나이다.'

중종은 문제 삼고 싶지 않았다.

'선비가 절간을 드나든 것부터 잘못이다. 불문에 부치겠노라.'

이듬해 봄, 흥인사 사리각에 불이 났다. 포도청에서는 유생과 절 주위의 이웃 백성들을 의심하고 수사에 들어갔다.

흥인사는 신라 때 지은 고찰로서, 태조가 신덕왕후의 죽음을 슬퍼하며 이 절에 사리각을 창건했다. 높이 5층으로 한양 한복판에 우뚝 서 있고, 또 보물과 불경이 그 안에 소장되어 있었다. 연산군 때 폐사하여 분사복시分司僕寺로 사용했다. 흥인사는 사리각보다 먼저 불타버렸다. 사리각만 덜렁 남았었는데, 대비가 불경 일부를 내수사로 옮긴 적이 있다.

유생 윤형 일당은 무뢰배로서, 스님들을 협박하여 금품을 갈취하고 욕보이기를 능사로 삼았다. 사리각이 불에 탄 것은 윤형 일당이 스님들을 욕보인 그 다음 날이었다.

밤 초경에 일어난 불길은 한양 하늘을 가렸다. 처음에는 난이 일어난 줄 알고 중종은 마음을 졸였다. 단순 화재라는 보고를 받고 중종은 화를 버럭 냈다.

"틀림없이 유생들의 짓일 게다. 범인을 철저히 가려내라!"

즉시 한양 중학·서학에 있는 유생들과 절 근처에 사는 유생들을 대상으로 수사에 들어갔다. 특히 절 이웃의 사방 열 집 안에 사는 유생들을 잡아다가 의금부에 가두고 국문했다.

영의정 김수동과 승지 이희맹이 국문을 맡았다. 유생들에게 고문을 가했다. 불경을 가져온 유생들의 자백을 받아냈으나 화제와는 거리가 멀었다. 3정승과 6판서가 합문에 나가 엎드려 중종에게 아뢰었다.

"전하, 유생들이 불경은 훔친 일이 있으나 화재는 거짓 소문으로 밝혀졌나이다. 국청을 폐하게 하소서!"

그러나 중종은 스님의 투서를 받고 유생들을 의심하고 있는 터여서 신료들의 말을 믿지 않았다.

"고문을 해서라도 자백을 받아내시오!"

윤형 들이 잡혀와 혹독한 고문을 받았다. 끝내 방화범이 잡히지 않았다. 중종은 윤형 들을 주모자로 몰아 곤장을 때려 멀리 귀양 보내고, 혐의가 있는 유생들의 과거 응시 자격을 박탈해버렸다. 그러자 대간들이 일어났다.

'정당한 절차를 거치지 않고 전하께오서 율문을 결정하는 것은 옳지 않사옵나이다. 하옵고 혐의만을 가지고 죄인으로 다루는 것 또한 국법에 저촉되옵나이다. 통촉하소서.'

중종은 그제야 깨닫고 다시 생각해보았다.

불교 탄압 정치 시대에 드러난 웃지 못 할 사건이었다. 쥐가 다급하면 고양이를 무는 법이었다.

조선 관리들의 횡포로 일어난 삼포왜란

삼포三浦는 1443년 변효문 등이 대마도주 소오(宗貞盛)와 세견선 등에 관해 맺은 계해조약이 체결된 후 개항되었다. 삼포를 개항한 이후 왜인들의 무역 및 거류가 허가되어 해마다 내왕 거류하는 수가 늘어났다.

조정에서는 이곳에 왜관을 두어 왜인들의 교역 접대하는 장소로 활용하도록 했다. 한편 조정에서는 거류하는 왜인들에게 여러 차례 귀환을 요구했다. 조약 체결 당시 60여 명에 불과하던 거류민이 2천 명 이상으로 늘어나, 차차 교만해져 조정의 명령을 어기는 일이 다반사였다. 중종 즉위 후 5년, 그들을 정비하기 위해 통제가 심해지자 드디어 폭동을 일으켰다.

부산첨사 이우증은 겁이 많고 허세로 모든 일을 해결하려고 했다. 왜인들을 상대하는 데도 절도가 없었다. 토목의 역사에 왜인들을 부려먹고도 삯을 주지 않고 위엄으로 눌렀다. 그런가 하면 왜인에게 벌을 주면서 노끈으로 머리털을 나무 끝에 매달아놓고 활을 당겨 노끈을 쏘았다. 왜인들은 이우증에게 독기를 품었다.

절도사 유계종 역시 비겁한 무인이었다. 조정에 장계를 올려 이우증이 잘하고 있다고 칭찬을 늘어놓았다. 그러자 중종은 옷을 하사하여 이우증을 격려했다. 이것을 보고 여러 진鎭의 장수들이 다투어 왜인들에게 가혹하고 사납게 굴었다.

우수사 이의종은 공을 세우려고 바다에서 해초를 캐고 고기를 잡던 왜인 십여 명을 죽여버렸다. 왜인들의 원망이 쌓이고 쌓여 드디어 폭동을 일으켰다. 폭동 하루 전, 왜선이 해변에 정박했다. 삼포 어부들이 정탐해보았다. 아무래도 수상쩍어 부산첨사 이우증에게 보고했다. 이우증은 오히려 어부들을 꾸짖어 돌려보냈다.

"장사하러 온 배를 전함이라니, 당치도 않다! 다시는 그 따위 소리를 지껄이지 말라!"

이튿날, 날이 채 밝기도 전에 삼포의 왜인들이 대마도의 왜노倭奴를 거느리고 와서 제포와 부산포를 공격했다. 두 진이 제대로 싸워보지도 못하고 무너졌다. 제포첨사 김세균은 홀로 성을 기어서 오르다가 적에게 잡혔다. 적은 그를 죽이지 않고 옥에 가두었다. 부산첨사 이우증은 제 몸을 풀과 나뭇잎으로 싸고 숨어 있다가 적에게 발각되어 갈기갈기 찢겨 죽었다. 그의 형 우안도 함께 죽었다.

폭도들은 두 진의 군사들과 노약자들을 모조리 죽이고 나서, 웅천·동래를 포위했다. 그 기세가 하늘을 찌를 듯했다. 당시의 적장은 성칭정장盛稱程長으로 적군이 수천 명이었다. 행군하는 것이나 진을 설치하는 모습이 제법 군율이 잡혀 있었다. 적군들은 마을을 불사르고 부녀자를 겁탈했다. 연기와 불꽃이 하늘을 가렸다.

평화로운 세월이 오래 되어서 백성들은 북소리·쇳소리를 까맣게 잊고 있던 터라, 갑작스러운 난리를 만나 도망치기에 바빴다.

우도병마사 김석철은 군사를 거느리고 웅천을 구하려고 했다. 그는 본래 광대 출신으로, 권력 있는 대관에게 아첨하여 얻은 벼슬이었다. 그는 군사 수

백 명을 이끌고 와서 두려워 싸울 엄두를 내지 못하고, 중과부적이라는 핑계를 대고 우물쭈물하다가, 도리어 적의 공격을 받고 꽁지가 빠지게 도망쳤다.

웅천현감 한륜이 겨우 이틀을 버티다 도망쳤다. 웅천은 남쪽의 큰 진으로, 일본 사절이 왕래하면 접대하는 곳이어서, 창고에 쌓인 곡식이 다른 고을보다 많았다. 한륜은 적이 포위하자 사지가 떨려 어찌할 바를 모르고 정신없이 성을 돌아다니면서 장병들에게 적을 쏘지 말라고 당부했다. 제정신이 아니었다. 그에게 사랑하는 애첩이 있었다. 애첩을 성 밖으로 내보내려고 성문을 잠깐 열었다. 성 안이 동요했다.

"현감이 도망쳤다!"

한륜은 애첩을 데리고 함께 도망쳤다.

성은 쉽게 함락되었다. 적은 웅천성에 들어와 창고를 열어 싹 쓸어내고, 포로와 노획물을 배에 옮겨놓고 날마다 술을 마시며 방비를 소홀히 했다.

이튿날 경상감사 윤금손, 우도병마사 김석철, 우도수사 이의종, 좌도병우후 이분이 장계를 올렸다. 조정에서는 장계를 받고 대책을 마련했다. 그 결과 전절도사 황형을 좌도방어사로, 전방어사 유담년을 우도방어사로 삼아 각각 군관 30명씩을 붙여 남녘으로 내려보냈다.

황형은 무과 출신으로, 재물을 탐하고 포악하여 파직당해 집에서 놀고 있었다. 좌도방어사에 특채되자 팔을 걷어붙이고 큰소리쳤다.

"내가 가뭄에 나막신 신세더니, 비를 만나 이제야 쓰이는구나."

난리가 난 지 18일째 되는 날 새벽, 황형이 군사 1천 명을, 유담년이 1천 9백 명을, 김석철이 군사 2천 명을 각각 거느리고 세 갈래로 나뉘어 제포 공격에 나섰다. 이의종과 이보는 좌우익으로 나뉘어 수로로 공격했다. 적은 제포성 밖에 진을 쳤다. 동·서·남 세 곳에 진을 치고 기다렸다. 자못 그 기세가 당당했다.

황형이 적의 동쪽 진을 공격했다. 담년은 서쪽, 석철은 남쪽을 공격해들어갔다. 활을 쏘고 돌을 던지고 녹각목(나무로 사슴의 뿔처럼 만들어 적을 방어하는 데 쓰는 군용기구)으로 적을 막았다.

서·남쪽 적진이 무너졌다. 적은 노약자들을 배에 실으며 싸우면서 달아났다. 수로의 이의종·이보가 적의 배를 공격했다. 사면초가가 된 적들은 혼란에 빠져, 저희들끼리 활을 쏘고 칼을 휘둘러 시체가 바닷물을 빨갛게 물들였다.

제포가 탈환되고 웅천·부산포도 원상복귀되었다. 그러나 손실이 컸다.

경상도 안동과 김해의 풍속에, 해마다 음력 정월 대보름 다음 날이면 고을 사람들이 모여 좌우로 편을 갈라 돌 던지는 놀이를 한다. 이 놀이는 삼포왜란 때 황형과 유담년 등이 두 고을에서 돌을 잘 던지는 자를 모집하여 선봉으로 삼은 데서 유래되어 민속놀이로 굳어진 것이다.

난리를 평정한 뒤 중종은 왜와 화친을 끊으려고 했다. 왜인들은 여러 섬의 사자들을 여러 차례 보냈다. 성희안·유순정 등 반정 공신들과 6판서들의 건의로 한 달 후에 중종은 왜와의 화해를 허락했다. 삼포왜란은 조선 현장 관리들의 횡포로 비롯된 것이다.

고변告變하고 굶어죽은 사람

사정전 앞에 국청이 마련되었다. 중종이 사정전 월랑에 나와 밤늦도록 친국했다.

"두 사람이 무슨 얘기를 하더냐?"

"반란을 꾀했나이다."

"어디에서 들었느냐?"

"박영문이 신윤무의 집에 와서 모의했나이다."

"그걸 네가 어찌 들었더란 말이더냐?"

"윤무의 마루 밑에 들어가 들었나이다."

"이상하지 않느냐? 두 사람이 모의를 했으면 속삭였을 터 마루 밑에까지 어찌 들렸단 말이더냐?"

"소인이 두 귀로 분명히 들었나이다."

중종은 의심스러웠으나, 다름 아닌 역모 고변이라서 섣불리 넘길 일이 아니었다.

"누구를 추대한다더냐?"

"영산군 전(정종의 아들)이라 했나이다.

중종은 고개를 갸웃거렸다. 영산군이라면 왕실에서도 미미한 존재였다. 더구나 나이가 들어 제 몸 하나 추스리지 못할 형편이었다. 모든 것이 석연치 않았다. 그러나 역적모의를 했다는 박영문과 신윤무는 무관으로서 반정에 공을 세웠으나, 평소에 불만이 많은 자들이었다. 특히 영문은 공조판서에까지 올랐으나, 대간의 탄핵을 받고 파면된 후 문신들에게 원한이 많았다.

이 두 사람의 역모를 고변한 사람은 정막개鄭莫介였다. 천한 종이었는데 교활한 자였다. 일찍부터 영문과 윤무의 집에 드나들며 주인들에게 신임을 받고 있었다.

영문은 임금이 사냥을 나가는 날을 거사일로 잡아 난을 일으키려고 마음먹고 있었다. 문신들을 죄다 때려죽이고, 고려시대의 무신정권 시대처럼 무신들의 세상을 만들어보고자 했다.

신윤무는 무신이었으나 야망이 없었다. 영문이 반란 비슷한 말을 하자 조용히 타이르던 터였다.

두 사람 사이에는 끈끈한 유대감이 있었다. 중종반정 때 목숨을 내놓고 참가한 인연이 있었다. 두 사람은 살아도 함께 살고 죽어도 함께 죽을 의리의 맹약을 맺은 터였다.

영문이 윤무의 집에 들러 윤무를 졸랐다.

"신 공만 나의 일에 협조해준다면 천하를 얻기는 식은 죽 먹기요."

"박 공, 그 망령된 생각을 거둘 수 없소?"

"신 공은 우리의 맹세를 벌써 잊었단 말이오?"

신윤무는 말문이 막혔다. 영문이 일을 도모한다면 협조하지 않을 수 없었다.

"내가 맹세를 잊은 건 아니오. 허나 사세가 박 공의 편이 아니지 않소."

"염려 말고 손을 잡읍시다."

이들은 때가 되면 '처치하자'는 약속을 했다. 이 말을 언뜻 듣고 막개가 부풀려 역모 고변을 한 것이다.

신윤무의 사랑방 마루 밑에서 들었다는 말은 새빨간 거짓말이었다. 윤무의 사랑방 마루는 사람이 들어갈 수 없을 만큼 낮았다.

막개는 '처치한다'는 소리를 듣고 밤낮으로 이 말의 뜻을 생각했다. 그러던 어느 날 막개는 오랏줄에 묶인 채 수레에 실려 형장으로 끌려가는 꿈을 꾸었다. 군기감 앞에 다다르자 막개는 준마를 타고 호위병을 데리고 달렸다. 꿈에서 깬 막개는 이 꿈을 자신이 벼슬 할 꿈으로 해석하고 날이 새는 대로 박과 신을 역모로 고변한 것이었다.

막개의 말대로 두 사람을 잡아다가 국청을 열었다.

"죄인들은 듣거라! 막개의 말이 사실이냐? 네놈들이 영산군을 추대하려 했느냐?"

중종이 친국했다.

"일개 천한 종놈의 말을 믿는 전하께오서 딱하시옵나이다. 신은 영산군을 본 적도 없사옵니다."

영문이 거세게 반발했다. 신은 입을 다물고 말이 없었다.

"저자들을 매우 쳐라!"

곤장 가운데 가장 무거운 추삭장을 써서 박과 신을 패댔다.

영문은 이를 악물고 참아냈으나, 윤무는 병중이라서 한 번 때리고 한 번 물으면 쉽게 대답했다.

"역모를 꾸몄느냐?"

"그렇소."

"영산군을 추대하기로 했느냐?"

"그렇소."

윤무는 매를 이기지 못해 모르는 일까지 대답하고 고개를 꺾었다. 살고 싶지 않았다.

영문은 곤장을 이겨냈다. 형이 무거워져 인두로 지짐을 당하고 주리를 당하고 압슬형을 당해 죽기 직전이었다.

"자백하라! 윤무와 역모를 꾸몄느냐?"

"그렇다고 해두시오."

"누구를 추대하려 했느냐?"

"영산군이오."

두 사람이 자백하여 역모 사실이 밝혀진 셈이었다. 이들에게는 3족을 멸하는 벌이 내려졌다.

윤무가 형장으로 끌려가면서 집의(사헌부 소속 종3품) 김협을 불렀다. 잘 아는 사이였다. 윤무가 울면서 말했다.

"김협아, 김협아! 나라에서 천한 종놈의 말을 듣고 어찌 공신을 가벼이 죽인단 말이냐! 너는 보고만 있어도 되느냐?"

김협은 겁이 많았다. 외면하고 집으로 돌아갔다. 그날 밤 신윤무가 귀신이 되어 찾아올까 봐 온 집안 구석구석 촛불을 밝히고 자지 않았다. 그리고 부리는 종들에게 아침까지 시끌벅적 떠들어대라고 했다.

역모를 고변한 정막개는 일약 당상관이 입는 홍포를 입게 되었다. 그의 꿈대로 우화등선을 하듯 품계가 종3품이나 되었다.

사헌부 지평(정5품) 권벌이 부당함을 상소했다. 이에 양사 언관들이 자기네가 청하지 못한 것을 자책하고 사직하고 물러났다. 사태가 심각하게 흐르자 중종은 권벌을 불렀다.

"그대는 역모를 고변한 일등공신을 어찌하여 비방하고 벼슬을 취소하자는 것인가!"

"전하, 막개의 고변에는 여러 가지 의문점이 많사옵나이다. 사람들의 말을 들으면, 신윤무의 사랑방 마루 밑은 사람이 들어갈 수 없이 낮고, 또 그가 두 사람이 공모했다는 말의 앞뒤가 하나도 틀린 것이 없으니, 그 점만으로도 의심스럽사옵나이다. 조작의 낌새가 분명하나이다. 그러하옵고 막개가 두 사람의 모의 사실을 알았다면 지체하지 말고 즉시 고변해야 했거늘, 여러 날 만에 고했나이다. 오히려 막개에게 죄를 물어야 하온데, 중한 품계를 제수받았사오니, 청컨대 그자의 품계를 물리시옵소서."

그러자 양사 언관들이 막개의 품계를 물리라고 떠들어댔다. 중종은 그제야 잘못을 깨닫고 막개의 품계를 도로 거두어들였다.

박연은 사헌부 대사헌으로 권벌의 직속상관이었다. 자기와 상의 없이 권벌이 중종에게 임의대로 말했다고 하여 박연은 노여움을 얼굴 가득 담고 있었으나, 감히 반박하지는 못했다. 신료들이 자신들의 직무유기를 뉘우치고 권벌의 용기를 가슴속에 담고 있었기 때문이었다.

막개는 도로 천민이 되어 사람들의 미움을 받았다. 그의 집이 사복시 냇가에 있었다. 처음에 벼슬을 얻어 붉은 띠를 두르고 조석으로 거리를 지나다녔다. 동네 아이들이 떼를 지어 몰려와 기왓장과 돌멩이를 던지며 놀렸다.

"고변한 막개야, 홍띠가 가소롭구나."

벼슬이 떨어진 뒤에는 더없이 처량했다. 거리로 나가면 아이들의 돌팔매질에 견딜 수 없었다. 어른들은 그에게 침을 뱉고 욕을 했다.

"상놈의 새끼야, 똑바로 살아라!"

그는 결국 집 밖으로 나오지 못하고 굶어죽고 말았다.

이 사건으로 영산군은 영문도 모른 채 노구를 이끌고 귀양길에 올라야 했다.

왕보다 인기가 많아 죽어야 했던 남자, 조광조

중종 14년, 훈구 재상들이 신진사류들을 대거 축출한 사건이 벌어졌다. 역사는 이 사건을 기묘사화己卯士禍라고 일컫고 있다.

연산군을 폐하고 왕위에 오른 중종은 연산군의 악정을 개혁하고, 연산군 때 쫓겨난 신진사류를 등용하여, 대의명분과 오륜의 도를 가장 존중하는 성리학을 크게 장려했다.

이때 성리학의 정통을 계승한 선비가 조광조였다. 조광조는 김굉필의 제자로서, 성균관 유생 200여 명의 천거와, 인사권을 쥔 이조판서 안당의 추천으로 재야 선비로서 일약 정6품의 관직에 올랐다. 훈구 세력이 보기엔 경천동지할 파격이었다.

조광조는 그 후 5년간 조정에서 맹활약을 펼쳤다. 현량과를 설치하여, 과거 등용제보다 추천제로 김식 등 그의 일파를 조정에 대거 출사시켰다. 조광조는 38세의 젊은 나이로 정2품 대사헌의 직위에 올랐다.

그러나 조광조는 훈구 세력을 배척하여 그들과 마찰이 잦았다. 조정에 불화의 불씨가 언제 어디에 붙을지 예측할 수 없는 상황이 되어갔다. 훈구 세력들은 조광조 등 신진 세력들의 탄핵을 받고 거의 세력을 잃어가고 있었다. 완전한 신진 세력의 승리인 것처럼 보였다.

조광조 등은 중종반정 공신 가운데 공신 자격이 없는 사람이 많다며 이들의 공신호를 박탈하자고 건의, 공신 4분의 3에 해당하는 76명의 공신호를 박탈해버렸다. 이것이 기묘사화의 도화선이 되었다. 공신록 삭제를 놓고 훈구세력들은 더 이상 참을 수 없는 수모를 느끼고 분노의 불길을 댕겼다.

조광조는 법을 다스리는 대사헌이 되어 모든 일을 공정하게 처리하여 백성들의 지지를 받았다. 광조가 저잣거리에 나서면 백성들이 엎드려 외쳤다.

"우리 상전께서 오셨다!"

남곤·심정 등은 훈구 대신으로서 신진 세력에 이를 갈고 있었다. 남곤 등은 조광조가 임금처럼 백성들에게 떠받들어지는 것을 교묘히 이용하려고 했다.

홍경주는 찬성으로 재직하다가 신진들의 탄핵을 받아 파면되어 울분을 삭이고 있었다. 남곤과 심정은 홍경주의 울분에 불을 질렀다.

"대감, 이대로 당하고만 있을 게요?"

"뾰족한 수가 없지를 않소. 주상께서 조광조에게 홀딱 반해버렸으니 어쩌겠소."

"대감께서는 희빈 마마가 계시지를 않소?"

"희빈이 뭘 어쩌한다는 말이오?"

남곤과 심정은 홍경주 딸 희빈을 이용하여 조광조에 대한 중종의 철석같은 신임을 무너뜨리려고 했다.

"저잣거리 백성들은 조광조를 임금처럼 떠받들고 있소. 인심이 조광조에게로 쏠린다 이 말입니다."

"그래서요?"

"희빈 마마께 말해 '온 나라의 인심이 조씨에게 돌아갔다'는 것을 주상께 알리도록 하시오."

"그래볼까요?"

홍경주가 나섰다.

그의 딸은 중종의 후궁이 되어 총애를 받고 있었다. 홍경주가 희빈을 만나 은밀히 말을 맞추었다. 게다가 한술 더 떠 교묘한 꾀를 냈다.

"희빈 마마, 주상께 기회 닿을 때마다 인심이 조씨에게 돌아갔다고 말씀드리고, 똑똑한 시녀를 시켜 유독 벌레를 잘 타는 나뭇잎에 '走肖爲王'이라고 써서 그 글자에 꿀물을 발라놓게 하소서. 이 길만이 아비가 살 길이나이다."

"이 글자는 무엇을 의미하는 것입니까?"

"파자로서, 走肖, 즉 趙씨가 爲王, 즉 왕이 된다는 뜻이옵나이다."

"아버님이 살 길이 꼭 이것밖에 없나이까?"

"그렇사옵니다."

"아버님 분부대로 따르겠나이다."

희빈 역시 아버지의 벼슬길을 막아버린 조광조가 좋을 리 없었다.

한편 심정은 경빈 박씨의 시녀를 꾀어 궁궐에 말을 퍼뜨리게 했다.

'조씨가 나라를 마음대로 하여 백성들이 칭찬한다!'

그 뒤로는 궁궐에는 괴소문이 퍼지기 시작했다.

홍경주는 언문을 밀지라 일컫고 불평이 많은 재상들을 모았다. 그 언문 밀지에는 '공신록에 살아남은 사람들도 종당에는 조광조에게 당할 것'이라는 내용이 담겨져 있었다. 그리하여 훈구 세력들을 결집시켰다.

중종은 이상한 소문을 듣고 여러 후궁들에게 확인했다. 경빈도 희빈도 똑같은 말을 여러 차례 한 바 있었다.

"온 나라 인심이 조씨에게로 돌아간다."

게다가 희빈은 벌레가 갉아먹은 '走肖爲王'이라 쓴 이파리를 보여주었다.

"전하, 이런 부참서符讖書까지 나올 지경이면 문제가 심각하나이다. 조광조의 죄를 물어야 할 것이나이다."

중종은 반정으로 왕위에 올라 의심이 많았다. 또한 조광조의 개혁정책에 싫증을 느끼던 터였다. 개혁도 좋지만, 신진 세력들은 도무지 숨을 쉴 틈을 주지 않았다. 이에 중종은 개혁에 회의를 느끼고 있던 터였다.

이 틈을 남곤·심정·홍경주 등 훈구 세력들이 노리고 있었다. 중종의 마음이 조광조 등 신진 세력들에게서 떠났다는 것을 안 남곤 일당이 바짝 서둘렀다. 거사를 잡아놓고, 남곤은 초립에 떨어진 베옷을 입고 찢어진 신을 신은 채 걸어서 정광필의 집을 찾았다. 정광필은 중도파로서 조정 안팎의 신임이 두터웠다. 남곤은 정광필을 끌어들이려고 천민 복색으로 찾아갔던 것이다.

"급히 대감께 밖에 손님이 왔다고 전하라."

광필의 노복에게 일렀다. 노복은 남곤을 알고 있었다. 뽀르르 달려가 광필에게 전했다.

"대감마님, 대문 밖에 손님이 와 계신데, 아무래도 남 판서 대감 같사옵니이다. 하오나 의관이 초라하여 천민 같사옵니다."

광필이 놀라서 대문 밖으로 달려나갔다. 틀림없이 남곤이었다.

"아니, 남 공께서 어찌하여 이런 형색이오?"

광필은 누가 볼까 두려워 남곤을 사랑으로 안내했다.

"대감, 한시가 급하옵니다. 조광조 일당을 이대로 놓아두었다가는 우리 공신들의 씨가 마르게 되었소이다. 오늘 주상께서 대감을 불러 조광조 일당의 야심을 물을 것이오니, 본 대로 들은 대로 말씀하시옵소서."

광필이 정색을 하고 말했다.

"사림을 모해하는 일은 내 마음이 아니거늘, 내가 그들을 어찌 모해한단 말이오."

"정녕 우리를 버리시겠소?"

"버리다니요. 나는 아무도 버릴 생각이 없소이다."

남곤은 화를 내고 떠나버렸다.

그 시각 홍경주는 중종을 만나 마지막 담판을 하고 있었다.

"전하, 용단을 내리시옵소서. 이미 조광조 일당은 대궐 깊숙이 사람을 심어 두고 있나이다. 사세가 급박하오니, 신무문을 열어 밤을 도와 훈구 대신들을 입대케 하시옵소서."

홍경주는 승지와 사관들을 따돌리고 중종에게 훈구파들을 만나라는 주문이었다. 중종은 아무 말이 없었다. 그때 남곤 · 심정은 고형산 · 홍숙 · 손주 · 방유녕 · 윤희인 · 김근사 등을 만나 궁궐을 장악할 회동을 가졌다.

밤에 홍경주 · 남곤 · 이장곤 · 고형산 등이 갑문 밖에 모였다.

중종이 드디어 결심을 굳히고 밀교를 내려 신무문을 열고 여러 훈구 대신들을 들어오도록 했다. 보통 때는 궐문을 열고 닫으려면 승지에게 알려야 했다. 그리하여 열쇠를 승정원에서 출납했다. 다만 신무문 열쇠만은 사약방에 있었다.

중종이 편전으로 나왔다. 신무문을 통해 들어온 홍경주가 말했다.

"전하, 정광필 · 홍경주 · 남곤 · 김전 · 고형산 · 홍숙 · 심정 · 손주 · 방유녕 · 윤희인 · 김근사 · 성운 등이 보니 조광조 무리가 붕당을 지어 자기들에게 아부하는 자는 출사시키고, 자기와 뜻을 달리하는 자는 배척하여, 중요한 자리에 도사리고 앉았사옵나이다. 전하를 속이고, 사적인 일을 가차없이 저지르고 후진들을 꾀어 과격한 습관을 길러, 젊은이로 어른들을 누르고 천한 이로 귀한 이를 누르게 하여 국세가 기울어지게 하고, 조정의 일을 날로 그릇되게 하나이다. 조정에 있는 신하들이 속으로는 통분을 느끼고 있사오나, 그 위세가 두려워 감히 입을 열지 못하고 곁눈질하며 다니고 조심스러워하나이다. 사세가 이러하오니 한심하다 아니 할 수 없나이다. 그 죄를 밝히시기를 바라나이다."

드디어 일이 벌어지고야 말았다.

입직한 승지 윤자임과 공서린, 주서 안정, 검열 이구 등이 합문 밖으로 달려왔다. 홍경주 등이 촛불을 밝히고 있었고, 근정전 서쪽 뜰에는 군사들이 줄지어 늘어서 있었다.

윤자임이 물었다.

"승정원에 알리지 않고 군사들이 어찌하여 들어왔느냐?"

군사들은 대답이 없었다.

병조판서 이장곤이 안절부절못하여 섰다 앉았다 하며 눈치를 살폈다.

도총관 심정이 말했다.

"전하께오서 표신標信으로 부르셔서 왔소이다."

잠시 후 내관 신순강이 나와 성운을 찾았다.

"전하께오서 병조참지 성운을 승지로 임명하셨소. 곧 편전으로 들라는 어명이시오."

성운이 칼을 찬 채로 편전에 들어가려고 했다. 윤자임이 말렸다.

"승정원에 알리지도 않았거늘 내관의 말만을 듣고 함부로 들어가려 하오?"

그러나 성운은 듣지 않고 편전으로 들어가 버렸다. 성운이 편전에 들어갔다가 나와 병조판서 이장곤에게 쪽지를 주었다. 어필이었다.

"다음 인물들을 금부에 가두어라!"

윤자임 · 공서린 · 안정 · 이구 · 기준 · 심락원 등 조광조 사람들이었다. 피바람이 불었다. 궐문이 열리자 대사헌 조광조를 비롯하여 김정 · 이자 · 유인숙 · 박세희 · 홍언필 · 박훈 · 김구 · 김식 등 신진 세력들이 모조리 붙잡혀 국청으로 끌려갔다.

이들이 붙잡혀 가기 전날 밤이었다. 초저녁에 기준이 윤자임 · 안정 · 이구와 더불어 천문을 보려고 간의대에 갔다. 승정원 사령이 달려와 말했다.

"재상 두 분이 서문을 통해 입궐했고, 근정전에 불빛이 있으며 군사가 호위하고 서 있소이다."

기준 등은 놀라 서로의 얼굴을 쳐다보았다.

"아니, 승정원에서 모르는 일이 있단 말이오!"

그들은 간의대를 내려왔다. 잠시 후 번을 든 윤자임과 공서린이 먼저 의금부 옥에 갇히고, 뒤를 이어 줄줄이 잡혀왔다.

이 소식을 듣고 정광필은 밤중에 편전으로 달려와 중종 앞에 눈물을 흘리며 간했다.

"전하, 젊은 유생들이 시대에 맞는지 맞지 않는지를 생각지 아니 하고 헛되이 옛일을 끌어다가 지금에 시행하려는 것뿐이었나이다. 무슨 다른 이유가 있겠나이까. 관대한 처분을 내리시어 3상三相과 함께 죄를 의논하게 해주시옵소서."

정광필은 자기 이름이 남곤 등에게 도용당한 줄도 모르고 있었다. 남곤이 눈에 띄자 성을 냈다.

"그대들은 전하를 보필하면서 어찌 유자광과 같은 짓을 하려 하는가!"

남곤은 외면해버렸다.

조광조 등은 의금부에 갇혀 죽음을 예견하고 있었다. 그날 밤 하늘에는 구름 한 점 없고 밝은 달이 뜰에 가득했다. 의금부 빈 마당에 앉아 술잔을 기울이며 결별 연습을 했다.

김정이 먼저 시를 한 수 읊었다.

> 오늘밤 황천으로 갈 사람들
> 속절없이 밝은 달만 남아 인간을 비추네

김구가 옛 시를 읊었다.

> 흰 구름 속에 백골을 묻으면 영원히 그뿐
> 공연히 흐르는 물만 남아 인간으로 향하리

조광조가 통곡을 터뜨렸다.

"꼭 전하를 만나뵙고 싶구려."

"조용히 의를 위해 죽어야지 어찌 울기까지 하시오."

누군가가 말했다. 조광조가 대답했다.

"그걸 내가 어찌 모르리오. 허나 전하를 한 번만 뵙고 싶구려. 전하께오서 우리를 어찌 이렇게까지 하실까."

그들은 밤새도록 울었다.

이 기묘사화로 조광조는 능주에 귀양 갔다가 곧 사약을 받고 죽었다. 김정·기준·한충·김식 등은 귀양 갔다가 사형 당하거나 자살하고, 김구·박세희·박훈 등은 귀양을 갔다. 모두 30대의 청년들이었다. 이때 죽은 이들을 후에 기묘명현己卯名賢이라고 했다.

술 취한 죄인을 업고 뛰다

기묘 8현의 한 사람으로 꼽히는 김식金湜은 기묘옥사 후 선산으로 귀양 갔다. 그는 죄율이 가중되었다는 말을 듣고 탄식을 내뿜었다.

"요원의 불길이 사면에서 닥쳐오니 장차 다 타버릴 수밖에 없겠구나."

때마침 박연중·주동 등 그의 제자들이 와 있었다.

"스승님, 간사한 놈들의 일이란 알 수 없나이다. 그냥 이대로 돌아가시면 아니 됩니다. 피신해 있다가 기회를 노려 재기해야 하나이다."

제자들이 부추겼다.

"흉악한 자들의 꾀가 불경한 일을 꾸민다면 달려가서 임금의 깊은 은혜를 갚으려는 것이 평소의 내 소원일세."

김식은 대사성까지 지낸 신진 세력의 주류였다. 그는 제자들과 더불어 마음껏 마시고 대취했다.

제자들이 또 다른 제자 이신李信을 불러 모의했다.

"스승님이 아무런 죄도 없이 간신들의 손에 죽는 것을 두고 볼 수 없소이다. 몰래 업고 도망가서 앞날을 도모해야 하오."

김식이 부리는 하인 우음산은 기운이 장사였다. 우음산이 술 취한 김식을 업고 유배지를 떠나 수십 리를 달렸다. 그때까지 김식은 술에 취한 채 우음산의 등에서 코를 곯았다.

새벽녘이 되어서야 김식은 술에서 깨어났다. 김식은 할 수 없이 영산의 제자 이중李中의 집으로 향했다. 이중은 서울에 가서 아직 돌아오지 않고 있었다. 김식 일행은 이중의 첩의 집에서 10여 일을 묵었다. 그동안 김식은 점을 쳐보았다.

"산인山人이 일을 그르친다."

이 점괘를 보고 절에 숨지 않기로 했다.

이중이 서울에서 돌아왔다. 다음 행선지를 의논하는 중에 점괘 얘기가 나왔다. 이중은 산인이라면 이신이 아니냐고 의심을 품었다. 이신은 본래 낙안군 관노로서, 죄인에게 일을 시키는 형인 도역徒役을 피하기 위해 중이 된 사람이었다. 그 후 김식이 성리학이 깊어 문도들을 지도한다는 소문을 듣고 이신은 머리를 기르고 가사를 버리고 김식을 찾아와 제자가 되었다. 김식의 집 담 옆에 흙집을 짓고 공부를 게을리하지 않았다. 김식이 기특하게 여겨 힘을 다하여 열성적으로 가르쳤다.

이중의 아우 용이 형에게 말했다.

"형님, 큰일을 하려면 작은 정을 돌아봐서는 아니 됩니다. 이신을 없애어 화근을 제거해버립시다."

"스승님께 여쭤보세나."

식이 이중의 말을 듣고 펄쩍 뛰었다.

"점괘로서 사람을 의심하다니 큰일 날 소리다. 오히려 노자를 후히 주어 심부름을 보내거라."

그리하여 이신을 불러 오히려 일을 맡겼다.

"우리가 함께 행동하기는 곤란할 것 같다. 네가 먼저 나가 조보朝報를 탐문해서 무주 오희안의 집에서 만나자."

이신은 곧 서울로 올라갔다. 김식에 대한 조정 여론을 알아보기 위해서였다. 그러나 마음이 변해 그대로 밀고해버렸다.

"김식이 지금 유배지를 도망쳐 이중의 집에 있소. 그의 두 아들 덕수·덕순 그리고 문객 박연중·주동 등과 더불어 남곤·심정·홍경주 등을 살해할 음모를 꾸미고 있소."

조정에서 금부도사를 영산 이중의 집으로 보냈다. 김식 일행은 하루 앞서 그 집을 떠난 뒤였다. 그들의 추적이 시작되었다.

김식 등은 낮에는 산에 숨어 있고 밤에만 움직여 간신히 무주 오희안의 집에 도착했다. 그러나 희안은 이미 잡혀가고 집은 초상집처럼 울음바다였다.

김식 일행은 지리산으로 들어가려고 방향을 잡았다. 여러 날 고생하여 겨우 수도산 남쪽에 이르렀다. 굶주려서 피골이 상접해 있었다.

김식은 고제원 동북쪽 산기슭에 이르러 절명시 한 수를 지었다.

해가 저물어 하늘은 침침한데
산은 비었고 절은 구름 속에 들었네
군신 간에 천추의 한을 안은
외로운 나의 무덤 어느 곳에 묻히려나

김식 일행은 고사리를 캐러 가고 우음산은 불을 얻으려고 마을로 내려갔다. 김식은 이때를 놓치지 않고 나무에 목을 매달아 목숨을 끊었다.

이신은 천한 신분을 면하고 포상을 받았다. 그 뒤 충청도로 내려가 말도둑의 장물아비로 잡혀 옥에 갇혔다. 군수 김문서가 곤장을 쳐서 때려 죽였다. 두 사람의 서글픈 인연이었다.

권력을 농단하다 권력에 희생된 김안로

김안로는 중종 시대의 막강한 권신이었다. 여러 차례 옥사를 일으켰고, 한때는 조정 여론이 거의 대부분 그에게서 나왔다. 권신 밑에는 항상 주구같이 따르는 자들이 있게 마련이었다. 김안로의 사냥개 노릇을 한 인물로 허항과 채무택이 있었다. 이들 두 사람과 김안로를 묶어 3흉이라고 일컬었다.

김안로는 권력을 마음대로 휘둘렀다. 생사여탈권이 중종에게 있지 않고 김안로에게 있을 만큼 무소불위의 권력을 휘둘렀다. 자기의 허물을 의논하려는 자가 있으면 허항 등을 시켜 조정을 비난한다는 죄를 뒤집어씌웠다. 그의 명령을 잘 이행하는 데는 허항이 으뜸이요, 그들의 무리를 끌어들여 조정에 널리 포진시킨 자는 황사우였다.

허항이 김안로의 덕으로 벼슬이 대사간에 올랐다. 이때 구수담은 정언 박충언에게 불만을 털어놓았다.

"요사이 대간에서 공박하는 일이 잦고 너무 심하오. 이러다가 조정의 화기和氣가 상하지 않겠소?"

"옳은 말씀이오."

박충언이 동료들에게 말했다.

"요즘 대간에서 공박하는 것이 식자들 사이에 옳지 못하다는 지적이오. 재고해볼 일이오."

수장 허항이 이 말을 듣고 노발대발이었다.

"그런 말을 한 식자가 누구요? 바른 대로 대시오!"

충원은 말할 수 없었다. 침묵을 지키자 허항이 끈질기게 물고 늘어졌다.

"정언이 사실을 말하지 않으면 나도 생각이 있소."

허항의 협박에 박충원은 실토하고 말았다.

"구수담은 집에서 근신하는 죄인이오. 그런 죄인을 정언이 찾아간 것부터 잘못이오. 대궐에 들어가 자수하지 않으면 탄핵을 면치 못할 것이오."

박충언은 중종을 만나 죄를 청했다. 구수담은 이 일로 하여 귀양을 떠났다. 사람들은 '충원이 친구를 팔았다'고 비아냥거렸다.

황사우는 탐욕스러운 인물이었다. 벼슬이 이조판서에 이르러, 뇌물을 받고 벼슬 파는 짓을 서슴없이 저질러 빈축을 샀다. 그러나 뒤에 김안로가 버티고 있어 재물을 맘껏 긁어모았다. 그는 집 앞에 따로 마구간을 지어놓고, 밤에 마구간 문을 열어놓았다가 아침에 나가서 말을 헤아려보았다. 사람들은 말을 기둥에 매어놓고 거기에 자신의 이름을 써 놓았다. 그 수가 날마다 5, 6명이나 되었다.

어느 날 3흉을 배척하는 벽서가 종루에 나붙었다. 채무책의 택擇 자는 중종의 이름자 '懌(역)'을 쓰고, 허항의 항沆 자는 '抗'자를 썼다. 모두 임금에게 버릇없이 구는 짓거리였다.

심정이 경빈 박씨의 작서 사건에 연루되어 죽은 지 오래지 않았을 때의 일이다. 그런데 3흉은 종루 벽서를 심정의 아들 사순이 한 짓이라고 몰아붙였다. 사순은 승지를 지내다가 아버지의 영향으로 파직당하여 집에 머물러 있었다. 사순을 의금부 옥에 가두고 그의 집을 수색했다. 그 집에서 나온 서책의 겉면에 이러한 글이 쓰여 있었다.

'남산에 올라 똥을 싼다.'

그리고 시 한 수가 적혀 있었다.

> 한 소리 우레와 비가 천지를 뒤흔드니
> 그 향기 장안 백만 집에 가득하도다

이 필적이 종루의 벽서 필적과 비슷했다.

중종은 사순을 여러 차례 친국했다. 그는 고문을 견디지 못해 목숨을 잃었다. 3흉들의 악랄함이 이와 같았다.

이 벽서 사건은 여기에서 그치지 않았다. 벽서 내용은 김안로가 권세를 부려 국사를 그르친 것을 비아냥거린 것이었다. 이것을 한림 나익이 사초에 기록해두었다. 김안로는 사초를 뒤지다가 이 내용을 보고 나익을 다그쳤다.

"이 따위 기록을 누가 했느냐?"

"그거야 사필史筆을 잡은 자라면 누구인들 쓰지 못할 것 없지를 않습니까?"

김안로는 분노가 치밀어, 나익을 탄핵하여 기어이 죽이고 말았다. 나익이 김안로를 두고 늘 말했었다.

"간신이 권력을 잡은 뒤로 맑은 의논을 하는 자에게 원한을 품은 지가 오래되니, 끝내는 사람에게 화가 미칠 것이다."

나익이 죽은 지 9년 만에 을사사화가 일어나, 익의 형제들인 나식 · 나숙이 모두 화를 면치 못했다.

김안로는 여러 차례 옥사를 일으켜, 왕실 지친과 공경 대신들까지도 죽이고 귀양 보내는 일을 반복했다. 도가 지나쳐 왕비인 문정왕후까지 폐하려는 음모를 꾸몄다. 이 사실을 알아챈 윤안인이 왕비와 상의했다. 안인은 왕비의 당숙으로 참판이었다.

"마마, 김안로가 마마를 해치려고 그들 도당과 머리를 맞대고 있나이다."

"어찌하면 좋겠소?"

"이 사실을 전하께 아뢰시옵소서."

"전하께오서 믿어주실까요?"

"믿으실 겝니다. 전하께서도 안로를 두려워하고 있사옵나이다."

그날 밤 왕비는 임금을 보고 울음을 터뜨렸다.

"중전, 어인 연유로 우시는 게요?"

"전하, 신첩이 오랜 동안 전하를 모셨사옵나이다. 하온데 조정의 권신이 신첩을 궁 밖으로 내치려 한다는 소문이 파다하여 울고 있나이다."

"그 말이 사실이오?"

"이미 궁 안에 쫙 퍼진 소문이옵나이다."

"이런 망측한 일이 있나! 안 되겠소. 그자의 목을 쳐야 조정 안팎이 조용해지겠소."

"그자의 세력이 뿌리 깊사옵니다. 섣불리 다뤄서는 아니 되나이다."

"내게 생각이 있소."

중종은 윤안인에게 김안로 제거의 밀지를 내렸다. 안인은 대사헌 양연을 움직여 안로를 탄핵하도록 했다. 양연은 곧 대사간 황헌과 의논하여 뜻을 모았다.

양사 언관들이 4학의 하나인 중학中學에 모였다. 양연이 입을 열었다.

"오늘 우리는 큰일을 의논하고자 모였소."

"무슨 일이오?"

"내가 초안을 만들 것이니 잠시 기다리시오."

이날은 때마침 김안로의 아들이 장가드는 날이었다. 그 집에 대소 신료들이 구름같이 모여들어 있었으나, 양사 언관들의 비밀 회합을 눈치 챈 사람은 없었다.

그런데도 양연은 신중하게 다루려고 시간을 기다렸다. 이때 대궐에서 내관이 나와, 승지를 교체하고 사헌부 집의를 새로 임명했다는 교지를 보여주었다. 그제야 양연은 안심하고 김안로를 탄핵할 초안을 내어놓았다.

"소관이 어명을 받은 바 있소. 안심하시오."

그 시각 잔치가 벌어진 김안로의 집을 군사들이 은밀히 포위했다.

김안로는 시간이 흐를수록 불안했다. 전에는 중종이 자기를 아껴 조그마한 행사만 있어도 반드시 술을 하사했다. 그런데 오늘은 대궐에서 아무런 소식이 없었다. 날이 이미 저무는데도 임금의 술이 내려지지 않아 안로는 불안을 감추지 못했다.

해가 질 무렵, 대궐에서 술 대신 금오랑이 군사들을 몰고 들이닥쳤다.

"죄인은 어명을 받아라!"

이 한마디에 김안로의 권세가 와르르 무너져내렸다. 손님들 가운데는 당황하여 담을 넘어 도망치는 벼슬아치들이 부지기수였다. 안로가 잡혀가면서 아들에게 말했다.

"첫날밤을 잘 치르거라. 오늘이 지나면 그 누가 우리 집과 혼인을 하려 하겠느냐."

김안로가 젊었을 적에 중국 점쟁이에게 자신의 운명을 물은 적이 있었다. 그 점쟁이가 글을 써주었다.

'극히 부하고 극히 귀하나, 다만 갈葛에서 죽는다.'

김안로는 여태껏 그 뜻을 알지 못했다.

양사에서는 김안로를 죽이라는 탄핵이 빗발쳤다. 그의 주구 허항과 채무택에게는 곧바로 사약을 내려 죽이고, 김안로는 귀양을 보냈다. 양사에서 벌이 약하다고 중종을 압박했다. 김안로는 진위현(경기 평택시 동북부 일대의 고을) 갈원葛院에서 사약을 마시고 세상을 떠났다. 중국의 점쟁이가 귀신같이 맞혔던 것이다.

김안로가 권세를 쥐고 조정을 뒤흔들 때 민심을 알리는 글이 대자보처럼 여기저기에 붙어 있었다.

> 뭇 소인들이 조정에 가득하여 태평이라 속이니
> 이 몸은 일찍 돌아가 밭 가는 일이 합당하다마는
> 감히 임금을 사랑하여 가벼이 물러나지도 못하니
> 항아리 속에서 모기들 우는 소리 듣기 괴롭구나
> 세상 이치는 인심대로 돌아가는 것이니

양연은 김안로 일당을 죽이고, 그 세력은 불꽃처럼 타올랐다. 제 집 종을 시켜 이웃집 과부를 욕보였다. 장령 이홍간이 종을 잡아다가 심문하여 법대로 다스리고, 또 양연에게 감독 소홀의 책임을 물어 탄핵했다. 양연은 외직으로 쫓겨났다. 권력은 돌고 돌면서 해를 끼치는 독이다.

송도에 3절이 있나이다

중종 시대에는 인물도 많고 사건도 많았다. 기라성 같은 인물 속에 오로지 학자로서 빛나는 이가 있으니, 그가 바로 화담花潭 서경덕徐敬德이다. 그는 죽은 뒤에 좌의정을 증직받았으나, 생전에는 진사시에 급제한 후 과거에 응시하지 않았다. 중종 말년에 어느 대신의 천거로 후릉참봉을 제수받았으나, 끝내 나가지 않았다.

어머니 한씨가 공자 사당에 들어가는 꿈을 꾸고 화담을 낳았다. 풍덕에 살다가 개성으로 장가들어 평생 화담이라는 곳에서 살았다. 15세 가까워 글을 대하고, 18세에 비로소 『대학』을 읽었다. 그는 문을 닫고 단정히 앉아, 오로지 사물의 이치를 궁리하는 것으로 일을 삼았다. 이렇게 오래 수련한 후 경전을 가져다가 읽어보면 옛 성현의 말씀에 저절로 통했다. 그는 『역경』 연구에 깊이 파고들었다.

성품이 지극히 효성스러워, 거상居喪하는 데 소금과 나물도 먹지 않고, 평생을 특별히 남과 다른 행동을 하지 않았다. 시골 사람과 얘기할 때도 남다른 점이 보이지 않았다.

오로지 이치를 연구하는 일을 업으로 삼아, 여러 날을 말없이 앉아 있기 일쑤였다. 그가 궁리하는 방법은 하늘의 이치를 알고 싶으면 하늘 '天' 자를 벽에 써놓고 연구하다가, 문리가 트인 뒤에는 딴 글자로 바꾸는 식이었다. 그의 학문은 글 읽는 것을 능사로 알지 않고 오로지 이치를 찾는 것을 위주로 했다. 이미 이치를 깨달은 후에 책을 읽어 증명하는 식이었다. 그는 늘 이런 말을 했다.

"나는 스승을 얻지 못해 공이 몹시 들었으나, 뒷사람들은 내 말대로 하면 공드는 것이 나처럼 수고스럽지 않을 것이다."

그는 항상 만족해하고 기뻐하며, 세간의 시비와 영욕이 모두 그의 가슴속에 들어가지 못했다. 그는 치산治産하는 것을 몰라 여러 차례 먹을 것이 떨어져 굶주렸으나, 굶주림을 참는 것이 다른 사람들이 흉내 내지 못할 지경이었다. 그는 늘 태연했다. 그의 문하생 강문우가 쌀을 가지고 와서 화담을 만났다. 화담은 그를 상대로 한낮이 지나도록 지칠 줄 모르고 이야기했다.

문우가 집에 가서 물었다.

"진지는 드셨는지요?"

"어제부터 양식이 떨어져 밥을 짓지 못했다오."

제자 허엽(『홍길동』을 지은 허균의 아버지)이 7월에 화담을 찾았다. 이미 엿새째 장마가 계속되어 계곡에 물이 넘쳐 건너지 못했다. 날이 저물어 물이 조금 줄어

든 기회를 보아 겨우 계곡을 건넜다.

화담의 처소에 이르렀다. 화담은 거문고를 퉁기면서 시를 읊었다. 허엽은
화담이 이미 저녁을 먹은 줄 알고 자기가 먹을 밥을 지으려고 했다.

"이보게, 나도 아직 저녁 전이네. 내 밥까지 짓게나."

허엽이 부엌에 들어가 솥을 열어보았다. 이끼가 가득 끼어 있었다.

"스승님, 며칠이나 굶으셨나이까?"

"물이 막혀 집사람이 엿새째 오지 못하여 내가 그동안 먹지 못했네."

이런 말을 하면서도 전혀 굶주린 티를 내지 않았다.

화담이 일찍이 자신이 택한 길을 시로 읊었다.

> 글 읽는 당일에는 세상을 건질 경륜을 뜻했더니
>
> 나이 늙어 오히려 안씨(顔氏, 안자)의 가난함을 달게 여기네
>
> 부귀는 다툼이 있는지라 손을 대기 어렵고
>
> 산수는 금하는 이 없어 가히 몸을 편안케 하리
>
> 산에 가서 나물 뜯고 물에 낚시질하여 이 배를 채우고
>
> 달을 읊고 바람을 노래하니 마음 상쾌하네
>
> 학문이 의심 없는 지경에까지 이르니 참으로 쾌활하구나
>
> 헛되이 백 년 인간이 되는 것을 면했구나

화담은 백 년은커녕 58세에 세상을 떴다.

그와 기생 황진이에 얽힌 일화는 호사가들의 안줏감으로 많이 운위된다.

황진이는 성품이 쾌활해서 남자와 같았다. 거문고를 잘 타고 노래를 잘했
다. 일찍이 금강산·태백산·지리산을 거쳐 나주에 이르렀다. 때마침 고을
원이 감사를 모시고 잔치를 열고 있었다.

곱게 단장한 기생들이 연회장을 호화롭게 수놓았다. 황진이는 떨어진 옷,
때 묻은 얼굴로 상좌에 나가 앉아, 이를 잡으면서 태연히 노래하고 거문고를
탔다. 조금도 부끄러워하지 않고 꾸밈이 없었다. 좌중은 그런 황진이의 모습

에 질려버렸다.

그 황진이가 평생 화담을 사모했다. 틈만 나면 거문고를 들고 술을 걸러 화담의 거처를 찾아 실컷 노닐다가 갔다.

황진이는 이런 말을 남겼다.

"지족 선사가 30년 벽을 쳐다보고 앉아서 공부를 했어도 나에게 하룻밤에 무너졌다. 오직 화담 선생 한 분만이 여러 해 친하게 지냈으나 내게 곁눈조차 주지 않았으니 진실로 성인聖人이시다."

어느 날 황진이가 화담을 찾아와 물었다.

"이 송도에 3절이 있나이다."

"그게 무슨 소리더냐?"

"박연 폭포와 선생, 그리고 저올습니다."

화담은 그저 빙그레 웃을 뿐이었다.

그의 학문은 격물치지格物致知로 크게 깨달아 그 원리에 의지한 것이었다. 그는 또한 도학道學에 심취해 있어서 정통 성리학자들에게 배척을 받았다. 퇴계 이황은 '화담은 유학의 정통이 아니다'라고 평한 바 있다.

인종 시대

1544~1545

인종시대

1544~1545

성인 임금은 맞지 않는 나라, 조선

중종의 뒤를 이은 인종은 겨우 여덟 달 동안 보위를 지키다가 의문사한 임금이다. 그러나 동궁 시절은 꽤나 길었다. 인종은 하늘이 낸 효자로 이름이 나 있었거니와, 성인의 덕을 갖춘 인물이었다. 덕을 길러 성스러운 덕이 일찍 성취되어 모든 행동이 규범에 맞았다.

날마다 유신들과 더불어 옛 글을 강론하기를 주야를 가리지 않았다. 선비들이 각자 자기 집에서 몸을 닦아, 어진 임금이 등극하면 출사할 희망으로 유풍儒風이 크게 떨쳤다. 인종의 동궁 시절에 선비들은 그를 '소년 요순'이라고 칭했다.

인종의 동궁 시절, 서연을 열어 강관講官이 나와 글을 읽는데, 갑자기 동궁의 얼굴빛이 변했다.

"그만 글 읽는 것을 그치시오."

동궁이 말하고 황급히 안으로 들어가 버렸다. 잠시 후 동궁은 웃는 낯으로 나왔다.

"벌이 소매 속으로 들어가 쏘아대어 안에 들어가 잡아냈소이다. 자, 계속하십시다."

어린 나이였음에도 이런 궁량으로 벌써부터 성인의 싹이 보였던 것이다.

중종이 병상에 누웠다. 동궁은 갓과 띠를 끄르지 않고 밤낮으로 간호하며 침식을 잊었다. 얼굴이 수척해지고 검은색을 띠었다. 옆에서 모시는 사람들이 동궁의 모습을 보고 안타까워 울지 않는 이가 없었다. 동궁은 대신들을 여러 곳으로 나누어 보내, 중종의 쾌유를 위해 산천에 기도드리게 했다. 동궁도 후원에서 목욕재계하고 기도를 드렸다.

중종이 승하하자 인종은 머리를 풀고 버선을 벗은 채 뜰 아래 엎드려 엿새 동안이나 물 한 모금 입에 대지 않고 울음을 그치지 않았다. 국새를 받들어 전했으나 울면서 받지 않았다. 여러 신하들이 떼지어 몰려가서 다시 국새를 올렸다. 인종은 종일 울면서 거들떠보지도 않았다. 신하들도 따라 울었다.

나라의 모든 일을 원임대신에게 맡기고 국상에 관한 일이 아니면 아무것도 허락지 않았다. 초상 때로부터 졸곡卒哭에 이르기까지 죽만 마실 뿐 소금과 간장을 입에 대지 않았고, 밤에도 누워서 자는 법이 없었다.

중종을 장사지낸 뒤에도 상청을 떠나지 않았고, 옆에 모시는 신하라고는 내관 한 사람뿐이었다. 궁녀들은 옆에 가까이 오지도 못하게 했다. 대신들이 지나치다고 아무리 만류했으나 소용이 없었다. 하늘이 낸 효자였다.

인종이 즉위한 후 중국 사신이 조선에 왔다. 인종을 보고 중국으로 돌아갈 때 대신들에게 극찬을 아끼지 않았다.

"조선의 임금은 성인이오. 조선은 조그만 나라라 성인 임금은 맞지 않소이다. 조선의 임금은 그 자리를 오래 보전하지 못하오. 조선의 대신들은 복이 없소."

중국 사신의 예언이 적중했다.

인종은 즉위하자마자 대비 문정왕후를 위해 대비의 동생 윤원형을 공조참판에 기용했다. 파격적인 인사였다. 조정에서 말이 없을 수 없었다. 성균관 대사성 송인수 등이 한 달이 넘도록 인종의 부당한 인사를 철회하라고 논박했다. 인종은 송인수의 품계를 빼앗아버렸다. 인수는 고집이 세었다. 평소 때에는 마음을 비우고 남의 말을 잘 들었다. 그러나 이번 일에서만큼은 고집을 꺾지 않다가 인종의 노여움을 샀고, 후에 윤원형이 권력을 잡자 큰 해를 입었다.

인종은 대비의 일이라면 깊은 효로 대했다. 양사에서 좌의정 홍언필을 탄핵했다. 그가 대비의 뜻에 따라 움직인다는 것이었다.

'전하, 좌의정은 대군(후에 명종으로, 대비의 아들)에게 역질이 있으니 대행왕(중종)의 제사를 폐하라 하고, 또 요망한 여승을 빈전에 드나들게 하는 등 그릇된 일들이 많사오니 마땅히 해임해야 할 것이옵나이다.'

양사에서 홍언필을 해임하라고 여러 차례 상소를 올렸다.

인종은 고심 끝에 다음과 같은 비답을 내렸다.

'양사에서 여러 차례 아뢴 것은 반드시 뜻이 있을 것이오. 그러나 아버지 사후 3년 동안은 아버지의 하던 일을 고치지 않는다는 말이 있소. 이 사람은 정승의 위에 있은 지 7, 8년이나 되오. 선왕이 돌아가신 지 겨우 한 달 남짓한데 그 직책을 갈아치우면 옛말이 어긋날까 두렵고, 늙고 오래된 대신을 대접하는 도리를 크게 잃을 것이니 차마 경솔히 갈지 못하겠소.'

인종의 비답에는 뼈가 있었다. 늙은 대신을 대접하는 도리에 맞았으나, 스스로 홍언필로 하여금 느끼게끔 했던 것이다.

한번은 형조에 종사하는 말단 관리가 인종이 거둥하는 틈을 노려 행차를 가로막고 원통함을 호소했다. 인종이 그자에게 글로 써서 올리라고 했다.

판서 윤임이 당상관들을 거느리고 인종을 뵈었다.

"예로부터 송사하는 사람에게 글을 지어 올리라는 예가 없었나이다. 거두어 주옵소서."

"과인이 그 글을 보고서 원통함을 가리고자 하거늘, 송사를 맡은 관원이 임금의 영을 어기고 드리지 않는 예가 있었소?"

"이 사람의 송사는 형조에 온 지가 며칠 아니 되었고, 또한 송사 당사자는 전라도 한 고을에 있나이다."

"그렇다면 삼현령三懸鈴으로 가져오게 하오."

인종이 영을 내렸다. 삼현령이란 지방에서 급한 보고를 가지고 중앙에 오는 심부름꾼이 방울을 다는데, 가장 급한 일은 방울 세 개를 달았으므로 삼현령이라 했다.

그러나 인종은 그 원통한 글을 보지 못하고 타계했다. 글이 대궐에 도착했으나 인종은 이미 죽음을 눈앞에 두고 있었다.

인종의 대비에 대한 효성은 남달랐다. 문정왕후 소생이 아닌 인종은 장경왕후가 친어머니였으나, 계모에 대한 지극정성이 도에 지나칠 정도였다. 6월에 벼락이 경회루 기둥을 때려 기둥을 싼 쇠가 부러졌다.

인종은 와병중에도 내관에게 영을 내렸다.

"벼락이 어디를 때렸느냐? 대비께서 놀라셨을까 걱정되는구나. 어서 가보고 오너라."

그러나 문정왕후는 달랐다. 인종을 은근히 괴롭혔다. 한번은 문안드리러 간 인종에게 자기의 소생 대군(명종)을 앞에 앉혀놓고 엉뚱한 말을 했다.

"전하, 우리 모자를 어찌하시려오? 죽이시렵니까?"

인종은 황당하여 문 밖으로 나가 대죄했다. 마침 처마에 햇볕이 들어 무척 더웠다. 인종은 땅에 오랫동안 엎드려 대비의 안색이 풀리기를 기다렸다. 이런 일이 있은 후 인종의 병이 심해졌다. 점점 기운을 잃어 자리에 누웠다.

6월 그믐날 밤, 인종은 삼정승을 불러 전교를 내렸다.

"내 병이 중하여 장차 일어나지 못할 것 같소. 나는 후사가 없고 선대왕의 적자로 오직 나와 경원대군(명종)뿐이니, 대군이 비록 나이는 어리나 총명하고 슬기롭고 숙성하여 뒷일을 부탁할 만하니, 경들은 뜻을 모아 새 임금을 세우도록 하오."

영의정 유인경과 좌의정 유관은 보위를 전하는 단자와 계자(啓字, 임금의 인장)를 받고 통곡을 터뜨렸다.

"내 병이 깊어 효도를 마치지 못하니 한이오. 또 경들을 다시는 만나볼 수 없을 것 같으오."

문정왕후의 동생 윤원형은 그 시각에도 사람을 보내어, 임금의 명을 단축시켜달라고 절에 불공을 드리게 했다. 또 손수 한밤중에 남산에 등불을 매달고 촛불을 켜놓고 향을 피워 신좌神座에 인종을 빨리 죽게 해달라고 빌었다. 문정왕후의 사주를 받은 소행이었다.

인종은 보위에 오른 지 여덟 달 만인 7월 초하루에 승하했다.

문정왕후의 본색이 드러났다. 인종을 다음 달에 장사지내라는 영을 내렸다. 조정의 반발이 심했다.

'이제 관에 칠이 마르지도 않았는데 까닭 없이 갈장(竭葬, 임시로 빨리 장사지내는 짓)하는 까닭이 무엇인가.'

대비는 비답이 없고, 사주를 받은 총호사 이기가 '인종은 1년을 넘기지 못한 임금이니 대왕의 예를 쓰는 것은 옳지 않다'고 여론몰이에 나섰다. 권력이동이 이루어졌다. 인종은 다섯 달을 채우지 못하고 땅에 묻혔다. 권력이 대비에게로 넘어간 것이다.

죽는 것이 내 분수이니

인종의 고명대신으로 유관柳灌이라는 문신이 있었다. 자는 관지灌之요, 호는 송암松菴이었다. 성품이 곧고 밝아서, 무슨 일을 당해도 의젓하게 대처했다. 아첨을 모르고 국사에 관한 일이라면 할 말을 다하는 대쪽 같은 대신이었다. 그러므로 사람들은 감히 그에게 사사로운 청탁을 넣지 못했다.

그에게 이조판서로서 인사권이 주어졌을 때였다. 임금이 이기라는 자를 병조판서로 삼았다. 유관이 즉시 반대했다.

"전하, 이기는 뇌물을 먹은 관리의 사위이므로 판서의 반열에 올릴 수 없나이다. 뇌물을 받은 더러운 자를 다스리는 법이 나라의 법령에 실려 있사오니, 이 법을 없애지 않고서는 이기에게 병조판서를 제수할 수 없나이다."

임금은 꼼짝없이 취소하고 말았다. 이때부터 유관은 이기의 원한을 샀다. 이기의 장인 김진은 군수를 지내며 탐관오리로 악명을 떨쳤다. 유관이 이 사실을 지적한 것이다.

유관이 평안감사를 제수받았다. 3사에서 이를 반대하는 상소를 올렸다. 유관을 위해 올린 상소였으나 그는 달갑지 않게 여겼다.

"나는 어느 곳에서나 충성을 다해 스스로 죽으리라 정했는데, 조정의 의논이 이와 같으니 나의 죽음을 재촉하는 것이다."

그는 평안감사로 나가 불안한 북변 지방을 잘 보살폈다. 이때는 대윤·소윤의 파벌이 생겨, 일부에서 그의 감사직을 반대했던 것이다. 그는 소신을 굽히지 않았다.

만년에 그는 부인의 상을 당했다. 그는 무덤에 석회를 쓰지 않고 이런 말을 남겼다.

"다행히 내가 집에서 죽게 된다면 조정에서 내리는 유개雖盖의 은혜가 있을 터, 자식이 부모를 위해서 비록 창졸간에라도 제 힘이 미치지 못하는 일을 하지 않을 것이니, 내가 어찌 스스로 법을 만들까 보냐."

유개란, 말이 죽으면 헌 장막을 덮어서 묻어주고, 개가 죽으면 헌 일산으로 덮어서 매장해주는 것을 말한다.

윤원형이 이기와 모의하여 숙적인 대윤 윤임 등을 제거하기 위해 을사사화乙巳士禍를 일으켰다. 이때 윤원형을 소윤이라 칭했다.

유관은 윤원형의 형 원로의 간악함을 탄핵하여 그를 귀양 보낸 일이 있었다. 그로 인해 원형의 미움을 샀다. 그는 을사사화의 주역인 윤원형·이기에게 원한을 사서 죽음을 면치 못했다.

한 재상이 이를 딱하게 여겨 은밀히 글을 보냈다.

'윤임이 옛날부터 이간질한 죄가 있으니, 공이 먼저 그를 죄주기를 청하면 혹시 화를 면할 수 있을 것이오.'

유관은 웃고 말았다.

"대신이 되어가지고 선왕의 고명까지 받았거늘, 사림에 변이 있으면 죽는 것이 내 분수가 아닌가."

그는 윤임의 당으로 몰려 서천으로 귀양 가던 도중 온양에 이르러, 정순붕 등의 상소로 대역죄의 누명을 쓰고 처형되었다. 그 뒤 여러 대신들의 신원 상소로 복관되고, 충숙공忠肅公이라는 시호가 내려졌다.

인종이 그린 묵죽 한 폭

하서河西 김인후金麟厚는 자가 후지厚之이다. 전라도 장성 땅에서 살았고, 죽은 뒤에 이조판서에 증직되고, 문정공이란 시호를 받은 호남의 대학자였다. 하서와 인종과의 인연은 남다른 데가 있어 후세의 사랑을 받았다. 그는 다섯 살 때 글을 짓고 글씨를 써서 신동으로 일컬어지기도 했다.

아홉 살 때 기묘 8현의 한 사람인 기준을 만났다. 기준은 김인후를 보고 이렇게 말했다.

"뒷날 이 아이는 세자(인종)의 신하가 될 것이다."

그 당시 세자였던 인종의 성스러운 덕이 일찍부터 드러나 기준이 예언한 말이었다.

김인후는 문과에 올라 호당(湖堂, 독서당의 별칭)에 들어갔다. 그때 염병에 걸려 목숨이 위급했다. 사람들이 돌림병에 겁이 나서 감히 돌보려 하지 않았다. 유희춘이 관관館官으로 있었는데, 인물이 아까워 자기의 숙소에 두고 밤낮으로 간호하여 살려냈다.

그 뒤 유희춘이 을사사화 때 화를 입고 북쪽으로 귀양을 가게 되었다. 하서가 찾아가 작별하면서 말했다.

"그대가 먼 곳으로 귀양을 떠나니 처자들이 의지할 곳이 없을 것이오. 그대의 어린 아들을 내가 사위로 삼을 것이니 걱정하지 마시오."

"고맙네."

희춘의 아들 경령은 똑똑하지 못했고 나이가 하서의 딸과 맞지 않았으나, 약속을 지켜 혼인시켰다.

인종의 동궁 시절, 하서는 시강원 설서設書가 되었다. 인종은 일찍부터 하서의 명성을 듣고 덕이 같아 금방 친해졌다. 하서가 이름을 떨친 것은 성균관 과시에서 장원하면서부터다.

인종은 하서가 숙직하는 방에 가서 강론을 하고『주자대권』을 하사했다. 하서의 동료들은 그런 대접을 받지 못해 부러워하는 한편 시기했다.

인종은 동궁 시절 손수 그린 묵죽 한 폭을 하서에게 주었다. 하서가 시를 지어 화답했다. 인종이 묵죽을 내린 것은 장차 하서를 크게 쓰려는 깊은 뜻이 있었던 것이다. 당대의 명신 김안국이 호남 관찰사가 되어 하서를 보고 소우 小友라 부르고, '참으로 3대三代 위의 인물'이라고 극찬했다. 이런 인연으로 하서는 안국에게『소학』을 배웠다.

하서는 출사 후에 중종에게 집에 돌아가 부모를 봉양하겠다는 상소를 올려 옥과현감을 제수받았다. 이후 하서는 벼슬길에 나아가지 않았다. 인종의 죽음이 그에게 큰 충격을 주어서였다.

인종이 죽었다는 소식을 들은 하서는 놀라서 울부짖으며 문을 닫고 병을 핑계 삼아 세상을 등져버렸다. 해마다 철이 여름에서 가을로 바뀔 때면 읽던 책을 치우고 울적한 마음을 달랬다. 인종이 죽은 달이었던 것이다. 인종의 제삿날이 오면 집 뒤 남묘산 속에 들어가 해가 질 때까지 통곡하다가 돌아와 의지할 곳 없는 사람처럼 보였다.

하서는 인종을 그리워하며 시를 짓기도 했다.

> 임의 연세 바야흐로 30이요
> 내 나이도 3기(三紀, 1기는 12년)가 되려는데
> 새 정이 미흡하여 이별함이 화살 같도다
> 내 마음은 변할 줄 모르는데
> 세상일은 동편으로 흐르는 물이로다
> 젊은 나이에 해로할 짝을 잃었으니
> 눈은 어둡고 머리털과 이빨도 쇠했는데

덧없이 살기 무릇 몇 해였던가
지금까지 아직껏 죽지 않았네
잣나무 배는 강 한가운데에 있고
남산에는 고사리도 나지 않았네
도리어 부럽도다 주나라 왕비는
살아 이별하여 권이장卷耳章을 노래한 것이

여기에서 잣나무 배는 수절하는 과부가 읊은 시 구절로 『시경』에 있다. 또 '권이장'은 『시경』 '권이편'에 있는데, 이 글은 주나라 후비가 이별한 남편을 그리워하며 지은 시이다.

명종 즉위 후 하서에게 교리를 제수했다. 하서는 두어 섬 술을 싣고 서울로 향했다. 마을 주막을 만나면 울타리의 꽃을 상대로 술을 마셨다. 10여 일 동안 겨우 몇 리를 가다가 술이 떨어져버렸다. 하서는 병을 핑계 삼아 조정에 나아가지 않았다. 인종에 대한 애틋한 심정이 하서의 가슴에 자리하고 있어서였다.

하서가 51세의 짧은 나이로 죽은 뒤였다. 여러 해 지나 하서 이웃에 사는 세억이란 사람이 병으로 죽었다가, 하루 만에 도로 살아나 아들에게 말했다.

"내가 숨이 끊어질 때 어떤 사람에게 끌려가듯 큰 관청으로 들어갔단다. 집이 굉장히 크고 아전과 나졸 들이 늘어서서 웅성거렸단다. 내가 공손히 걸어 올라가 보니, 마루 위에 한 재상이 앉아 있다가 나를 보고 여기에 온 내력을 묻더니, 이런 말을 하더구나. '금년이 네 수명이 다하는 기한이 아닌데 잘못 왔구나. 나는 네 이웃에 살던 김인후이니라.' 이러면서 종이에 글씨를 써주었다. '세억은 이름이요, 자는 대년大年이다. 구름을 헤치고 멀리 와서 자미선紫微仙을 불렀도다. 77세가 되거든 다시 와서 보기로 하되, 인간 세상에 돌아가 함부로 이 말을 해서는 아니 된다' 하였다."

세억은 글자를 전혀 알지 못했는데도 이 글의 내용만은 전했다. 그의 말대로 그는 77세에 생을 마쳤다.

죽어서도 김인후는 세인에게 위대한 인물로 회자되었다.

명종 시대

1545~1567

명종
시대

1545~1567

수렴청정에 가린 힘없는 왕권

인종이 보위에 오른 지 여덟 달 만에 갑자기 승하하고, 12세의 경원대군이 뒤를 이었다. 조선 제13대 명종이다. 명종은 효성이 지극했고 우애가 깊었다. 총명하고 검소하며, 부지런하고 매사에 정성스러웠다. 어머니 문정왕후를 섬기는 데에도 세 때에 문안을 드리고, 외출할 때는 꼭 알리고 돌아와서 인사하는 범절을 한 번도 태만히 한 적이 없었다. 또 모든 풍류·여색·사냥을 좋아하지 않았고, 거처하는 침실 좌우에 이런 구절을 써서 붙여놓았다.

'마음을 맑게 가지고 욕심을 적게 하라.'

'보는 것은 분명히, 듣는 것은 널리!'

'정성·공경·화평·근면.'

'어진 사람을 좋아하고 학문을 즐기라.'

명종은 늘 이런 좌우명을 돌이켜보며 반성했고, 일찍 일어나고 밤늦게 잠자리에 들었다. 성군이 될 자질이 출중했으나, 나이가 어려 어머니 문정왕후의 수렴청정을 받지 않을 수 없었다.

문정왕후는 중종의 계비로 들어왔다. 중종과의 인연은 매우 특이했다.

대궐에 들어오기 전 문정왕후는 심한 병을 앓았다. 중종은 혼사를 포기하고 파성군 윤금손의 딸을 맞으려고 마음을 돌렸다.

"윤지임(문정왕후의 아버지)의 딸의 병이 낫거든 파성군의 딸과 함께 입궐하도록 하라."

중종은 그 자리에서 파성군의 딸을 계비로 결정할 요량이었다.

이 무렵, 점을 잘 치는 점쟁이가 시골에서 서울로 올라와 스스로의 앞날을 점쳐보았다.

"이것이 어인 일이냐? 오늘은 귀한 손님이 맨 먼저 나를 찾아오겠구나."

그런데 과연 아침 일찍 윤지임이 점쟁이의 소문을 듣고 딸의 앞날이 어떻게 될지 점을 보러 왔다.

"밖에 손님이 와 계신데, 따르는 종이 겨우 한 명입니다요. 귀한 손님은 아닌 것 같습니다요."

"모르는 소리 마라. 그분은 귀한 손님이시다. 정중히 모셔라."

윤지임은 딸의 생년월일을 알려주고 앞날을 점쳐달라고 부탁했다. 점쟁이는 사주를 짚어보고 나서 말했다.

"나는 대감이 오실 줄 알았소이다. 따님은 틀림없이 국모가 될 사주이며, 지금 병중에 계시지만 염려할 것 없소이다. 대감은 국구(임금의 장인)가 되실 분이십니다."

점쟁이가 일어나 큰절을 올렸다. 윤지임은 위로는 되었으나 안심할 수 없었다. 중종이 파성군 윤금손의 딸을 계비로 맞으려 한다는 소문이 파다하게 나 있어서였다.

얼마 후 중종은 윤지임의 딸을 선택했다. 윤금손의 딸은 판관 노첨의 아내가 되었다. 점쟁이의 신통함이 귀신이 놀랄 일이었다.

문정왕후와 왕대비(인종의 비)의 수렴청정을 놓고 조정의 여론이 분분했다. 내명부의 서열상 왕대비가 우선이어서 왕대비가 맡아야 한다는 여론도 만만찮았다. 명종에게 왕대비는 형수였고, 문정왕후는 어머니였다. 여론이 한곳으로 모아지지 않았다. 인종을 지지하던 대윤 쪽은 왕대비를 택했고, 소윤 쪽은 문정왕후를 택했다. 정치적으로 민감한 때여서 풍전세류 같은 조정 신료들은 눈치작전에 들어갔다.

이때 회재 이언적이 총대를 멨다. 회재는 명종이 보위에 오르자 '시무 10조'를 올려 조정 신료들의 신망이 두터웠다.

"옛날 송나라 철종 때 태황태후가 정치를 대리한 적이 있소이다. 말이 그렇지 왕대비를 택한다면, 형수와 시아주버니가 함께 궁전에 나와 있어야 하는데 불편이 이만저만 아닐 것이오."

그제야 대윤 쪽에서 명분을 찾지 못해 슬그머니 물러섰다.

문정왕후가 대리정치를 하기로 결정되었다. 그런데 발을 드리우는 의식을 제정하면서 또 한바탕 논란이 일었다. 처음에는 왕대비와 명종이 발을 드리운 안쪽에 함께 앉아 있었다. 대사헌 홍성이 이의를 제기했다.

"임금은 마땅히 남쪽을 향하고 정면에 앉음으로써 모두 우러러보는 것이 옳습니다. 왕대비는 발 안쪽에 앉으시고 전하께서는 발 밖에 나와 앉으셔서 여러 신하를 대하셔야 하나이다."

이 말을 따라 그렇게 결정되었다.

문정왕후는 대리정치를 했으나 오라버니들을 귀양 보내는 등, 마음처럼 권력을 휘두를 수는 없었다. 하고 싶은 일이 있으면 언문으로 조목을 나열하여 중관中官을 시켜 외전에 내보냈다. 명종이 보고 행할 만한 것은 행하고, 행하지 못할 것 같으면 근심을 띠고 언문을 말아서 소매 속에 넣어버렸다. 이러한 일이 문정왕후의 심기를 건드렸다.

문정왕후가 어느 날 불시에 명종을 불러들였다.

"일전에 지시한 일을 어찌하여 행하지 않는 게요?"

명종은 온순한 태도로 들어주지 못한 까닭을 설명했다. 문정왕후가 버럭 화를 냈다.

"주상이 보위에 오른 것은 이 어미와 어미 오라버니의 힘이오. 지금 주상이 편안히 앉아서 복을 누리면서 어미의 말을 거역하겠단 말이오!"

명종은 대거리를 하지 않았다. 어떤 때는 문정왕후가 명종을 때리기까지 했다. 명종은 어머니 앞에서 늘 죄인처럼 기운 없이 지냈다.

문정왕후가 공신의 아내들과 후원에서 잔치를 할 때 과부도 참석하도록 했다. 문정왕후가 먼저 머리에 꽃을 꽂고 차례로 꽃을 꽂을 것을 권했다. 죄다 따랐지만, 임백령의 아내 혼자 따르지 않았다. 문정왕후가 타일렀다.

"모든 공신은 그 정이 한집안 같아, 여러 부인들과 조용히 모여서 나랏일을 함께하는 정을 나누려는 것이오. 나 역시 미망인이지만, 먼저 꽃을 꽂음으로써 서로 즐거워보자는 것이니 부인은 억지로라도 따라주오."

"마마, 신첩은 억지로 그런 일을 따를 수 없나이다. 과부가 꽃을 머리에 꽂는 일은 사대부가의 법도에 어긋나는 일이옵나이다."

끝내 따르지 않았다. 문정왕후는 그 후로 임백령의 아내를 꺼려했다.

문정왕후가 죽기 한 해 전 술사 남사고南篩古가 예언했다.

"내년에는 태산泰山을 봉封할 것이다."

이듬해 문정왕후가 죽어 태릉泰陵에 장사지냈다.

소윤, 대윤과 사림을 몰아내다

을사사화는 왕실의 외척인 대윤大尹과 소윤小尹이 반목으로 일어난 사림의 화로, 소윤이 대윤을 몰아낸 사건이다. 중종은 장경왕후 윤씨에게서 인종을 낳고, 문정왕후 윤씨에게서 명종을 낳았다. 이들 왕비는 파평 윤씨였다. 장경왕후의 아우, 즉 인종의 외삼촌이 윤임尹任이며, 문정왕후의 오라버니, 즉 명종의 외삼촌이 윤원형이다. 세간에서 윤임을 대윤, 윤원형을 소윤으로 불렀다.

인종이 즉위하자 윤임이 권력을 잡고 사림의 명사들을 많이 등용했다. 이언적·유관·성세창 등을 조정의 대신으로 앉히는 등, 사림의 기세가 회복되는 듯했다. 그런데 인종이 보위에 오른 지 여덟 달 만에 승하하고, 12세의 명종이 즉위하자 문정왕후가 수렴청정을 하게 되고, 형세는 역전되어 윤원형이 권세를 잡고 윤임 일파의 제거 음모를 꾸미게 되었다.

윤원형은 이기 · 허자 · 정승명 · 임백령 등을 꼬여 흉한 말을 만들어내어 밖에서 선동하고, 안으로는 첩실 난정蘭貞을 대궐에 들여보내어 문정왕후와 명종의 마음을 산란하게 만들었다.

이기는 일찍이 병조판서에 오르려는 것을 유관이 반대하여 무산되었고, 임백령은 기생첩을 놓고 윤임과 다툰 일이 있었다. 정순명은 평소에 사람을 미워하여 언제든 한번은 분풀이를 하려고 벼르고 있었다. 허자는 성질이 유순하고 조신했으나, 출세에 눈이 멀어 원형에게 붙었다.

이들은 윤원형을 중심으로 결탁하여 윤임은 물론, 유관 · 유인숙까지 제거하려고 온갖 흉계를 꾸몄다. 편지를 위조하여 주머니에 넣어 궁중에 떨어뜨린 후 공의전(인종의 왕비)을 모함하기도 하고, 심지어 이런 말을 퍼뜨렸다.

"인종의 병환이 위중할 때 윤임이 장차 제 몸을 보전하지 못할 것을 알고, 명종을 추대하는 것을 원하지 않고 계림군을 세우려고 했다. 여기에 유관과 유인숙이 협력했다."

계림군 유는 성종의 셋째 아들 계성군의 양자로서 윤임의 조카였다.

일이 여기에 이르자 문정왕후는 바짝 긴장했다. 그리하여 교서를 내렸다.

"궁중에서 언뜻 편지를 왕래하다가 발각된 것이 있는데, 그 가운데 말하기를 '근래에 나라의 일이 점점 수상하시니 언제 죽음을 당할지 몰라서 밤낮으로 돕고 있습니다. 판서(이조판서 유인숙)도 이러한 사정에 동정하여 왕위를 봉성군에게 옮기려고 벌써 정승 유관과도 통하여놓았습니다. 어제 하교하신 일은 형편상 하기가 곤란하오니, 먼저 말씀드린 일을 속히 하여주시옵소서. 머뭇거리면 마침내 애매하게 죽을 사람이 몇이나 될지 알 수 없사옵니다. 한번 윤원로를 귀양 보낼 때 원형마저 치죄했더라면 인심이 이토록 갈라지지는 않았을 것입니다'라고 적혀 있었다. 진위를 밝혀야 할 것이니라."

얼마 후 문정왕후는 예조참의 윤원형에게 윤임 · 유관 · 유인숙 등을 치죄하라는 밀지를 내렸다.

윤원형은 밀지를 대사헌 민제인과 대사간 김광준에게 보여주고, 양사가 중학에서 회합을 가졌다.

"지금 대신 중 두세 사람이 왕대비의 의심을 받고 있소. 그리하여 재상 모씨의 집에 밀지를 내리고, 또한 익명서가 발견되어 유언비어가 그치지 아니하여 궁중에서는 공포에 싸여 있소. 만약 우리가 단서를 포착하여 가벼운 죄명을 붙여 선처하지 않으면, 사태가 딴 길로 번져 국가에 화를 미칠까 염려되오. 비록 애매한 구석은 있으나, 현실의 사태로 헤아려볼 때 그대로 보고 넘길 수만은 없소."

대사헌의 신중한 말에 언관들이 의중을 모아 말했다.

"이번 일은 간특한 자들이 화근을 얽어서 만들려는 수작인 것 같소. 우리가 시키는 대로 하여 단서를 알아낸다면, 바로 그 술책에 떨어지고 마는 것이오. 난처하오."

사헌부 지평(정5품) 김저가 덧붙였다.

"이 일은 윤임만을 제거하려는 것이 아닌 것 같소. 어질고 충성스러운 대신들이 모조리 도륙되는 화가 여기에서 시작되는 게 아니겠소? 기묘년의 화(기묘사화)는 말만 들어도 콧등이 시큰한데, 지금 이 일로 하여 남곤과 심정이 한 짓을 따른단 말이오?"

이 말이 도화선이 되어 의론이 분분했다. 사헌부 집의(종3품) 송희규는 분노를 터뜨렸다.

"나는 비록 뼈가 부러질지라도 따를 수 없소."

사헌부 장령(종4품) 정희등도 반대의사를 분명히 했다.

"조정의 중대사를 논핵하는데, 어찌 왕대비의 밀지에 따른단 말이오!"

이에 사헌부·사간원 언관들인 박광우·백인걸·유희춘·김난상은 얼굴을 붉히고, 민기문 등은 천장으로 머리를 두르고 길게 한숨을 쉬고 말했다.

"주상이 나이 어리시어 나라가 불안한 시기에 간특한 소인들이 서로 뜬소문을 만들어 퍼뜨리고 있소. 우리가 대신을 논핵해서는 안 되오."

대사헌 민제인과 대사간 김광준은 언관들을 어르고 달래어 밀지에 따르도록 종용했으나, 종국에는 아무도 따르지 않아 빈손으로 헤어졌다.

윤원형 등은 몹시 놀랐다. 언관들이 탄핵의 목소리를 높여야 옭아맬 수 있는데, 양사의 호응이 없어 은근히 겁을 먹기까지 했다. 윤원형 · 정순붕 · 이기 · 허자 · 임백령 등 5인방이 광화문 밖에서 밤새 대책을 짰다.

이들은 이튿날 아침 승정원에 나가, 나라에 큰 변고가 났다고 알리고 왕대비와 명종을 뵙기를 청했다. 왕대비와 명종이 충순당으로 나왔다.

병조판서 이기가 엎드렸다.

"두 분 마마께 아뢰옵나이다. 형조판서 윤임이 중종 때부터 딴마음을 품고 있다가, 이제 와서 스스로 불안한 마음을 가졌으며, 좌의정 유관과 이조판서 유인숙 또한 그와 같은 행적이 드러나고 있사옵나이다."

우회적으로 윤임 등의 역모를 고변했다.

"매우 놀라운 일이오."

명종이 반응을 보였다. 왕대비는 기다렸다는 듯이 한 술 더 떴다.

"윤임의 흉한 계획은 이미 중종 때부터 나타났소. 근자에는 궁궐에 위조 언문 편지가 나돌아 이를 어찌하면 좋을지 모르고 있던 터에 공론이 이제야 폐기되었으니, 실로 천지와 선왕의 신령이 암암리에 도와주신 것 같소이다. 윤임은 김안로와 결탁하여 국모를 위태롭게 하려고 계획한 사실이 이미 허경의 심문서와 유생들의 상소에서도 나왔고, 중종께오서 삼흉(김안로 · 허항 · 채무택)을 처단하실 때 윤임도 함께 죄를 물으려다가 세자(인종)를 위해 실행치 아니하고 도리어 한 품계를 올려주었소. 나 또한 신수경의 아들을 사위로 삼을 적에 처음에는 윤임의 손자를 사위로 삼으려 했으나, 윤임이 응하지 아니 했소. 이로써 그가 흉한 생각을 품고 후일을 도모하려는 것이었음을 알 수 있소."

명종은 어머니의 말을 곧이곧대로 듣고 당장 영을 내렸다.

"영의정 윤인경 등 6판서 이상 대신들을 즉시 들라 하시오!"

그 사이 정순붕이 명종에게 아뢰었다.

"전하, 대사헌 민제인, 대사간 김광준이 윤임 · 유관 · 유인숙 등의 죄상을 알고 탄핵하려 하였사오나, 언관들이 이를 방해했다 하옵나이다. 본래 윤임은 세자(인종)를 보호한다는 명분 아래 종래에는 대윤 · 소윤이라는 말을 만들어냈던 것이나이다. 신하와 백성들이 다 받들고 있는 세자를 윤임이 따로 보호해야만 될 일이 어디 있겠나이까. 경중을 구별하여 이들에게 죄를 주시옵소서.”

영의정 윤인경, 좌찬성 이언적, 우찬성 권벌, 좌참찬 정옥형, 우참판 신광한, 예조판서 윤개, 영중추 홍언필, 판윤 윤사익, 민제인 · 김광준, 도승지 송인수, 사관 조박, 주서 안함이 불려왔다.

명종은 윤임 등의 죄상을 대강 설명하고 죄를 논하라고 말했다.

“여러 대신들의 거짓 없는 말을 듣고 싶소. 말해보오.”

“신 영중추 홍언필 아뢰오. 유관과 유인숙은 관직을 갈고, 윤임을 귀양 보내는 것이 마땅할 줄 아나이다.”

“아니옵나이다. 신 우참찬 신광한 한 말씀 올리겠나이다. 전하께오서 보위에 오르신 지 얼마 아니 되옵고, 조정이 아직 정비되지 않았나이다. 또한 민심의 향방도 알지 못하나이다. 이러한 때 윤임 등을 죄준다면 민심이 사나워질까 염려되나이다. 마땅히 참작하시옵소서.”

왕대비는 발 뒤에서 눈을 흘기고, 명종은 얼굴을 찡그렸다.

“신 이언적 아뢰오. 일은 광명정대하게 처리해야만 하옵나이다. 그렇지 못하오면 사림들 가운데 억울하게 걸려들 인물이 많을까 염려되나이다.”

“사림에 화가 미친다는 것은 의심할 일이 아니오.”

왕대비가 쏘아붙였다. 이언적이 말을 받았다.

“지금 온 나라의 대소 신민들이 모두 한 마음으로 주상을 우러러 받들어 감히 사특한 마음을 가진 자가 없사온데, 윤임 한 사람을 치죄하는 것이 무엇이 어려워 왕대비 마마께오서 밀지를 승정원으로 보내도 되실 것을 다른 곳으로 보내셨나이까? 일을 명명백백히 하지 못하기에 인심이 진정되지 않나이다. 또한 신하로서의 의리는 자기가 섬기는 분에 대하여 마음을 다하는 것이온데, 이제 와서 그 당시 임금께 마음을 다한 사람에게 어찌 심한 죄를 줄 수 있겠나이까. 지금 전하의 덕에 누가 될까 두렵사옵나이다.”

이언적은 답답하여 눈물을 흘렸다. 윤임은 몰라도 유관 · 유인숙은 존경할 만한 대신들이었다. 윤임과 이들을 묶어 제거하려는 음모가 뚜렷했다. 왕대비가 말했다.

"경의 말은 당연하오. 허나 사림에 화가 된다는 것은 의심할 것 없소. 지금
부터는 조정에서 합의하여 사특한 의논을 없애고자 하오. 그동안 대윤·소윤
으로 편당이 갈라졌다는 말을 만들어낸 자들이 모두 세자(인종)를 보호한다고
표방했거늘, 어찌 부자 간에 틈을 벌려놓고 형제 사이를 이간 붙여야만 세자
에게 충성이 된단 말이오? 이 모두 윤임의 짓이오. 하늘에 계신 인종의 혼령
이 밝게 내려다보고 계실 것이오. 중종께오서는 세자가 문안을 드릴 적마다
늘 효도하고 공경하라고 가르치셨소. 인종의 마음이 늘 불안했던 것은 모두
윤임이 그렇게 만든 것이오. 예로부터 재취 왕비(문정왕후)와 거기에서 난 대군
(명종)도 없애야만 세자를 보호하는 일이라는 말이 어디에 있단 말이오. 이미
윤임이 대군을 없앴다면 지금 이 나라는 어찌되었겠소. 윤임이 이제 와서 조
정 중신들과 결탁하는 것은 무슨 짓을 하려는 것임에 틀림없소!"

왕대비는 성이 났다. 그러나 양심 있는 대신들은 뜻을 굽히지 않았다.

"신 우찬성 권벌 아뢰오. 신이 세간의 여론을 듣지 못했사오나, 대윤·소윤
이란 말이 어디에서부터 나왔는지 알지 못하나이다. 옛날 성종께오서 겨우
13세에 장자이신 월산대군을 제치고 보위에 오르시고도 아무 일이 없었나이
다. 하물며 지금 전하로 말씀드리면 곧 인종의 친아우님으로서 이미 보위에
오르셨으니 어찌 다른 염려가 있겠나이까. 하옵고 지금 왕자들 중에는 파당
을 꾸미는 이가 없고 대신도 권력을 독점한 이가 없는데, 감히 그 누가 음험
한 마음을 가지겠나이까? 만일 윤임이 사특한 마음을 품었다면 죽어도 애석
할 것이 없겠사오나, 신의 생각으로는 지금 첫 정사에 힘써 인심을 얻으려면
마땅히 공평하고 지극히 바르게 처리해야 될 것이나이다. 중종께오서 처음
보위에 오르신 후에 대신들이 잘 보필하지 못하여 노영손이 '이고가 반란을
도모한다'고 고변하여 당상관이 되었나이다. 이로부터 고변하는 자들이 많아
졌나이다. 중종께서 마침내 그 원인을 아시고 연루자들을 석방하시어 온 나
라가 모두 복종하고 인심이 안정되었나이다. 이 점은 오늘에도 많은 교훈을
주고 있나이다."

대신들이 갑론을박 이론이 무성했다.

정순명이 나섰다. 한 발 물러선 태도였다.

"전하, 윤임이 종사를 위태롭게 하려 한 증거가 없사오나 그에 대한 공론이 일어났사오니, 마땅히 죄의 경중을 가려서 다스려야 할 것이옵나이다."

정순명의 말을 영의정 윤인경이 받았다.

"윤임은 이미 제 스스로 불안한 입장에 있었으니 귀양을 보내고, 세론이 인숙은 약간의 혐의가 있다 하니 관직을 파면하고, 유관은 그 속마음이 어떠한지 알 수 없으니 대신의 직을 갈게 하옵소서."

"그리 시행하오."

명종의 어명이 떨어졌다. 윤임은 성주로 귀양 가고, 유관은 벼슬을 갈고, 유인숙은 파직되었다. 그러나 사건은 여기에서 종결되지 않았다. 윤원형 등은 기어이 윤임·유관·유인숙을 반역죄로 엮어 귀양 보냈다가 죽였다. 또 계림군도 죽여버렸다. 계림군은 자기가 역모에 엮였다는 말을 듣고 지레 겁을 먹은 나머지 양화도에서 배를 타고 도망쳤다. 그는 배천·평산·우봉·토산·이천·평강을 거쳐, 안변 황룡산 기슭 이옹의 집에 숨어 삭발하고 중이 되었다. 토산현감 이강남이 계림군의 종 무응송을 데리고 와서 확인한 후 체포했다. 그는 대역죄가 적용되어 목이 베이고, 머리가 저잣거리에 내걸렸다.

이뿐만이 아니었다. 윤원형 등은 윤임의 사위 이덕응을 협박했고, 이덕응의 무고로 양사의 언관 이휘·정희등·박광우·곽순·이중열·이문건·나숙·나식 등 10여 명이 희생되었다. 결국 윤원형은 이덕응에 의해 음모가 탄로날까 봐 이덕응도 죽여버렸다.

을사사화의 여파로 그 후 5, 6년에 걸쳐 죽은 자가 100여 명에 달했다. 소인배들의 몰지각한 권력 유지의 욕심으로 사림들이 큰 피해를 당한 사화였다.

윤원형은 문정왕후가 죽자 양사의 탄핵을 받아 관작을 삭탈당하고 강음에 퇴거하여 있다가 자살로 생을 마감했다. 이기는 영의정에 올라 급사하고 말았다. 정순명은 유관의 집을 적몰하고 그의 가족들을 노비로 삼았는데, 그 가운데 갑이라는 여종이 주인 유관의 원수를 갚기 위해 염병을 전염시켜 죽게 만들었다. 허자는 홍원에 귀양가서 돌아오지 못하고 그곳에서 죽었다. 임백령은 사은사로 명나라에 다녀오다가 영평부에 이르러 병사하고 말았다. 을사사화의 주역들은 하나같이 죽음을 곱게 맞이하지 못했다.

어리석은 군자

송인수宋麟壽의 자는 미수眉叟이며 호는 규암圭菴이다. 공부를 열심히 하여 손에서 책을 놓는 일이 없었다. 장가든 날 저녁에도 신부를 앉혀놓고 글을 읽어, 사람들이 글에 미쳤다고 비아냥거렸다.

어릴 적에 어머니를 여의고 마음에서 우러나는 대로 지나치게 슬퍼하여, 엎드려 있던 거적자리가 눈물에 젖어 썩어버렸다. 3년 동안 시묘살이를 했는데, 여막 위에 제비가 깃들어 새끼를 깠다. 제비새끼의 빛깔이 모두 흰 것을 보고 사람들은 효성에 감동되어 그렇다고 소문을 냈다.

조정에 출사한 후 명망이 높아 인종이 보위에 오르자 신료들이 크게 기대했으나, 그는 착한 선비였을 뿐 정치는 모르는 인물이었다. 다른 사람을 전혀 의심 없이 대하다 여러 차례 속았고, 시국의 정세는 전혀 생각하지 않고, 오로지 충성으로 임금을 섬기려다가 소인배들의 눈총을 수없이 받았다.

그는 일찍이 진사 엄용공에게 글을 배웠고, 김안국에게 지도를 받았으며, 나이를 초월한 친구 사이가 되었다. 착한 일을 보면 게걸들린 사람이 음식을 탐내는 듯했다. 김안국이 죽음을 앞두고 나랏일을 걱정하면서 "뒷날의 걱정은 자네가 맡게 되겠네" 했다.

송인수는 이기가 『대학』과 성리학을 잘 안다고 하여, 늘 그 집에 다니면서 물었다. 한번은 김안국이 주의를 주었다.

"이기는 학문도 모를 뿐 아니라, 인간이 덜된 인물이니 만나지 말게."

이기의 집이 인수가 출퇴근하는 길가에 있어 그의 집에 드나드는 기회가 많았다. 이기는 송인수가 발걸음을 끊은 까닭을 알고 이를 갈았다.

"송인수가 김안국의 말을 듣고 나를 찾지 않는다. 어디 두고 보자."

윤임이 형조판서가 되었을 때였다. 송인수는 대간으로서 윤임을 여러 날 탄핵했다.

'전하, 윤임은 무식한 무부라 중책을 맡을 수 없나이다. 적임자로 바꾸소서.'

인종이 불러 조용히 타일렀다.

"아무리 무부라 한들 일을 할 만한 사람이라면 꼭 갈아야 할 필요가 없지 않겠소?"

인수는 그제야 윤임이 인종의 외삼촌이라는 데 생각이 미쳤다.

송인수가 전라도 관찰사로 내려갔다. 사건을 제때에 처리하고 교화에 힘써 풍속을 바로잡고, 향교를 진흥시켜 인재를 양성하는 것을 급선무로 삼았다. 선비들이 너무 급히 서둔다고 충고했다. 그는 송나라의 유학자 정호·장재의 교육론을 인용하며 그들을 설득했다. 정호는 '근본 문제부터 착수해야 한다'고 말했고, 장재는 '남의 비난과 비웃음을 개의치 않아야 한다'는 것이었다.

"나는 의리상 꼭 옳은 줄 알면 단연코 실천해야 한다고 본다."

그는 이 같은 주장을 고수했고, 숨은 학자를 찾아나서 마주앉아 학문 토론 하기를 즐겼다.

인수는 전라도 남평현감 유희춘, 무장현감 백인걸과 마음이 맞아서 즐겁게 지냈다. 그는 풍류를 모르는 딱딱한 선비만은 아니었다. 부안 기녀를 은근히 좋아하면서도 정은 통하지 않았다. 다만 데리고 다니기를 좋아했다. 공무에 지치면 유희춘과 백인걸을 불러 한때를 즐겼다.

그가 전라감사의 임기를 마치고 돌아오는 길이었다. 유희춘·백인걸·부안 기생이 여산까지 따라와 전송했다. 송인수가 부안 기생을 두고 말했다.

"내가 이 기생이 영리하여 사랑했는데, 1년 동안 데리고 다니기만 했지 한 이불 속에 들어간 적이 없다네. 왜 그런지 아는가? 사실 목숨이 아까워서였네."

기생이 재치 있게 받았다.

"저기 무덤들을 보시어요. 모두 제 남편의 무덤이랍니다."

가까운 거리에 공동묘지가 있었다. 백인걸·유희춘은 박장대소를 터뜨렸으나, 기생의 눈에 눈물이 고였다. 그녀는 송인수를 진심으로 사랑하고 존경했다.

그가 명나라 사신의 부사로 북경에 갔다. 사신 일행은 물건을 사느라고 정신이 없었다. 그의 숙소에는 사람의 왕래조차 뜸해 쓸쓸하기만 했다. 명나라 관리들이 그를 '한 조각의 얼음과 옥'이라고 칭했다.

윤원형이 공조참판에 오르자 그는 가차없이 탄핵했다. 그를 아끼는 사람들이 말렸다.

"이보게, 자네 그러다가 다치네. 승정원의 도승지가 그리 귀한 자리도 아닌 공조참판이 되는데 굳이 따질 게 뭔가? 자네가 그런다고 원형이 출세하는 데 지장이 있겠는가? 스스로 화를 자초하지 말게나."

"그런 사람을 어떻게 재상의 반열에 둘 수 있다는 말인가!"

송인수는 끝까지 고집을 꺾지 않고 탄핵을 그치지 않았다.

드디어 그는 화를 당하고야 말았다. 을사년 사건이 일어나자 윤원형 등은 그를 '경박한 무리들의 우두머리'로 지목했다. 관직을 삭탈당하고 청주 시골로 내려갔다. 퇴계 이황이 시를 지어 위로했다.

> 규암이여 옛날 세속에 묻혀 있을 적에도
> 조촐한 양이 세속 사람 같지 않더니
> 이제 청주로 돌아가 농사짓기 배운다니
> 청주에 풍년 들어 고야산姑射山처럼 풍성하리라
> 잘살고 못사는 것이 내 마음에 관계하랴
> 밥 한 그릇 물 한 모금에 나의 스승은 안회(顔回, 공자의 제자)로다
> 천하에 좋은 재미 무엇인지 아는가
> 금金·석石·사絲·죽竹 갖은 음악 다 아니로다

뜻을 같이한 나를 두고 어디로 간단 말인가
혼자서 묵은 책 펴놓으니 세상 시비 멎었구나

이 시에서 고야산은 『장자』에서 인용한 것이다. 선인이 살던 곳으로, 선인이 살므로 그곳에 풍년이 든다는 고사에서 따온 말이다. 이 시는 퇴계와 송인수의 관계를 잘 말해주고 있다.

벽서 사건이 일어났다. 이기 일당이 모여 죄인의 명부를 들추며 죽여야 할 사람을 찍었다. 이기가 송인수의 이름 밑에 점을 찍었다.
정순명이 말했다.
"이 사람은 진실한 사람이오."
"어진 임금을 뽑아야 한다고 선동한 자를 안 죽이고 누구를 죽인단 말이오?"
이기가 퉁명스럽게 쏘아붙였다. 정순명은 입을 다물었다.
그 뒤 다른 사람에게 이기가 말했다.
"송인수가 착한 사람이긴 하지만, 큰일을 하는 데 작은 인정까지 일일이 돌볼 수는 없다. 이를테면 집을 짓기 위해 터를 닦을 때, 좋은 꽃이나 좋은 과일나무가 있어도 그것을 뽑아버리지 않을 수 없는 것과 마찬가지다."
소인배들의 권력 터 닦기에 송인수가 제물로 바쳐진 것이다.
이기가 명종에게 아뢰었다.
"송인수는 오랫동안 성균관 대사성으로 있으면서 학자들 사이에 경박한 풍습을 길러놓아 오늘날과 같은 사변을 일으키게 만들었사오니, 이자를 죽이지 않고는 뒤에 오는 폐단을 막을 수 없사옵니다. 중형으로 다스리옵소서."
"사약을 내리노라."
죄명이 뚜렷하지 않은 중벌이었다.
금부도사가 사약을 가지고 그의 집에 도착한 날은 마침 송인수의 생일날이었다. 일가친척이 다 모여 조촐한 잔치를 열었다.
이날 그의 집 사당 안에서 달그락 소리가 들려왔다. 하인이 이상하게 여겨 사당문을 열어보았다. 인수 아버지의 신주가 신주상에서 창 밑까지 굴러떨어져 머리를 벽에 부딪쳐 괴로운 시늉을 하고 있었다.

금부도사가 들이닥치자 모인 친인척들이 울부짖었다. 송인수는 얼굴색을 바꾸지도 않고, 태연히 목욕하고 의관을 바로 한 채 꿇어앉아 어명을 받았다. 그는 지필묵을 가져오게 하여 큰 글씨를 썼다.

'하늘과 땅이 이 마음을 알아주리라.'

글씨를 아들에게 주면서 말했다.

"나를 보고 징계를 삼지 말고, 부지런히 글을 읽고 주색을 조심하여 지하의 혼을 위로해다오. 내 장례는 검소하게 치르되 예법을 어기지 말라. 부끄러운 마음을 지니고 사는 것은 부끄러움 없이 죽는 것만 못하니라. 명심하여라."

그리고 종제 송기수에게 전해주라는 편지에 부탁의 말이 쓰여 있었다.

'자식 하나를 그대에게 부탁하니, 내가 무슨 걱정이 있겠는가.'

그가 금부도사에게 청했다.

"주상의 교지를 보여주시겠소?"

금부도사가 그에게 교지를 내밀었다. 그가 교지를 읽고 말했다.

"경박한 습성을 조성했다는 것도 내가 모르는 바요, 봉성군과 친밀했다는 말은 이것으로 나를 엮어넣은 것이오. 일찍이 내가 대궐 문 밖에서 멀리 벽제 소리를 듣고 피해서 공조의 문으로 들어가면서 봉성군을 한 번 바라본 것뿐이오."

봉성군은 중종과 희빈 홍씨 사이에서 태어난 왕자이다.

불온한 벽서가 나붙자 을사사화의 뿌리가 상존한 증거라 하여, 그 여당으로 봉성군·송인수·이약수를 엮어 윤원형 일당이 죽인 것이다.

송인수는 대궐 쪽을 향해 절하고 나서 말했다.

"신이 만 번 죽을죄를 지었는데, 오히려 제 손으로 죽게 하시니 성은이 망극하여이다."

그는 또 사당 쪽을 향해 두 번 절하고 나서 말했다.

"임금을 섬기다가 잘못되어 오늘에 이르게 되었나이다. 장차 무슨 면목으로 지하에서 뵈오리까."

그는 두 손으로 사약 사발을 들어 태연히 마셨다.

이날 밤 구름도 없이 천둥이 울리고, 흰 기운이 무지개처럼 지붕을 뚫고 하늘까지 뻗쳐 여러 날 사라지지 않았다. 세상 사람들은 그가 화를 당한 것을 두고 이런 말을 했다.

"어리석은 군자다."

그러나 군자로 어찌 어리석을 수가 있겠는가.

이 술은 잔을 주고받는 법이 없다

윤원형 일파에게 당한 기개 높은 인재 한 사람이 있었다. 자는 사수士遂이며, 호는 금호錦湖인 임형수林亨秀가 그 사람이다. 그는 젊어서 과거에 급제했고, 문무를 겸한 관료였다. 풍채가 좋고 활달하여, 그에 대한 사람들의 기대가 매우 컸다.

그가 젊었을 때의 일이다. 과거를 보러 한양으로 올라오는 길에, 유배지로 떠나는 홍섬을 공주 금강가에서 만났다. 홍섬은 간신 김안로의 무고로 흥양으로 귀양을 떠나는 길이었다. 홍섬은 곤장을 맞은 상처에서 피가 흘러 벌겋게 옷을 적셔 모든 사람들이 얼굴을 돌렸다. 이때 과거를 보러 한양으로 올라가는 남쪽 선비들이 금강 나루터에서 홍섬을 만났다. 선비 가운데 나이가 제일 적고 외모가 의젓하게 생긴 사람이 큰 소리로 외쳤다.

"내가 들으니 홍섬은 사류士類라고 하오. 지금 죄없이 곤장을 맞고 유배를 당하니, 필시 소인배가 나라의 정사를 어지럽히고 있는 것 같소. 우리가 이러한 때에 과거를 보아서 무얼 하겠소? 그만 돌아들 가십시다."

홍섬이 앓아누워서 그 말을 듣고 매우 신선하여 젊은이의 이름을 물었다. 임형수였다.

그가 벼슬길에 올라 홍문관 수찬(정6품)으로 있다가 회령판관으로 나가게 되었다. 그가 임지를 향해 갈 때, 어떤 때는 이틀에 한 번씩 먹고, 어떤 때는 하루에 두세 사람의 분량을 먹으면서 큰소리쳤다.

"장수 노릇을 하려면 이런 습성을 길들여야 한다."

그는 회령에서 변방 오랑캐들을 잘 구슬려 말썽을 일으키지 못하게 했다.

대윤·소윤으로 갈려 조정이 팽팽한 긴장감이 돌 때였다. 형수가 그 아우에게 은밀히 말했다.

"한두 놈만 곤장을 치면 조정이 말끔하게 진정될 게야."

"누구를 말입니까, 형님?"

"누군 누구야, 윤원로·원형 형제지."

이 말을 그의 아우가 친한 친구에게 발설했다. 그 소문이 조정에 좍 퍼졌다. 윤원형은 형수를 자기편으로 끌어들이려고 술자리를 마련했다. 형수는 술을 무척 좋아하고 두주불사였다. 마셔도 끝이 안 보이는 주량이었다.

"자, 어서 드시지요, 부제학."

그는 홍문관 부제학(정3품)으로 있었다.

임형수가 원형을 말꼼히 노려보다가 거만스럽게 내뱉었다.

"공이 나를 죽이지 않는다면 내가 주량껏 마시겠소."

원형은 새파랗게 질려 자리를 떴다. 그 뒤 형수는 제주목사로 밀려났다.

그를 태운 배가 풍랑을 만나 뱃사람들이 두려움에 떨었다. 형수는 뱃전을 왔다갔다 했다. 위험한 짓이었다. 사공이 형수를 끌어안으면서 말했다.

"사또, 이 바깥이 저승입니다요. 어째서 그리 간단하게 생각하십니까?"

"허허허… 네 눈에 내가 이까짓 풍랑으로 죽을 사람으로 보이느냐?"

그는 태연히 요동치는 뱃전을 왔다갔다하며 사람들을 안심시켰다.

제주목사로 부임한 지 얼마 되지 않아 곧 파직되어, 나주의 고향집으로 돌아왔다. 그는 곧 송인수처럼 벽서 사건에 연루되어 사약을 받았다.

"윤임의 앞잡이였으며 윤원형을 죽여야 한다는 소문을 낸 당사자이므로 살려둘 수 없다."

윤원형의 사주를 받은 대간들의 탄핵 이유였다.

금부도사가 나주까지 달려왔다. 전례에 따라 나주의 관리가 입회해야 했다. 나주목사와 판관은 때마침 다른 볼일이 있어 교수 양희가 입회관으로 나갔다. 형수가 어명을 받기 위해 거적 위에 꿇어앉아 있다가 금부도사에게 말했다.

"안에 들어가 부모님께 하직 인사를 드리고 오겠소."

"그리하시오."

그러나 형수는 안으로 들어가지 않고 그 자리에서 부모님이 계신 방 쪽을 향해 두 번 절했다. 그의 아들은 아직 열 살도 못되었다. 아들을 불러 유언을 말했다.

"글을 배우지 말라!"

아들이 돌아가려 하자 다시 세웠다.

"글을 배우지 않으면 무식한 사람이 될 터이니, 글은 배우되 과거는 보지 말거라."

그는 어린 아들에게 빙그레 웃어주었다. 그리고 혼잣말처럼 말했다.

"새벽종이 울고 시간이 다 되었으니, 목숨이 경각에 있다는 말이 바로 이 순간의 광경이로구나."

그는 사약을 들이켰으나 죽지 않았다. 무려 열다섯 사발을 마시며 크게 웃었다.

"이 술은 잔을 주고받는 법이 없어 독주라고 하는구나."

그는 두 사발을 더 들이마셨다. 사약으로는 죽지 않으므로 마침내 목을 졸라 죽였다.

권벌이 형수가 죽었다는 소식을 듣고, 술을 가지고 오라 하여 두어 잔을 연거푸 마시고 목놓아 울었다.

"이 사람도 죽었구나."

이황은 그를 참다운 대장부로 여겼다. 그의 죽음을 애도하며 옛일을 회상했다.

"참으로 재주가 기이한 사람이었는데 죄 없이 죽어 원통하구나."

일찍이 임형수는 이황과 함께 호당에 들어갔다. 그는 술이 취하면 호탕하게 노래부르며 시를 지었다.

"이보게, 자네도 사나이의 장쾌한 취미를 아는가? 나는 안다네."

황희가 웃으며 대꾸었다.

"어디 말해보게나."

"산에 눈이 하얗게 쌓일 때, 검은 돈피 갖옷을 입고 흰 깃 달린 기다란 화살을 허리에 차고, 팔뚝에는 백 근짜리 센 활을 걸고 천총마를 타고 채찍을 휘두르며 골짜기로 들어가면, 바람이 골짜기에서 일어나고 초목이 진동하는데, 느닷없이 큰 산돼지가 놀라서 길을 헤매고 있을 때, 곧 활을 힘껏 잡아당기어 쏘아 죽이고, 말에서 내려 활을 빼어 이놈을 잡아, 고목을 베어 불을 놓고 기다란 꼬챙이에 고기를 꿰어 구우면 기름과 피가 끓어 뚝뚝 떨어지는데, 걸상에 걸터앉아 먹으며 큰 은대접에 술을 가득 부어 마시고, 얼큰히 취해 하늘을 올려다보면 골짜기의 구름이 눈이 되어 취한 얼굴 위를 비단처럼 스쳐 지나간다네. 이런 맛을 자네가 아는가? 자네가 잘하는 것은 다만 글자를 다루는 작은 재주뿐일세."

형수는 무릎을 치며 너털웃음을 웃었다. 가슴에 시정詩情이 넘치는 시인 같은 마음이었다.

이황은 임형수의 인품을 말할 때마다 언제나 그가 했던 위의 말을 외었다.

강섬이 사절로 북경에 들어가다가, 도중에서 명나라에 공물을 바치러 가는 만주인을 만났다. 조선 북쪽 변방에 사는 오랑캐였다. 그 만주인이 통사(통역관)에게 물었다.

"너희 나라에 임형수는 잘 있느냐?"

통사는 선뜻 대답할 수 없었다. 그러자 만주인이 거듭 말했다.

"임형수는 사내다운 인물이다. 소문에 들으니 너희 나라에서 죽였다는 것이 사실이냐?"

통사는 대답할 바를 모르고 절절 맸다. 그들은 임형수가 회령참판 시절 가깝게 지내던 변방인들이었다. 임형수의 인품을 알 수 있는 증거였다.

임형수는 일찍이 신잠이 그린 대(竹)에 시 한 수를 남겼다. 신잠은 문장에 밝고 글씨에 능하고 초서 · 예서에 뛰어났다. 그림에도 재능이 있어서 국화와 대를 잘 그렸다.

영천의 붓으로 된 푸른 대나무에
소상강 어귀의 높은 지조가 달빛 속에 차구나
시인을 골라보면 누가 이와 비슷할고
맑고 수척한 모습 퇴계(이황)와 같이 보라

임형수의 이황을 존경하는 태도가 이러했다.

백정 임꺽정, 도적인가 의적인가

꺽정은 양주 백정 출신으로 성품이 교활하고 몸이 날래고 용맹스러웠다. 그를 따르는 10여 명의 도당은 모두 날쌔고 빨랐다. 꺽정은 황해도와 경기도 일대를 횡행하며 탐관오리를 응징하고 여러 고을을 짓밟았다. 도탄에 빠진 백성 일부가 그에게 호응했다. 관아 아전들은 백성들과 결탁하여 관에서 그를 잡으려 하면 미리 알려주어 역습을 하거나 도망치게 했다.

조정에서는 선전관을 보내어 염탐하도록 했다. 꺽정 일당이 미투리를 거꾸로 신고 다녔다. 일당이 은거지로 들어간 발자국은 나온 발자국으로 되어 있었다. 그래서 아는 이들은 그들이 은거지에 있으면 나갔다 하고 없으면 있다 하였다. 선전관은 그것도 모르고 구월산에서 꺽정 일당의 발자국을 발견하고, 그들의 은거지에서 나간 줄 알고 유유히 들어가다가 뒤에서 화살 세례가 쏟아져 죽고 말았다.

조정에서는 임꺽정을 잡으려고 옹진 · 장연 · 풍천 등 너댓 고을 무관 · 수령에게 군사를 거느리고 서흥에 모이도록 했다. 이 기밀이 꺽정 진영으로 새어들어갔다. 꺽정 일당이 밤에 60여 기로 높은 곳에서 서흥을 공격하여 대승을 거두었다. 다섯 고을 군사가 붕괴되어버렸다.

임꺽정은 봉산군수 박응천을 못마땅하게 여겼다. 봉산에서 묵던 한 사람이 서울로 올라갔다. 꺽정 일당이 안성참에서 매복하고 있다가 덮치려고 했는데 여의치 않았다. 봉산군수 탓이었다.

봉산군수를 없애든지 갈아치워야 했다. 꺽정은 부하를 의금부도사로 변장시켜, 역마를 타고 객관으로 들어가 박응천에게 왕명을 받으라고 전했다. 그러나 박응천이 먼저 알고 군사를 거느리고 치려고 했다. 그 사실을 알고 의금부도사 일당은 도망쳐버렸다.

종실 중에 단천령 주경은 피리를 잘 불었다. 그가 개성 청석령을 지나다가 임꺽정 도당에게 붙잡혔다.

"뉘시요?"

"종실 단천령일세. 비켜서게."

"종실이면 금지옥엽이 아닌가? 혹시 피리를 잘 분다는 그 단천령이오?"

"그렇네."

그들은 단천령을 청석골 은신처로 데리고 들어가 피리를 불도록 했다. 때마침 달이 휘영청 떠올라 청석골을 밝게 비추었다.

단천령의 피리는 학경골鶴脛骨로 만든 것으로, 길이는 짧아도 소리가 맑았다. 그는 소매에서 피리를 꺼내어 우조羽調를 불었다. 일당 수십 명이 흥이 나서 덩실덩실 춤을 추며 놀았다. 그들의 사기가 드높았다. 단천령이 곡을 슬픈 계면조界面調로 바꾸었다. 곡이 채 끝나기도 전에 일당은 탄식하며 슬퍼서 눈물을 흘리는 자도 있었다.

임꺽정이 일당들의 동정을 살피고 나서 피리소리를 멈추게 했다.

"저 사람은 여기 머물러 있어도 쓸모가 없다. 돌려보내거라!"

"길을 막는 자가 있으면 이 칼을 보이시오."

이튿날 단천령이 장단에 닿았을 때였다. 여러 명의 말 탄 사내가 달려와 길을 막았다.

"어디서 오는 길인가!"

"청석골에서 오는 길일세."

"거짓말 마라!"

그들이 해치려고 했다. 단천령이 재빨리 칼을 내보였다.

"이것을 어디에서 났느냐?"

"너희들 두목이 주었다."

그들은 아무 말 없이 길을 비켜주었다.

경기도와 황해도 수백 리 사이에 꺽정 일당으로 하여 길이 끊어지고 관사가 습격을 받았다는 보고를 받고, 조정에서는 남치근을 토포사로 삼아 토벌군을 파견했다. 남치근은 재령에 본부를 두었다. 이 소식을 듣고 임꺽정은 구월산의 오지로 거점을 옮겼다. 남치근은 구월산으로 통하는 길을 봉쇄하고 군사를 배치시켰다. 아사작전을 편 것이다. 먹을 것이 떨어지면 항복하리라는 작전이었다.

그런데 토벌작전이 쉽게 풀렸다. 꺽정 일당의 모사謀士 서림이 산에서 내려와 항복해버렸다. 곧 잡힐 것으로 보고 동지들을 배반한 것이다. 서림으로 하여 그들의 근거지의 허실이 다 드러났다.

남치근은 소탕명령을 내렸다. 적의 근거지를 알았으니 작전은 식은 죽 먹기였다. 수많은 관군이 적의 근거지를 덮쳤다. 오합지졸의 적이 거의 항복해버렸다.

임꺽정은 5, 6명의 동지와 함께 죽을 각오로 버텼다. 서림이 그들에게 유인작전을 폈다. 그들도 꺽정에게 등을 돌렸다. 꺽정 혼자서 산에서 내려와 한 민가에 들어가 숨었다. 그 집에는 노파 혼자뿐이었다. 관군이 그 집을 포위했다.

꺽정은 노파를 위협하여 크게 외치며 집 밖으로 나가라고 했다. 노파가 방에서 뛰쳐나오며 외쳤다.

"도둑이 달아났다!"

노파의 뒤를 따라 꺽정이 관군 차림을 하고 뛰쳐나와 외쳤다.

"적은 달아났다. 방 안에 아무도 없다!"

관군들이 우왕좌왕 갈피를 잡지 못했다. 그 틈을 노려 꺽정은 기병 하나를 때려눕히고 말을 빼앗아 타고 달아났다. 그 뒤를 기병 5, 6명이 추격했다. 꺽정은 멀리 달아나지 못하고 포위망에 갇혀버렸다. 활이 비 오듯 쏟아졌다. 몸에 화살이 여러 곳에 박혔다. 멀리 서림의 모습이 보였다. 꺽정이 외쳤다.

"서림아, 네 꾀에서 우리의 작전이 나오지를 않았느냐? 네가 정녕 항복했더란 말이더냐!"

꺽정은 비참한 최후를 마쳤다. 이로써 3년 동안의 활약이 끝났다. 다섯 고을이 피해를 입고, 두 도의 군사를 움직여 겨우 임꺽정을 잡은 것이다. 임꺽정은 싸움질하는 조정에 경종을 울렸다.

핏빛으로 변한 밤

중 보우普雨는 불교를 금기시하던 조선시대에 불교를 부흥시킨 특이한 불제자였다. 그는 새 인수궁을 옛 정업원 자리에 짓게 하고 선·교 양종을 세워 선과禪科를 두기도 했다.

문정왕후가 불교를 숭상하여 보우가 대궐을 거침없이 출입하며 불교 중흥의 길을 모색했다. 그는 무차대회를 열어 승·속이 다 우러러보게 되자 방자하게 일을 벌여 결국 자신의 무덤을 팠다. 무차대회란 불교에서 행하는 행사로, 중을 불러 공양할 때 중의 수를 제한하지 않고 모이는 대로 받아들이는 것을 말한다.

보우의 불교 중흥 운동이 점점 세력을 뻗어가자 양사와 홍문관에서 언관들이 들고일어났다. 또한 대신들이 백관을 거느리고 명종의 보우 퇴치를 윤허받으려고 해도 문정왕후가 버티고 있어 꼼짝하지 않았다. 게다가 윤원형이 왕대비의 뜻을 거역하지 않으려고 바람막이를 해주었다.

보우를 문정왕후에게 천거한 사람은 감사 정만종이었다. 보우는 대궐에서 불법을 크게 펴 문정왕후를 사로잡은 후 봉은사는 선종, 봉선사는 교종으로 삼았다. 그런 후 선과 초시初試를 베풀고 회시(會試, 소과 복시)에 강경講經 · 제술製述로 시험을 치러 급제자에게 첩牒을 주었다. 그 후부터 8도의 사찰이 긴 잠에서 깨어나 활기를 띠었다.

조정에서는 보우 문제로 머리를 앓았다. 성균관 유생들이 요승 보우를 죽이라고 상소를 올렸으나 명종은 요지부동이었다. 유생들은 성균관을 비우고 나가버렸다. 명종은 승지와 사관을 유생 주모자들에게 보내어 타일렀으나 유생들은 굽히지 않았다. 조정이 보우 하나를 내치지 못해 전전긍긍이었다.

그럴 즈음 함경도 어사 왕희걸의 장계가 올라왔다.

"… 북도 사람에게 들은즉, 보우는 역적 계림군 유의 종으로 중이 된 자와 안변 황룡사 초암草庵에 함께 있었사온데, 계림군이 도망쳐오자 굴 속에 있게 하였다가 수색한다는 소문을 듣고, 보우는 화가 미칠 것을 두려워하여 석왕사로 옮겼다 하옵나이다. 어느 날 계림군의 종 무응송이 작은 쪽지를 가져와 보우에게 보이자 '요새는 길일吉日이 없으니 너는 잠자코 물러가 있거라' 하고는 쌀을 구해와서 산골짜기에서 여러 날 재를 올렸사온데 쌀을 구해온 중이 아직도 석왕사에 있다 하옵나이다."

승정원에서 석왕사의 그 중을 잡아다가 국문하기를 청했다. 명종은 한마디로 잘랐다.

"보우를 해치려는 자들의 지어낸 말이 분명하다. 그만두라."

양사의 언관들이 나섰으나 명종은 어머니의 말만을 믿을 뿐, 신하들의 말은 믿지 않았다. 이조판서 송세형이 분함을 참지 못하고 아뢰었다.

"전하, 보우의 권세가 중하고 너무 교만하여 백성들이 받들기를 군부君父와 같이 하여도 한 사람도 말 하는 이가 없으니 실로 불칙한 화가 있을까 두렵사옵나이다."

명종은 대꾸하지 않았다.

보우는 봉은사 주지로 있으면서 중종의 능을 절 곁으로 이장하여 봉은사의 세력을 굳히고자 문정왕후를 꾀었다.

"마마, 선릉 근처에 길지가 있사오니, 중종대왕의 능을 그리로 옮기심이 좋을 듯하나이다. 소승이 가까운 봉은사에 있사오니, 날마다 능에 극락왕생의 염불을 올리겠나이다."

"그리하면 좋겠구려. 이장을 해보십시다."

문정왕후는 윤원형을 불러 중종의 이장 준비를 서두르라고 명했다.

윤원형은 우의정 안현을 꾀었다. 안현은 문정왕후의 뜻을 거역할 수 없어 이장 계획을 짰다. 장차 문정왕후가 죽으면 이장한 중종의 옆에 장사 지내려고 터를 넓게 잡았다. 그런데 이장해놓고 보니, 지세가 낮아 해마다 장마철이면 강물이 넘쳐들었다. 문정왕후의 장지는 다른 곳에 정하고 중종의 능을 두 번 옮기는 것이 어렵다 하여 그대로 놓아두었다.

그동안 보우는 불사를 크게 일으켰고, 그가 거처하는 곳은 궁궐과 같았다. 회암사에서 무차대회를 열 때는 그 비용이 몇만 냥이나 들었다.

그는 4월 8일에 회암사에서 무차대회를 열려고 문정왕후를 꾀어 비용을 뜯어냈다. 대회 비용으로 내탕고가 빌 정도였다. 초파일이 가까워오자 전국의 승려와 백성들이 회암사로 모여들었다. 무차대회 하루 전, 문정왕후가 세상을 떠났다. 모인 승려와 백성들이 회암사를 떠났다.

그날 회암사에서 대회 준비를 위해 수천 석의 쌀로 밥을 지었는데, 그 빛이 피로 물들인 것과도 같아 사람들이 괴이쩍게 여겼다.

문정왕후가 세상을 떠나자 그 주변의 세력들이 와해되었다. 윤원형 일당이 그렇고, 보우도 예외는 아니었다. 보우를 죽이라는 상소가 빗발쳤다. 명종은 신하들의 압력에 보우를 제주도로 귀양 보냈다.

보우는 말을 훔쳐타고 달아나다가 인제 땅에서 붙잡혀 제주도로 유배를 떠났다. 그러나 거기에서도 인심을 잃어, 제주목사 변협이 불러다가 매를 쳐서 죽여버렸다. 비참한 생의 마감이었다. 권력의 쓰디쓴 뒤끝은 중도 예외는 아닌가 싶다.

권세가 윤원형의 쓸쓸한 말로

권신 윤원형은 을사사화를 일으킨 주역이다. 그는 과거에 급제하여 벼슬길에 올랐다. 인물됨이 간사하고, 외척의 세력으로 20년 동안 권력을 쥐고 생사여탈권을 행사하여 사림의 원한이 그의 한 몸에 쏠렸다. 그는 문정왕후의 친동생이었다.

그는 명종 즉위 후 임금의 외숙으로서 세력을 얻은 후, 이기 등 너덧 하수인을 거느리고 감정이 있는 사람은 가차 없이 내치고 뇌물을 거두어들였다. 사대문 안에 윤원형 소유의 기와집이 열다섯 군데에 있었다. 남의 노예와 땅을 빼앗은 것은 헤아릴 수 없었다. 또한 그의 정실을 내쫓고, 첩실 정난정을 정경부인에 봉했다. 그리하여 권력을 탐하는 신료들은 그의 첩의 자녀와 혼인하는 것을 명예로 알았다.

그는 을사사화를 일으켜 사람들을 숱하게 핍박했다. 사화를 일으킨 공으로 위사공신이 되고, '을사사화가 억울하다'고 바른 의논이 사라지지 않음을 두려워하여, 항간에 조금이라도 그런 소문이 나면 진원지를 가려 그들을 역적으로 몰아 죽이거나 유배시켰다. 뇌물은 주로 정난정이 받아 챙겼고, 남의 것을 빼앗는 것도 주로 정난정이 맡았다.

처음 윤원형이 벼슬길에 올라 봉상시정이 되었다. 봉상시는 나라의 제사와 시호를 맡아보는 관청으로, 시정이면 정3품이었다. 조정에서는 파격 인사라고 말들이 많았다. 병조판서 이준경이 그를 감싸고돌았다.

"재상의 동생도 파격 인사를 하는데, 하물며 중전 마마의 동생인데 어찌 안 된다는 것인가!"

윤원형은 의젓한 당상관으로서 관압사管押使가 되어 중국에 가게 되었다. 그러나 워낙 지은 죄가 많아 살아서 돌아오지 못할까 두려워 가지 않으려고 했다. 함께 가는 구수담이 무사할 것이라고 보증을 서자, 그제야 따라나섰으나 항상 마음을 놓지 못했다. 사행길은 무사했다. 을사사화 때 이준경은 다치지 않고 평안감사로 나가고, 구수담은 죄를 얻었으나 진복창이 상소를 올려 무사했다. 윤원형의 힘이었다.

명종은 을사사화의 공신들에게 연회를 베풀었다. 이 자리에서 명종은 영의정 이기에게 말했다.

"윤원형이 큰 공이 있었으나 보답한 일이 없었소. 그의 첩 자녀들을 다른 집 적자와 통혼할 수 있도록 하시오."

"옛날에도 큰 공이 있는 자는 첩의 자녀라 할지라도 다른 이의 적자와 통혼시키는 전례가 있사옵나이다. 상교가 지당하올 뿐만 아니오라, 큰 공이 있으면서 아직 1품이 되지 못함이 미안하오니 승차시킴이 가할 줄로 아뢰오."

이기는 윤원형의 하수인으로 1품인 정승이 되었으나 원형은 아직 종2품에 머물러 있었다. 그러나 명종은 품계를 올려주지 않았다.

정난정은 해마다 두서너 차례씩 쌀 두세 석을 밥을 지어, 두모포豆毛浦 같은 곳에 나가 물에 던져 물고기에게 공양했다. 복을 얻으려고 하는 짓이었다. 백성들이 빈정거렸다.

"백성들의 밥을 빼앗아 물고기에게 먹이니, 여기서 빼앗아 저기에 주는 것은 송장을 까마귀에게 빼앗아 개미에게 준다는 옛말보다도 심하지 않은가."

어느 해, 어부가 두모포에서 흰 물고기 한 마리를 잡았다. 그 크기가 작은 배舟만 했다. 그 고기를 조정에 바쳤다. 조정에서는 이변이라고 하여 말들이 많았다. 어느 진사가 빈정거렸다.

"큰 물건을 스스로 먹지 못하고 대감의 먹이를 탐내다가 어부에게 잡히니 불쌍하도다."

어떤 사람은 이런 말을 했다.

"그 고기가 멀리 바다에서 강에 와 죽었다. 윤원형의 형衡 자는 행行 자와 어魚 자인 만큼 고기의 죽음은 원형이 죽을 징조로다."

윤원형은 형 원로와 서로 세력 다툼을 벌이다가 조카 윤춘년을 시켜 형을 살해해버리는 패륜을 서슴지 않았다. 그러니 백성들의 입살에 수천, 수만 번 죽고도 남았다. 문정왕후가 세상을 떠나자 원형은 그 자리에서 주저앉아버렸다. 조정의 의논이 타도 윤원형의 기치 아래 움직이는 것을 보고 그는 불안한 나날을 보냈다. 조정 신료들은 명종의 어심을 읽으려고 모색 중이었다. 명종은 윤원형에 대한 조정 여론을 알고 있었다. 워낙 저지른 일이 많아 원형이 피해가기 어려운 상황이었다.

명종은 어느 날 경연 자리에서 한나라 문제가 박소를 죽인 데 대한 시비곡절을 물었다. 박소는 한나라 문제의 외삼촌으로 죄가 있어 문제가 죽였다. 조정 신료들은 명종이 윤원형을 내칠 뜻이 있음을 알아차렸다.

대사간 박순이 윤원형 공격의 포문을 열었다. 조정 신료들 누구 하나 원형을 두둔하는 자가 없었다. 명종은 원형을 삭직하여 도성 밖으로 쫓아냈다. 목숨을 부지한 것만도 천행이었다. 그가 지나가자 백성들이 돌을 던지고 욕을 퍼부어댔다.

"첩년 가랑이 속에 금은보화를 감춰두려고 그리도 많은 사람을 해쳤느냐!"

"저런 자는 당장 패 죽여야 해!"

우르르 몰려 죽이려고 들었다. 원형은 쫓기는 신세가 되었다. 마음 놓고 살 곳이 없었다. 교하로 갔다가, 그곳도 안심이 안 되어 강음으로 옮겼다. 날마다 난정과 마주앉아 울분을 터뜨리며 울었다.

그 무렵, 원형의 전처 김씨의 계모 강씨가 형조에 소장을 내어 난정이 김씨를 독살한 사실을 고발했다. 형조에서는 의금부에 넘겨 관련자를 잡아들이도록 했다. 양사에서 알고 난정을 의금부에 잡아들이라고 명종에게 청했다. 명종은 너무도 크게 놀라 진위를 알아보려고 시간을 끌었다.

이 소문이 난정의 귀에 들어갔다. 실제로 난정은 원형의 전처를 독살시키고 정경부인 자리를 차지했던 것이다. 난정은 금부도사가 금방이라도 들이닥칠 것 같아 불안한 나날을 보냈다.

하루는 이웃 아낙네가 난정을 찾아와 귀띔해주었다.

"금부도사가 온다는데 무슨 일인지 모르겠소."

"정말이오?"

"우리 개똥애비가 주막거리에서 듣고 와서 말합디다."

난정은 자기를 잡으러 오는 금부도사인 줄 알고 비상을 먹고 목숨을 끊었다. 잡혀가도 살아남지 못할 것을 뻔히 알고 있었다.

외출에서 돌아온 윤원형이 통곡을 터뜨렸다. 그나마 의지할 사람이 없었다. 그는 늙은 종 두서너 명을 데리고 황해도로 떠났다. 불안하여 더 이상 강음에 눌러 있을 수 없었다.

그는 이따금 밤에 도성에 들어와 몰래 염탐하기도 했다. 조정에서는 아직도 그를 탄핵하는 상소가 빗발쳤다. 언제 금부도사가 잡으러 올지 모르는 상황이었다. 그는 늘 독을 탄 술을 가지고 다녔다. 자살을 위한 상비약이었다.

그는 우연히 벽제 역의 역리를 알게 되었다.

"만약 나를 잡으라는 명이 있거든 내게 먼저 연통해주게."

신신당부를 했다.

어느 날 역리는 금부도사가 황해도로 간다는 말을 들었다. 역리는 사람을 보내어 원형에게 전했다. 그러나 잘못 들은 소문이었다.

원형은 역리가 보낸 사람의 말을 듣고 짐주를 마시고 자살해버렸다.

난정의 동복 오라버니 정담은 그 누이가 반드시 화근이 될 것을 알고 누이를 멀리했다. 집 입구에 꼬불꼬불 담을 쌓아 뚜껑 있는 가마가 드나들지 못하게 한 바람에 난정이 찾아오지 못했다. 원형이 권력을 잃고 자살하고, 누이의 죄가 드러나 자살하는 풍파를 겪었어도 정담은 연루되지 않아 무사했다. 그 와중에도 정담 같은 현명한 삶이 있었던 것이다.

野史

조선왕조야사록